高等职业教育"十二五"规划教材

高职高专经济管理类专业基础课精品教材系列

财 政 与 金 融

（第二版）

单祖明　龚　静　主编
于向辉　副主编

科学出版社

北　京

内 容 简 介

本书共十二章。第一~六章以财政的分配范畴为主线,分别阐述了财政概念与职能、财政支出、财政收入、税收收入、国债及国家预算等;第七~十一章介绍了金融基本概念、金融机构体系以及金融市场、国际金融、通货膨胀与通货紧缩等;第十二章对财政与金融政策在政府宏观调控中的运用进行了分析。本书内容新颖,行文深入浅出,语言简练,案例及阅读资料丰富。

本书可作为高等职业教育(含各类专科层次教育)经济与管理类专业的教材,也可作为财经金融系统从业人员的培训教材。

图书在版编目(CIP)数据

财政与金融/单祖明,龚静主编. —2版. —北京:科学出版社,2012.7
(高等职业教育"十二五"规划教材·高职高专经济管理类专业基础课精品教材系列)
ISBN 978-7-03-035143-2

Ⅰ. ①财… Ⅱ. ①单…②龚… Ⅲ. ①财政金融-高等职业教育-教材 Ⅳ. ①F8

中国版本图书馆 CIP 数据核字(2012)第 161423 号

责任编辑:唐寅兴/责任校对:马英菊
责任印制:吕春珉/封面设计:蒋宏工作室

科 学 出 版 社 出版
北京东黄城根北街 16 号
邮政编码:100717
http://www.sciencep.com
新科印刷有限公司 印刷
科学出版社发行 各地新华书店经销

*

2006 年 7 月第 一 版	开本:787×1092 1/16
2013 年 3 月第 二 版	印张:25 1/4
2021 年 12 月第十五次印刷	字数:575 000

定价:59.00 元
(如有印装质量问题,我社负责调换〈新科〉)
销售部电话 010-62134988 编辑部电话 010-62135120-2019(VF02)

第二版前言

"财政与金融"是高等院校经济与管理类专业开设的一门专业基础课程。财政与金融讨论的都是资金融通问题。在社会主义市场经济条件下,财政与金融是国家对经济实施宏观调控的两个最重要的工具。近几年来,我国对财政体制与金融体制进行了一系列重大改革,财政与金融的理论与实务也有很大的更新和扩展。同时,近年来我国高职教育蓬勃发展,适合高职教育的该类教材比较缺乏,为此,我们于 2006 年组织编写了适合高职高专的《财政与金融》教材。由于近年来国家的财政金融政策又发生了一些变化,从 2011 年下半年开始我们对本书进行了修订。修订后本书的主要特点有:

1. 内容上求新。随着我国财政金融改革步伐的加快,如税收中税种的调整、财政收入与财政支出的结构变化、金融市场中金融工具及其运行机制的创新等,在本书修订中,力求结合当前财政与金融理论的发展,使读者更多地了解我国财政金融领域的最新动态。

2. 强化实践性教学内容,使财政金融理论成为一种综合分析工具,帮助学生在一个市场经济环境里理解当前财政金融政策的运行,并对未来环境作出合理判断。本书对案例及阅读资料进行了补充与更新,引导学生阅读各类财政金融新闻,并对财政金融政策的实施及时作出反应。

3. 语言简练,通俗易懂,适合高职高专教学需要。

本书由单祖明、龚静担任主编,于向辉担任副主编。单祖明提出编写大纲,并编写第一、四章,最后对全书进行总纂、修改和定稿;龚静编写第二、三、五章;于向辉编写第六、十一、十二章;丁辉关编写第七、八章;李素枝编写第九、十章。本书在编写过程中得到了科学出版社的全力支持,在此表示感谢。

由于时间仓促,加之水平有限,书中缺点和不足在所难免,恳请读者批评指正。

编　者
2012 年 2 月

第一版前言

在社会主义市场经济条件下，财政与金融是国家对经济实施宏观调控的两个最重要的工具。近几年来，我国对财政体制与金融体制进行了一系列重大改革，财政与金融的理论与实务已有很大的更新和扩展。但与此同时，随着我国高职教育的蓬勃发展，适合高职高专教育的财政与金融类教材比较缺乏，为此，我们编写了本教材。

财政与金融是我国各类高职高专院校财经类专业核心课程之一。本书将财政与金融两大领域综合为一门课程，以财政金融政策与宏观调控的关系为主线，以提高学生的综合分析能力为主导，对各章节内容进行了系统的设计，反映了这两大领域的基本知识和基本理论。本书具有以下特点：

1. 针对在校大中专学生对财政与金融理论和知识的需求特点，在内容体系上突出应用性，强化实践性教学内容，使财政金融理论成为一种综合分析工具，帮助学生在一个市场经济环境里理解当前的财政金融政策，帮助他们对未来环境作出合理判断。

2. 通过大量的案例及阅读资料，引导学生主动阅读各类财政金融新闻，分析了解国家的财政金融政策实施的背景和目的。

3. 语言简练，通俗易懂，适合高职高专教学需要。

本书由单祖明、龚静担任主编，于向辉担任副主编。单祖明提出编写大纲，编写第1、4章，并对全书进行总纂、修改和定稿；龚静编写第2、3、5章；于向辉编写第6、11、12章；李素枝编写第9、10章；丁辉关编写第7、8章。在本书编写过程中还得到了张鹰、陈红玲的大力支持，特此表示感谢。

由于时间仓促，加之水平有限，书中缺点和不足之处在所难免，恳请读者批评指正。

目　　录

第一章　财 政 导 论

学习要点

1. 了解财政的产生和发展，掌握财政的基本概念和一般特征。
2. 掌握公共产品的基本特征，理解公共财政的概念及必要性。
3. 掌握财政的基本职能，分析和理解财政三大职能对我国经济的作用。

课前导读案例

23个省份GDP超万亿：广东过5万亿重庆增速第一

中广网北京1月20日消息（记者 陈亮）据中国之声《全国新闻联播》报道，最新统计显示：除台湾、香港、澳门以外，我国地区生产总值去年超过万亿元的省份达到23个。广东省成为首个5万亿元俱乐部成员。

2011年，广东继续领跑，成为国内第一个地区GDP迈入5万亿元的省份，而江苏、山东也突破4万亿元，紧随其后。中央党校辛鸣教授说：

"广东GDP的增速固然放慢了，但是由于历史的惯性，总量上依然是排第一，江苏、山东这样的省份历来是我们经济发展快速增长的省份，所以依然保持在4万亿的台阶上。"

去年区域经济的最大亮点，还在于"2万亿俱乐部"和"万亿俱乐部"成员的扩充。随着辽宁和四川的携手进入，GDP2万亿元省份增加到5个，而广西、江西、天津、山西也首次迈入万亿元门槛。重庆更是凭借16.4%的增速，成为全国经济增长最快的地区。

社科院经济研究所袁钢明教授认为，中西部地区加速赶超的势头，引人关注。

"（这些地区）就是充分发挥了资源优势，进入了万亿发展水平，而且这些都是过去发展非常困难的地区，所以说只要充分发展这些地区的比较优势，中西部地区的发展潜力或者发展劲头比东部，还要持久，还要强劲。"

经济总量迈上新台阶固然可喜，但优化结构、降低消耗、保护环境更要提上议事日程。袁钢明说，老百姓是否能更多享受到经济发展的成果，值得期待。

"比如说你增长速度很高，很大程度上是房地产投资或者房价上涨很高造成的，你的GDP增长越高，老百姓负担越重，所以要使GDP增长能够让老百姓收入提高，负担减轻。"

资料来源：中国广播网，http://www.sina.com.cn，2012年1月20日19:23

第一节　财政概述

一、财政的产生与发展

（一）财政的产生

财政不是从来就有的，而是人类社会发展到一定阶段的产物。它既是一个经济范畴，又是一个历史范畴，它是随着社会生产力的发展和国家的产生而产生的。

在漫长的原始社会中，生产力水平十分低下，氏族成员共同占有生产资料，平均分配社会产品，没有剩余产品，没有私有制，没有剥削，没有阶级，没有国家，当然也就没有为维护国家职能所需要的财政。

到原始社会末期，由于社会生产力的发展，开始有了剩余产品。这时，原始社会氏族部落中的一些首领们凭借手中掌握的权力，逐步占有公共财产而使其成为私有财产，而其他的一般成员只占有少量的生产资料和生活资料。这样，就逐步出现了私有制。

随着私有财产的增多，一方面出现了争夺和保护剩余财产的斗争；另一方面氏族首领们由于拥有了较多的生产资料，具备了剥削他人的物质条件。于是，氏族首领们就成了奴隶主，一部分氏族成员和战争中的俘虏便沦为奴隶，进而产生了两大对立的阶级——奴隶主阶级和奴隶阶级，人类社会便进入了奴隶制社会。

在奴隶制社会，奴隶主阶级不仅占有生产资料，而且占有奴隶，对奴隶进行残酷剥削，甚至买卖和宰杀，奴隶主和奴隶之间的阶级矛盾十分尖锐。奴隶主为了维护自己的利益，镇压奴隶的反抗，就要掌握一种拥有暴力的工具即国家。正如列宁指出的："国家是阶级统治的机关，是一个阶级压迫另一个阶级的机关。"

国家产生后，为维护其存在和履行其职能，就要建立专门的机构，就要有一批脱离生产的专职人员参加管理，就需要消耗一定的物质生产资料，就要从社会产品分配中强制地、无偿地分配一部分社会产品以满足国家的需要。这实质上是一种以国家为主体，凭借自身的政治权力参与社会产品的分配。这种分配，就是财政。

（二）财政的发展

财政产生以后，经历了一个漫长而又复杂的发展变化过程，它先后经历了奴隶制国家财政、封建制国家财政、资本主义国家财政、社会主义国家财政等四个阶段。在不同的社会制度中，财政具有各自的性质、内容和特点。

1. 私有制国家财政的特点

私有制国家的财政特点见表1.1。

表 1.1　私有制国家财政的特点

内容＼制度	奴隶制国家财政	封建制国家财政	资本主义国家财政
主要收入	王室土地收入、军事收入、捐税收入	赋税、官产、公债、专卖收入	税收、公债收入、财政性货币发行
主要支出	祭祀、王室费用及官吏俸禄、军事支出	军事、官府经费、宗教	行政性支出、军事、社会保险和福利支出
收支形式	实物、力役	实物、货币	货币
管理	混乱	日趋完善	规范、有计划

从表 1.1 可看出，财政收支的内容和范围、收支的形式及管理都随着社会的发展而不断发展，经历了一个从低级到高级的过程。在奴隶社会，由于生产力水平发展低下，商品货币经济很不发达，财政收支的形式主要以实物、力役为主，财政管理很不完善，国王个人收支与国家财政收支混在一起，界限不清。到了资本主义社会，财政收支全部采用价值形式，财政收支的范围和政府的职能范围有了扩展，政府的职能范围更加明确，国家的公共开支和统治者个人的开支有了明确的区分，财政收支通过编制国家预算的方式实现了规范的、有计划的管理。在现代社会，财政还是政府对国民经济进行宏观调控的重要手段。

2. 我国社会主义财政的特点

社会主义国家建立在生产资料公有制为主体的基础上，社会主义公有制决定了社会主义国家财政的性质和特点：

1）社会主义财政是以国家为主体，凭借国家政治权力和生产资料所有者的身份参与一部分社会产品的分配。财政凭借政治权力参与分配，保持了财政分配强制、无偿的共性。财政以生产资料所有者身份参与分配，则指财政收入中有相当部分来自于国有企业取得的经营利润。因此，在财政分配中，经济建设的比重一般高于资本主义国家财政。

2）在社会主义公有制基础上，广大劳动人民在生产资料的所有和劳动成果的占有上享受着平等的权利，财政分配以全体人民的利益为基础，以兼顾国家、集体、个人三者利益为原则，对社会产品进行合理分配。

3）社会主义国家的双重身份和双重职能，决定了我国财政至少应由两部分即公共财政和国有资产财政组成，它们各自具有不同的职能和任务。

二、财政的概念

任何国家都有相应的政治、经济和社会等职能。国家为了实现这些职能，就必须基于其政治权力而向国民要求劳务、实物和货币的支持。在现代社会里，财政主要就是国家向国民经济各部门、各企业、事业单位和居民个人取得货币方面的支持。财政的成立不外乎以下两点：一是国家如何获得其职能活动所必需的货币收入，即如何筹集财政资金；二是国家如何使用其货币资金，进行实现其职能的活动，即如何合理安排和使用其所获得的资金，保证政府各项活动的需要。因此，从现象上来看，财政就是国家的收支活动，即分配活动。

概括而言，所谓财政就是国家为了实现其职能，以国家为主体对一部分社会产品进行分配的活动。其实质是社会产品分配中所形成的国家为主体的分配关系。财政是国家配置资源的重要方式，是国家调控社会经济运行的重要手段。

三、财政的一般特征

所谓财政的一般特征即财政的共性，是指财政在各个不同的历史时期所共同具有的特点，它不因国家、经济基础、社会制度的不同而有所改变。了解财政的一般特征是进一步理解财政内涵的关键，财政的一般特征主要有以下几点。

（一）财政分配的主体

财政分配的主体是国家，因为财政分配是以国家的存在为前提，是由国家来组织的，国家在分配中居于主导地位。财政分配的目的、方向、范围、结构、数量和时间等，必须体现国家的意志。这使得财政分配与企业、组织、团体和个人为主体的分配相区别，这是财政区别与其他分配范畴的基本特征。

（二）财政分配的对象

财政分配的对象是社会产品，主要是剩余产品。社会产品价值由三部分组成：一是生产资料耗费的补偿价值（C）；二是劳动力再生产价值（V）；三是剩余产品价值（M）。其中，C 是维持简单再生产所必需的，财政一般不参与分配；V（实际为工资）是维持劳动者生存的部分，财政能否参与 V 的分配取决于工资水平能否在劳动者在维持基本生活需要的前提下还有剩余。近年来，随着收入水平、生活水平的提高，我国财政参与 V 的分配比例正在逐步上升。但从总体上看，财政分配的主要部分还是 M。

（三）财政分配的目的

财政分配的目的是保证国家实现其职能的需要，这种需要属于社会公共需要，它不同于私人的个别需要，是社会全体成员作为一个整体所提出来的需要，它不是普通意义上的人人有份的个人需要或个别需要的总和，而是就整个社会而言的。满足公共需要的产品称为公共产品。公共需要只能通过公共财政来提供，即必需由政府集中执行和组织，才能保证社会稳定，维持社会再生产的正常进行，维护正常的经济秩序。至于为什么社会公共需要必须由公共财政来提供，这和社会公共需要和公共财政的特点有关，这将在下一节内容中进行阐述。

（四）财政分配的强制性和无直接偿还性

财政的强制性是指财政分配及其运行是凭借国家权力，通过颁布法令来实施的。当国家产生以后，对社会产品占有的过程中存在两种不同的权力：所有者权力和国家政治权力。前者依据对生产资料和劳动力的所有权的占有，后者凭借政治权力占有。例如，国家税收就是政治权力凌驾于所有权之上，依法强制征收的，任何形式的抗税都是一种违法行为。财政分配的强制性，源于国家为实现其职能对资金的需求和财政分配的无直接偿还性。这是一种由法律强制表现的经济强制。

财政的无直接偿还性是和它的强制性相一致的。例如，国家征税之后，税款即归国家所有，对纳税人不需要付出任何代价，也不需要偿还。当然，从财政收支的整体过程来看，我国的税收是"取之于民，用之于民"，从这个意义上说，税收具有间接的偿还性。但是，对于每一个纳税义务人都无权要求从公共支出中享受到与他的纳税额等值的福利，也就是说，对具体某个纳税人来说，他的付出和所得是不对称的，这是财政运行的一个重要特点，即无直接偿还性。

（五）财政是一种集中性的、全社会范围内的分配

财政分配是宏观经济问题。财政收入来源于社会各个阶层，财政支出又运用于社会的各个方面，因此，国家在组织收入和安排支出时，都应以社会整体的发展为目标，不仅要考虑政府部门的自身利益，而且要考虑其对整个国民经济的影响。这也是财政分配区别于其他分配的主要标志之一。其他分配如价格分配、财务分配、工资分配等，都是在一个企业、单位或个人之间进行的分配。

第二节 公共产品与公共财政

一、公共产品及其特征

（一）公共产品的概念

在市场经济中，人们活动的对象并不仅限于私人产品。而在私人产品之外，还存在另一种类型的"产品"，即公共产品。所谓公共产品，是指具有社会共同性质的产品和服务。区分或辨别公共产品与私人产品有两个基本标准：第一，排他性和非排他性。排他性是指对于私人产品，拥有所有权的个人可以独享产品给他带来的效用，并可排斥其他任何人对该产品的占有和消费。第二，竞争性和非竞争性。非竞争性是指对某产品的消费，消费者的增加不会引起生产成本的增加，即新增他人消费的社会边际成本为零。

（二）公共产品的特征

公共产品作为私人产品的对称，具有以下特征。

1. 效用的不可分割性

效用的不可分割性即公共产品是向整个社会共同提供的，而不能将其分割成若干部分，分别归个人或集团消费，如安全、秩序、国防等。私人产品的效用则具有可分割性，如粮食的效用为供人食用，衣服的效用可供人穿用，等等，其效用的发挥必须分割给每个人才能得以实现。

2. 消费的非排他性

消费的非排他性即某个人或集团对公共产品的消费，并不影响或妨碍其他个人或集团同时消费该公共产品，也不会减少其他人消费该公共产品的数量或质量。例如，航海中的灯塔，可以为夜间航行的所有船只提供照明；每个公民都可以无差别地受益于国防所提供的安全保障，等等。有些公共产品虽然经过技术处理可以具有排他性，但由于排除的费用过于昂贵，因而经济上不可行。私人产品具有排他性，当消费者为私人产品付钱之后，他人就不能享用该种产品或劳务所带来的利益。

3. 取得方式的非竞争性

这里的非竞争性是指消费者的增加不引起生产成本的增加，即多一个消费者所引起的边际成本为零，或者说一定量的公共产品按零边际成本为消费者提供利益或服务。这就意味着可能形成"免费搭车者"，即获得公共产品的消费者无须通过市场采用出价竞争的方式。而私人产品，如衣服、食品、住宅等，消费者必须通过市场采用出价竞争的方式获得。

4. 提供目的的非营利性

提供目的的非营利性即提供公共产品不以营利为目的，而是追求社会效益和社会福利的最大化。而提供私人产品则以追求利润最大化为目的，突出提供私人产品的微观经济效益。

公共产品的上述特征，决定了市场在调节公共产品方面是失灵的。公共产品只能或者必须由政府来提供，这就决定了公共财政存在的必要性及其活动范围和内容。

另外需要着重指出，公共产品与私人产品是社会产品中典型的两极，在现实生活中，还存在兼有公共产品与私人产品特征的混合产品或准公共产品，如医疗卫生、职业教育等。

二、市场失灵与公共财政

（一）市场失灵

市场是一种把买者和卖者汇集到一起交换物品的机制，它通过价格无意识地协调着生产者、消费者及其活动。在市场经济条件下，市场又是一个资源配置系统，借助市场的引导，各种社会经济资源自发地进行配置，但市场的资源配置功能不是万能的，市场在资源配置的某些方面是无效或低效的，和它相对应的就是市场效率。市场失灵主要表现在以下几个方面。

1. 不能提供公共产品

由于公共产品的非竞争性和非排他性容易产生消费者"免费搭车"的行为，由此导致提供公共产品成本过高且无法收回的状况，因此，以营利为目的的私人经济部门不可能提供这些产品（即使有提供，那也是极少量的）。但公共产品又是人们生活、工作中不可缺少的部分。因此，提供公共产品的责任自然就落到不以追求利润为目标的政府肩上，而政府拥有强制权力的特征也使之提供公共产品成为可能。

2. 外部效应

所谓外部效应，是指私人成本与社会成本之间或私人得益与社会得益之间的非一致性。外部效应靠市场机制是无法解决的。这是因为在市场经济中生产者考虑的是自己生产产品的成本和效益，即私人成本和私人得益；消费者只考虑自己从购买物品中得到的效用和付出的代价，即私人得益和私人成本。当生产者与消费者的供求平衡时，如果没有外部效应，社会成本等于私人成本，社会得益等于私人得益。这种资源配置对个人和社会来说都是最优的。然而，在现实生活中，有些产品或服务还具有外部效应，即产品或服务会对生产者和购买者以外的其他人产生影响。或者给他人带来好处，如门前绿化在使本人得到好处的同时，也使邻居或过路人的环境得到改善，呈现正的外部效应；或者给他人带来损害，如生产过程中排放的有毒物质会使他人受到损害，呈现负的外部效应。当出现正的外部效应时，生产者利益外溢但得不到应有的效益补偿，当出现负的外部效应时，受损害者得不到应有的损失补偿。由于人们只以自己的成本和效益作为决策的依据，因而市场竞争对整个社会来说就不可能形成理想的效率配置。在这种情况下，政府有责任采取包括财政在内的非市场方式去纠正外部效益问题。

3. 垄断

市场效率是以完全竞争为前提的，完全竞争要求每一市场都拥有较多的买者和卖者，每一个人或行为主体都不具备控制市场供求和价格的能力。然而现实的市场竞争是不完全竞争，当某一行业或企业在产量达到相对较高水平之后，就会出现规模收益递增和成本递减的趋势，进而形成垄断。垄断者一旦占据垄断地位，便可以通过限制产量、抬高价格的方式获取高额垄断利润。垄断必然排斥竞争，甚至导致整个竞争性市场的解体。这就决定了政府要承担起维持市场有效竞争的责任，将此有关的任务纳入财政的职能范围。

4. 信息不充分

在竞争愈演愈烈的市场上，生产者和消费者都需要有充分的信息。生产者要了解消费者需要什么，需要多少，要了解市场开发的前景；消费者要了解所需商品的品种、性能和质量；生产者之间也需要相互了解，以便在竞争中取胜。而在市场经济条件下，生产者与消费者的生产、销售、购买都属于个体行为，都不可能掌握全面的信息（即信息不对称）。在市场失灵的情况下，市场竞争就会具有盲目性，尽管价格能够传递有关信息并促使人们做出调整，但在调整过程中必然会有差距，以致使竞争的结果与理想状态不符。所以，由市场带来的信息不充分问题也无法通过市场来解决，而政府有服务于全体社会成员的义务，向社会提供有关商品供求状况、价格趋势以及宏观经济运行和前景预测资料是政府提供公共服务的一种方式。

5. 收入分配不公

在市场经济条件下，收入分配是由每个人提供的生产要素（如资本、土地、劳动力等）的数量及其市场价格决定的。由于人们占有（或继承）财产情况的不同以及劳动能力的差别，由市场决定的收入分配状况，往往是极不公平的。如果任期发展，不仅会影响经济，还会带来社会的不稳定。这也是市场无法依靠自身力量解决的难题之一。因此，政府有义务解决收入分配不公问题，而财政是其重要手段。

6. 经济波动与失衡

在市场经济条件下，各类经济活动（如投资、生产、消费等）及其决策都是由成千上万的社会成员分散进行的。由于市场失灵的存在，信息的不对称，加之各社会成员为了追求利润的最大化，结果往往导致生产的盲目性和资源配置不均以及决策失误等，由此引起经济的波动，即在经济发展过程中出现"过热"或"过冷"的循环。这样就会中断经济的增长过程，不能保证宏观经济总量总是处于均衡状态，即导致社会总需求与总供给的不平衡。当出现总需求大于总供给时，容易造成通货膨胀，扭曲价格体系使其不能正确引导资源流向，增加了人们的投资风险；而需求不足时又造成产品积压、失业等现象，导致现有的生产能力闲置和经济的衰退。

（二）公共财政

1. 公共财政的概念

"财政"一词是由西方引进的。在英文中，"finance"一词包括"金融"、"财务"、"经费"等含义，为将企业的财务（即私人财务）与国家的"财务"概念区别开来，英文"企业财务"用"business finance"，而国家的"财务"则用"public finance"，即公共财政。

所以，公共财政是与私人财政相对应的概念，它是代表社会公共利益，为满足社会公共需要而进行的收支活动。这里的公共利益和公共需要是指广大民众的利益和需要。公共财政行为目的的社会公共性，是公共财政与私人财务的区别所在。从行为特征上看，公共财政是一种收入和支出活动，这构成公共财政与其他公共行为的本质区别。

2. 公共财政的必要性

1）公共财政是为市场提供公共产品的财政，它是与市场经济相联系的，仅存在于市场经济之中，顺应市场经济的潮流。我国社会主义市场经济体制下财政的目标是满足公共需要，而通过政府的公共部门提供公共产品是满足公共需要这个最终目标的手段。

2）公共财政是弥补市场失灵的财政。公共财政的存在是以市场失灵为前提的，其活动范围不能超出市场失灵的范围，否则会影响到市场效率的发挥。同时，这也意味着凡是市场不能有效发挥作用的地方，作为政府就需要运用公共财政来进行弥补。这在我国就是财政的退出"越位"与弥补"缺位"的问题。

3）公共财政的分配规模应由市场来决定，过大的财政规模会引起市场发展规模和速度不应有的压缩，而过小的财政规模则难以提供市场正常运转所需的各种服务和条件。这些都会对市场产生危害，因而财政分配的规模应保持在市场所要求的适度的规模上。

4）公共财政要求处理好政府（或财政）与市场的关系。首先，从总的方面来说，政府（或财政）与市场的经济职能是相同的，如资源配置、收入分配是两者共同的基本职能，只是由于两者运行的机制不同，从而实现同一职能的适用领域、作用方式以及经济效益上是不同的。其次，由于市场失灵才有政府介入或干预的必要，同样政府干预也存在着失灵或缺陷。财政作为政府干预的主要手段，可能产生正效应（即有助于弥补市场失灵），也可能产生负效应（即无助于市场弥补市场失灵，甚至可能会干扰正常的市场秩序）。

5）公共财政具有非营利性。在市场经济条件下，政府的目标不是利润，所以政府不能是营利性的市场运营主体，不能参与市场的营利竞争。借鉴这一点，我国财政就有必要逐步从经营性、营利性的领域退出来，还市场一个自由竞争的空间。

第三节　财政的职能

财政的职能，是指财政在社会经济生活中所具有的职责和功能，它是财政这一经济范畴本质的反映，具有客观必然性。财政职能与政府职能、国家职能的关系可以这样理解：政府职能是国家职能的具体体现，同时又是财政职能的前提；财政职能是国家职能的一个重要组成部分，又是实现国家或政府职能的一个重要手段。

在社会主义市场经济条件下，从财政宏观调控目标的角度看，可以把财政职能概括为以下三个方面：资源配置职能、收入分配职能和经济稳定与增长职能。

一、资源配置职能

（一）资源配置的含义

所谓资源配置，是指通过对现有的人力、物力、财力等社会经济资源的合理调配，实现资源结构的合理化，使其得到最有效的使用，获得最大的经济效益和社会效益。

在市场经济体制下，由于市场失灵，不能提供公共产品；又由于市场缺陷，使市场提供的产品和劳务数量不稳定，有时过多，有时不足，从而使资源配置的效率达不到最优。财政的资源配置职能表现在宏观和微观两个方面。宏观层次上的资源配置职能是指确定公共部门（政府）与私人部门之间的资源配置状况，哪些产品由公共部门提供，哪些由私人经济部门提供；微观层次上的资源配置职能是指财政调减市场提供过多的产品和劳务数量，而对市场提供不足的产品和劳务数量进行补充，从而达到资源配置的效率最大化。

（二）财政配置资源的途径

在现实生活中，财政配置资源主要运用各种财政手段，如税收、国有资产收益、投资、补贴、国债等，引导资源同国家的产业政策和生产力布局所要求的方向相适应，以实现财政资源配置的职能。财政配置资源的途径主要表现在以下几个方面。

1. 调节资源在产业部门之间的配置

资源在部门之间配置状态如何，直接关系到产业结构是否合理及其合理化程度。部门之间的资源配置及其调整，主要依靠两个途径：一是调整投资结构，因为产业结构是由投资结构形成的，增加对某产业的投资就会加快该产业的发展，反之，则会延缓该产业的发展；二是改变现有企业的生产方向，即调整资产存量结构，促使一些企业转产。财政对资源在产业部门之间的配置和调节，也是通过两个相应途径，采取两个相应手段来实现的：一方面通过调整国家预算支出中的投资结构，例如增加能源、交通和原材料等基础产业的基础设施方面的投资和减少加工部门的投资等，达到合理配置资源的目的；另一方面，则是利用财政税收和投资政策引导企业投资方向，协调社会资源的流动与分配，达到调节现行资源配置结构的目的。

2. 调节资源在不同地区之间的配置

在世界各国，地区之间经济发展不平衡是普遍现象，在我国，这一问题更为严重，这有历史、地理和自然条件等方面的原因。解决这一问题，单靠市场机制需要很长时间，而且往往会产生逆向调节，即资源从落后地区向经济发达地区流动，从而使得落后地区更落后，发达地区更发达。从整体上看，这样不利于经济与社会长期均衡稳定地发展。

财政资源配置职能的一个重要内容，就是通过财政分配，即财政补贴、税收、财政政策与财政体制等手段，实现资源在各个不同部门之间的合理配置。

3. 调节社会资源在政府部门与非政府部门之间的配置

政府部门是指分配与使用财政资金的部门。凡不在这个范围之内的，均称为非政府部门。从社会总资源配置的角度看，政府部门与非政府部门各应获得合理的份额。一方面保证满足政府提供公共产品的需要，另一方面则要满足非政府部门顺利发展的需要，从而实现社会总资源配置的均衡。这就要求根据市场经济条件下政府的职能，确定财政职能的合理范围，进而确定财政参与国民收入分配的适当比例。

确定政府支配的资源规模以后，财政还将把这些资源在政府部门内部进行分配，财政支出项目的安排也就是资源配置的过程。在政府内部配置资源，亦即确定财政支出项目的优先次序问题，根据厉行节约的原则，保证政府活动的必要开支，同时把更多的资金用于发展经济和提高人民的物质文化生活水平等方面。

二、收入分配职能

（一）收入分配的含义和目标

收入分配通常是指国民收入的分配。国民收入创造出来以后，通过分配形成流量的收入分配格局和存量的财产分配格局。国民收入分配分为初次分配和再分配。初次分配是在企业单位内部进行的要素分配，即根据要素投入的数量和价格获得相应的要素收入，如凭借劳动力的投入获得工资，凭借资本的投入获得利润或利息等。再分配是指在初次分配的基础上进行的各种分配。我国财政收支活动是国民收入分配体系中的一个重要组成部分和环节，它既参与国民收入的初次分配，也参与国民收入的再分配，并在分配中调节各物质利益主体之间的收入分配关系。这种在收入分配中调节各物质利益主体之间的收入分配关系，使各物质利益主体之间实现收入公平分配的目标，就是财政的收入分配职能。

财政收入分配职能的目标是实现公平分配，而公平分配包括经济公平和社会公平两个层次。经济公平是市场经济的内在要求，强调的是要素投入和要素收入相对称，它是在公平竞争的条件下由等价交换来实现的。而社会公平则很难用某个指标来衡量，通常是收入差距维持在现阶段各阶层居民所能接受的合理范围内，避免财富分配所造成的两极分化，让每个社会成员都可得到不低于某种限度的收入。在我国现阶段，实现收入的公平分配，就是"运用包括市场在内的各种调节手段，既要鼓励先进，促进效率，合理拉开收入差距，又要防止两极分化，逐步实现共同富裕"。为了实现公平分配目标，通过财政分配进行调节是非常必要的。

（二）收入分配职能的主要内容

财政的收入分配职能主要是通过调节企业的利润水平和居民的个人收入水平来实现的。

1. 调节企业的利润水平

调节企业利润水平的主要任务在于通过调节，使企业的利润水平能够反映企业的生产经营管理水平和主观努力状况，使企业在大致相同的条件下获得大致相同的利润。这主要是通过征税剔除或减少客观因素对企业利润水平的影响，为企业创造一个公平竞争的外部环境。

2. 调节居民个人收入水平

调节居民个人收入水平主要是通过对居民个人收入水平的调节，既要合理拉开收入差距，又要防止贫富悬殊，逐步实现共同富裕。这主要有两方面的手段：一是通过税收进行调节，如通过征收个人所得税、社会保障税，缩小个人收入之间的差距；通过征收财产税、遗产税和赠与税调节个人财产分布等等。二是通过转移支出，如社会保障支出、救济支出、补贴等，以维持居民最低的生活水平和福利水平。

（三）财政实现收入分配职能的主要手段

1. 税收

税收是组织财政收入、调节收入分配的重要手段。通过税收可以在相当大的范围内实现对收入的调节。政府通过征收商品税，可调节各类商品的相对价格，从而调节各经济主体的要素分配，这实际上体现了政府参与国民收入的初次分配。而政府通过企业所得税、资源税调节企业的利润水平以及由于资源条件和地理位置而形成的级差收入，通过个人所得税调节个人收入，等等，则是政府参与国民收入再分配的重要手段。

2. 转移性支付

财政的转移性支付是指财政资金单方面转移，包括对个人的转移支付和政府间的转移支付两部分，它对国民收入再分配产生直接影响。

对个人的转移支付是指政府通过对社会保障支出、救济支出、财政补贴以及制定最低生活保障线等方式对企业、个人进行资金转移，这种方式能直接增加受益的企业、个人的收入，从而使这些企业、个人的收入占国民收入的比重提高，使每个社会成员得以维持起码的生活水平和福利水平。

政府之间的转移支付又可进一步分为中央政府对地方政府的转移支付和地方上级

政府对于下级政府的转移支付两部分，主要包括中央对地方的各种财政补贴和税收让与以及地方上级政府对下级政府的各种财政补助，简称政府间的转移支付。政府间的转移支付可以调节地区间的收入分配，促进各地区的平衡发展，缩小地区间的差距。

3. 购买支出

政府购买支出主要是指政府支出中用于支付购买物品的支出和用于雇佣工作人员的工资、津贴支出。前者间接影响到个人收入水平，后者则直接影响到个人收入水平。

4. 各种收入政策、制度

主要是工资制度，这具体包括有关的工资制度（如规范政府工职人员和其他靠财政拨款的事业单位工作人员工资）和税法中有关工薪收入中的扣除项目规定等。通过工资政策和其他有关收入政策，政府也可以实现对部分国民收入分配的调节。

5. 间接再分配

例如对低收入者提供一些技能培训，使之具备基本的从业素质，拓宽就业渠道，为取得和增加收入创造条件。这犹如给低收入者提供了一个"造血"功能，有了"造血"功能，政府就不需要再对他们进行"输血"。这样就可减少政府在这方面的资金投入，将有限的财政资金用在更需要的地方。

三、经济稳定与增长职能

（一）经济稳定的含义

经济稳定是相对于经济波动而言的。经济学上的经济稳定包括多重意义。

1. 充分就业

它是指有工作能力且愿意工作的劳动者能够找到工作做。这里的"就业"即工作或劳动，是泛指一切用自己的劳动来维持自己生活的活动。这就是说，在各种所有制、各行各业的劳动，均属就业范畴。从理论上说，就业率越高、失业率越低越好。但在实践中，100%的就业率（或 0 失业率）是不可能的。因为摩擦性失业和转换性失业是经常存在的。因此，通常将失业率控制在 4%～5%就可视为充分就业。

2. 物价稳定

物价稳定并非物价固定不变，而是指平均价格水平基本稳定。经济的发展或多或少会带动价格水平的上涨，只要年物价总水平上涨不超过居民的承受能力即可。通常，年物价上涨幅度控制在 3%～5%（视各国居民承受能力而定）都可认为物价稳定。

3. 国际收支平衡

它是指一国在进行国际经济交往时，其经常项目与资本项目的收支合计大体保持平衡。在开放的经济条件下，国际收支平衡是经济稳定的一个重要内容和标志。

财政的经济稳定职能就是要在经济运行中出现失业、经济衰退、通货膨胀或国际收支不平衡时，采取适当的政策，以增加就业水平、平稳物价、促进经济增长和国际收支平衡。如果充分就业和价格水平稳定都实现了，财政就保持原有的收支格局（即中性政策），以保证经济的稳定。

（二）经济稳定的主要内容

要实现经济的稳定增长，关键是要做到社会总供给与总需求的平衡，包括总量平衡与结构平衡。财政在这两个方面都能发挥重要作用。

1. 调节社会供求总量上的平衡

财政对社会供求的调节主要是通过国家预算来进行的。由于国家预算收入通常代表可供国家支配的物资量，是社会供给总量的一个组成部分，而国家预算支出会形成货币购买力，是社会需求总量的一个组成部分。因此，通过调整国家预算收支之间的关系，就可以起到调节社会供求总量平衡的作用。一般地，从理论上看，当社会总需求大于社会总供给时，可以通过实行国家预算收入大于支出的结余政策进行调节，而当社会总供给大于社会总需求时，可以实行国家预算支出大于收入的赤字政策进行调节；在社会供求总量平衡时，国家预算应实行收支平衡的中性政策与之相配合。在实际经济运行过程中，由于受各种复杂因素的影响，市场上的供求关系经常会发生变化，时而总供给大于总需求，时而总需求大于总供给，这就要求国家交替使用赤字预算和结余预算来进行调节。在总需求大于总供给，并且国民收入的超分配都是由财政赤字和信用膨胀造成时，此时应坚持财政收支平衡、略有结余的原则，积极组织收入和压缩预算支出规模，对压制需求总量，实现社会供求总量的平衡具有重要意义。反之，则要实行赤字财政。

2. 调节社会供求结构上的平衡

从客观上讲，社会总供求结构包括供求的地区间结构、部门（即产品）结构、产业结构（第一产业、第二产业、第三产业等结构）。通过财政收支，调节社会总供求结构，使之大体平衡，是财政经济稳定职能的另一个重要内容。

（三）执行经济稳定职能的主要工具

1. 预算收支政策

增加预算支出，可以扩大社会总需求；减少预算支出，便可相应减少社会总需求。

在预算收支政策中，就其对社会总需求的影响而言，通常认为，财政赤字是扩张性的，而财政结余具有紧缩性。由于财政收支是通过国家预算来平衡的，因而财政赤字就表现为预算赤字或者预算执行结果支大于收的差额（简称决算赤字）。与之相对应，财政结余则是指国家预算执行结果收入大于支出的余额，或称预算结余。而财政平衡则是指财政收入与支出在数量上大体相等，也称预算平衡。一般认为，财政平衡时，对社会总需求的影响是中性的，因而通常被称为"中性"财政政策。

2. 内在稳定器

内在稳定器是指那些在经济中能自动地趋于部分抵消总需求变化的财政措施或手段，如累进所得税制和转移支付制度。当经济过热，投资增加，国民收入增加时，累进所得税会自动随之增加，从而可以适当压缩人们的购买能力，防止发生通货膨胀。当经济衰退，投资减少，国民收入下降时，累进所得税会自动随之递减，从而防止因总需求过度缩减而导致的经济萧条。转移支付主要是为了在个人收入下降到非常低时，为维持他们的生活水平而向他们提供的财政补助。如果经济活动出现不景气或衰退，政府会增加这方面的转移支付；反之，当经济繁荣时，政府会减少这方面的转移支付。

3. 政策的选择

政策的选择即通过有选择地改变政策的办法实施财政政策，进而调节社会总需求与结构。例如，在支出中，有选择地调整和确定支出项目，可以提高财政资金的使用效率，促进经济增长；此外，在收入方面，主要是通过税收政策的调整来影响企业、居民个人的经济行为，进而使社会总需求和社会总供给在结构上趋于合理。

阅 读 资 料

土地财政规模相当于地方预算收入的50%

12月5日，长策智库全球宏观经济政策特约研究员管清友在近期关于土地财政规模的研究文章中表示，伴随着城市土地有偿出让的机制不断发展，近些年来，土地财政已相当于地方预算收入的50%。

从估算结果来看，管清友表示，土地相关税收收入，五种直接税收和两种间接税收加起来约占地方一般预算收入的28%，土地出让金纯收益一项占地方财政收入的比例就超过20%，可以说，土地财政的规模相当于地方一般预算收入的50%。

管清友介绍说，包括房产税、城镇土地使用税、土地增值税、耕地占用税以及契税这五项税收占地方一般预算收入的比重逐年快速增加，一路从6.3%上涨至2010年的16.1%；尽管我国实行了"史上最严厉的房地产调控政策"，从今年1~9月份的数据来看，房地产相关税收仅契税表现为增速回落，其他税种仍保持较快速度增长，占地方一般预算收入的比重也与前两年类似，今年前三季度五项税收占地方本级收入 15.8%。根据财政部发布的数据，今年前三季度房地产营业税 2 968 亿元，建筑业营业税 2 226 亿元，占地方本级收入的 13.1%。如果考虑房地产对金融信贷和建筑业相关行业的拉动作用，土地间接税收在地方一般预算收入中的比重更高。

从 2003 年至 2010 年的数据来看，土地出让金纯收益基本在土地出让成交价款的 35%以上，既不是舆论想当然认为的地方政府"拿干的"，也并非个别声音说的"所剩无几"，土地出让金纯收益相当于地方一般预算收入的 20%左右。

资料来源：http://msn.finance.sina.com.cn，2011-12-05

本 章 小 结

财政的产生与国家的出现密切相关，所以它既属于分配的范畴又属于历史的范畴。和财务分配、工资分配等其他分配形式相比较，财政分配除了具备分配的一般特征以外，在分配主体、分配对象以及分配目的方面有它的独特性，国家主体性在判断一项分配是否属于财政分配方面起到关键作用。满足社会公共需要的产品是社会公共产品，它的非排他性和非竞争性特点决定了市场经济体制下公共财政存在的必要性。政府可以通过一系列的财政手段对市场运行的结果进行调节，最终实现资源合理配置、收入公平分配和经济稳定增长的目的。

复习思考题

1. 财政是怎样产生的？
2. 为什么财政分配的主体是国家？
3. 财政是怎样发挥稳定经济职能的作用的？
4. 公共产品具有哪些特征？
5. 市场失灵表现在哪些方面？

第二章 财政支出

学习要点

1. 了解财政支出的各项分类及分类的意义
2. 掌握财政支出的原则和财政支出的作用
3. 掌握购买性支出和转移性支出的内容
4. 了解我国的政府采购制度,掌握我国社会保障支出的主要内容、现状及发展趋势

课前导读案例

中国将加大财政文化投入力度优化支出结构

中国当前和今后一段时期,财政政策将从五方面大力支持深化文化体制改革,促进社会主义文化大发展大繁荣。这五方面包括:加大财政文化投入力度,确保中央与地方财政文化投入稳定增长;优化财政文化支出结构,进一步加强重点文化领域经费保障;创新财政投入和管理方式,努力提高财政资金使用效益;落实完善各项扶持政策,加快文化体制机制改革创新;建立健全新型国有文化资产管理体制,不断壮大文化建设整体实力。

国家税务总局将从当前和今后一段时期,认真开展调查研究,抓紧研究制定进一步支持文化事业文化产业发展的具体政策措施,加强对文化事业文化产业发展相关知识的学习和了解,深入把握其发展规律,从而增强税收扶持措施的针对性和实效性。

资料来源:何雨欣,徐蕊,侯雪静. 新华网(北京),2011 年 11 月 1 日

第一节 财政支出概述

一、财政支出的形式与分类

(一)财政支出的形式

财政支出又称预算支出,是指国家把通过预算收入的资金,按照一定的方式和渠道,有计划地进行分配的过程,它是实现政府职能的财力促证。一方面财政支出的规模、结

构、内容和形式的变化，主要取决于政府职能及其范围的变化。另一方面，财政支出是财政分配活动的重要环节，它反映了国家的政策，规定了政府活动的范围和方向。

财政支出形式是指国家供应财政资金的具体方式。财政支出形式通常可以归结为以下两种。

1. 无偿拨款方式

无偿拨款即财政将资金直接拨付给有关的部门和单位使用，不要求使用的部门和单位偿还。一般来说，财政无偿拨款形式适合于满足纯粹的社会公共需要，如国家机关、行政管理机构、军队等所需的经费支出，文化、科学、教育等事业单位的经费支出以及社会救济、社会优抚等社会保障事业所需的资金支出。

2. 有偿贷款方式

有偿贷款即财政把其所掌握的资金采取信贷方式支付给有关部门和单位使用，并收取一定的利息或占用费。财政有偿贷款形式主要适用于有稳定收入来源、具备偿还能力的从事生产经营活动的企事业单位的生产性投资项目的建设。

（二）财政支出的分类

随着社会经济的发展，财政支出的数量不断增加，财政支出的种类也越来越多，为了合理地使用财政资金，有效地对财政资金进行管理和监督，需要对财政支出的内容进行科学的分类，以显示财政支出的结构。

财政支出按照不同的标准，可以划分为以下不同的种类。

1. 按财政支出的具体用途分类

根据财政支出的具体用途进行分类，实际上是根据预算支出科目进行划分的方法。按这种方法划分，财政支出项目包括：基本建设支出，企业挖潜改造资金支出，简易建筑费支出，地质勘探费支出，科技三项费用支出，流动资金支出，国家物资储备支出，支持农业支出，工业、交通、商业等部门的事业费支出，城市维护支出，价格补贴支出，文教科学卫生事业费支出，抚恤和社会福利救济费支出，行政管理费支出，国防支出，债务支出。

2. 按财政支出与国家职能的关系分类

按照财政支出与国家职能的关系分类，财政支出可分为以下五大类。

（1）经济建设支出

经济建设支出主要包括基本建设投资支出，企业挖潜改造支出，科技三项费用支出，支援农业生产支出，工业、交通、商业等部门的事业费支出，城市维护费支出，国家物资储备支出等。

（2）社会文教支出

社会文教支出包括用于文化、教育、科学、卫生、出版、通信、广播、文物、体育、地震、海洋、计划生育等方面的经费、研究费和补助费等。

（3）行政管理支出

行政管理支出包括用于国家行政机关、事业单位、公安机关、司法检察机关、驻外机构的各种费用、业务费、培训费等。

（4）国防支出

国防支出包括各种武器和军事设备支出，军事人员给养支出，有关军事的科研支出，对外军事援助支出，用于实行兵役制的公安、边防、武装警察部队和消防队伍的各种经费、防空经费等。

（5）其他支出

其他支出包括财政补贴、对外援助支出等。

3. 按财政支出的经济性质分类

按财政支出的经济性质分类，主要是以财政支出是否与商品和劳务相交换为标准，把财政支出分为购买性支出和转移性支出。

（1）购买性支出

购买性支出是指政府在商品劳务市场购买商品和劳务的支出，包括购买进行日常政务活动所需要的政府各部门的或用于进行国家投资所需要的商品和劳务的支出。前者如政府各部门的事业费，后者如政府各部门的投资拨款。

（2）转移性支出

转移性支出是指政府不获得直接的经济利益补偿的单方面支出，这类支出主要有社会保障支出、各种财政补贴、捐赠支出和债务利息支出等。它不存在任何交换的问题，是政府的非市场性再分配活动。

购买性支出与转移性支出占财政总支出的比重，各个国家以及在不同时期有所不同。一般说来，在发展中国家，由于政府较多地直接参与经济活动，而财政收入相对较少，故购买性支出占总支出的比重较大；在经济发达国家，由于政府较少参与经济活动，财政职能侧重于收入分配的公平与经济的稳定增长，而且财政收入相对较充裕，因而转移性支出占总支出的比重较大。

4. 按财政支出在社会再生产中的作用分类

这种划分方法也称为按社会总产品的价值构成进行分类，在该种划分方法下财政支出可以分为以下三类。

（1）补偿性支出

补偿性支出是指用于补偿已消耗的生产资料的支出，如企业挖潜改造资金支出。

（2）积累性支出

积累性支出是指用于扩大再生产、增加固定资产的支出。如基本建设支出，流动资金支出，国家物资储备以及新产品试制、地质勘探、支农、各项经济建设事业及城市公用事业等支出中增加固定资产的部分，都属于积累性支出。

（3）消费性支出

消费性支出是指用于满足社会消费和部分个人消费方面的支出，如文教科学卫生事业费、抚恤和社会救济费、行政管理费、国防战备费等，都属于消费性支出。

5. 按动态的再生产分类

按动态的再生产进行分类，财政支出可以分为投资性支出和消费性支出两大类。投资性支出，是指用于生产建设或事业单位增加固定资产的投资，它分为新增投资和重置投资两类，新增投资为净投资；用于补偿生产资料耗费的简单再生产投资为重置投资。

二、财政支出的原则

财政支出的原则是指政府在安排和组织财政支出的过程中应遵循的基本准则。财政资金的安排和使用是政府活动的一个关键环节，因为政府能否合理地分配各项财政支出资金，以及能否正确地使用各类财政支出资金，不仅关系到政府各项职能的实现问题，而且关系到国民经济的稳定与增长。因此，有必要为政府安排财政资金、使用财政资金的活动制定基本的行为准则。结合我国社会主义市场经济的实际情况，我国的财政支出应遵循以下基本原则。

（一）量入为出的原则

所谓的量入为出，就是指财政在安排支出时，其规模应限制在财政所可能组织的收入规模限度内，不留缺口。这实际上是坚持财政收支平衡原则在安排财政支出上的具体化。改革开放以来，财政经济的状况和内容都发生了巨大的变化，债务收入已成为财政的重要收入手段之一，依赖债务收入安排的财政支出数额，已从恢复国债发行时的每年数十亿元，增大到每年数千亿元的规模。在这一新情况下，财政支出的量入为出原则的内涵也应相应发生变化。所谓的量入为出，应是在考虑到税收和利润上缴等收入能力之外，再加上正常适度的举债而综合形成的"入"。此时的财政支出的规模，是不应突破这一客观界限的。这是因为，尽管从统计口径上，国债收入已经不再列入财政收入，而是作为弥补财政收支缺口的手段，但国债弥补赤字的能力并不是无限的，国债的年度发行规模也不是可以随心所欲地扩大的，它还受到以后年度财政偿债能力等客观条件的限制。从这个意义上讲，尽管改革开放以来，由于种种原因，我国多数年度都出现了较多赤字，1998 年年末还实行了积极的财政政策，以扩大内需，刺激经济发展，这说明赤字已作为"相机抉择"调控国民经济的有效工具之一，但从长期、根本的战略上看，我国仍须实行财政平衡原则，"量入为出"从广义上仍然是财政在安排支出时应当遵循的基本原则之一。

（二）统筹兼顾、保证重点的原则

统筹兼顾、保证重点的原则，就是指在安排财政支出时，必须对各方面的支出需要和财政所可能提供的财力加以全面的考虑和安排，既保证重点，又照顾一般的原则。

作为一个发展中的大国，尽快地发展经济和赶超世界先进水平，同时又适度地相应提高人民的物质文化生活水平，是我国最迫切的发展目标。在这一发展过程中，国家及其财政发挥着重大的作用。在世界经济发展史中，落后国家借助国家的干预在短时期内赶超先进水平的事例并不少见。这对于我国的现代化建设来说，显然也不例外，兼之体制改革和社会稳定的需要，决定了方方面面对于国家财政的财力要求是巨大的。但是，我国财政在一定时期内所能集中起来并安排使用的财力，又是有其限度的，相对于巨额的需求来说又是非常紧缺的，尤其是作为发展中国家更是如此。这在财政支出的安排上，就体现出了尖锐的需要与可能的矛盾。这就要把钢用在刀刃上，通过在安排财政支出时的统筹兼顾、全面安排、保证重点、照顾一般，以有限的财力，去满足尽可能多的支出需要，去完成尽可能多的发展经济和改善生活的任务。

要贯彻统筹兼顾、保证重点的原则，就必须在支出预算的安排和执行中，认真处理好财政与市场的关系、财政的投资性支出和经常性支出的比例关系。当然，财政支出的各种比例关系问题，并不是一成不变的。随着市场化改革的进展和市场经济体制的建立健全，我国财政支出的重点及其内涵也将发生相应的变化。

（三）优化支出结构的原则

所谓优化财政支出结构的原则，是指根据国民经济和社会发展的比例结构，相应地安排财政支出结构，使之实现结构的最佳配合，以促进经济和社会的协调发展。实现财政支出结构的优化，要处理好以下两个方面的关系。

1. 正确处理购买性支出与转移性支出的关系

购买性支出与转移性支出是财政支出按其经济性质划分的结果，购买性支出反映了政府财政的资源配置职能，而转移性支出则反映了政府财政的收入分配调节职能。因此，在正确处理购买性支出与转移性支出的关系时，应本着"效率优先，兼顾公平"的原则，既要解决好政府财政实现资源配置这一经济运行的效率问题，同时又要处理好政府实现公平收入分配这一市场经济条件下必然存在的公平问题，解决好经济发展和社会进步的关系。

2. 正确处理投资性支出与公共消费性支出的关系

投资性支出与公共消费性支出的关系实质是财政支出中的发展性支出和维持性支

出的关系，处理好这一关系，对社会经济的稳定发展具有十分重要的意义。因为一方面，社会经济的发展是社会永恒的主题，扩大再生产是其最基本的特征，这需要通过投资才能实现；另一方面，生产的目的是为了满足消费，消费反过来促进生产，社会的发展必须有稳定的消费需求，才能实现经济的稳定增长。

（四）公平与效率兼顾原则

公平与效率称为社会经济福利的两大准则。效率通常被比作如何将蛋糕做大，公平则被比作如何按一定的价值标准将蛋糕在所有成员之间进行分配。绝对平均主义导致低效率，对高收入者征收高额累进税，又会打击一部分社会成员创造财富的积极性。因此，如何兼顾公平与效率，是经济学的一大难题。

财政支出的效率原则指财政支出所取得的各种效益，包括经济效益和社会效益的总计，应当大于聚财过程中对经济所形成的代价或成本，也就是要取得效益剩余或净效益。

财政支出的公平原则与财政的收入再分配职能联系在一起，要求通过以国家为主体的分配活动，调整收入分配，避免收入分配过分悬殊。对于任何一个社会来说，在强调经济效率的同时都不可以忽略社会公平的要求。

三、财政支出的规模与结构

（一）财政支出规模

1. 财政支出规模的变化趋势

财政支出的不断增长，是一种带有规律性的历史趋势。在自由资本主义时期，国家财政主要执行维护社会秩序和保卫国家安全的政治职能，在经济、文化和社会发展等方面很少有所作为。然而，随着资本主义经济的日益发展，政府活动范围及其职能的相应扩大，特别是随着市场失灵弊端的日渐显现和国家宏观调控功能的不断强化，财政支出的增长趋势变得更加明显。

（1）财政支出的绝对增长

在不同国家和不同时期里，尽管财政支出水平的变化幅度不尽相同，但从一个较长的历史时期看，支出绝对额的不断扩大是一个带有规律性的历史趋势。表 2.1 的数据表明，我国财政支出的绝对额呈现出不断增长的趋势。

（2）财政支出的相对增长

财政支出的相对增长，一般是指一国财政支出占该国同期国民生产总值、国内生产总值或国民收入的比重。在实际经济分析中，相对量指标更能反映一国的财政支出规模的状况。

表 2.1 我国财政支出总额及占 GDP 的比重

项目 年份	财政支出总额 /亿元	财政支出增长率 /%	国内生产总值（GDP） /亿元	财政支出总额占 GDP 的 比重/%
2001	18 902.58	19.0	97 314.80	19.42
2002	22 053.15	16.7	105 172.30	20.97
2003	24 649.95	11.8	117 390.20	21.00
2004	28 486.89	15.6	136 875.90	20.81
2005	33 930.28	19.1	184 937.40	18.35
2006	40 422.73	19.1	216 314.40	18.69
2007	49 781.39	23.2	265 810.30	18.73
2008	62 592.66	25.7	314 045.40	19.93
2009	76 299.93	21.9	340 506.90	22.41
2010	89 874.16	17.8	397 983.00	22.58

注：2001～2009 年数据来源于《中国统计年鉴》（2010 年），2010 年财政收入的数据来源于财政部网站，2010 年国内生产总值的数据来源于《2010 年国民经济和社会发展统计公报》。

　　财政支出的相对规模，或者说财政支出占 GDP（或 GNP，NI）的比重，在不同的国家是有所不同的，即使在同一个国家的不同发展时期，这一比重也有较大的变化。但从较长时间来看，其不断增长的趋势也是十分明显的。

　　下面我们来分析我国财政支出占 GDP 比重的发展趋势。在改革开放以前，我国财政支出占 GDP 的比重是比较高的，这与当时实行的计划经济体制存在着密切的关系。一方面，我国实行的"低工资，高就业"的政策，在 GDP 的初次分配中，个人所占的份额是很小的，同时，大量的个人生活必需品由国家低价甚至无偿提供；另一方面，国家实行统收统支的经济政策。国有企业的利润乃至基本折旧基金也几乎全部上缴国家财政，相应地，固定资产和流动资金，乃至更新改造资金则由国家无偿拨付。在这样的经济背景下，财政支出占 GDP 比重过高就成为必然。改革开放以来，国家以打破平均主义、调动各经济主体的积极性和主动性为目标，实行了放权让利的政策，提高人民的收入水平，在 GDP 的分配中，个人和企业所占份额随之提高，自然就出现了财政支出占 GDP 的比重逐步下降的趋势（见表 2.1）。但是我们应当看到，自 1995 年以来，由于上述导致财政支出比重下降的政策性因素的逐渐减少，财政支出占 GDP 的比重在逐步提高，而且，从今后的趋势来看，还将有更大的提高。

　　2. 影响财政支出规模的因素分析

　　影响财政支出规模的因素是多方面的，通过上述分析，再结合当今世界各国的现实情况，可以得出其影响因素主要包括以下几个方面。

（1）经济因素

这主要是指一国的经济发展水平和相应的经济体制。经济规模决定财政支出规模，经济发展、生产力水平提高，财政支出规模也相应增大；同时一国的经济体制对财政支出规模也有很大影响，一般来说，实行高度集中的经济管理体制，其财政支出规模会较大，实行市场经济国家的财政支出规模也较大。从我国的实践来看，便可以得出这样的结论。我国在实行计划经济体制时，财政支出（相对）规模较大，在改革开放之初，随着放权让利政策的实施，其相对规模在不断减少，在我国确定建立社会主义市场经济体制以后，我国政府比较注重提高财政支出的规模，近几年财政支出的相对规模的增大，也可以说明这个问题。

（2）政府对经济的干预程度

在实行自由的市场经济时期，强调国家不干预经济，缩小政府职能，财政支出规模较小；在实行国家干预的市场经济时期，由于国家职能的扩大，政府在稳定经济过程中要起到重要的作用，因此，在这个时期，财政支出的规模较大。

（3）政治性因素

政治性因素对财政支出规模的影响主要体现在三个方面：一是政局是否稳定；二是政体结构的行政效率；三是机构设置是否科学。当一国社会出现动荡或发生战争时，财政支出规模增大；相反，一个稳定的社会，其支出规模相对缩小。若一国的行政机构臃肿、人浮于事，效率低下，其经费开支必然会增大。

（4）社会性因素

人口状态、文化背景等社会性因素，在一定程度上也影响到财政规模。在发展中国家，人口基数大，增长快，相应的教育、保健及救济的贫困人口的财政支出压力便大；而在一些发达国家，公众要求改善生活质量，也会对财政支出提出新的要求。我国在生产发展和劳动生产率提高的基础上，人民的生活水平逐步提高了，但由于近几年我国工资总额增长幅度一直高于劳动生产率提高的幅度，这对我国的财政支出规模不能不产生不利影响。

（二）财政支出结构

1. 财政支出结构增长变化规律性

市场经济发展的历史表明，财政支出结构的变化具有一定的规律性。在经济发展早期，投资性支出占财政支出的比重以及政府投资占社会总投资的比重较大，社会性支出比重相对较低，而随着社会经济的发展，财政支出中投资性支出比重逐步下降，社会性支出则呈急剧增长的趋势。因为，在经济发展的初期，政府要为经济发展提供公共设施，如道路、运输等，某些基础产业、新兴产业以及经济结构的调整，都必须有政府的介入与支持,政府要加大投入,为经济起飞和持续、稳定增长创造条件。所以,投资性支出占财政支出的比重以及政府投资占社会总投资的比重较大。在经济发展的中期,政府投资仍在继续,但已逐步让位于私人投资,作为私人投资的补充,财政支出中投资性支出的比重以及社会总投资中政府投资的比重呈现逐步下降的趋势。到经济发展的成熟期,经济发展的目标由注重经济增长转向注重社会经济的全面协调发展,注重提高生活质量,政府财政支出开始强化稳定功能,教育、卫生保健,特别是社会福利和社会保障等方面的支出急剧增长。

2. 我国财政支出结构的现状

改革开放以来,在经济增长的基础上,我国的财政支出规模也不断扩大。2010 年全国财政支出总额达 89 874.16 亿元,比 1978 年的 1 122.09 亿元增长 79.09 倍。2010 年文教科卫费用支出占财政总支出的比重为 24.6%,比 1978 年的 10% 提高了 14.6%,体现了国家对发展教育科技事业的重视和支持。其次是逐步减少财政投资支出的比重以及提高社会保障性支出的比重等。特别是 1998 年以来我国实施的积极的财政政策,财政支出与解决经济和社会发展的重大问题更紧密地结合起来,使我国的财政支出结构日趋完善。但是我们也应当看到,由于我国政府职能尚未根本转变以及财政支出管理体制滞后等种种原因,财政支出结构与社会主义市场经济的要求还有诸多不相适应的地方。其主要表现为以下几个方面。

(1)财政支出范围不合理

目前,我国经济体制正处于转轨时期,政府职能还未能完全适应社会主义市场经济发展的要求,仍然包办或管理了一些应当由企业、私人和市场从事的活动。相应的,财政资金供给范围过大、包揽过多的问题还没有得到解决。

(2)财政支出挂钩项目过多

近几年来,国家对部分重点支出项目的增长作出了与收入(支出)增长挂钩的规定,有的还以法律的形式确定下来:对农业、科技、教育、卫生、环境保护、计划生育、宣传文化、政法等项支出,都提出了明确的要求;对其他一些支出项目,如国防、社会抚恤救济、价格补贴、公务员工资等,虽然支出增长没有与正式法规规定要求挂钩,但预算支出必须尽力安排,有的在预算执行中还要不断追加。

(3)财政供养负担过重

自 1993 年机构改革以来,由于各种各样的原因,机构、人员仍不断膨胀,特别是在经济基础比较薄弱的地方,由于企业吸纳能力小,造成吃"皇粮"的人员增加更快。据统计,1994~1997 年,财政负担的机关事业单位在职职工每年约增加 60 万人,一年需要增加财政支出 60 多亿元;财政负担的机关事业单位离退休人员每年增加 50 万人左右,一年需要增加的财政支出约 25 亿元。与此同时,近几年来,一些地方、部门越权出台各种津贴、补贴，进一步加重了财政负担。

3. 按照市场经济要求重构我国财政支出的格局

针对我国财政支出的现状，借鉴西方发达的市场经济国家的经验，按照社会主义市场经济发展和政府职能转变的要求，我国财政支出的格局要进行相应的调整。总体来看，今后财政支出应重点用于以下几个方面。

（1）为国家机器正常运转提供财力保证

任何国家都要把维护国家机器的正常运转作为财政的首要任务。诸如公安、司法、行政、国防、外交等国家政权建设方面的社会公共需要，靠市场机制无法满足，只有由政府财政通过税收筹集资金并采用预算安排的方式加以解决，这是所有国家的财政所共同具有的基本职能。当然，国家机器的规模要适当，如果过分膨胀，不仅会增加财政的负担，而且会阻碍生产力的发展。

（2）加大对那些代表社会共同利益和长远利益的社会公共和公益性事业的支持力度

科研、教育、卫生保健等社会公益性事业一般具有投资大、见效慢的特点，企业投资者一般不愿意介入或介入不充分，政府有责任增加对这些领域的投入。要加大对科技、教育等重点社会事业的投入，优先保证其发展的资金需要，同时，要合理调整社会事业支出的内部结构。当然，社会公益事业的发展也不能全部由政府包揽下来，有些事业可以引入灵活机制，按照"谁受益，谁负担"的原则，适当开辟一些新的资金来源渠道，逐步建立多渠道办社会事业的投入机制，增加全社会对社会重点事业的投入。

（3）逐步提高财政对社会保障支出的保证能力

随着经济体制改革的深入，发展社会保障事业是各级政府的当务之急和财政部门的重要职责。在市场经济条件下，企业正常竞争、破产、兼并以及资产重组等，都与劳动力的合理流动和妥善安置紧密相关，并且都必须以劳动者失业时和退休后具有基本生活保障为前提。国有企业改革能否取得突破性进展，很大程度上取决于社会保障制度的建立和完善。从整体来看，我国社会保障支出的划分还不很明确，支出的比重很低，难以适应社会主义市场经济发展的要求。因此，随着财力的增加，财政要加大对社会保障支出的投入力度，大力推进社会保障体系的建设。

（4）加大财政对基础设施及基础产业的投资力度

在市场经济条件下，除了关系国家经济命脉的重点产业之外，一般营利性投资是企业配置资源的范围，政府财政不宜参与。财政的职责是通过基础设施建设，为企业生产经营提供良好的外部环境。因此，今后我国财政预算内投资要逐步退出竞争性的投资领域，通过压缩对一般性项目的投资，增加对农业、能源、交通等基础设施、基础产业和高新技术产业，以及教育、科研、环境保护等方面的投资。

我国社会保障支出水平偏低且城乡间不合理

近几年来，随着国家财力的不断增加，财政对社会保障投入总量不断增加。据统计，我国财政用于社会保障的支出从2001年的1 987.4亿元增加到2010年的9 081亿元，十年增加近4倍。特别是随着新农保试点工作的展开，标志着我国覆盖城乡的社会保障体系正在逐步形成。但由于目前我国财政社会保障支出水平偏低且城乡间分配不合理，致使我国社会保障体系仍不健全。

一是我国社会保障支出占财政支出的比重较低。世界各国社会保障制度建设的实践表明，社会保障制度的建设及完善和政府的财力支持密不可分。目前我国财政虽然对社会保障给予一定的财力支持，但力度偏小，即我国社会保障支出占财政支出的比重较低，2001～2010 年我国社会保障支出占财政支出的比重大体维持在10%～12%。而2006年社会保障支出占财政支出的比重美国为18.6%，法国为42.4%，德国为46.5%，英国为35.9%，日本为33.9%（中国社会科学院财贸所课题组，2010年）。显然我国财政社会保障支出水平远低于其他国家，正是由此，使得当前我国社会保障水平偏低，不能满足国民对社会保障日益增长的需求。

二是财政社会保障支出在城乡间分配不合理。我国财政用于社会保障的资金投入本就有限，再加上受城乡二元结构的影响，财政把本就不多的社会保障资金大多投向城市，用于农村社会保障的公共支出较少。以农村社会养老保险为例，2009 年以前中央财政对农村社会养老保险几乎没有任何支持，绝大部分的省（市、自治区）级财政对农村社会养老保险也无任何补助，仅仅是县（市、区）级财政给予一定的财政补贴。直到2009 年9 月国务院颁发了"新农保试点指导意见"，中央财政和省（市、自治区）级财政才对农村社会养老保险进行财力支持，但与城市相比差距仍然较大。正是由于财政社会保障支出过于偏向城市，造成目前我国农村社会保障制度很不健全，城乡居民收入差距不断扩大。

资料来源：http://thesis.cei.gov.cn/modules

第二节　购买性支出

政府购买性支出是指政府在商品劳务市场购买商品和劳务的支出，包括购买进行日常政务活动所需要的政府各部门的或用于进行国家投资所需要的商品和劳务支出。前者包括政府各部门事业费，如国防费、行政管理费、文教科卫支出等，属于社会公共消费性支出；后者包括政府各部门的投资拨款，如农业、基础设施、基础产业、支柱产业、住宅建设等，属于政府投资性支出。于是，政府购买性支出分为社会公共消费性支出和政府投资性支出两大类，两者的区别在于支出项目发生后是否形成固定资产。

社会公共消费性支出和政府投资支出在政府购买性支出中的比重，与政府职能范围密切相关。一般来说，发达国家政府职能侧重于提供公共产品和公共服务，有些公共产品和公共服务利用私人部门购买的方式进行，因此，政府投资支出比重相对较小。而发展中国家处于经济起飞阶段，且各项公共设施基础较差，因此，政府投资支出比重一般较高。

一、政府公共消费性支出

政府公共消费性支出也称社会消费性支出或公共支出，它与投资性支出一样，都是为社会再生产的正常运行所必需的。但社会消费性支出主要是满足纯社会公共需要，是政府提供公共物品和劳务的主要渠道。一般来说，社会公共消费性支出在财政支出中的项目有两大类：一类属于纯公共需要如国防费、行政管理费等；另一类属于准公共需要如教育、科研、医疗等部门的事业费，这部分可以由私人部门提供部分服务，但政府仍然要承担大部分支出，因为教科文卫事业具有"公共性"，对经济和社会的发展进步的作用是十分重要的。

（一）行政管理支出

1. 行政管理支出的内容

行政管理支出是国家权力机关和行政管理机关领导和组织社会主义政治、经济、文化生活的财力保证。民主党派和人民团体虽不具有行政管理机关性质，但其经费视同国家机关经费管理。行政管理支出的内容包括如下几项。

（1）行政支出

行政支出是用于国家党政机关、民主党派和人民团体的经费，包括行政机关经费、行政业务费、干部训练费和其他行政经费。

（2）公安支出

公安支出包括公安机关经费、公安业务费、警校和公安干校经费和其他公安经费。

（3）司法检察支出

司法检察支出包括司法检察机关经费、业务费、司法学校及干部培训经费和其他司法检察经费。

（4）外交支出

外交支出包括驻外机构经费、出国费、招待费、国际组织会费、捐赠支出和其他外事费。

2. 行政管理费的支出管理

行政管理费是实现国家基本职能所必需的费用，但它又带有非生产性的特点，在实践中如何控制好这些经费，确实是一个较为棘手的问题。总的来看，应当本着"保障供给，厉行节约"的原则，管好用好这笔经费。结合到目前我国经济体制和政治体制改革的实践，应该把握好以下几点。

（1）精简机构，转变政府职能，合理界定政府的事权范围

从我国目前的情况来看，存在着机构臃肿、人员过多、支出过大的问题。我国为了解决财政用于行政管理的支出规模过大的问题，1949年以来进行了多次机构改革，但始终未能走出"精简—膨胀—再精简—再膨胀"的循环怪圈，财政支出规模越来越大。

（2）严格财务管理制度，控制行政经费开支

目前财政管理制度不严，任意提高支出标准，集团购买力膨胀，浪费现象严重是行政费用支出增长过快的重要原因。因此，必须严格行政财务管理制度，加强对社会集团购买力的管理与控制，提高行政管理人员节约使用财政资金、提高资金使用效益的意识，同时，积极配合审计、监察、物价等部门切实加强财务监督、检查。

（3）发展社会化服务，减少行政经费开支

机关单位的后勤管理体制改革也是这次政府机构改革的重要内容，通过将机关中的后勤部门——从人员编制、财产管理到经费预算等——与行政机关分离，单位所需的用车、食堂、托幼、卫生保健及设备维修等工作委托社会举办，由各服务性企业承包或由机关分离出来实行企业化经营，坚持以服务为宗旨，并适当向社会放开，这将减少很大一部分行政经费支出。

（二）国防支出

国防支出是国家用于武装力量和国防建设方面的费用，包括国防费、民兵建设费、国防科研事业费和防空经费等。

国防在防御外来侵略、保卫国家安全和领土完整方面，具有不可替代的重要作用。国防从来都是政府的基本职能之一，因此，必须合理安排国防支出的规模。①安排国防支出规模必须考虑国际政治经济局势变化的因素。当国际局势、战争危险随时存在、国家安全受到威胁时，要适当增加国防支出；反之，则要适当减少国防支出。②国防支出规模应当考虑国家财力的因素。在经济建设时期，国家应将有限的资源主要用于经济建设项目的投资，适当控制国防支出费用，从长远来看，这样更有利于国防建设，因为，国防建设是以经济建设为基础的。③国防支出规模还要考虑政府调控经济目标的要求。当一国经济处于萧条时期，可以考虑增加国防支出来调控经济，一方面可以增加国防实力，加快国防现代化步伐；另一方面，又可以增加社会有效需求，刺激经济增长并实现充分就业。

（三）社会文教支出

1. 文教科卫支出的经济分析

经济和社会发展的历史证明，局限于纯经济领域中寻求发展经济的动力是一种十分狭隘的思路，只有大力发展文化、教育、科学事业和提高人民的健康水平，提高全体国民的素质，才能收到事半功倍之效。在社会的共同需要中，逐渐增加了发展文化、教育、科学和普遍提高人民健康水平的内容，相应地，财政支出中也就出现了用于这方面的支出项目。

科学技术是第一生产力，是推动经济发展最具能动性的重要力量。从人类社会的发展进程看，人类社会的巨大变革的直接动因是生产技术的变革，而生产技术的变革以科学发明及其在生产中的应用为基础，科学技术的进步对经济发展、劳动生产率的提高有着根本性的作用。据有关专家测算，20 世纪 70 年代以来，发达国家劳动生产率的提高，有 60%～80%归因于采用了先进的科学技术。教育是科学技术水平提高的源泉和基础，没有教育水平的提高，就没有国民素质的全面提高，也就没有科学技术的进步。因此，要求社会在安排国民收入的用途时，全面考虑生产的当前需要和未来发展的需要，切实保证文教科卫支出占有一个适当的比例，而且这个比例应随经济的发展逐步提高。

2. 文教科卫支出的资金来源分析

文教科卫支出应当在国民收入使用额中占有一定的份额，而且这一份额应逐步增大。那么，这部分支出应当由财政支出予以安排，还是主要在微观经济主体的初次分配收入中予以安排，或者两者并举？要回答这个问题，显然需要我们回到"社会公共需要"理论上来。

用于满足社会需要的产品可以分为三类：纯粹的公共产品、纯粹的私人产品和同时具有公共产品和私人产品特征的产品（准公共产品）。第一类产品所需的资金由财政提供，第二类产品所需的资金由微观经济主体提供，第三类产品所需的资金应当由财政和各微观经济主体共同承担。如果把文教科卫当作一种产品且对其进行分类，那么，它应该属于第三类公共产品，即应由财政和各经济主体共同承担其费用。财政是用来满足社会公共需要的，原则上只限于那些社会公众不可能而且也不应该通过市场购买予以满足的需要。下面按这一标准分析文教科卫支出费用的资金来源。

（1）教育支出的资金来源分析

一般认为，教育是可以由微观主体提供（举办）的，需要接受教育的人也可以通过花钱"买"到这种服务。所以，人们对教育的需要，原则上可以不必都由政府予以满足。但是，随着我国社会主义制度的建立，广大劳动人民享受到了广泛的教育权利，加之教育对国民经济发展的促进作用日益显著，因此，义务教育问题，即由政府出资来满足广大人民群众享受教育的需要，就成为一种社会的公共需要。然而，教育作为一种社会公共需要，毕竟与人们对安全和秩序的需要有所区别：对安全和秩序的需要只能由政府予以满足，而对教育的需要则可以由私人予以满足。更重要的是，安全和秩序具有非排他性，而教育所提供的利益则是内在化和私人化的，专业教育尤其如此。所以，教育这种需要是一种准社会公共需要，其资金的来源理应是多方面的。在国家财力不足、广大群众的收入水平日趋提高的情况下，全社会用于发展教育的经费，应该由政府和接受教育的人们以及从教育中得益的经济实体（如企业）共同承担。文化事业的情况也与此相仿。

（2）科学研究支出的资金来源分析

科学研究可以由个人或某一集体去共同完成，其研究成果一般也可以有偿转让。但是有些情况会使这种转让十分困难，如有些具有"外部经济"的研究成果就难以实现其经济价值，即往往有一部分研究成果的成本与运用科研成果所获得的利益不易通过市场交换对称起来。所以用于此类的科研成果（主要是基础研究成果）的经费应当由政府承担，而那些可以通过市场交换来充分弥补其成本的科学研究（主要是应用性的研究）则可以由微观经济主体承担其经费。

（3）医疗卫生支出的资金来源分析

卫生事业实际上由医疗和卫生两个部分组成，它们的经济性质是有所区别的。医疗服务可以由政府提供，也可以由私人提供，不管谁来提供医疗服务，都是可以进入市场交换的。另外，医疗服务的利益完全是私人化的，据此可以认为，医疗服务并不一定要求政府出资提供。多年以来，我国对国有企业事业单位职工实行公费医疗制度，这在一定范围内体现了公平的原则，但如果从经济原则或效率原则角度考察，公费医疗制度存在严重的弊端，如药品的浪费、门诊和床位的拥挤、医疗费用的屡屡超支。西方高福利的国家实行类似我国公费医疗的社会保障制度，也存在同样的管理上的问题。因此，对我国现行的医疗制度必须进行改革。而卫生服务则与医疗服务不同，私人不可能也不愿意提供这项服务，这项服务本身也不可能进入市场，而且卫生服务的利益也是由社会公众无差别地享受（消费的非排他性）的，因此，卫生服务主要应由政府出资提供。

通过以上分析可以看出，文教卫生服务并非一种纯公共产品，而是一种准公共产品。因此，从总体上来说，为了促进文教科卫事业的发展，政府和社会公众应当共同出资。具体来说，在文教事业方面，政府应当为那些有助于普遍提高全民文化素质的文化教育事业出资；在科学研究方面，应当主要为基础科学研究出资；在医疗卫生方面，则主要为卫生事业出资。除此之外的文教科卫事业，原则上都是可以由社会公众出资。当然，如果国家财力充裕，部分地出资兴办这些事业，也未尝不可。

3. 文教科卫支出的预算管理方式的改革

（1）改革了事业单位预算管理形式

长期以来，事业单位在预算管理上，根据其经费自给率的大小，将其划分为全额预算管理、差额预算管理和自收自支管理三种预算管理形式，国家对三种预算管理形式的单位分别实行不同的政策；同时还规定，有条件的全额预算单位要逐步向差额预算单位过渡，有条件的差额预算单位要逐步向自收自支管理单位过渡（简称两个过渡）。这些规定，在加强单位财务管理，促进单位依法组织财政收入，减轻国家负担，促进事业发展等方面起到了积极的作用。由于国家对三种预算管理形式的单位实行不同的政策，致使两个过渡推行起来十分困难。根据这些情况，1996 年 10 月，财政部颁布《事业单位财务规则》，取消了三种预算管理形式的划分，规定事业单位统一实行"核定收支，定额或定项补助，超支不补、结余留用"的预算管理办法。

（2）进一步规范了支出管理

改革开放以前由于事业单位业务活动比较简单，资金来源渠道单一，支出内容也比较单纯，国家对事业单位各项支出的规定既严格又具体。改革开放后，由于事业单位资金来源呈现多元化的格局，各种非财政补助收入增多，而对这部分收入形成的支出却没有相应的财务管理规定，管理上的漏洞比较多，资金使用效率不高。根据这些情况，新《事业单位财务规则》对事业单位进行了新的分类，尤其是将事业支出与经营支出区分开来，同时，事业单位在支出管理上有了一定的自主权。

（3）推行了定额管理制度

1992 年颁发的《社会文教行政单位预算支出定额制定规则（试行）》，规定对行政事业单位的预算支出进行定员定额管理。所谓定员定额管理，是指根据事业单位的工作任务和开展业务工作的需要，规定人员配备标准和各项经济指标的额度。定员，就是确定人员编制指标，根据"精兵简政"的原则和要求以及各事业单位的不同性质，规定完成一定工作任务所需要的职工人数。定额，是确定开支的限额，对不同的事业单位根据其任务、职责制定相应的开支标准。文教科卫单位的定额包括收入定额和支出定额。

（4）改革和完善了预算资金分配办法

长期以来，文教行政经费是采取"基数加增长"的办法进行分配的，也就是财政部门对文教行政单位安排预算时，以单位上年的预算分配数作为基数，再结合预算年度有关发展因素确定一个增长比例，进而确定单位预算年度的分配数。实践证明，这种以基数定终身的办法很容易造成苦乐不均、鞭打快牛的现象，不利于调动单位增收节支的积极性。为此，各级财政部门积极探索预算资金分配办法管理的改革。目前普遍的做法是：在定额管理的基础上，实行"零基预算法"，打破单位支出的预算基数，预算资金的分配从零开始，根据行政事业单位的性质、任务、收支情况、国家财政政策和财力可能等因素，对单位的支出进行量化分解和分析，通过制定科学的定额来保证预算资金的科学、规范和公平分配，加强支出管理，硬化预算约束，提高资金的使用效率，调动单位增收节支的积极性，促进事业更快发展。

二、政府投资性支出

（一）政府投资性支出的特点

社会的总投资按其资金来源的不同，可以分为政府投资和私人投资两大部分。由于社会经济制度和经济发展阶段的不同，这两大部分投资在各国社会总投资中的比重存在相当大的差异。影响两者比重的因素主要有三点：①经济体制的差异。一般地说，实行市场经济体制的国家，非政府部门投资在社会投资总额中的比重较大；在实行计划经济体制的国家，政府部门投资所占比重较大。②所有制的差异。一般说来，私有制国家政府投资占社会总投资比重较小；公有制国家中的政府投资占社会总投资比重较大。③经济发展阶段的差异。一般说来，发达国家的政府投资占社会总投资比重较小；发展中国家的政府投资占社会总投资的比重较大。

相对于非政府部门投资而言，政府投资具有以下不同的特点。

1. 政府投资目的的社会效益性

政府居于宏观调控的主体地位，政府投资一般不单纯从经济效益的高低角度来评价和安排自己的投资，政府投资可以是低利甚至是无利的，但是政府投资项目的建成，如社会基础设施的投资等，具有正的"外部效应"，可以极大地提高国民经济的整体效益。

2. 政府投资项目的大型化和长远性

政府财力雄厚，而且资金来源大多是无偿的，可以投资于大型项目和长期项目。这一点，是非政府部门的投资力所不能及的。

3. 政府投资是调控经济运行的重要手段

政府投资还要考虑国家调控经济运行的需要，以保证国民经济健康、协调、稳定地发展。

（二）政府投资支出方向的选择和政府投资领域的选择

社会总投资从投资方向看，包括三大部分：①社会公益类项目的投资，包括国防、政府行政机构、司法部门等设施，科研、教育、卫生部门设施，以及环境保护和其他城市公用设施等。②经济基础类项目投资，包括能源、交通、邮电和通信业、农业、水利、气象设施及高新技术产业等。③竞争类项目投资，包括制造业、建筑业、流通仓储业、服务业、金融保险业等。从前面分析的政府投资的特点上看，政府投资支出应以第一部分为主要投资领域，第二部分的投资可以适当参与，但一般不宜介入第三部分的投资。也就是说，政府投资支出应将社会公益类项目和部分经济基础类项目作为投资重点，不应参与竞争类项目投资。这样既可以防止对资源的市场配置进行不必要的干预，又可以把政府有限的资金集中于必不可少的领域。因此，政府投资应主要投资于以下三个领域。

1. 社会基础设施和公用基础设施投资领域

社会基础设施是指一国在科学技术研究和开发方面，以及教育和公共卫生等社会发展方面的基础设施。政府对这些方面进行投资，可以提高社会成员的整体素质，保证经济增长的质量和效率，促进社会的全面进步。

公用基础设施是指构成一国的经济发展的外部环境所必需的基础设施，如道路、供水、供电、供热、通信、排水和固体废物的处理等。政府对公用基础设施进行投资，对于实现促进经济增长的目标，对于人民生活水平的提高都是必不可少的。发展中国家普遍存在基础设施滞后发展的问题，亚洲开发银行的专家指出，亚太地区发展中国家在基础设施上的投资约占其 GDP 的 5%，必须尽快提高到 7%才能跟上经济发展的需要，拖延基础设施投资将不可避免地放慢发展速度。这就说明，经济增长的动力对多数发展中国家来说就是对基础设施的投资。

这些基础设施提供的功能或服务是面向全社会的，因而社会效益是其基本的着眼点，虽然也可收取一定费用，但基本上是非营利的。正是基于这一点，公用基础设施的投资成为政府投资必须参与的领域。

2. 经济基础产业投资

经济基础产业大都是关系国计民生的重要企业，是经济增长必不可少的因素。这类产业资本密集程度高、投资大、建设周期长、投资回收慢，巨额的投资沉淀后较难收回；同时其部分产业外部效应明显，存在无利或低利的情况。鉴于这些特点，对这些经济基础产业，如交通、邮电、水利、通信、能源、军工等，非政府投资主体一般不愿意主动进行投资。没有政府投资支出的支持，经济基础产业很难迅速发展，这必然会影响整个社会经济的稳定增长。因此，政府应该在较大程度上介入这些产业的投资，同时，运用政策鼓励和吸引其他社会资金共同投资。

3. 高新技术产业投资以及重要能源和稀缺资源的开发领域

新兴产业、高科技和高风险产业，是为国民经济提供技术装备，保证国家经济长远发展的特殊产业；对一些重要能源和稀缺资源进行开发利用的产业，以及某些只有垄断才可以保证规模经济效益的自然垄断产业等，属于私人无力投资或不允许私人投资的产业，对此必须通过政府投资来实施。

（三）政府投资支出的管理

对政府投资支出的管理，我国在很长一段时间内，实行的是无偿拨款制度。其基本的管理格局是"计划定项目，财政拨付资金，建设银行进行拨款监督"。其弊端是资金供给制，花钱无压力，争投资争项目，造成投资规模过大，投资效率低下和资金浪费严重。为了解决这些问题，自改革开放以来，我国对政府投资管理制度不断进行改革，以适应市场经济发展的需要。

1. 拨改贷

拨改贷就是将基本建设拨款改为基本建设贷款。具体做法是将国家财政安排的基本建设支出拨给建设银行，作为贷款资金，由建设银行根据国家基本建设计划和贷款条件发放贷款，用款单位按期还本付息。1981 年推行拨改贷时规定，凡实行独立核算有偿还能力的企业均实行拨改贷，对行政事业单位继续实行拨款制度，1985 年决定扩大实行拨改贷，对行政事业单位也实行拨改贷，目的是将国家与建设单位的"领、拨"关系改为借贷关系，强化建设银行的审查和监督作用。

2. 基金制

1988 年对中央基本建设投资实行基金制，明确将基本建设的资金来源，由财政部门划归国家计委负责，并同时组建六个国家专业投资公司，负责对国有资产的开发、经营和管理工作。1994 年，国家开发银行成立，上述六家国家专业投资公司撤销，其业务划入国家开发银行管理。

3. 债转股

为促进国有企业改革，减轻国有企业负担，进行债务重组，我国近年来采取将原来财政上的拨改贷的贷款改为国家资本或国家股本的做法，称贷改投或债转股。

三、政府采购制度

(一) 政府采购制度及其特征

政府采购制度是指各级政府为了开展日常政务活动和为公众提供公共服务，以公开招标、投标为主要方式从市场上为政府部门或所属公共部门购买商品、工程和服务的一种制度。政府采购制度作为财政制度的一个重要组成部分，在国外已经有相当长的历史，英国在 1782 年设立文具公用局，美国在 1778 年的《宪法》中就有了政府采购的条款。政府采购制度在各国的经济管理中有着十分重要的地位，目前发达国家的政府采购占GDP 的比例较高，一般为 10%～20%，如美国为 20%，欧盟为 15%～20%，日本为 10%，东南亚国家大体在 5% 左右。

政府采购制度具有公开性、公平性和竞争性的特征。公开竞争是政府采购制度的基石，它体现了公平的原则，通过竞争，政府能买到具有最佳价格和性能的物品和劳务，节约财政资金，使公民缴纳的税金产生最大的效益，它同时又体现了效率原则。

(二) 实施政府采购制度的现实意义

我国目前正处在社会主义市场经济逐步建立的转轨时期，建立和完善政府采购制度具有十分重要的现实意义。

1. 建立政府采购制度是市场经济体制的内在要求

市场经济讲求效益原则，要求使社会资源得到有效的合理配置。建立政府采购制度要保证政府的采购行为实现效益最大化，同时在公平竞争的市场中进行，增加政府行为的透明度。我国社会主义市场经济的不断发展，为政府采购制度的建立提供了良好的外部环境，同时，政府是国内最大的单一消费者，政府采购的数量、品种和频率，对整个国民经济发展有着直接的影响，建立政府采购制度，使政府行为规范化、法制化，既能较好地发挥政府职能作用，又能弥补市场机制本身的缺陷。

2. 建立政府采购制度是提高财政资金使用效益的需要

政府采购大多以招标的方式进行，增加了采购的透明度，通常可以在保证质量的前提下，以最低价格成交。这一方面节约了财政资金，另一方面由于实行政府采购的基础工作是要对各财政拨款的行政事业单位的现有的资产存量进行摸底清查，建立资产档案，各单位无权自行调剂、报废和变卖，既可保证国有资产的安全性，又可避免重复购置，节约财政资金。

3. 建立政府采购制度是改革财政支出方式的需要

建立政府采购制度通过改革财政支出方式，对部分财政购买性支出实现价值管理和实物管理相结合，能够更好地监督、控制财政资金的使用。因为政府采购是由政府委托专职部门实施的，专职部门根据政府各职能部门、事业单位的实际情况，对其所需的办公用品、车辆设备购置与维护、工程项目、会议用品及服务统一购买，据实发放，由过去的单一的资金拨付制改为资金管理与实物管理相结合的财政支出制度，强化了财政监督管理力度，使政府资源得到合理配置。

4. 建立政府采购制度是防止产生腐败的制度性措施

建立政府采购制度，增加了政府采购行为的透明度，从根本上杜绝了分散采购、自由采购中的不法行为如以权谋私、吃回扣、请客送礼等，在保证采购质量、堵住财政资金流失的渠道的同时，又能从制度上杜绝腐败行为的产生。

5. 建立政府采购制度是实现与国际接轨的需要

加入 WTO（世界贸易组织），向成员国开放政府采购市场是一个先决条件，加入WTO 时，必须签署《政府采购协议》。据悉，我国政府于 1996 年向 APEC（亚太经济合作组织）提交的单边协议计划，明确最迟于 2020 年与各 APEC 成员国对等开放政府采购市场。为此，必须建立政府采购制度，作好足够的准备，为对外开放政府采购市场积累经验、培养人才。

（三）实施政府采购制度的必要条件

1. 专门的机构及人员

从各国的经验看，一般把财政部门作为政府采购中的一个重要管理机构，职责主要有：制定政府采购法规和指南，管理招标事务，制定支出政策，管理和协调采购委员会的工作等。由于政府采购是一项专业性、系统性较强的工作，因而要由一批专门的人才来执行。

2. 明确规范的采购原则

一般建立政府采购制度的国家都把货币价值最大化、公开、公平竞争、透明度、效率、防止腐败等作为政府采购普遍遵循的原则。

3. 法定的采购程序

具体是采取招标方式或是非招标方式，要视采购对象的数量、金额或特点而定。但无论采取哪种方式，都要遵循严格的法定程序。

4. 权威的仲裁机构

仲裁的主要内容是招投标和履约双方在一些程序、协议条款和运作方式上产生的各种疑义。

（四）政府采购的范围、方式和程序

1. 政府采购范围

政府采购的范围较广，内容庞杂。一般按政府采购对象的性质将其内容分为三大类，即货物、工程和劳务。货物包括原料产品、设备和器具；工程包括建造房屋、兴修水利、改造环境、交通设施和铺设地下水管等；服务包括专业服务、技术服务、资讯服务、营运服务、维修、培训、会务等。

2. 政府采购方式

政府采购的方式包括公开招标、邀请招标、竞争性谈判、单一来源采购、询价等，其中公开招标是最基本的方式，即邀请所有潜在的供应商参加投标，采购部门通过事先确定并公布的标准从所有投标者中评出中标供应商，并与之签订采购合同的一种采购方式。

3. 政府采购程序

政府采购程序一般包括三个阶段，即确定采购要求、签订采购合同和执行采购合同。

第三节　转移性支出

转移性支出是指政府单方面把一部分收入的所有权无偿转移出去的支出，主要包括社会保障支出、财政补贴支出、捐赠及债务支出。这类支出的发生虽然没有消耗社会资源，但显示了政府在公平收入方面的作用。与购买性支出不同，转移性支出主要具有以下特点。

1. 政府的非购买性

政府的这类支出，不表现为对商品和劳务的直接购买，而是表现为了实现社会公平与效率而采取的资金转移措施。

2. 转移性支出的无偿性

转移性支出是无偿的、单方面的转移，没有得到等价补偿，受益者也不必予以归还。

3. 转移性支出对经济和社会影响的间接性

转移性支出作为再分配的一个重要手段，对社会总供求、社会总储蓄以及经济总量和结构产生不同程度的影响，但是，这种影响往往是间接性的，而且存在着一定的时滞。比如，企业及居民对某些财政补贴中有多少转化为现实需求、有多少转化为后续的消费和投资需求，从而将对当期和以后的社会需求总量及结构产生多大的影响，就很难直接反映和计算出来。

一、社会保障支出

（一）社会保障支出的概念和内容

1. 社会保障的概念

社会保障支出是与社会保障制度联系在一起的。社会保障制度，是政府或社会对其所有社会成员在生、老、病、死、伤残、失业、灾害等情况下确保其最低限度经济生活需要的一种制度。社会保障作为一种社会经济制度，是西方资产阶级工业革命以后出现的社会化大生产的结果。这里所要讨论的社会保障支出，如果没有特别说明，仅仅是指政府（财政）用于社会保障方面的开支。

2. 我国社会保障支出的内容

社会保障支出包括的内容十分广泛，由于各国的政治、经济、文化背景的不同，各国社会保障支出的内容也不尽相同。但一般地说，社会保障支出的基本内容包括以下四个方面。

（1）社会保险支出

社会保险支出是国家财政按照保险的原则建立的专用基金，用于保障劳动者在各种自然事件或风险发生时，部分或全部失去劳动能力，失去或大幅度减少收入时获得的基本的生活待遇，包括养老保险、医疗保险、工伤保险、失业保险、生育保险等，它是社会保障制度的核心构成部分。

（2）社会救济支出或社会救助支出

社会救济支出或社会救助支出是国家财政按照指定用途对国民收入（或国内生产总值）进行的再分配，用于城乡贫困者的基本生活救济、自然灾害救济等方面，它是政府运用一般的财政资金对生活困难的社会成员给予的货币或实物救济，它构成了最低层次的社会保障内容。

（3）社会优抚支出

社会优抚支出是国家财政在军人退役或在战场上牺牲、伤残时而对其家属和本人的一种生活补助和优待照顾的支出，它属于社会保障的特殊构成部分。

（4）社会福利支出

社会福利支出是国家以及各种社会群体举办各种公共福利设施、发放津贴补助、进行社会服务及兴办集体福利企业的支出，它是社会保障的最高层次。

（二）社会保险基金的筹集方式

社会保险是社会保障制度的核心内容，如何筹集和管理社会保险基金，已经成为建立社会保障制度的关键。下面首先介绍目前世界各国社会保险基金筹集的三种方式。

1. 现收现付制

现收现付制，即用目前投保人缴纳的保险费为现在的保险受益人支付保险金，也就是完全靠当前的收入满足当前的支出，其特点是在保险初期，保险费率及花费通常比完全基金制低，保险费率随支出需要的扩大而提高，需经常进行调整。

2. 完全基金制（积累制）

完全基金制是指为社会保险设立一种基金，这项基金在数量上能够满足今后投保人支付保险津贴的需要。其特点是在较长时间内保持缴费率稳定不变，并在实施保险初期形成大量储备金。

3. 部分基金制

部分基金制，即在满足一定阶段需要的前提下留有一定储备，其特点是缴费率分阶段调整，在一定时间内相对稳定。

尽管世界各国的社会保险基金的筹集和管理方式存在着差别，但亦有着不少共同点，在我国社会保障制度的建设中具有很强的参考价值。这些共同点主要有以下三个方面：①社会保险的强制性。绝大多数国家的社会保险均由国家立法加以保证，除极少数特殊情况以外，保险范围内的对象必须人人参加。这样，既便于实现保险费收支平衡，实现高收入向低收入的转移，又能充分体现社会保险的共济性。②社会保险基金的来源，在大多数情况下都由个人、企业和政府共同承担。③绝大多数国家的社会保险都采取基金式积累、独立管理和投资增值的动作模式。

我国长期以来，社会保险基金的筹集方式是现收现付方式。随着我国国有企业改革的不断深入，以及我国人口老龄化的迅速到来，目前的收入已经无法满足当前的社会保险支出需要，致使社会保险缴费率越来越高，影响了我国社会经济体制改革的顺利进行。

（三）我国社会保障制度的现状及改革

1. 我国社会保障制度的现状

我国的社会保障制度，是一种典型的计划经济的模式。改革开放以后，特别是自1984年城市经济体制改革以来，围绕国有企业改革，为使企业真正成为相对独立的经济实体，我国对社会保障制度也进行了改革，旨在建立一个与现代企业制度和社会主义市场经济相适应的新型的、多层次的社会保障制度。从社会保障制度看，目前存在的主要问题是：①社会化管理和服务程度低；②覆盖面不完整，待遇水平存在较大差别；③国家和集体（企业）包揽过多，负担过重，而个人自我保险意识淡薄；④社会保险基金筹集未采用社会保险税，缺乏强制性和法制性，收缴困难；⑤社会保障基金处理不力，使用中存在挪用、挤占甚至浪费的现象；⑥社会福利、抚恤和救济的范围、标准及其管理办法仍落后于经济发展的需要；⑦社会保险体系不健全、管理体制不顺；⑧社会保障财务收支缺乏有效的社会监督检查制度。

经济改革的深化，已经尖锐地触及到社会保障问题，社会保障制度受到各方面改革的影响，并成为有关改革的制约因素。企业保障制度阻碍了现代企业制度改革的深化，如阻碍了企业用工制度的改革，阻碍了企业破产的执行，阻碍了不同企业在同一起跑线上的公平竞争。因此，改革我国的社会保障制度势在必行。

2. 我国社会保障制度的改革

建立完善的社会保障体系是社会发展的客观要求，也是进一步改革的配套工程之一。党的十四大提出我国建立社会主义市场经济体制的目标，明确了建立完善的社会保障制度是市场经济体制改革的"五大支柱"之一，明确提出"建立多层次的社会保障体系"，"社会保障体系包括社会保险、社会救济、社会福利、优抚安置和社会互助、个人储蓄积累保障"，目标是：以社会保险制度改革为重点，建立起资金来源多渠道、保障方式多层次，权利和义务相对应、管理和服务社会化的完整的社会保障体系。这一目标体系应该包括三大块：①主要由国家财政支出支撑的保障项目，包括社会救济、社会福利、优抚安置、社区服务等。②由国家、企业、个人承担资金并由国家法律强制实行的社会保险项目，包括养老、失业、医疗、工伤、生育保险和住房保险等，这是社会保障体系的主体部分。③由企业、个人自愿出资的补充性社会保险项目，包括个人投保、企业投保和互助性保险等，这是社会保障最主要的补充。

要实现上述目标，建立起符合社会主义市场经济要求的社会主义保障制度，今后改革的主要内容包括：一是改变传统的社会保障观念；二是理顺社会保障管理体系，做到统一管理、政企分开；三是建立多层次的社会保障体系；四是以养老保险、失业保险、医疗保险改革为重点，全面深化各项社会保障制度改革；五是切实加强社会保障基金的财务管理和监督确保社会保障基金的安全；六是编制和实施社会保障预算，积极创造条件开征社会保险税；七是研究制定合理的社会保障基金的投资政策，在保证基金安全的前提下尽量提高投资回报率。

二、财政补贴支出

（一）财政补贴的概念与特点

财政补贴是政府为了实现特定的政治、经济和社会目标，在一定时期内，对某些特殊的产业、部门、地区、企业或事项给予的补助和津贴。从本质上来说，它属于一种转移支付，属于国民收入的再分配，即不同经济利益主体之间的利益分配，通过财政补贴，使某一部分经济主体的收入增加了，但社会价值总量并没有任何增加，与其他的财政分配形式相比，财政补贴具有以下几个特点。

1. 政策性

财政补贴的依据是国家在一定时期的政策目标，其规模、结构、期限等都必须服从政府的政策需要，体现了较强的政策性。同时由于财政补贴由财政部门统一管理，一切财政补贴事宜都必须经过财政部门的同意和批准，因而，财政补贴的政策性还包括了严肃性的含义。

2. 灵活性

财政补贴的对象具有针对性，补贴的支付具有直接性，它是国家可以掌握的一个灵活的经济杠杆，可以根据国家的政治经济形势的变化和国家政策的需要，适时地修正、调整和更新财政补贴的规模和结构。与其他财政杠杆相比，其作用来得更直接、更迅速。

3. 可控性

财政补贴的对象、规模、结构，以及在哪个环节补，何时取消补贴等具体内容，都是由财政部门根据国家的政策需要来决定的。因此，财政补贴是国家可以直接控制的经济杠杆，具有可控性。

4. 时效性

时效性是指财政补贴是根据国家一定时期的政策需要而进行的，它需要不断地修正、更新和调整。

(二) 财政补贴的主要内容

我国的财政补贴主要包括以下五个方面的内容。

1. 价格补贴

价格补贴是指国家为了弥补因价格体制或政策原因造成价格过低而给生产经营带来的损失而给予的补贴。价格补贴是财政补贴最主要的组成部分，按补贴的对象，分为生产资料价格补贴、消费品价格补贴和进出口商品价格补贴。在我国，生产资料价格补贴主要是农产品价格补贴，其目的是为了扶持农业，保证农业的稳定增长，以利于农业生产的发展；消费品价格补贴主要通过控制那些直接影响人民基本生活的消费品的价格，以实现对消费者的收入补偿，间接地提高消费者的货币购买力。对进出口商品价格补贴则主要是为了缓解国内市场某些商品的供需紧张状况，同时也为了有利于提高出口企业的国际竞争能力，增加国家外汇。

2. 政策性亏损补贴

政策性亏损补贴是指由于国家政策的原因给生产经营的企业带来损失而进行的补贴。企业的亏损有两种：一是由于企业本身生产经营不善而造成的亏损；二是国家政策原因所造成的亏损。第一种情况，与企业的主观努力程度或经营管理水平有关，其亏损应由企业自己负责；而第二种情况，则是企业为了贯彻国家的政策、体现政府的意志而造成的亏损，与企业主观努力无关，因此其亏损不应由企业承担。

3. 财政贴息

财政贴息是国家财政对某些行业、企业或项目的贷款利息，在一定的期限内按利息的全部或一定比例给予的补助。财政贴息主要的目的在于鼓励开发高新技术产品或名特优产品，引进国外先进的技术设备，实现经济的健康协调发展。此外，目前我国针对贫困大学生的助学贷款也采取财政贴息的方式。

4. 福利补贴

福利补贴是财政直接给予职工和居民的各种福利性的生活补贴，其中大部分已经包含在财政支出中的公共消费性支出中。

5. 税式支出

税式支出是指国家根据税收制度的各种优惠规定，对某些纳税人或课税对象给予的减免税。它是一种隐蔽的财政补助，是政府的一种间接性支出，只不过不列入预算。

(三) 我国财政补贴存在的问题及改革的方向

1. 我国财政补贴存在的主要问题

财政补贴作为国家调控经济的重要经济杠杆，对于国民经济的健康发展和人民生活水平的稳步提高等都发挥了重要的作用。但它也存在许多问题和弊端，这是世界各国的财政补贴制度都难以避免的，我国也是如此。不仅如此，由于目前我国正处于经济体制转轨时期，它造成了对财政补贴的巨大需求，这是产生我国财政补贴问题的主要的和基本的原因。具体来说，我国财政补贴主要有以下几个问题。

（1）补贴范围过宽，数额过大，超过了财政负担的能力

我国从计划经济向市场经济转轨的过程中，改革所面临的是一套极不合理的、处于紊乱状态的广义价格体系，即不仅消费品价格和生产资料价格不合理，而且工资、利率、地租等大体上也都是与市场价格严重脱节的。经济改革的关键之一，就是要建立起与市场经济相适应的市场价格体系，这就要全面地改革价格体系，国家为了避免社会经济的剧烈波动，在很大程度上通过提供财政补贴予以化解，这导致了财政补贴的急剧上升，成为财政的一个相当沉重的包袱。尽管近几年财政补贴膨胀的势头已得到了控制，但绝对数额还是过大。

（2）财政补贴不利于企业改善经营管理，转换经营机制

从财政的企业计划亏损补贴来看，理论上讲只有国家政策和计划安排的亏损部分才能补贴，但在企业经营机制尚未根本转换和政企仍然不分的情况下，企业亏损补贴是政策性的还是经营性的，是很难分得清楚的。更有甚者，即使是明显的经营性亏损，由于破产、职工失业和社会保障制度不健全、不完善等原因，国家往往也不得不支持企业继续存在。这就使得企业亏损补贴是政策性与经营性兼而有之，无法对企业形成预算约束硬化，无法迫使企业去改善经营管理，转换经营机制。

（3）不利于经济改革的深化

财政补贴作为政府调控经济的重要经济杠杆，曾作为经济体制改革的"润滑剂"和"减震器"起了巨大的作用，但财政补贴是直接对国家的价格政策的支持，它本质上是

与市场价格相对立的。同时，政府对于亏损企业的补贴，又加强了政府对企业的干预，使企业更加依附于政府，更加难以实现经营机制的转化。因此，改革引起了大规模的财政补贴，改革又要求在一定时期内大量地压缩和控制财政补贴。

2. 财政补贴的改革方向

（1）严格控制财政补贴范围

市场是资源配置的基本的要素，财政补贴不得妨碍市场机制发挥作用。只有当市场配置资源对宏观经济运行产生不利影响时，才需要通过财政补贴这一经济杠杆来发挥作用。同时，财政补贴的数额应控制在政府财政的承受能力范围内。从财政补贴的功能考虑，财政补贴的范围应限定在市场机制不能充分发挥作用的领域，如具有外部效应的领域。

（2）适时调整财政补贴项目及标准

财政补贴是针对由于市场失效无法实现社会资源的优化配置而采取的为实现一定的政治经济目的的经济政策，具有灵活性、时效性等特点，应根据社会经济状况的变化以及原定目标的实现程度适时地对财政补贴的项目和标准进行调整，不能将财政补贴固定化。

（3）调整财政补贴的方式

这主要是指由"暗补"改为"明补"。这种调整也涉及补贴环节的调整。例如，对农副产品生产的补贴，暗补是提高收购价格，给予流通环节补贴；明补则是在购销环节放开的基础上在分配环节给居民补贴。房租也是这样，将过去补贴房租（低房租）的暗补变为房租放开、在分配环节给居民房租补贴。补贴方式的调整增加了市场价格机制对补贴商品供求的平衡功能，同时也让人民群众真正了解到政府给老百姓提供的福利的大小，有利于提高人民群众生产经营的积极性。

（4）财政补贴与其他经济杠杆结合运用

鉴于政府的财力限制和财政补贴的局限性，并非对所有补贴的对象都要采取单一的财政补贴方式，可以区别不同情况，与金融、税收、投资等部门通过一定程度的倾斜，将对企业或居民的直接财政补贴转为间接的财政补贴。如对企业的亏损补贴，国家可以与银行配合，采用税收、信贷优惠方式向属于政策性亏损的企业倾斜，减轻其负担，以利于其发展生产，提高经济效益。

阅 读 资 料

2010 年我国公共财政主要支出项目执行情况

目前我国公共财政支出科目共分为 23 类。按现行科目分类，2010 年全国公共财政项目执行支出情况是：教育支出 12 550.02 亿元，比上年增长 20.2%，占全国财政支出的 14.0%；医疗卫生支出 4 804.18 亿元，比上年增长 20.3%，占全国财政支出的 5.3%；社会保障和就业支出 9 130.62 亿元，比上年增长 20.0%，占全国财政支出的 10.2%；住房保障支出 2 376.88 亿元，比上年增长 31.8%，占全国财政支出的 2.6%；农林水事务支出 8 129.58 亿元，比上年增长 21.0%，占全国财政支出的 9.0%；文化体育支出 1 542.70 亿元，比上年增长 10.7%，占全国财政支出的 1.7%；交通运输支出 5 488.47 亿元，比上年增长 18.1%，占全国财政支出的 6.1%；城乡社区事务支出 5 987.38 亿元，比上年增长 21.4%，占全国财政支出的 6.7%；公共安全支出 5 517.7 亿元，比上年增长 16.3%，占全国财政支出的 6.1%；科学技术支出 3 250.18 亿元，比上年增长 18.4%，占全国财政支出的 3.6%；环境保护支出 2 441.98 亿元，比上年增长 26.3%，占全国财政支出的 2.7%；一般公共服务支出 9 337.16 亿元，比上年增长 14.4%，占全国财政支出的 10.4%；国防支出 5 333.37 亿元，比上年增长 7.7%，占全国财政支出的 5.9%；外交支出 269.22 亿元，比上年增长 7.3%，占全国财政支出的 0.3%；资源勘探电力信息等事务支出 3 485.03 亿元，比上年增长 21%，占全国财政支出的 3.9%；地震灾后恢复重建支出 1 132.54 亿元，比上年下降 3.6%，占全国财政支出的 1.3%；粮油物资储备管理事务支出 1 171.96 亿元，比上年下降 9.5%，占全国财政支出的 1.3%；金融监管等事务支出 637.04 亿元，比上年下降 30.1%，占全国财政支出的 0.7%；商业服务业等事务支出 1 413.14 亿元，比上年增长 53%，占全国财政支出的 1.6%；国土气象等事务支出 1 330.39 亿元，比上年增长 32.7%，占全国财政支出的 1.5%；国债付息支出为 1 844.24 亿元，比上年增长 23.7%，占全国财政支出的 2.1%；其他支出为 2 700.39 亿元，比上年增长 17.4%，占全国财政支出的 3%；预备费支出，执行中预备费按具体用途在上述 22 类功能支出科目中列支。

资料来源：中国经济网. 2011

本 章 小 结

　　财政支出是以政府为主体，以政府的事权为依据进行的一种货币资金的支出活动，它是政府职能的重要体现。为科学地安排支出，政府的财政支出活动必须遵循量入为出原则，统筹兼顾、保证重点原则，优化支出结构原则，公平与效率原则。根据财政支出的性质，可将财政支出分为购买性支出和转移性支出，本章着重介绍了购买性支出和转移性支出的含义和内容。在实际的财政活动中，我们应合理安排开支，把握好各种支出之间的比例关系，以充分发挥财政的经济职能，使国民经济持续、稳定、协调发展。

复习思考题

1. 简述财政支出的含义与形式。
2. 简述财政支出的基本原则。
3. 试分析影响财政支出规模的因素。
4. 如何按照市场经济的要求构建我国财政支出的格局？
5. 什么是购买性支出？它有哪些特点？
6. 政府投资性支出有什么特点？
7. 如何合理选择政府投资支出的方向与领域？
8. 简述转移性支出的内容和特点。
9. 试分析我国社会保障制度的实施现状和改革的方向。
10. 试分析我国财政补贴存在的主要问题及改革的方向。

第三章 财 政 收 入

学习要点

1. 了解财政收入的主要分类
2. 了解财政收入规模和财政收入的原则，了解财政收入的构成
3. 理解和掌握财政收入的主要形式
4. 能够综合运用相关知识分析我国当前的财政收入热点问题

课前导读案例

2010 年我国公共财政预算执行情况

2010 年全国财政收入 83 080.32 亿元，比 2009 年（下同）增长 21.3%。加上预算安排从中央预算稳定调节基金调入 100 亿元，使用的收入总量为 83 180.32 亿元。全国财政支出 89 575.38 亿元，增长 17.4%。加上补充中央预算稳定调节基金 2 248 亿元和地方财政结转下年支出 1 356.94 亿元，支出总量为 93 180.32 亿元。全国财政收支总量相抵，差额 10 000 亿元。其中，中央财政收入 42 470.52 亿元，完成预算的 111.6%，增长 18.3%。加上从中央预算稳定调节基金调入 100 亿元，使用的收入总量为 42 570.52 亿元。中央财政支出 48 322.52 亿元，完成预算的 103.6%，增长 10.3%。

中央本级支出 15 972.89 亿元，增长 4.7%；中央对地方税收返还和转移支付支出 32 349.63 亿元，增长 13.3%。加上补充中央预算稳定调节基金 2 248 亿元，支出总量为 50 570.52 亿元。收支总量相抵，赤字 8 000 亿元，比预算减少 500 亿元。2010 年年末中央财政国债余额 67 526.91 亿元，控制在年度预算限额 71 208.35 亿元以内。

地方本级收入 40 609.8 亿元，加上中央对地方税收返还和转移支付收入 32 349.63 亿元，地方财政收入总量 72 959.43 亿元，增长 19.3%。地方财政支出 73 602.49 亿元，增长 20.6%，加上结转下年支出 1 356.94 亿元，支出总量为 74 959.43 亿元。收支总量相抵，差额 2 000 亿元，经国务院同意由财政部代理发行地方政府债券弥补。

资料来源：谢旭人. 关于 2010 年中央和地方预算执行情况与 2011 年中央和地方预算草案的报告

第一节　财政收入概述

一、财政收入的基本概念

一个国家为了实现其职能，满足各项社会公共事业发展的需要，必须掌握一定的社会经济资源（社会产品）。它通常有两个含义：其一，财政收入是一定量的公共性质货币资金，即财政通过一定筹资形式和渠道集中起来的由国家集中掌握使用的货币资金，是国家占有的以货币表现的一定量的社会产品价值，主要是剩余产品价值。其二，财政收入又是一个过程，即组织收入、筹集资金阶段，它是财政分配的第一阶段或基础环节。财政作为以国家为主体的分配活动，财政收入是财政分配活动的一个阶段或一个环节，可以理解为一个过程，并在其中形成特定的财政分配关系。财政收入体现了国家参与社会产品分配活动并集中占有一部分社会产品的价值，在一定程度上反映了国家的财力规模。具体地说，财政收入就是国家为了满足社会公共需要，依据政治权力和经济权利，参与社会产品分配与再分配活动而取得的由国家支配的一定量的社会产品价值。在现代商品经济条件下，财政收入主要表现为一定量的货币资金。

二、财政收入的形式

财政收入的形式，是指国家取得财政收入所采取的具体方式或方法，主要包括税收、国有资产收入、国债、其他收入形式等。

（一）税收

税收是指国家通过政治权力强制取得的财政收入，是财政收入最直接、最稳定的取得方式，也是最古老的财政范畴。早在奴隶社会时期，税收就已经出现。在封建社会时期，对土地收获物征税已成为财政收入最主要的形式。而到了资本主义时期，国家财政收入中绝大部分都是通过税收筹集的。目前在我国，税收收入也是财政收入最主要的形式。目前，我国的税收收入占全部财政收入的90%左右。

从社会经济发展历程来看，税收一直被世界各国广泛采用，它不仅是国家组织财政收入最基本、最主要的形式，而且还是国家调节经济的重要杠杆。

（二）国有资产收入

国有资产收入是国家凭借国有资产所有权取得的利润、租金、股息、红利和资金占用费等收入的总称。

由于我国长期实行以公有制经济为基础的经济制度，因此，国有资产收入——尤其是来自国有企业的国有资产收入——一直是我国较为重要的财政收入来源。

在现代企业制度下，企业是独立于投资者并享有民事权利、承担民事责任的经济实体，具有法人资格。企业中的国有资产属于国家，即国家对国有资产拥有所有权。企业拥有包括国家在内的出资者投资所形成的全部法人财产权。其中，所有权是指财产所有者对财产依法享有的占有、使用、收益和处置的权利；企业法人财产权则是指由财产所有者委托或授权，由企业依法对营运的财产行使的占有、使用、收益和处置的权利。在所有权和法人财产权相分离的条件下，财政分配主体与企业分配主体由过去的合二为一变为相对分离，以政府为主体的财政分配中不再包含以企业法人为主体的财务分配，财政不再统负企业盈亏。这样，财政与企业的分配关系，除了与各类企业的税收关系外，对国有企业或拥有国有股份的企业还有一层规范的资产收益分配关系，即国家以国有资产所有者身份采用上缴利润、国家股份分红以及租金、资产占用费等形式，凭借所有权分享的资产收益。

（三）国债

国债是指国家凭借其信誉，采用有借有还的信用方式从国内、国外筹措财政收入的一种形式。

国债是一种特殊的财政范畴，也是一种特殊的信用范畴，兼有财政与信用两种属性。在资本主义社会，国债在数量上不断增长，并成为重要的财政收入形式。目前，国债仍然被大部分国家所采用，只是其在作用和职能方面都发生了巨大的变化，不再单纯用于弥补财政赤字，而且还成为政府调节经济的重要手段。

（四）其他收入形式

除了上述几种形式外，国家还以其他形式筹集财政收入，如规费收入、罚没收入、国有资源管理收入、公产收入及其他各项收入等形式。

规费收入是指国家机关在为居民或企业（单位）提供某些特殊服务（如申办营业执照、办理户口登记等）时收取的手续费和工本费等费用，其中包括执照费、证书费、契约费、管理费、经办手续费等。

罚没收入是指工商、税务、海关、公安、司法等国家执法机关和经济管理部门按规定依法收取的罚没收入以及处理追回的赃款、赃物的变价收入。

国有资源管理收入是指国家向获准开采或利用国有资源的经济主体征收的资源管理费用，如矿产管理费、沙石管理费等。它具有特许金的性质，属于国家特权性收入。

公产收入则是指国有山林、芦苇等公产的产品收入、政府部门主管的公房和其他公产的租赁收入以及处置公产的变价收入等。

其他收入虽然数量有限，在财政收入中所占比重不大，但由于涉及面较广，政策性强，加强对这部分收入的征收管理，将有助于建立良好的经济秩序和经营环境，促进社会经济的稳定发展。

第二节　财政收入的构成

　　财政收入的构成，主要包括财政收入的社会产品价值构成、财政收入的产业构成（或生产部门构成）及财政收入的地区构成等。研究财政收入构成的意义在于可从价值构成、所有制构成以及产业构成和地区构成等方面，了解财政收入结构的层次性，以便把握其变化规律，从而采取相应的增加财政收入的有效措施。对财政收入的构成进行科学的分析，有利于综合反映财政收入状况和对财政分配过程进行有效的管理，探索增加财政收入的合理途径，并使财政收入构成与经济制度、经济发展水平相适应。

一、财政收入的价值构成

　　市场经济条件下的财政分配是价值分配，因此，财政分配所体现的价值分配与社会产品价值的关系极大，有必要对财政收入的价值结构进行理性分析。

　　按照马克思的产品价值构成理论，社会总产品由 C，V 和 M 三个部分组成。其中，C 是补偿在生产过程中消耗的生产资料的价值；V 是支付给劳动者个人的报酬；M 则是剩余产品价值，是财政收入主要的来源，但不是唯一的来源。C 和 V 的一部分也可以构成财政收入的主要来源。

（一）C 与财政收入

　　C 是补偿社会产品消耗掉的生产资料的价值。它可以分为两个部分：一部分是补偿在生产中消耗掉的原材料（如材料、燃料、辅助材料等）的价值，这部分价值在循环周转中具有一次性全部转移到新产品中、一次性从产品销售收入中得到足额补偿的特征，是进行简单再生产的物质条件，一般不可能也不需要通过财政分配；另一部分是补偿在生产中消耗的固定资产的价值，固定资产运动的特点决定了其价值补偿和实物更新在时间、空间上的不一致，尤其是新投产使用的固定资产更是如此，这样折旧基金实际上可以作为积累基金使用。改革开放以前，我国在传统的高度集中的财政体制下，国有企业的折旧基金曾全部或部分地上缴财政，作为财政收入的一个来源。改革开放以后，尤其是随着社会主义市场经济体制的建立和不断完善，为了适应社会经济发展的需要，从建立现代企业制度和维护企业经营管理自主权的角度来看，折旧基金应下放给企业，由企业自主安排使用，但不能因此而否定国家统一安排使用国有企业折旧基金的可行性。

（二）V 与财政收入

　　V 是在社会产品生产过程中以薪金报酬形式支付给劳动者个人的必要劳动转移的价值，即劳动者个人所得的各种报酬。在发达国家，V 是构成财政收入的主要来源，但是在发展中国家，V 在财政收入中的比重远远低于发达国家，在我国现阶段这个比重甚至还低于一些发展中国家。

从我国目前情况来看，来自于 V 部分的财政收入主要有以下几条渠道：一是直接向个人征收的税收（如个人所得税）；二是直接向个人收取的规费、社会保障费和罚没收入；三是国家出售高税率的消费品（如烟、酒、化妆品等）所获得的一部分收入，这部分收入实质上也是由 V 转化而来的；四是服务性行业和文化娱乐业等企事业单位上交的税收和利润，其中一部分是通过对 V 的再分配转化而来的；五是居民购买的国库券。

今后，随着我国社会主义市场经济体制的不断完善和国民经济的全面发展，个人收入水平将不断提高，财政收入来源于 V 的部分将会逐步扩大。

（三）M 与财政收入

M 是新创造的、归社会支配的剩余产品价值，是财政收入的基本源泉。从社会总产品的价值构成来看，财政收入主要来自于 M，只有 M 多了，财政收入的增长才有坚实的基础。在我国社会主义市场经济条件下，财政收入规模的增减是以整个国民经济盈利水平为转移的，它直接反映着国民经济的综合效益。因此提高财政收入规模的根本途径就是增加 M。

由于社会产品价值是由 C，V，M 三个部分组成的，因而增加 M，还要涉及 M 和 C，V 之间的关系。

首先，从 M 和 C 之间的关系来看，在社会总产品价值一定的情况下，C 缩小，如果 V 不变，则 M 增大。因此降低 C 的比例，即减少物质消耗是增加 M 并最终增加财政收入的途径。但是对于 C 需要作具体分析：属于补偿原材料消耗的价值部分，在保证产品质量的前提下，当然越节约越好；而对属于补偿固定资产消耗的价值部分即折旧，却不能任意降低，应该根据生产力发展水平和科学技术进步的需要来制定合适的折旧率。

其次，从 M 和 V 之间的关系来看，如果社会产品价格不变，V 部分减少，M 相对增大；反之，V 增大则 M 减少。但在现实生活中，对于 V 来说，不能笼统地说越少越好，职工的收入水平不仅不能降低，而且还要随着生产力水平的发展不断提高。因此，要使单位产品中 V 的比例减少，唯一的途径就是提高劳动生产率。那么应如何处理好提高工资与国家财政分配之间的关系呢？我们认为，要把国家长远利益与个人利益综合起来，既要考虑国家财力的可能，又要保证人民生活水平的不断提高，即要正确处理好积累与消费之间的关系。一般情况下，要使工资水平的提高与劳动生产率的提高相适应，并略低于劳动生产率的增长幅度。只有这样，才能保证 M 的增长，进而保证财政收入的增长，国民经济发展才会有后劲。

二、财政收入的所有制构成

财政收入的所有制构成，也称为财政收入的经济成分构成，是指财政收入由不同所有制或经济成分的经营单位各自缴纳的税金、利润等所组成。从所有制角度研究财政收入的构成，目的在于说明国民经济的所有制构成对财政收入的影响程度，从而相应地制定并采取增加财政收入的有效措施。

（一）国有经济与财政收入

新中国 60 多年来，我国财政收入一直是以国有经济为支柱的。从变化趋势来看，国有经济提供的财政收入占整个财政收入的比重，以国民经济恢复时期的 50.1%为起点，以后逐年增加，"四五"时期达到高峰，为 87.4%，以后又逐步下降，"六五"时期降到 80%以下，"七五"时期又进一步下降，这种变化趋势与我国各种所有制经济的发展过程基本一致。新中国初期，个体经济和私营经济在国民经济中占有相当的比重，因此同期来自这两个方面的财政收入占财政总收入的比例达 40%以上，随着生产资料私有制社会主义改造的进行，国有经济和集体经济的比重急剧增加，到"一五"时期来自国有经济的财政收入已占 69.4%，来自集体经济的财政收入也有 9.8%，而个体经济和私营经济提供的财政收入则退居次要地位。以后，随着在所有制上推行"一大二公"的政策，国有化程度进一步提高，国有经济在财政收入中的主导地位进一步得到强化。1979 年以来，随着经济体制改革实施和不断深化，集体经济和其他经济成分得到较快的发展，它们所提供的财政收入逐年增加，相比之下国有经济提供的财政收入占财政总收入的比重不断下降，但其主导地位仍然是不可动摇的。

从改革的趋势来看，随着非公有制经济的不断发展，国有经济的数量优势将进一步下降，国有经济的范围也将进一步缩小，国有经济的主导作用将主要通过国有经济的质量优势和国有资产组织结构的转换来实现。国有经济的质量优势是通过国有制控制国民经济中重要的生产部门（如重要的原材料生产部门、基础设施部门和高新技术部门等）来实现的。国有资产组织结构的转换则是在产权社会化、投资主体多元化条件下，国有经济通过控股、参股形式与其他经济成分有机地结合起来，并通过控股发挥其主导作用。随着国有资产组织结构的调整和国有经济从数量优势向质量优势的转变，国有企业与政府、财政、银行以及国有制与其他经济成分之间的关系将逐步被理顺。从财政收入角度分析，国家除了以规范的税收形式和国有资产收益形式稳定地从国有经济中直接取得财政收入外，更重要的是通过发挥国有经济的主导作用，为整个国民经济（包括国有经济和非国有经济）的发展奠定良好的基础，从而间接地增加财政收入。

（二）非国有经济与财政收入

非国有经济包括集体经济、个体经济、私营经济、"三资"企业和其他混和经济中非国有成分。在社会主义市场经济条件下，它们与国有经济同时并存、共同发展、相互竞争、优胜劣汰。随着非国有经济的迅速发展，政府应当适时地调整财政分配制度，使财政收入结构与国民经济结构相适应，这样既有利于广开财源，增加财政收入，又能促进各种经济成分的平等竞争。但事实上，在改革开放以来的 30 多年中，我国的财政分配制度并没有随着国民经济结构的变化而及时地进行相应地调整。

随着市场经济体系的完善，民营经济成分的壮大，各种经济形式财政负担量的公平和均衡，我国财政收入的所有制结构将会进一步改善。

三、财政收入的部门构成

财政收入的部门构成，是指国民经济中各部门对财政收入的贡献程度，即财政收入是从哪些部门集中的，集中的比例有多大。对财政收入部门结构的分析，有利于掌握国民经济中各部门的发展及结构变化对财政收入的影响程度，从而使财政收入构成与国民经济的部门构成相适应，并随着国民经济部门的发展及结构的变化作适当的调整。

（一）农业与财政收入

农业是国民经济的基础，是国民经济其他各部门赖以生存与发展的基本条件。我国是一个农业大国，农业的发展对人民生活和国民经济的发展都有着重要的影响。没有农业的发展，国民经济其他各部门的发展和财政收入的增长都会受到制约。因此，农业也是财政收入的基础。

农业部门为国家提供的财政收入主要表现在两个方面：一是直接为财政提供的收入，即从事农业生产经营的集体或个体农民向国家缴纳农业税、费；二是间接为财政收入提供收入来源，如我国由于城乡商品交换中不公平的价格的作用（又称为价格剪刀差），部分农民创造的收入被转移到加工、运输、营销初级产品的工商部门，转换为这些行业的利润，迂回曲折地形成了财政收入。

阅 读 资 料

2011 年，中央财政"三农"支出在上年大幅增加的基础上继续增加，预算安排近 10 000 亿元，增幅超过 15%，主要用于促进农民增加收入、增强农业综合生产能力、深化农村综合改革和推动农村社会事业发展。其中：用于农业生产方面的支出近 4 000 亿元，对农民的粮食直补、农资综合补贴、良种补贴、农机购置补贴支出 1 400 多亿元，促进农村教育、卫生等社会事业发展方面的支出 3 900 多亿元，农产品储备费用和利息等支出 500 多亿元。地方财政也相应加大了"三农"投入。

资料来源：http://www.gov.cn/2011lhft/2/content_1819787.htm

（二）工业与财政收入

工业是国民经济的主导。长期以来，我国工业产值占 GNP 的比重最大，工业部门的劳动生产率和剩余价值率都比农业高，同时，由于我国工商税收绝大多数选择在产制环节中课税，因此来自工业部门的财政收入最多，工业的发展对财政收入的增长起着决定性作用。工业部门的规模效益变化及财务制度和利润分配制度的改革与调整，都是影响财政收入增长的重要因素。改革开放以来，由于国家向企业放权让利，加上国有企业经济效益下滑，工业部门提供的财政收入占财政总收入的比重有所下降。但是无论从绝对额还是从相对额来看，工业部门目前乃至以后仍将是我国财政收入的重要支柱。因此，为工业发展创造良好的条件，实行有利于提高工业企业活力的经济政策，是我国增加财政收入的关键。

建筑业与工业生产一样，也是创造使用价值实体的物质生产部门。过去由于管理体制等方面的原因，建筑业上交的财政收入不多，但随着社会主义市场经济体制的建立与逐步完善，建筑业将成为我国支柱产业之一，同时也将成为我国财政收入的重要来源。

（三）交通运输业、商业服务业与财政收入

交通运输业和商业服务业是联结生产与消费的桥梁和纽带，从总体上来说属于流通过程。流通过程是生产过程的继续。在社会主义市场经济条件下，实现商品的价值和使用价值是运输业、邮电通信业、商贸业等企业的基本职能。交通运输作为生产在流通领域的持续，是一种特殊的生产经营活动。交通运输部门的劳动者在商品运输的劳动中创造价值。与此同时，交通运输还沟通商品交换，促进商品流通，这对最终实现工农业产品的价值和财政收入起着极为重要的保证作用。商业是以货币为媒介从事商品交换的活动，是商品的价值和使用价值的实现过程，商业活动中的部分劳动，如商品搬运、包装、保管、仓储、简单加工等，创造商品的附加价值，直接为国家创造一部分财政收入，但是商业活动更为重要的作用是，通过商品交换，实现工农业生产部门创造的产品价值，实现国家财政收入。

随着生产力的发展和产业结构的变化，交通运输、商业服务以及金融保险、旅游、饮食、娱乐等第三产业迅速发展，来自这些部门的财政收入必将呈现日益增长的趋势。那种只有工业和农业才是财政收入的主要来源，其他部门和行业只能处于从属地位的传统经济思想已被经济发展实践逐步否定。据统计，不少发达国家中第三产业占国内生产总值的比重为60%以上，其所提供的财政收入也占各该国整个财政收入的50%以上。在我国，由于经济发展水平较低，来自工农业的财政收入以前乃至今后相当长的一段时期内都占主导地位，但是随着社会主义市场经济体制的建立与逐步完善，第三产业已经逐渐显露出迅速增长的势头。据统计资料显示，2008年我国第三产业增加值达到131 340亿元，占同期GDP的比重已达到41.8%。毫无疑问，处于经济起飞阶段的中国，由于社会生产力水平的不断提高、经济增长模式的逐步转变以及人们消费观念的改变，第三产业必然会迅速地发展起来，并将成为财政收入的新的增长点和重要来源。

第三节　财政收入的规模分析

财政收入规模，是指财政收入在数量上的总水平。它是衡量一个国家（或一级政府）财力及其在社会经济生活中职能范围大小的重要指标，通常用财政收入总额、财政收入总额占国民收入或国民生产总值的比重来表示。财政收入规模，从政府的意愿及满足政府职能资金需要——财政支出的角度考虑，似乎是越多越好，但是财政收入会受国民收入等因素的制约，在国民收入一定的情况下，财政收入过多，会减少企业、个人占有和支配社会产品的份额，从而在一定程度上会影响企业的生产积极性和人民生活水平的提高；财政收入过少，又满足不了政府实现其职能的财力需要。因此，如何确定适当的财政收入规模，是一个极为重要的现实问题。

一、衡量财政收入规模的指标

财政收入规模的大小可以用财政收入的绝对量和相对量两个指标来衡量。

（一）财政收入的绝对量

财政收入的绝对量是指在一定时期（通常是一年内）财政收入的实际数量，如 1994 年我国财政收入总额为 5 692.4 亿元，1999 年为 11 377 亿元，2002 年为 18 914 亿元，2010 年为 83 080.32 亿元等，都是对财政收入绝对量的描述。从静态上看，财政收入的绝对量反映了一个国家或地区在一定时期内的经济发展水平和财力集散程度，反映了政府可以控制的社会经济资源的规模，并体现了政府运用各种财政收入手段调控经济运行、参与收入分配和资源配置的范围和力度。从动态上看，即把一个国家各个时期财政收入的绝对量连续起来进行分析，可以看出财政收入规模随着经济发展、经济体制改革以及政府职能变化而增减变化的情况和趋势。例如，我国财政收入总额 1950 年为 65.19 亿元，2010 年为 83 080.32 亿元，不考虑物价因素，60 多年来增长了 1 200 多倍，这说明了我国财政收入规模呈现出随社会经济发展而不断增长的良好趋势。

（二）财政收入的相对量

财政收入的相对量，是指一定时期（通常是一年内）财政收入与有关经济指标或社会指标的比率。财政收入不是孤立的，其规模大小会受到多种经济和社会因素的影响，单纯从财政收入的绝对数量来分析，可以反映出一个国家或地区在不同时期的国家（政府）财力以及政府参与经济资源配置及收入分配的范围和力度的变化情况。但是绝对数量在不同国家或地区却不完全具有可比性，甚至还容易引起误解。例如甲、乙两个地区某年的财政收入分别为 200 亿元和 100 亿元，总人口分别为 5 000 万人和 2 000 万人，从财政收入的绝对量来看，甲地区是乙地区的两倍，似乎甲地区财力强、乙地区财力弱，但是从相对量指标（人均财政收入水平）来看则不尽然，因为按人均计算的财政收入水平乙地区要高于甲地区。因此，在分析财政收入规模时，不仅要看绝对数量，而且还要注意相对量指标的研究。

一般来说，财政收入相对量指标有财政收入占国民生产总值（GNP）的比重、财政收入占国内生产总值（GDP）的比重、财政收入占国民收入（NI）的比重以及人均财政收入等。其中财政收入占 GNP 的比重是衡量一个国家财政收入和相对规模的基本指标，也是国际上衡量和比较财政收入规模大小的比较通用的指标。我国通常用财政收入占国民收入的比重这一指标来衡量财政收入的相对规模。随着经济市场化改革的不断深入，我国经济制度逐渐与国际惯例接轨，财政收入占 GNP 的比重也将成为我国统计分析财政收入规模的重要指标。

财政收入占 GNP 的比重，反映了财政预算年度内 GNP 由政府集中和支配使用的份额，综合体现了政府与微观经济主体之间占有和支配社会资源的关系，体现了政府介入社会再生产进而影响经济运行和资源配置的范围与力度。在 GNP 一定的条件下，财政收入占 GNP 的比重越高，表明社会经济资源由政府集中配置的数量越多，企业和居民可支配的收入相应越少，换句话说就是，在整个社会经济资源的配置中，政府配置的份额越大，市场配置的份额就越小，从而引起社会经济资源在公共部门和私人部门之间配置结构的变化。反之，财政收入占 GNP 的比重越低，则表明政府参与社会产品分配并集中支配使用社会经济资源的份额就越少，市场配置资源的作用也就越强。

二、影响财政收入规模的因素分析

财政收入是衡量一国财力和政府在社会经济生活中职能范围的重要指标。世界各国都将财政收入规模的增长作为主要的财政目标。但财政收入规模的增长并不以政府的意愿为转移，它受到各种政治、经济和社会条件的制约和影响。在这里，我们重点分析以下几个方面的影响。

（一）经济发展水平对财政收入规模的制约

一个国家的经济发展水平可以用该国在一定时期内的国民生产总值、国内生产总值、国民收入等几个指标来表示。

经济发展水平反映一个国家的社会产品的丰富程度和经济效益的高低。经济发展水平越高，经济规模总量也就越大，相应地，该国财政收入的规模也就越大，占国民收入或国民生产总值的比重也较高。经济发展水平与财政收入规模两者之间存在着源与流、根与叶的关系，源远而流才能长，根深而叶才能茂盛。

从世界各国现阶段的实际情况也可以看出经济发展水平对财政收入规模的影响程度。一般来说，发达国家的财政收入规模往往高于发展中国家，而发展中国家中，中等收入国家的财政收入规模又大都高于低收入国家。绝对量如此，相对量也如此。经济决定财政，经济发展水平对财政收入规模起着基础性的制约作用。

（二）生产技术水平对财政收入规模的影响

生产技术水平是指在生产中采用先进技术的程度，也称为技术进步。生产技术水平是制约财政收入规模的重要因素，但它是内涵于经济发展水平之中的，因为一定的经济发展水平总是与一定的生产技术水平相适应的，较高的经济发展水平大都以较高的生产技术水平为支柱。所以，对生产技术水平制约财政收入规模的分析，实际上是对经济发展水平制约财政收入规模研究分析的深化。

生产技术水平对财政收入规模的影响主要表现为两个方面：一是技术进步往往以生产速度加快、生产质量提高为结果，技术进步速度越快，社会产品和国民收入的增加就越快，财政收入规模的增长也就有了充分的财源基础；二是技术进步必然会带来物质消耗比例的降低，经济效益随之提高，剩余产品价值所占比重扩大，因此可供财政分配的社会产品也就越多。

总之，可以说，技术进步对财政收入规模的影响更为直接和明显。据有关专家测算，20 世纪初期，一些发达国家经济增长的因素中，技术进步所占比重约为 5.2%，到 20 世纪中叶，该比重已上升到 40%，70 年代进一步上升为 60% 以上，其中美、日等国已高达 80%。我国生产技术水平与发达国家相比还有较大的差距，20 世纪中叶工业企业技术进步对产值增长的贡献率为 20.7%，到了 21 世纪初期，这一比例为 50% 左右。随着我国经济的进一步发展，尤其是在新世纪里"科教兴国"观念的不断深入，各级政府、各行业对科技进步重要性的重视，这一比例将会不断提高。

（三）价格及分配体制对财政收入规模的影响

1. 价格对财政收入规模的影响

在社会主义市场经济条件下，财政分配主要表现为价值分配，这种价值分配是在一定的价格体系下形成、同时按照一定时点的现价来计算的。这样，价格的变化所引起的国民收入再分配，必然会反映到财政分配上来并影响财政收入的规模。

价格对财政收入规模的影响，主要表现为价格总水平升降的影响。在商品经济条件价格总水平一般呈上升趋势。价格上升对收入规模的影响有以下几种不同情况：

1）财政收入增长率高于物价上涨率，则表明财政收入规模名义增长且实际增长。

2）价格上涨率高于财政收入规模增长率，则表明财政收入规模在名义上表现为正增长，而实际上却是负增长。

3）财政收入规模增长率与价格上涨率大体一致，则说明财政收入规模只有名义增长，而实际上是不增也不减。

价格变动对财政收入规模结构内部变动也有较大的影响。其主要表现为：

1）在其他条件不变时，价格变动将直接影响从价计征的商品流转税类的税收收入的多少。

2）价格变化影响国有企业上缴利润和所得税类的税收收入。这是因为，在其他条件相同时，价格与利润、所得税之间在数量上成正比关系。

3）价格变动和产品比价的变动往往是同时发生的，而产品比价的变动则以另一种形式影响财政收入的规模。在我国，传统体制下形成的比价关系不合理，自经济体制改革以来，这种体制改革对财政收入规模产生了明显的影响：提高农副产品的收购价格，而售价不变，将使经营这些产品的企业利润减少或者发生亏损，需要财政给予相应的补贴；降低支农工业品的价格，会增加财政的亏损补贴；调整某种生产资料价格，会引起以此为原料的企业的产品成本和利润的变化，从而影响财政收入的规模。

2. 分配体制对财政收入规模的影响

分配体制是制约财政收入规模的又一个重要因素。财政收入规模的大小，受经济发展水平所制约，这是财政理论界的一个基本观点。但是经济发展水平是一个客观条件，而在客观条件得到满足的情况下，还存在通过分配进行调节的可能性。因此在不同国家（即使经济发展水平相同）和一个国家的不同时期，财政收入规模也是不同的。分配体制对财政收入规模的制约主要表现在以下两个方面：

1）国民收入分配体制决定剩余产品占整个社会产品价值的比例，进而决定财政分配对象的大小。

2）财政分配体制决定财政集中资金的比例，从而决定财政收入规模的大小。

（四）政治及社会因素对财政收入规模的影响

政治因素对财政收入规模的影响表现在两个方面：一是政局；二是政体结构。一个国家的政局是否稳定，对财政收入规模的影响是相当大的。当一国政权更迭或政局不稳而引起内乱，或者发生外部冲突等突发事件时，财政支出规模必然会出现超常规变化，同时社会生产也会受到影响，也就引起相应的财政收入规模的变化。至于体制结构，若一国的政府机构臃肿，人浮于事，效率低下，经费开支必然增多，同样要求增加财政收入。

社会因素，如人口状态、文化背景等，在一定程度上也影响着财政收入的规模。在发展中国家，人口基数大、增长快，相应的教育、保健及救济贫困人口的财政支出压力大；而在发达国家，公众要求改善生活质量，也会对财政支出提出新的要求，这就会要求相应地增加财政收入。我国在生产发展和劳动生产率提高的基础上，人民生活水平逐步提高了，但由于近几年来工资增长率一直高于劳动生产率增长幅度，这对我国财政收入规模就不能不产生影响。

三、财政收入规模的确定

如何确定财政收入的规模，是财政理论和实践工作中面临的重要问题。它涉及国家、企业和个人三个方面的关系。财政收入规模，一方面必须保证国家行使其职能——向社会提供公共产品（服务）的财力需要，另一方面又不能妨碍企业发展和人民生活水平的提高。如果财政收入占国民收入或国民生产总值的比重过高，将会影响企业发展和人民生活水平的提高；但是如果过低，使资金过于分散，国家行使其职能所需要的资金得不到满足，财政的宏观调控能力削弱，也不利于国民经济持续、稳定、协调地发展，因此必须合理地确定财政收入的规模。

确定财政收入的规模可以采用以下两种方法。

（一）因素分析法

因素分析法是指综合分析影响财政收入规模的各项因素，在此基础上，通过适当的数量关系式确定财政收入的规模。下面用此方法说明如何确定财政收入占国民收入的比重。

如果用 F 代表财政收入，N 代表国民收入，M 代表剩余价值，则有

$$\frac{F}{N} = \frac{M}{N} \times \frac{F}{M}$$

式中，$\frac{F}{N}$ 表示财政收入占国民收入的比重；$\frac{M}{N}$ 表示剩余产品占国民收入的比重，也称为剩余产品率；$\frac{F}{M}$ 表示剩余产品价值中财政集中的比例，称为财政集中率。因此，上述公式又可以表示为

$$财政收入/国民收入＝剩余产品率×财政集中率$$

在这个公式中，我们可以发现，影响剩余产品率的因素主要有劳动生产率和国家的工资政策。劳动生产率主要受经济发展水平以及生产中采用先进技术程度的制约，经济发展水平越高，生产中不断采用先进的生产技术和生产工具，必然会降低物耗，减少单位产品生产耗用的必要劳动时间，增加剩余劳动时间，从而增加剩余产品价值量和提高剩余产品率。工资水平的高低，主要受分配制度和分配政策的影响，在国民收入一定情况下，工资水平高低与剩余产品价值量之间成反比例关系，即工资提高，则剩余产品价值减少，剩余产品价值率降低，如 V∶M 的比例为 60%∶40%，如果现在工资水平增长 10%，则剩余产品价值率将由 40%降为 30%。从劳动生产率和工资水平这两个因素来看，劳动生产率的增长是一个循序渐进、相对缓慢的变化过程，工资由于受人口增长、通货膨胀和利益刚性原则等因素的影响，往往不仅难以下降，而且还呈现出较快的增长趋势。如果工资增长率超过劳动生产率的增长幅度，剩余产品价值率不仅不会提高，反而还有可能下降。

影响财政集中率的因素主要有经济体制、分配制度和分配政策。在我国，经济体制已由原来的计划经济体制转变为社会主义市场经济体制，在分配制度和分配政策方面由原来的统收统支、高度集中，转变为减税让利，扩大地方和企业的自主权，国民收入分配已向企业和居民倾斜，从而导致财政集中率下降。据有关统计资料表明，我国目前的剩余产品率为40%左右，财政集中率约为50%左右，根据上述公式则有

$$\frac{F}{N}=\frac{M}{N}\times\frac{F}{M}=40\%\times50\%=20\%$$

这一比例正好符合目前我国现实生活中财政收入占国民收入的比例。

（二）支出测定法

组织财政收入的基本目的就是为了满足社会公共需要或财政支出的需要。如果测定出各种社会公共需要对财政的资金需求量，也就是说，测定出在一定时期内国家（政府）的合理支出，那么，相应的，一年的合理的财政支出就是当年应该组织的财政收入数额。

上述两种方法是确定财政收入规模的比较理论性、原则性的方法。但是，我们应当注意的是，财政收入规模受多种因素的影响，不可能是一个一成不变的固定数值或比例，应该根据政治经济条件的变化和政府职能的变化而适时地加以调整。

第四节　国有资产收入

一、国有资产的来源与分类

（一）国有资产的概念

国有资产是国家生存与发展的重要物质基础。任何社会形态下的国家都有国有资产，只是不同的国家和同一国家在不同历史时期的国有资产的范围、数量、表现形式和运用方式等方面有所不同。随着经济发展与社会进步，国有资产在现代社会经济生活中发挥着越来越重要的作用。

国有资产是从资产概念中划分出来的一个特定范畴，指的是属于国家所有的全部财产以及各种自然资源。

（二）国有资产的来源

新中国成立初期，我国除了根据地已有的国有资产外，国有资产的主要来源还有以下几部分内容，即依法拥有我国国度范围内的自然资源，从原来的外国资本、官僚资本和民族资本方面转化成的国有资产。

1. 国家依法拥有国度范围内的自然资源

新中国成立后，我国政府依法拥有了我国国度范围内的土地、森林、河流、海洋、矿藏等自然资源的所有权，形成了我国国有资产的自然转化性来源。

2. 外国资本的国有化

1949 年中央人民政府成立时，外资企业共有 1 192 个，资产 12.1 亿元。由于政策的变化以及外资企业在华特权利益的丧失，许多外资企业陆续歇业，到 1959 年底，全国尚存 135 家。由于西方主要国家采取对华敌视态度，中国政府对个别外资企业采取了管制和征用、征收的方式，但无偿收归国有的资本为数甚少。此外，抗战胜利后东北地区原日伪资产也有少量被接收成为以后的国有资产。

3. 官僚资本的国有化

1949 年被人民政府没收的官僚资本中，工矿企业 2 585 个，交通行业的机车 4 000 多台、客车 4 000 多辆，银行 2 400 多家，四大家族的众多商业企业也被全部没收，这些产业都转化成了我国国有资产。

4. 对民族资本的改造、赎买

新中国成立初期我国采取了订货和收购等形式干预私营企业的经营活动，随后开展的是公私合营形式，合营户数从 1949 年的 193 家增至 1955 年的 3 193 家。到 1956 年，自营的私营经济已经不复存在，全部转化为公有和公私合营经济，成为当时我国国有资产的又一重要来源。

经过新中国成立初期的几年调整，国家将旧中国遗留的资产基本上掌握在了自己手中，成为国家统一支配的国有资产。此后，我国国有资产的来源由原来的非投资性来源为主，转向以国家直接投资性来源为主的国有资产发展阶段。

（三）国有资产的分类

由于国有资产涉及范围广，是作为一个庞大的资产系统存在的。一般来说，对国有资产类别的划分，通常采用以下方法。

1. 按国有资产的形成方式分类

按国有资产的形成方式分类，国有资产可分为国家投资形成的资产和国家间接拥有的资产。国家投资形成的资产主要是指通过国家拨款和投资方式，形成的国家拥有的行政事业单位和国有企业资产。国家间接拥有的资产主要是指国家通过非投资渠道而拥有的资产。如国家依法拥有的土地、森林、河流、海洋、矿藏等自然资源，国家接受国际援助形成的国有资产，国家对非法私人资产采取的没收处罚措施转化成的国有资产等。

按照国有资产的形成方式分类，可以清晰地了解国有资产的来源渠道和具体的形成过程，并通过对国有资产的来源渠道和具体形成过程的内容分析，研究国家的产权制度内容和公共产权与私人产权的关系。

2. 按国有资产的经济用途分类

按国有资产的经济用途分类，国有资产可分为经营性国有资产与非经营性国有资产。经营性国有资产是国家为了经营性目的而投入到生产和流通领域的资产。它的基本特点是运动性与增值性，即通过投入与产出的运动过程，实现国有资产的保值和增值目标。非经营性国有资产是指国家机关、部队、学校、科研机构、民间团体等行政事业单位使用而不投入物质生产经营活动的资产。非经营性国有资产虽然不直接参与物质财富的生产经营活动，但同样创造重要的社会效益。

按照国有资产的经济用途分类，具有重要的理论与现实意义。在我国现实社会经济条件下，由于经营性国有资产和非经营性国有资产的性质和特点不同，管理的目标和手段也有所不同，应该根据经营性国有资产和非经营性国有资产的性质和特点，采取区别对待的方式进行有效管理。

3. 按国有资产存在的形态分类

按国有资产存在的形态分类，国有资产可分为有形资产和无形资产。有形资产是指具有价值形态和实物形态的资产。它包括：固定资产，如房屋、建筑物、机器设备、运输工具、铁路、桥梁等；流动资产，如原材料、辅助材料、燃料、半成品、产成品等；资源性资产，如国家依法拥有的土地、森林、河流、海洋、矿藏等自然资源。无形资产是指不具备实物形态，但同样可以为拥有者带来收益的资产。它包括：知识产权，如专利权、发明权、商标权、著作权、历史文化遗产等；工业产权，如专有技术等；金融产权，如货币、债券、证券的版面设计、印刷、铸造、发行权等。

按国有资产存在的形态分类，能够比较完整地反映国有资产的全部内容，便于保护国有资产产权变动后的经济利益，便于对国有资产进行分类统计和分类管理，并通过对国有资产的科学评估，防止国有资产产权变动中的资产流失。

4. 按国有资产存在的地域分类

按国有资产存在的地域分类，国有资产可分为境内国有资产和境外国有资产。境内国有资产是指存在于国家境内的各项国有资产；境外国有资产是指存在于境外的本国国有资产，如国家在境外建立的大使馆、领事馆所拥有的资产，国有企业在境外投资形成的资产等。

二、国有资产的收益分配

(一)国有资产收入形式

国有资产收入,是国家凭借其拥有的国有资产所有权取得的收入。随着国有资产经营方式的多样化,国有资产收入形式也呈现多样化趋势。目前,我国国有资产收入形式主要有以下几类。

1. 国有资产的经营性收入形式

我国经营性国有资产收入形式,主要取决于国有资产经营方式,从目前来看,主要包括利润、租金、股息和红利几种类型。

(1)利润

利润是我国国有资产收益的最常见的形式。主要适用于国有独资企业和实行承包经营的国有企业。

(2)租金

租金是出租方将资产出租给承租人进行经营活动所得到的一种收益。这种形式主要适用于实行租赁经营方式的国有企业。在国有资产的租赁方式下,国家在一定时期内让渡了国有资产的使用权和经营权,必然要求承租者对国家的这种让渡进行价值补偿。这种价值补偿数量的多少主要取决于出租国有资产的资产价值、出租国有资产的级差收益能力等因素。

(3)股息和红利

股息和红利是一种股权收益,是按照控股或持股者所占股份的多少分配给股东的利息和利润。对于实行股份制经营的国有资产,股息和红利是国家作为股东,凭借其拥有的股权参与股份公司资产经营收益分配取得的收入。

2. 国有产权转让收入形式

国有产权转让收入,是指通过对国有资产所有权和国有资产使用权的转让获得的收入,主要包括两种类型。

(1)国有资产所有权转让收入

国有资产所有权转让收入,是国家通过对国有资产所有权的转让、拍卖、兼并等方式所形成的收入。随着我国对一般竞争领域的小型国有工商企业转让和拍卖,以及对一般竞争领域的大中型股份制企业的国有股权转让,我国必然会形成一定数量的国有资产所有权转让收入。

(2)国有资产使用权转让收入

国有资产使用权转让收入,是国家通过对国有资产使用权转让而取得的国有资产使用权转让收入,也是国有资产收入的组成部分。如国有土地使用权出让收益,矿藏资源开采权转让收益，山林、草地、河流开发权使用收益，森林采伐权使用收益，以及其他国有资产使用权转让收益，都构成国有资产使用权转让收入。

（二）国有资产的收入分配

国有资产收入是国有资产在生产经营活动中的增值额，也是国有资产的投资收益。国有资产收入分配，在微观上就是国有企业中的投资者凭借资产所有权的利润分配。由于国家是以社会管理者和生产资料所有者的双重身份参与国有企业收入的分配的，国家以社会管理者身份参与国有企业收入分配，体现的是国家凭借政治权力的税收分配关系，反映的是税收分配的统一性、规范性关系，而国家以生产资料所有者身份参与国有企业收入分配，体现的是国家凭借资产所有权的利润分配关系，反映的是利润分配的相对灵活性关系。因此，所有国有企业的利润分配，既要按照企业利润分配的一般顺序要求进行分配，同时，国有企业上缴给国家的国有资产收入的多少，又会受到国家政策的影响。

1. 国有企业的利润分配的顺序

在我国现实条件下，国有企业和其他所有企业一样，实现销售收入和营业收入后，必须依法向国家交纳税金，企业实现的利润，在上缴企业所得税以后，税后利润按如下顺序分配：①抵补被没收的财产损失，支付税收滞纳金和罚款；②弥补以前年度的损失；③按税后利润扣除前两项后的10%提取法定的盈余公积金，已达到注册资本金的50%时可以不再提取；④提取公益金；⑤投资者凭借资产所有权分配利润。

2. 国有资产收入分配的主要内容

国有资产收入分配主要包括国有企业上缴国家的收入和企业留存收入两部分。企业上缴国家的收入是国家凭借资产所有权从企业税后利润中应分得的收入；企业留存收入是指企业税后利润中的留存部分。按照所有权关系，国有企业这部分留存收入也是国家所有者的权益，必须归国家所有，只是留存在企业，归企业使用。企业应上缴国家的国有资产收入主要包括以下具体内容：①国有企业上缴利润，也就是国家作为所有者从国有企业税后利润中应分得的收入；②股份有限公司中的国有股的股息和红利，即按照同股同利原则所形成的国有股收入；③非国有企业占用和租赁国有资产形成的国有资产收入；④国有资产所有权转让收入；⑤国有资产使用权转让收入。

三、国有资产管理

国有资产的管理对象，既涉及对经营性国有资产，也涉及国家行政事业单位的非经营性国有资产，还涉及国家依法拥有的各种自然资源，由于国有资产管理内容的复杂性和不同类别的国有资产的性质和特点不同，因而针对不同类别的国有资产的管理目标和管理方式也应该有所区别。

（一）国有资产管理的主要内容

加强国有资产管理，其目的在于通过明晰国有资产产权，监督国有资产运用，防止国有资产流失，提高国有资产的运营效率。从国有资产管理的内容来看，主要有以下几个方面。

1. 国有资产产权界定

产权是指财产所有权、占有权、使用权、支配权、处置权等权利。国有资产产权界定，就是国家授权国有资产管理部门依法划分国有资产的所有权、经营权、使用权、处置权等产权归属，明确各类产权主体的职责与权限。它包括两方面内容：一是国有资产所有权的界定，即界定哪些应当属于国家所有的资产；二是与国有资产所有权相关的其他产权的界定，即界定国有资产的各类经营、使用、管辖主体行使资产占有、使用、收益及处置权的界限和范围。

2. 国有资产产权登记

国有资产产权登记，是国有资产管理部门对占有和使用国有资产的主体，就其占有和使用国有资产及其由此派生的各种权益进行登记管理的一项制度。国有资产产权登记，是加强国有资产管理的一项重要措施，对完善国有资产基础管理制度具有重要意义。按照我国规定，所有使用国有资产的部门、单位和个人都必须依法办理国有资产产权登记，但在办理国有资产产权登记的具体内容方面，不同类别的国有资产因涉及的性质和权属关系不同，登记的具体内容也不完全一致。

3. 国有资产占有和使用的管理

国有资产管理委员会对于各种类别的国有资产的占有和使用过程的管理，在管理目标和管理方式上，必须贯彻区别对待的原则。其中，对于国家投资形成的经营性国有资产的占有和使用过程的管理，其主要目的是为了实现国有资产的保值和增值，因而应该采取价值管理方式；对于国家投资形成的行政事业单位的非经营性国有资产的占有和使用过程的管理，其主要目的是为了减少和降低国有资产消耗，防止国有资产损失和浪费，提高国有资产使用效率，应该采取以实物为主和实物管理与价值管理相结合的管理方式；对于资源性国有资产的开发和利用过程的管理，其主要目的是既要提高国有资源的开发和利用价值，又要注重生态环境改善和资源的可持续开发和利用，因而在管理手段的选择上，应该采取价值管理与实物管理相结合的方式。

4. 国有资产收入及处置的管理

对于经营性的国有资产的经营性收入，必须按照所有者的权益原则进行合理分配；

对于国有资产存量的处置，即国有资产的产权变更形成的收入，也必须按照所有者的权益原则进行合理分配。

（二）国有资产管理体制

国有资产管理体制是指有关国有资产管理的各种制度安排的总和。健全和完善我国国有资产管理体制，是加强国有资产管理，合理划分国有资产管理的职责与权限，提高国有资产管理效率的内在要求。健全和完善我国国有资产管理体制，必须明确国有资产的管理主体，健全国有资产管理机构，从而形成良好的国有资产管理机制。

1. 国有资产的管理主体

由于国有资产是全民所有的公共资产，从逻辑关系上讲，国有资产所有权的主体应该是全国人民代表大会，在实践中也可以由全国人民代表大会授权政府代理国有资产所有权。政府在代理国有资产所有权的过程中，在横向上必须贯彻政府代理国有资产所有权职能与政府履行社会经济管理职能相分离，国有资产监管体系与国有资产使用主体相分离，资本经营与生产经营相分离的原则；在纵向上必须按照提高国有资产管理效率的要求，处理好中央与地方各级政府之间在代理国有资产所有权方面的权责关系。

我国国有资产的管理最初是处于政府代理过程中的多部门分散管理状态，呈现的是管理主体的多元化局面。为了改变以往分散管理造成的管理效率低下等问题，"十六大"以来，我国建立了国有资产监督管理委员会，专门负责行使国有资产所有权的监督管理职能。

2. 国有资产管理机构

由于我国国有资产种类多、分布面广、相对规模大，因而国有资产管理的任务和管理难度也相对较大，为了切实有效地管理好我国国有资产，必须按照提高国有资产管理效率的要求，进一步健全我国国有资产管理机构体系。在横向上，必须合理划分国有资产监督管理委员会与国有资产投资公司和国有资产管理使用主体的监督管理职责；在纵向上，必须合理划分各级政府代理国有资产所有权和对国有资产监督管理方面的权责关系。

阅 读 资 料

财政收入增速过快引发国富民穷之忧

财政部年初预算报告显示，2011 年全国财政收入 89 720 亿元，增长 8%。从目前财政收入状况来看，财政收入增速已经远远超出 8%，前 8 个月的财政收入总额达到全年目标的 83%。

据中央财经大学税务学院副院长刘桓测算，2010 年全国财政收入为 83 080.32 亿元，加上今年前 8 个月比去年同期增加的 17 533.97 亿元，即使后 4 个月财政收入同比零增长，全年财政收入也将超过了 10 万亿元。

　　财政收入 30% 左右的增速和全年超过 10 万亿的预期使很多人担忧我国财政收入增速过快，或将抑制居民和企业的积极性，并导致国富民穷。多位专家表示，减税应当成为未来税制改革的目标。

资料来源：http://www.sina.com.cn/2011-09-19/051623177275.shtml

本 章 小 结

　　财政收入为财政支出提供了供给，是实现支出的前提，是财政分配过程的重要阶段。本章主要介绍了财政收入的概念与基本形式、财政收入的构成、财政收入的规模分析与国有资产收入等内容。在财政收入的概述中，主要介绍了财政收入的基本概念及财政收入主要包括税收、国有资产收入、国债及其他收入形式；财政收入的构成，着重对财政收入的价值构成、所有制构成与部门构成进行详细分析；在财政收入的规模分析中，主要介绍了衡量财政收入规模的指标、影响财政收入规模的因素分析与财政收入规模的确定等；最后介绍了国有资产的来源与分类、国有资产的收入分配、国有资产管理的主要内容及国有资产管理体制。

复习思考题

1. 简述财政收入的概念与形式。
2. 怎样分析财政收入的构成？
3. 试分析影响财政收入规模的因素。
4. 国有资产如何分类？
5. 简述国有资产收入的形式。

第四章 税 收 收 入

学习要点

1. 掌握税收的概念、本质、特征和作用
2. 掌握税制的基本要素、税收的分类
3. 熟悉增值税、营业税、企业所得税以及个人所得税的纳税人、征税对象、税率及计算方法，了解其他税种的内容

课前导读案例

2011 年全国税收收入达 95 729 亿元　增长稳定

中新网 1 月 20 日电　中新网财经频道从国家税务总局获悉，2011 年全国税收收入完成 95 729 亿元（扣除出口退税后为 86 524 亿元，不包括关税、船舶吨税、耕地占用税和契税），收入稳定增长。

2011 年，税务部门认真贯彻党中央、国务院一系列重大决策部署，积极落实结构性减税政策，努力改进纳税服务，依法加强税收征管，全国税收收入完成 95 729 亿元（扣除出口退税后为 86 524 亿元，不包括关税、船舶吨税、耕地占用税和契税）。其中，税务部门组织税收收入 82 122 亿元，比 2010 年增收 15 260 亿元，增长 22.8%，海关代征进口税收完成 13 607 亿元，比 2010 年增收 3079 亿元，增长 29.2%。税收收入增长随经济发展逐季趋缓。全国共办理出口退税 9 205 亿元，比 2010 年增加 1 876 亿元，增长 25.6%。此外，地方税务机关还组织征收社保基金、教育费附加、文化事业建设费等其他收入 15 652 亿元，增收 4 395 亿元，增长 39%。

在税种方面，国内增值税、国内消费税、营业税分别增长 13.6%、15.1%、22.6%，企业所得税增长 34.7%。在区域分布上，东、中、西三个区域税收收入分别增长 21.7%、27.9%和 28.5%。

资料来源：中国新闻网，http://www.sina.com.cn，2012 年 01 月 20 日

第一节 税 收 概 述

一、税收的概念及特征

税收，在历史上又称为赋税、租税或捐税。它是指国家为实现其职能，凭借政治权力，按照法定标准，无偿取得财政收入的一种特定分配形式，是国家财政收入的主要形式和调节经济的重要杠杆。

对税收的概念可以从以下五个方面来理解。

（一）税收是国家为了实现其职能取得财政收入的一种方式

从其概念来看，税收首先是国家的一种财政收入，是国家为了实现其职能取得财政收入的一种形式。历史上不同社会制度的国家取得财政收入有多种形式，如奴隶制国家有王室土地收入、贡纳收入；封建制国家有官产收入、特权收入和专卖收入；资本主义国家有公产收入和债务收入；社会主义国家的国有企业利润收入、规费收入和国家信用收入等。税收同这些财政收入一样，也是国家财政收入的一种方式，而且是古今中外不同社会制度的国家普遍采用的一种方式。

（二）国家征税凭借的是国家的政治权力

社会产品的分配可以分为两大类，一类是凭借财产权力进行的分配，另一类是凭借政治权力进行的分配。税收是以国家为主体，凭借政治权力进行的分配，所谓以国家为主体，是指对什么征税、对谁征税、征多少税是由政府通过法律规定的，通过征税使一部分社会财富单方面地转移到政府手中。国家对不能直接占有的产品通过征税方式转变为国家所有，是利益的再分配，如果没有国家的政治权力为保证，征税就难以实现，因此，税收分配所凭借的只能是国家的政治权力。

（三）税收分配的对象为剩余产品

社会产品按其价值构成可分为三部分：即物化劳动的价值补偿部分；劳动者、经营者和所有者的劳动力再生产的补偿部分；用于积累和消费的扩大再生产的后备价值（即剩余价值）。显然，从维持纳税人简单再生产的角度出发，前两部分一般不能进行社会性的集中分配，只有对第三部分可作为集中性的社会分配，但又不能全部用于社会性的集中分配，因为纳税人必要的扩大再生产也是社会发展与进步的经济前提。由此可见，剩余产品是税收分配的对象，也是税收分配的根本源泉，这是就税收收入的最终来源而言的。

（四）征税的目的是为了满足社会公共需要

有社会存在，就有社会公共需要的存在。社会公共需要大体包括四个方面：一是保护国家主权和领土完整的需要，如国防、外交等；二是维护社会安定秩序的需要，如警察、法院、监狱、行政管理等；三是维护和扩大社会再生产活动的需要，如兴修农田水利、交通、通信等公共工程及经济管理等；四是保障和提高人类自身发展的需要，如举办文化、教育、卫生、社会保障等各项公共事业，这些公共需要的满足，需要由政府集中一部分社会财富来实现。而征税就是政府集中一部分社会财富的最好方式。与此相适应，社会成员之所以要纳税是因为他们专门从事直接的生产经营活动，而不再兼职执行国家职能，因此需要为此付出一定的费用。

（五）税收具有强制性、无偿性和固定性的特征

税收作为国家取得财政收入的一种方式，与其他方式相比较，具有强制性、无偿性和固定性的基本特征。

1. 税收的强制性

税收的强制性，是指税收的征收依靠的是国家的政治权力。一般说来，它和生产资料的占有没有直接关系。这种强制性具体表现在，税收是通过国家法律形式予以确定的，任何单位和个人都必须依法纳税，否则，就要受到法律的制裁。

税收的强制性不同于罚款，因为税收是纳税人按照法律规定应尽的义务，国家征税的目的在于筹集必要的资金来满足社会公共需要而不是对纳税人的惩罚，而罚款、没收财产则主要是为制止某些违法行为的发生而作出的经济处罚。两者虽然都具有强制性，但性质和作用是截然不同的。

2. 税收的无偿性

税收的无偿性，是指国家征税以后，征收的实物或货币就成为国家的财政收入，不再返还给纳税人，也不支付任何报酬，是一种无偿的征收。国家与纳税人之间不存在任何等价交换或等价补偿的关系。这也是税收明显区别于公债、规费之处。

税收的无偿性，是税收的本质属性。税收只有无偿征收，才能体现财政的职能与作用，并在一定范围和一定程度上，改变社会财富分配的不合理状况，以贯彻国家各项方针政策的实施。如果税收不具有无偿性的特征，税收是有借有还的，就无须法律规定强制征收。

3. 税收的固定性

税收的固定性，是指国家通过法律形式预先规定了征税对象和征税标准，征纳双方都必须遵守，不能随意变动。由于作为征税对象的各种收入、财产或行为是普遍而大量

存在的，征税对象和征收比例是相对固定的，这样税收固定性的特征就会有时间上的连续性和征收比例上的限度性两层意思。税收的这种固定性，对纳税人来说，可以据以预测生产经营成果，便于做出安排，比较容易接受；对国家来说，可以保证取得稳定可靠的财政收入。当然，税收的固定性并非征税对象范围和征收的比例始终固定不变。随着社会经济的发展和政治条件的变化，税收的纳税人、征税对象和征收比例都是会不断改变的，但税收制度的改革和调整必须通过一定的法律程序，以法律法令的形式进行，因而在一定时间内保持相对稳定。

税收的以上三个特性是相互联系的。税收的强制性，决定着征收的无偿性，因为如果是有偿的话，就无需强制征收。而税收的强制性和无偿性又决定着税收的固定性，否则，如果国家随意征收，就会侵犯、剥夺现存的所有制关系。税收的强制性、无偿性、固定性是统一的，缺一不可的。只有同时具备这三个特征，才构成税收。例如，没收和罚款也可构成财政收入，也是强制的和无偿的，但对交纳人来说，却是不固定的。

二、税收的分类

税收从不同角度、依据不同的标准有多种分类。其中，较为重要的分类如下。

（一）按征税对象为标准，可分为流转税、所得税、财产税、资源税、行为税

流转税是指以流转额为征税对象征收的一种税。流转额包括商品流转额和劳务流转额。流转税主要有增值税、营业税、消费税、关税等，它是我国现行税制中最大的一类税收。

所得税是指以所得额为征税对象而征收的一类税，主要有企业所得税和个人所得税。

财产税是指以纳税人所拥有或支配的财产为征税对象而征收的一种税。如我国的房产税、契税等。

行为税是指为了限制某些行为，以这些行为为征税对象而征收的一类税。如印花税、城市维护建设税、土地增值税、车辆购置税、固定资产投资方向调节税等。

资源税是对开发、利用和占有国有自然资源的单位和个人征收的一类税。如资源税、城镇土地使用税等。

（二）按税负能否转嫁为标准，可分为直接税与间接税

凡纳税人不能将税负转嫁给他人的为直接税，如所得税、财产税等；凡纳税人能将税负转嫁给他人负担，也就是纳税人与负税人不一致的为间接税。间接税主要是指课征于一般消费品或劳务的税收，如增值税、营业税、消费税、关税等。

（三）按计税标准为标准，可分为从量税与从价税

从量税是以征税对象的数量、重量、容积或体积等计量单位为标准，采用固定单位税额征收的税种。从价税则是以征税对象的价值、价格与金额为标准，按规定税率征收的税种。由于从量税的税收收入不能随价格高低而增减，适用范围较小，各国的大部分税种采用从价计征，只有少数税种如我国的资源税、车船使用税等采用从量计征。

（四）按税种隶属关系为标准，可分为中央税、地方税和中央与地方共享税

中央税是指管理权限归中央，税收收入归中央支配和使用的税种。地方税是指管理权限归地方，税收收入归地方支配和使用的税种。中央与地方共享税则是指主要管理权限归中央，属于中央政府与地方政府共同享有，按一定比例分成的税种。

（五）按税收与价格的关系为标准，可分为价内税与价外税

价内税就是商品税金包含在商品价格之中，商品价格由"成本+税金+利润"构成，如我国的消费税、营业税等。价外税则是指商品价格中不包含商品税金，仅由成本和利润构成，商品税金只作为商品价格之外的一个附加额，如我国的增值税。

三、税收的职能和作用

（一）税收的职能

税收的职能，是指税收在一定社会制度下所固有的功能和职责，是其本来应该具有的、长期固定的属性。一般地说，税收具有组织收入、调节经济、监督管理三项职能。

1. 组织收入的职能

税收作为国家强制地、无偿地取得财政收入的一种手段，所以，组织财政收入是税收的最基本职能。

2. 调节经济的职能

国家通过向纳税人征税，必然会改变各阶层、各经济单位、各地区，乃至个人的收入分配。国家通过税收法规体现其政策，调节、控制其经济运行，达到一定的政治、经济目的，这是税收的一项基本职能。

调节职能以引导纳税人调整自己的活动，如放弃某项活动或对某物的占有转而从事另一项活动或另一物的占有，以配合产业政策，促进生产结构、消费结构的调整，优化资源配置。

3. 监督管理的职能

国家在征税过程中，要了解情况、掌握税源、检查和督促纳税人依法纳税，对违反税法的行为依法处理，这也是税收的一项重要职能。

（二）税收的作用

1. 为社会主义经济建设筹集资金

目前，税收已成为国家财政收入的主要支柱，税收工作的好坏，直接关系到国家财政收入的规模和增长速度，从而制约着经济发展的规模和增长速度。税收是实现社会主义经济建设的物质基础。2011 年我国税收收入达 89 720 亿元，占财政收入的比重为86.5%。由此可见，税收是财政收入的主要来源。

2. 调节生产和消费，促进国民经济协调发展

税收是社会主义国家利用价值规律以调节经济关系的重要手段。税收作为商品价格的重要组成部分，它可以配合价格政策，通过对不同产品设计高低不同的税率，直接调节产品的盈利水平，进而有利于国家有计划地安排生产，实现产品结构、产业结构和企业组织结构的合理化，促进资源的合理配置，促进国民经济协调发展。

3. 维护国家权益，促进对外经济往来

税收是国家实行对外经济开放的一个重要调节手段，它对于维护国家权益，贯彻国家的各项对外经济开放政策，在平等互利基础上推动国际间经济技术合作和交流，有着重大作用。如对进出口的财产、货物、投资及所得税区别对待的税收政策，会影响我国的进出口贸易结构、引进外资和技术设备的结构、外汇收支的结构和进行国际科技、文化交流的结构。

4. 通过税务监督，促进遵纪守法

税收的监督作用，从广义上说，是指通过税收分配活动对经济进行制约和调节作用；从狭义上说，税收的监督作用是指通过税收的日常征管工作，对企业经营活动是否遵守现行税制和财经纪律进行检查、督促和制裁。

第二节　税收制度的构成要素

税收制度是国家规定的税收法令、条例和征收办法的总称，它说明了谁征税、向谁征税、征多少税、如何征税等问题。税制的构成要素主要有以下几部分。

一、纳税人

纳税人是税法规定直接负有纳税义务的单位和个人，也称纳税主体，它规定了税款的法律承担者。纳税人可以是自然人，也可以是法人。所谓自然人，一般指的是公民个

人。所谓法人，是指依法成立并能行使法定权利和承担法定义务的社会组织，如企业、社团等。

纳税人和负税人不同。纳税人是直接向国家交纳税收的单位和个人；而负税人是最终负担税款的单位和个人。在纳税人能够通过各种方式把税款转嫁给别人的情况下，纳税人只起了交纳税款的作用，纳税人并不是负税人。如果税款不能转嫁，纳税人同时就又是负税人。

二、课税对象

课税对象又称征税对象，是征税的客体，是按税法规定的征税标的物，即对什么征税。征税对象从总体上确定了一个税种的征收范围，体现了课税的广度。每一种税种都必须明确它的课税对象，它是一种税区别于另一种税的主要标志。我国现行的实体税收法规中，都分别规定了课税对象。如消费税的课税对象为应税消费品。

三、税率

税率是应纳税额与征税对象数量之间的法定比例，它是计算纳税人应纳税额的尺度，反映着课税的深度。税率体现着政府的税收政策，税率的高低也决定了纳税人的税收负担轻重和直接关系到政府财政收入多少，因此，税率是税收制度要素中的核心。

我国现行税法规定的税率有如下几种。

（一）比例税率

比例税率是对同一征税对象，不论数额大小，都按同一比例纳税。比例税率的基本特点是税率不随征税对象数额的变动而变动，计算简便、便于征收，但不能较好地体现量能负担的原则。

（二）累进税率

累进税率是指按征税对象数额的大小，从低到高分别规定逐级递增的税率。征税对象数额越大，税率就越高；相反就越低。累进税率的基本特点是税率等级与征税对象的数额等级同方向变动。累进税率又分为全额累进税率、超额累进税率和超率累进税率三种。

（三）定额税率

定额税率是按征税对象的简单数量直接规定一个固定的税额，而不是规定征收比例，因此也称为固定税额，是税率的一种特殊形式。它一般适用于从量计征的税种，在具体运用上又可分为地区差别税额、幅度税额和分类分级税额。

定额税率的基本特点是税率与征税对象的价值量脱离了联系，不受征税对象价值量变化的影响。它适合于对价格稳定或质量等级和品种规格较为单一的征税对象征收。

（四）零税率与负税率

零税率是税率为零的税率。它是免税的一种形式，说明纳税对象的持有人负有纳税义务，但不需缴纳税款。负税率是指政府利用税收形式对所得额低于某一特定标准的家庭和个人予以补贴的比例。负税率主要用于负所得税的计算，它是目前西方发达国家把所得税和社会福利补助制度相结合的一种主张和试验，就是对那些实际收入低于维持一定生活水平所需费用的家庭和个人，按一定比例由国家付给其所得税。

四、纳税环节

纳税环节是指按税法规定对处于不断运动中的纳税对象选定应当征税的环节。一般是针对流转税而言的。一个税种按其在商品流转的多个环节中选择纳税环节的多少，形成一次课征制、两次课征制和多次课征制等不同的课征制度。例如我国消费税只在一个流转环节征收，属于一次课征制；而增值税则是道道征收，在各个流转环节都征收，属于多次课征制。

五、纳税期限

纳税期限是税法规定的纳税人缴纳税款的时间界限或时限区间，亦称纳税的最后时限。凡在规定时限前缴纳者均为合法，凡超过规定时限才缴纳者则属于违规行为并应受到处罚。缴纳期限的规定，对于监督纳税人及时足额纳税，保证财政收入的实现有现实作用。

六、附加、加成和减免

附加、加成和减免是对纳税人税收负担的调整措施。附加和加成是加重纳税人负担的措施。附加也称为地方附加，是地方政府按照国家规定的比例随同正税一起征收的列入地方预算外收入的一种款项。通常把国家税法规定的税率征收的税款称为正税，而把在正税之外征收的附加称为副税。加成是指根据税制规定的税率征税以后，再以应纳税额为依据加征一定成数的税额。加成一成相当于应纳税额增加10%，加征成数一般规定在1成至10成之间。

减税、免税以及规定起征点和免征点属于减轻纳税人负担的措施。减税就是减征部分税款。免税就是免交全部税款。减免税是为了发挥税收的奖限作用或照顾某些纳税人的特殊情况而作出的规定。起征点是税法规定的课税对象达到一定数额时才开始征收的数量标准，超过则全部计征，达不到则全部免征。免征额是税法规定的课税对象数额中免于征税的数额，即只就其超过免征额部分征税。

七、违章处罚

违章处罚是对纳税人违反税法行为所规定的惩罚措施。它对保障国家税法的强制性和严肃性有重要意义。纳税人的违章行为一般包括偷税、抗税、漏税、欠税等不同情况。偷税是纳税人采取欺骗手段，不履行税法规定的纳税义务的违法行为。抗税则主要是采用明显的、公开的及暴力的方式拒绝履行纳税义务的违法行为。漏税是指纳税人因非主观的原因造成未缴纳或少缴纳国家税款的行为。欠税则是纳税人不按规定期限缴纳税款的行为。国家对违章行为的处罚方式主要有：批评教育、强行扣款、加收滞纳金、罚款及追究刑事责任等。

第三节　流　转　税

一、流转税的概念及特点

（一）流转税的概念

流转税是指以流转额为征税对象征收的一种税。流转额包括商品流转额和非商品流转额。商品流转额，即商品交易金额。对卖方来说，具体表现为商品销售额；对买方来说，则是购进商品支付的金额，它们都可以成为流转税的课税对象。非商品流转额是指交通运输、邮电通信以及服务性行业的营业收入额。此外，流转课税既可以全部流转额作为课税对象，又可以部分流转额作为课税对象。

（二）流转税的特点

1. 课税对象普遍，收入充裕

流转税以商品或劳务的交换为前提条件，只要有商品和劳务的交换行为，有商品或劳务的销售收入，就要征税，税收覆盖社会生产的各个方面。同时流转税属于价内税，是商品或劳务的有机组成部分，税额的多少与商品和劳务流转额的多少以及税率的高低有直接关系。所以，流转税的收入具有税源广、收入稳定的特点。能够及时稳定地取得财政收入，这是流转税的最大特点之一。

2. 税收较易转嫁

流转税针对商品和非商品的流转额征收，纳税中可以通过对商品或劳务加价的办法将流转税转移给消费者，或者通过压低进价的方法将税负转嫁给供应方。

3. 税收负担具有累退性和间接性

流转税除少数税种实行定额税率外，普遍实行比例税率，即不论负税人收入状况，均负担同比例的税收，因而通常是收入越多，税收实际负担相对越低，因此对税后收入状况的影响具有累退性。同时，流转税的税负较易转嫁，其纳税人与负税人通常是分离的，税负的承担者往往并不是税收的实际缴纳者，而纳税人只不过是税收活动的中介者而已。因此，负税人对税负增减的感受并不敏感，相对弱于所得税等直接税种。

4. 税收征收管理简便

流转税多为比例税率，计算简便，且主要对生产经营的企业课征，税源集中，征收管理较为简便。

二、我国主要的流转税

（一）增值税

增值税是以商品或劳务的增值额为课税对象所征收的一种流转税。由于商品或劳务的增值额在生产经营中较难准确计算，因此在税务实践中一般采用税款抵扣的办法（即扣税法）间接计算应纳税额，即根据商品或劳务的销售额和规定的税率，计算出销售环节税额（即销项税额），然后从中扣除因生产销售商品或提供劳务所发生的货物采购而支付的购进环节税额（即进项税额），其余额即为应纳增值税额。目前世界各国普遍采用这种间接计算方法，只是各国税法中规定的税率和扣除项目有所不同而已。

1. 增值税的特点

我国现行增值税主要有以下几个方面的特点。

（1）对增值额征税

增值税与一般流转税的区别在于，一般流转税是对商品销售额或劳务收入全额征税，而增值税是对商品或劳务的增值额征税。增值额大则多征税，增值额小则少征税，无增值额则不征税。

（2）实行普遍征税

从增值税制较完善的发达国家看，增值税的征税范围涉及商品生产、商品流通、服务等多个行业，征税范围十分广泛。

（3）多环节征税但不重复征税

从纳税环节看，增值税实行多次课征制，即多环节征税。一种商品或劳务从生产到最终消费，每经过一道生产经营环节就征一次税，由此形成一条"增值税链"。尽管增值税实行多环节征税，但由于实行了税款抵扣制度，从而消除了传统流转税重复征税的弊端。

2. 增值税的征税范围

增值税暂行条例规定："在中华人民共和国境内销售货物或者提供加工、修理修配劳务以及进口货物的单位和个人，为增值税的纳税义务人。"因此，我国对所有销售货物和进口货物都征收增值税，并对部分劳务如加工、修理修配也征收增值税。

（1）销售货物

这里所称货物是一个增值税法规中的特定概念，是指有形动产，包括电力、热力、气体在内。销售货物是指有偿转让货物的所有权，能从购买方取得货币、货物或其他经济利益。境内销售货物，是指所销售货物的起运地或所在地在我国境内。

（2）提供加工、修理修配劳务

所谓加工，是指受托加工货物，即由委托方提供原料及主要材料，受托方按照委托方的要求制造货物并收取加工费的业务。所谓修理修配，是指受托方对损伤和丧失功能的货物进行修复，使其恢复原状和功能的业务。境内提供应税劳务，是指所提供的应税劳务发生在境内。

（3）进口货物

进口货物是指将货物从我国境外移送至我国境内的行为。税法规定，凡进入我国海关境内的货物，应于进口报关时向海关缴纳进口环节增值税。

3. 增值税的纳税人

凡在我国境内销售货物或者提供加工、修理修配劳务，以及进口货物的单位和个人都是增值税的纳税义务人。根据纳税人的生产经营规模和财务会计健全的程度，将纳税人分为一般纳税人和小规模纳税人。小规模纳税人一般是指生产经营规模较小，会计核算不够健全，年销售额未达到财政部规定标准的单位和个人。

4. 增值税的税率

（1）基本税率

增值税一般纳税人销售或进口货物，提供加工、修理修配劳务，除低税率适用货物和销售个别旧货适用征收率外，税率一律为17%，这就是基本税率。

（2）低税率

增值税一般纳税人销售或进口下列货物，按低税率计征增值税，低税率为13%。

1）粮食、食用植物油。

2）暖气、冷气、热水、煤气、石油液化气、天然气、沼气、居民用煤炭制品。

3）图书、报纸、杂志。

4）饲料、化肥、农药、农机（不包括农机零部件）、农膜。

5）国务院规定的其他货物。

（3）零税率

对纳税人出口货物实行零税率，即不仅在出口销售环节免税，并且对出口货物前各道环节已付增值税予以退还，使出口货物的整体税负为零。对出口货物零税率的规定，可以使出口货物以不含税的价格参与国际市场竞争，有利于鼓励企业出口创汇，这也是世界各国对外贸易中普遍采用的惯例。

小规模企业销售货物或应税劳务的按3%的征收率征收。

5. 增值税的减免规定

由于增值税实行多环节多次征收的办法,上一个环节减免税款,下个环节就会减少抵扣,多缴税,因此,增值税的优惠主要采取最终产品免税的办法。其免税项目如下。

1)个人纳税人销售额未达到起征点的免征增值税。增值税起征点的幅度规定为:①销售货物的起征点为月销售额 600～2 000 元;②销售应税劳务的起征点为月销售额 200～800 元;③按次纳税的起征点为每次(日)销售额 50～80 元。

2)农业生产者销售的自产农产品。

3)销售和进口的计划生育药品和用具。

4)销售的向社会收购的古旧图书。

5)直接用于科学研究、科学试验和教学的进口仪器、设备。

6)外国政府、国际组织无偿援助的进口物资和设备。

7)来料加工、来件装配和补偿贸易所需进口的设备。

8)由残疾人组织直接进口供残疾人专用的物品。

9)个人(不包括个体经营者)销售自己使用过的除游艇、摩托车和应征消费税的汽车以外的货物。

6. 增值税的计算和缴纳

1)增值税的一般计算。一般纳税人销售货物或提供应税劳务,应纳增值税额为销项税额抵扣进项税额后的差额,其计算公式为

$$应纳税额=当期销项税额-当期进项税额$$

$$销项税额=销售额×增值税税率$$

进项税额是指纳税人购进货物或接受劳务所支付或负担的增值税税额。

2)小规模纳税人应纳增值税额的计算。小规模纳税人以销售货物的销售额或者提供应税劳务的营业额乘以征收率计算应纳税额,不得抵扣进项税额。其计算公式为

$$应纳税额=不含税销售额×征收率$$

$$不含税销售额=含税销售额/(1+征收率)$$

3)进口货物应纳增值税额的计算。纳税人进口货物,按照组成计税价格和规定的税率计算应纳税额,不得抵扣进项税额。其计算公式为

$$组成计税价格=关税完税价格+关税+消费税$$

$$应纳税额=组成计税价格×增值税率$$

若进口货物不属于消费税征收范围,则组成计税价格中不包括消费税。

【例4.1】 红星厂为增值税一般纳税人,增值税率为17%,2006 年 4 月发生下列

业务：

1）销售产品，已开具增值税专用发票，销售额为 500 万元。

2）购进一批原材料，取得增值税专用发票上注明的税额为 8 万元，货物已经验收入库。

3）进口一台机器设备，价款 20 万元，海关代征进口环节的增值税为 4 万元，已取得海关的完税凭证。

4）向农业生产者购入农产品，作为本企业的原材料，支付货款 30 万元，已到货并开始使用。

5）外购生产用水，价款 8 万元（不含税），取得增值税专用发票。

6）外购生产用电，价款 12 万元，取得增值税专用发票。

依据上述资料计算红星厂当期应纳增值税额。

解：

1）当期销项税额＝5 000 000×17%＝850 000（元）。

2）当期准予抵扣的进项税为 80 000（元）。

3）生产型增值税对于同期购进的固定资产已交税款不予抵扣。

4）从 2002 年起购入农产品准予抵扣的进项税额按买价的 13% 扣除，因此，该项进项税额为：300 000×13%＝39 000（元）。

5）进项税额＝80 000×13%＝10 400（元）（注：生产用水适用低税率 13%）。

6）进项税额＝120 000×17%＝20 400（元）。

$$应纳税额＝当期销项税额－当期进项税额$$
$$＝850 000－（80 000＋39 000＋10 400＋20 400）$$
$$＝700 200（元）$$

【例 4.2】 中达维修中心属小规模纳税人，2006 年 3 月维修劳务收入 20 万元，当月外购零部件普通发票注明的价款为 13 万元。要求计算该维修中心当期应纳增值税额。

解：小规模纳税人的销售收入通常都是含税的，应将其转为不含税销售额计税。因此

$$当期应纳税额＝200 000/（1＋6%）×6%≈11 320（元）$$

7. 增值税的征收与管理

1）增值税专用发票的领购使用。一般纳税人销售货物或应税劳务，应当向购买方开具增值税专用发票，并在增值税专用发票上注明销售额和销项税额。属于下列情况之一的，应开具普通发票，不得开具增值税专用发票：向消费者销售应税项目；销售免税项目；销售报关进口的货物和境外销售应税劳务；小规模纳税人销售货物或者应税劳务。

2）增值税的纳税时间。销售货物或者应税劳务，为收讫销售款或者索取销售款凭证的当天；纳税人进口应税货物，为报关进口的当天。

3）纳税期限。增值税的纳税期限，由主管税务机关根据纳税人应纳税额的大小以及相关情况分别核定为 1 日、3 日、5 日、10 日、15 日或者 1 个月。不能按固定期限纳税的，可核定为按次纳税。

进口货物的纳税人，应当自海关填发税款缴纳凭证的次日起 7 日内缴纳税款。

（二）消费税

1. 消费税的概念和特点

消费税是对在我国境内从事生产、委托加工和进口应税消费品的单位和个人，就其销售额、销售数量或组成计税价格，在特定环节征收的一种税。

消费税是世界各国广泛开征的一个税种。我国在 1994 年税制改革时新设置了消费税税种，在 2006 年 3 月又对消费税进行了调整和完善。在对货物普遍征收增值税的基础上，选择少数消费品再征收一道消费税，体现国家对某些特定的消费品和消费行为进行特殊的调节。缴纳增值税的货物并不都缴纳消费税，而缴纳消费税的货物都是增值税征税范围的货物，且都属于 17% 税率范围，不涉及低税率（除小规模纳税人）。

消费税是我国现行税制中主要税种之一，与其他税种相比，主要有以下几个特点。

（1）征税范围具有特定性

消费税的征税范围只限定在消费品中的特定消费品，并不是对所有的消费品都征税，只是选择消费品中的特殊消费品、奢侈品、高能耗消费品、不可再生的稀缺资源消费品为征税范围。

（2）征税环节具有单一性

现行消费税属于单环节征收的商品税，只对消费品的生产、流通或消费的某一环节征收，从而减少了征收费用，提高了征管效率。立足于征税环节的单一性，为了避免重复征税，对用外购已税消费品以及委托加工收回的应税消费品（已由受托方代收代缴消费税）连续生产应税消费品的，大都可以扣除原料已纳（扣）的消费税。

（3）征收方法具有灵活性

现行消费税的计税方法比较灵活，包括依其销售价格实行从价定率征收，依其销售数量实行从量定额征收，以及复合计税等方法。

（4）税率和税额的差别性

根据征收对象、种类档次及价格和市场供求状况设计了高低不同的税率和税额，充分发挥税收的调控作用。

2. 消费税的征税范围

我国现行消费税选择部分消费品为课征对象，不涉及纯服务性消费的行为。应征消费税的产品，包括用于生活消费的商品和用于生产消费的产品，共有 14 类产品、5 个基本方面：

1）特殊消费品。这些消费品若消费过度会危害人类健康、社会秩序和生态环境，如烟、酒、鞭炮、烟火、木制一次性筷子等。

2）奢侈消费品。这类消费品既非生活必需，生产原料又稀有昂贵，如高尔夫球及球具、高档手表、游艇、珠宝玉石等。

3）不可再生和替代的石油类消费品。这类消费品一旦消费便不可再生，如成品油等。

4）高档且又高能耗的消费品。这类消费品如小汽车、摩托车等。

5）具有一定财政意义的消费品。如汽车轮胎、化妆品等。

3. 消费税的纳税人

凡在中国境内生产、委托加工和进口税法规定的应税消费品的单位或个人，为消费税的纳税人。具体说，消费税的纳税人有四种类型：

1）从事应税消费品的生产并销售业务的单位或个人。

2）从事应税消费品的生产并自用应税消费品的单位或个人。

3）从事委托加工（委托他人生产）应税消费品业务的单位或个人。

4）从境外进口应税消费品的单位或个人。

4. 消费税的税目和税率

消费税的税目和税率详见表4.1。

表4.1 消费税税目税率（税额）表

税目	征收范围	计税单位		税率（税额）
一、烟	卷烟	每标准箱（5万支）		150 元
		每标准条(200 支)调拨价在	50 元（含）以上	45%
			50 元以下	30%
	进口卷烟、白包卷烟、手工卷烟，自产自用、委托加工无同牌号、规格调拨价的卷烟，未经国务院批准纳入计划的企业和个人生产的卷烟			45%
	雪茄烟			25%
	烟丝			30%
二、酒及酒精	1. 粮食白酒	斤（500 毫升）		0.5 元
		比例税率		20%
	2. 薯类白酒	斤（500 毫升）		0.5 元
		比例税率		20%
	3. 黄酒	吨		240 元

续表

税目	征收范围		计税单位	税率（税额）
二、酒及酒精	4. 啤酒	出厂价（含包装物及押金）3 000 元（含）以上	吨	250 元
		出厂价（含包装物及押金）3 000 元以下	吨	220 元
	5. 其他酒			10%
	6. 酒精			5%
三、化妆品	包括高档护肤类化妆品			30%
四、高尔夫球及球具				10%
五、高档手表				20%
六、游艇				10%
七、木制一次性筷子				5%
八、实木地板				5%
九、贵重首饰及珠宝玉石	包括各种金、银、珠宝首饰及珠宝玉石			10%
十、鞭炮焰火				15%
十一、成品油	1. 汽油		升	0.2 元（无铅）；0.28 元（含铅）
	2. 柴油		升	0.1 元
	3. 石脑油		升	0.2 元
	4. 溶剂油		升	0.2 元
	5. 润滑油		升	0.2 元
	6. 燃料油		升	0.1 元
	7. 航空煤油		升	0.1 元
十二、汽车轮胎				3%
十三、摩托车	1. 气缸容量在 250 毫升（含）以下的			3%
	2. 气缸容量在 250 毫升以上的			10%
十四、小汽车	1. 乘用车（气缸容量）	1.5 升（含以下的）		3%
		1.5 升～2.0 升（含）		5%
		2.0 升～2.5 升（含）		9%
		2.5 升～3.0 升（含）		12%
		3.0 升～4.0 升（含）		15%
		4.0 升以上的		20%
	2. 中轻型商务客车			5%

5. 消费税的计算

消费税实行从价定率或者从量定额的办法计算应纳税额。所谓从价定率的办法，是指根据商品销售价格和税法规定的税率计算征税，其计算公式为

应纳税额＝销售额×税率

所谓从量定额的办法，是指根据商品销售数量及税法规定的单位税额计算征税，其计算公式为

应纳税额＝销售数量×单位税额

消费税实行价内税，即以含有消费税税金而不含有增值税税金的消费品价格为计税依据。

6. 消费税的缴纳

不同的消费方式，纳税人的纳税地点和纳税期限有所不同。

（1）纳税地点

纳税人的应税消费品，以及自产自用的应税消费品，除国家另有规定外，应当向纳税人核算地主管税务机关申报纳税。纳税人委托加工的应税消费品，由受托方向所在地税务机关解缴消费税税款。纳税人进口的应税消费品向海关申报纳税。

（2）纳税期限

消费税纳税期限分别为 1 日、3 日、5 日、10 日、15 日或 1 个月。以 1 个月为一期纳税的，自期满之日起 10 日内申报纳税；以 1 日、3 日、5 日、10 日或 15 日为一期纳税的，自期满之日起 5 日内预缴税款，于次月 1 日起 10 天内申报纳税并结清上月应纳税款。纳税人进口应税消费品，应当自海关填发税款缴纳凭证的次日起 7 日内交纳税款。

（三）营业税

1. 营业税的概念及特点

营业税是对在我国境内提供应税劳务、转让无形资产或销售不动产的单位和个人，就其营业额征收的一种税。营业税具有以下特点。

（1）征收范围广泛

现行营业税征税范围广泛，涉及交通运输、建筑安装等第三产业，同时包括转让无形资产及销售不动产。随着我国经济结构的调整，第三产业的发展，营业税的收入来源也必将进一步扩大。

（2）多环节全额征税

营业税按照商品流转环节征税，每经过一个环节，有一次营业行为并取得营业收入，

就以营业收入为计税依据收一次税，具有多环节征税的特点。

（3）按行业差别设计税目税率，税负合理

营业税征税范围中的各种服务性行业大多属于专业性经营，历史上具有清晰的行业界限和自然分工，各行业之间盈利水平存在较大差异。因此，在税负设计中，一般实行同一行业同一税率，不同行业不同税率，税负比较合理。

（4）简便易行

营业税的征收范围、征税对象、税率界限清楚，税额计算简单，易于征税。

2. 营业税的征税范围和纳税人

现行营业税的征税范围是在我国境内提供应税劳务和转让无形资产或者销售不动产这两种经营行为，具体包括九个征税项目：交通运输业、建筑业、金融保险业、邮电通讯业、文化体育业、娱乐业、服务业、转让无形资产和销售不动产等。以上征税项目中，交通运输业、建筑业、金融保险业、邮电通信业、文化体育业、娱乐业和服务业等提供的劳务，属于营业税征税范围的劳务，称为"应税劳务"。但加工和修理修配业务不属于营业税征税范围，故称为"非应税劳务"。

凡在我国境内提供上述应税劳务、转让无形资产或者销售不动产的单位和个人，均为营业税的纳税人。

3. 税目税率

1）交通运输业、建筑业、邮电通讯业、文化体育业：税率为3%。
2）服务业、转让无形资产、销售不动产：税率为5%。
3）金融保险业：从2003年开始，适用税率为5%。
4）娱乐业：实行5%～20%的幅度税率，由各地政府根据本地情况在幅度内确定适用税率。

4. 营业税的减免规定

营业税免税项目的规定：托儿所、幼儿园、养老院、婚姻介绍、殡葬服务及残废人福利机构提供的育养服务；医院、诊所和其他医疗机构提供的医疗服务；学校及其他教育机构提供的教育劳务，学生勤工俭学所提供的劳务服务；农业机耕、排灌、病虫害防治、植保、农牧保险以及相关技术培训业务；纪念馆、博物馆、文化馆、美术馆、展览馆、书画院、图书馆、文物保护单位举办文化活动的门票收入。

5. 营业税起征点的规定

税法规定，对个体工商户及其他有经营行为的个人营业额未达到营业税规定起征点的，免征营业税（其适用范围仅限于个人）。起征点的幅度最新规定如下：

1）按期纳税的起征点为月营业额 1 000～5 000 元。

2）按次纳税的起征点为每次（日）营业额 100 元。

省、自治区、直辖市人民政府所属税务机关应在规定的幅度内，根据实际情况确定本地区适用的起征点，并报国家税务总局备案。

6. 营业税的计算

营业税的计税依据为营业额，即纳税人提供应税劳务、转让无形资产或销售不动产时向对方收取的全部价款和价外费用。营业税应纳税额的计算公式为

$$应纳税额＝计税营业额×适用税率$$

7. 营业税的纳税期限

营业税的纳税期限，分别为 5 日、10 日、15 日或者 1 个月。纳税人的具体纳税期限，由主管税务机关根据纳税人应纳税额的大小分别核定；不能按照固定期限纳税的可以按次纳税。

纳税人以 1 个月为一期纳税的，自期满之日起 10 日内申报纳税；以 5 日、10 日或者 15 日为一期纳税的，自期满之日起 5 日内预缴税款，于次月 1 日起 10 日内申报纳税并结清上月应纳税款。

第四节　所　得　税

一、所得税概述

（一）所得税的概念及种类

所得税是指以所得额为征税对象而征收的一类税收的总称。所谓所得额一般是指单位和个人在一定时期内取得的可支配收入的总和，即收入总额减去法定扣除后的余额。我国现行所得税主要包括：企业所得税、外商投资企业和外国企业所得税、个人所得税等。

（二）所得税的特点

与流转税相比，所得税具有下列特点。

1. 体现了税收公平的原则

所得税税额的多少和纳税人所得的多少相适应。所得多的多征，所得少的少征，无所得的不征，通常会规定起征点和免征额，以照顾低收入阶层，从而能更好地针对纳税人的实际纳税能力来确定税收负担，较好地体现合理负担的原则。

2. 税负的不可转嫁性

所得税在收入分配环节课征，税负一般不易转嫁，属于直接税，纳税人和负税人是一致的，一般不会发生税收转嫁和重复征税的问题，其高低变化不会对生产造成直接的影响，因而对市场的正常运营干扰较小。

3. 税源普遍，课征有弹性

在正常条件下，凡从事生产经营活动的一般都有所得，都要缴纳所得税，因此，所得课税的税源很普遍。同时，随着社会生产力的发展和经济效益的提高，各种所得会不断增长，国家可以根据需要灵活调整税负，以适应财政支出增减的变化。

4. 税收征管的复杂性

所得税计算通常要通过一系列较为复杂的程序，相应的稽征技术也比较复杂，尤其是应纳税所得额的确定涉及的内容比较多，核定（核实）难度较大，容易造成偷、漏税现象。因此，所得税的征管成本较高。

二、企业所得税

我国的企业所得税，又称内资企业所得税，是指国家对境内企业生产、经营所得和其他所得依法征收的一种税。它是国家参与企业利润分配的重要手段。

（一）企业所得税的征税对象

企业所得税的征税对象为在中国境内除外商投资企业和外国企业之外企业的生产经营所得和其他所得。所谓生产经营所得是指企业从事物质生产、商品流通、交通运输、劳动服务以及其他营利事业取得的境内外所得。其他所得是指股息、利息、租金、转让各类资产、特许权使用费以及营业外收益等所得。

（二）企业所得税的纳税人

企业所得税的纳税义务人是指在中国境内实行独立经济核算的企业或者组织。所谓独立经济核算，是指企业或者组织自主从事经济活动，并独立地、完整地进行会计核算。具体地说，企业所得税的纳税义务人应具备下列条件：①在银行开设结算账户；②独立建立账簿，编制财务会计报告；③独立计算盈亏。

（三）企业所得税的税率

目前，我国企业所得税实行的是比例税率，新企业所得税从 2008 年 1 月 1 日起执行，税率为 25%。其中，小型微利企业税率为 20%，至于小型微利企业的标准请参考新企业所得税法（工业资产未超过 3 000 万元，员工未超过 100 人，年应纳所得税不超过 30 万元；商业资产未超过 1 000 万元，员工未超过 80 人，年应纳所得税不超过 30 万元）。国家重点扶持的高新技术企业、安全生产、节能环保企业适用税率为 15%。

（四）企业所得税应纳税所得额的确定

应纳税所得额是计算企业所得税的计税依据，是纳税人每一纳税年度的收入总额减去准予扣除项目后的余额。以权责发生制为原则，按税法规定的程序和标准确定，其计算公式为

$$应纳税所得额＝收入总额－允许扣除项目金额$$

1. 收入总额的确定

纳税人每一纳税年度的收入总额，包括下列七项收入。

1）生产经营收入，是指纳税人从事主营业务活动取得的收入，包括商品（产品）销售收入、劳动服务收入、营运收入、工程价款结算收入、工业性作业收入以及其他业务收入。

2）财产转让收入，是指纳税人有偿转让各类财产所取得的收入，包括转让固定资产、有价证券、股权以及其他财产而取得的收入。

3）利息收入，是指纳税人购买各种债券等有价证券的利息、外单位欠款付给的利息，以及其他利息收入。购买国债（包括财政部发行的各种国库券、特种国债、保值公债等）所得的利息收入，不计入应纳税所得额，不征收企业所得税。

4）租赁收入，是指纳税人出租固定资产、包装物以及其他财产而取得的租金收入。租赁企业主营租赁业务取得的收入应当在生产经营收入中反映。

5）特许权使用费收入，是指纳税人提供或者转让专利权、非专利技术、商标权、著作权以及其他特许权的使用权而取得的收入。科研单位和大专院校服务于各业的技术转让、技术培训、技术咨询、技术服务、技术承包所得的技术性服务收入暂免缴纳所得税；企业事业单位进行技术转让以及与技术转让有关的技术咨询、技术服务、技术培训的所得，年净收入在 30 万元以下的，暂免缴纳所得税，超过 30 万元的部分，依法缴纳所得税。

6）股息收入，是指纳税人对外投资入股分得的股利、红利收入。股利是指按资本计算的利息；红利是指企业分给股东的利润。

7）其他收入，纳税人除上述各项收入外的一切收入，包括固定资产盘盈收入、罚款收入、因债权人原因确实无法支付的应付款项、教育费附加返还款和包装物押金收入等。

2. 准予扣除的项目

计算应纳税所得额时准予扣除的项目，是指与纳税人取得收入有关的成本、费用和

损失。下列项目，按照规定的范围、标准扣除。

1）纳税人在生产、经营期间，向金融机构借款的利息支出，按照实际发生额扣除；向非金融机构借款的利息支出，不高于按照金融机构同类、同期贷款利率计算出数额以内部分，准予扣除。

2）纳税人支付给职工的工资，按照计税工资扣除。

3）纳税人的职工工会经费、职工福利费和职工教育经费，应分别按照计税工资总额的 2%、14% 和 1.5% 计算扣除。

4）纳税人用于公益、救济性的捐赠，通过中国境内非营利性社会团体、国家机关向教育、民政等公益事业和自然灾害地区的捐赠，在年度应纳税所得额 3% 以内的部分，准予扣除。

5）其他扣除项目，如业务招待费、坏账准备金等，按照国家有关规定扣除。

3．不得扣除的项目

纳税人在计算应纳税所得额时，下列项目不得从收入总额中扣除。

1）资本性支出，是指纳税人购置、建造固定资产的支出。

2）无形资产受让、开发支出，是指纳税人购置或自行开发无形资产发生的费用。

3）违法经营的罚款和被没收财物的损失。

4）自然灾害或者意外事故损失有赔偿的部分。

5）各项税收的滞纳金、罚金和罚款。

6）超过国家规定允许扣除的公益、救济性的捐赠，以及非公益救济性的捐赠。

7）各种非广告性质的赞助支出。

8）与取得收入无关的其他各项支出。

（五）企业所得税的计算

企业所得税的计算采用比例税率，其计算公式为

$$应纳税额＝应纳税所得额×适用税率$$

（六）企业所得税的优惠

1．一般性规定

一是对民族自治地方的企业，需要照顾和鼓励的，经省级人民政府批准，可以实行定期减免或者免税；二是对法律、行政法规和国务院有关规定给予减税或免税的企业，依照规定实行。例如为支持和鼓励高新技术产业的发展，在国务院批准的高新技术开发区内设立的高新技术企业，可减按 15% 的优惠税率征收所得税；新办的高新技术企业，自投产年度起免征所得税 2 年。

2. 亏损弥补

纳税人发生年度亏损的，可以用下一纳税年度的所得弥补，下一纳税年度的所得不足弥补的，可以逐年延续弥补，但是延续弥补最长不得超过 5 年。

（七）企业所得税的缴纳

企业所得税的缴纳，采用按年计算，分月或分季预缴，年终汇算清缴的办法。月份或者季度终了后 15 日以内预缴，年度终了后 45 日内汇算清缴，多退少补。

纳税人分月或分季预缴企业所得税时，应当按月或者按季度的实际应纳税所得额计算应纳税额预缴，按实际数预缴有困难的，可以按上一年度应纳税所得额的 1/12 或者 1/4 计算应纳税额预缴，或者采用经当地税务机关认可的其他方法分期预缴所得税。

纳税人不能提供完整、准确的收入及成本费用凭证，不能正确计算应纳税所得额的，税务机关有权核定其应纳税所得额。

除国家另有规定外，企业所得税由纳税人向其所在地主管税务机关缴纳。这一就地缴纳税款的规定，有利于实行源泉控制，加强征管以及促进经济的联合和股份制企业的进一步发展。所在地指的是纳税人实际经营所在地，即生产经营场所所在地。对于银行、保险、铁路运营、航空和邮电企业，由于情况特殊，则由负责经营管理与控制的主管机构缴纳。

三、个人所得税

（一）个人所得税的概念及特点

个人所得税是以个人（自然人）取得的各项应税所得为征税对象所征收的一种税。我国现行的个人所得税主要有以下特点。

1. 实行分类课征制

我国个人所得税法将个人的应税所得共分为 11 类，实行按年、按月或按次计征的分类课征制。对于工资、薪金所得，按月计征，实行九级超额累进税率；对个体工商户的生产、经营所得和对企事业单位的承包经营、承租经营所得，按年计税、分月预缴，实行五级超额累进税率；对除此以外的其他项目所得均按次计征，实行 20% 的比例税率。

2. 实行定额与定率相结合、内外有别的费用扣除方法

我国个人所得税对纳税人的各项所得，视纳税人的不同情况在费用扣除上分别采用定额扣除和定率扣除的办法。对本国居民的工薪所得每月定额扣除 3 500 元；对外国居民和中国非居民每月定额扣除 4 800 元；对其他所得采取定额扣除 800 元或定率扣除 20% 扣除费用的办法。

3. 以个人为计税单位

国际上个人所得税的计税单位有家庭和个人两种，我国是以个人为单位来计算缴纳所得税，通常不考虑取得收入的个人家庭人口情况。

4. 计算比较简单

由于我国个人所得税的费用扣除采取总额扣除法，免去了按个人实际生活费用支出项目逐项计算的麻烦，而且各种所得项目分类计算，各有明确的费用扣除规定，扣除项目及方法易于掌握，计算比较简单，符合税制简单原则。

（二）个人所得税的纳税人

个人所得税的纳税义务人，包括中国公民、个体工商户以及在中国有所得的外籍人员（包括无国籍人员，下同）和香港、澳门、台湾同胞。上述纳税义务人依据住所和居住时间两个标准，区分为居民纳税人和非居民纳税人，分别承担不同的纳税义务。

1. 居民纳税人

居民纳税人是指在中国境内有住所，或者虽无住所但在中国境内居住满1年的个人。居民纳税人负无限纳税义务，即就来源于中国境内、境外的全部所得缴纳个人所得税。

2. 非居民纳税人

非居民纳税人是指在中国境内既无住所又不居住或居住不满1年的个人。非居民纳税人负有限纳税义务，仅就其中国境内取得的所得向中国政府缴纳个人所得税。

（三）个人所得税的征税对象

个人所得税的征税对象是个人取得的各项应税所得。我国个人所得税法共列举了11项应税所得，体现了具体的征税范围。

1. 工资、薪金所得

工资、薪金所得，是指个人因任职或者受雇而取得的工资、薪金、奖金、年终加薪、劳动分红、津贴、补贴以及与任职或者受雇有关的其他所得。

2. 个体工商户的生产、经营所得

个体工商户的生产、经营所得，是指个体工商户取得的除生产经营以外的其他所得，应按其他项目计算缴纳所得税。此外，从2000年1月1日起，独资、合伙性质的私营企业改按《个人所得税法》征收个人所得税，不再是企业所得税的纳税人，即个人独资企业和合伙企业比照该项缴纳个人所得税。

3. 对企事业单位的承包经营、承租经营所得

对企事业单位的承包经营、承租经营所得，是指个人承包经营或承租经营以及转包、转租取得的所得，包括个人按月或者按次取得的具有工资、薪金性质的所得。

4. 劳务报酬所得

劳务报酬所得，是指个人独立从事各种非雇佣的各种劳务取得的所得，如设计、装潢、安装、制图、讲学、翻译等所取得的所得。

值得注意的是，在实际操作过程中，可能出现难以判断一项所得是属于工资、薪金所得，还是属于劳务报酬所得的情况。这两者的区别在于：工资、薪金所得是属于非独立个人劳务活动，即在机关、团体、学校、部队、企业、事业单位及其他组织中任职、受雇而取得的报酬；而劳务报酬所得，则是个人独立从事各种技艺、提供各项劳务取得的报酬。

5. 稿酬所得

稿酬所得，是指个人因其作品以图书、报刊形式出版、发表取得的所得。

6. 特许权使用费所得

特许权使用费所得，是指个人提供专利权、商标权、著作权、非专利技术以及其他特许权的使用权取得的所得。其中，提供著作权的使用权取得的所得，不包括稿酬所得。

7. 利息、股息、红利所得

利息、股息、红利所得，是指个人拥有债权、股权而取得的利息、股息、红利所得。

8. 财产租赁所得

财产租赁所得，是指个人出租建筑物、土地使用权、机器设备、车船以及其他财产取得的所得。

9. 财产转让所得

财产转让所得，是指个人转让有价证券、股权、建筑物、土地使用权、机器设备、车船以及其他财产取得的所得。目前我国对股票转让所得暂不征收个人所得税。

10. 偶然所得

偶然所得，是指个人得奖、中奖、中彩以及其他偶然性质的所得。得奖是指参加各种有奖竞赛活动，取得名次得到的奖金；中奖、中彩是指参加各种有奖活动，如有奖销

售、有奖储蓄，或者购买彩票，经过规定程序，抽中、摇中号码而取得的奖金。偶然所得应缴纳的个人所得税税款，一律由发奖单位或机构代扣代缴。

11. 经国务院财政部门确定征税的其他所得

略。

（四）个人所得税的税率

我国个人所得税对不同性质的所得，主要采用了超额累进税率和比例税率两种税率。

1. 超额累进税率

1）工资、薪金所得，适用 3%～45%的七级超额累进税率（见表4.2）。

表4.2　个人所得税税率表（1）（工资、薪金所得适用）

级数	全月应纳税所得额	税率/%	速算扣除数/元
1	不超过 1 500 元的	3	0
2	超过 1 500 元至 4 500 元的部分	10	105
3	超过 4 500 元至 9 000 元的部分	20	555
4	超过 9 000 元至 35 000 元的部分	25	1 005
5	超过 35 000 元至 55 000 元的部分	30	2 755
6	超过 55 000 元至 80 000 元的部分	35	5 505
7	超过 80 000 元的部分	45	13 505

注：本表全月应纳税所得额是指以每月收入额减除费用 3 500 元后的余额或者减除附加减除费用后的余额。

2）个体工商户的生产、经营所得和对企事业单位的承包经营、承租经营所得，适用 5%～35%的五级超额累进税率（见表4.3）。

表4.3　个人所得税税率表（2）

（个体工商户的生产、经营所得和对企事业单位的承包经营、承租经营所得适用）

级数	全年应纳税所得额	税率/%	速算扣除数/元
1	不超过 15 000 元的	5	0
2	超过 15 000 元至 30 000 元的部分	10	750
3	超过 30 000 元至 60 000 元的部分	20	3 750
4	超过 60 000 元至 100 000 元的部分	30	9 750
5	超过 100 000 元的部分	35	14 750

注：本表所称全年应纳税所得额，对个体工商户的生产、经营所得来源，是指以每一纳税年度的收入总额，减除成本、费用以及损失后的余额；对企事业单位的承包经营、承租经营所得来源，是指以每一纳税年度的收入总额，减除必要费用后的余额。

2. 比例税率

劳务报酬所得，稿酬所得，特许使用费所得，利息、股息、红利所得，财产租赁所得，财产转让所得，偶然所得和其他所得，均适用 20% 的比例税率（见表 4.4）。

表 4.4　个人所得税税率表（3）（劳务报酬所得适用）

级数	应纳税所得额	税率/%	速算扣除数/元
1	不超过 20 000 元部分	20	0
2	超过 20 000 元至 50 000 元部分	30	2 000
3	超过 50 000 元的部分	40	7 000

（五）应纳税所得额与应纳所得税额的计算

在计算应纳税额时，首先要根据不同应税项目的费用扣除标准来确定应纳税所得额，再按适用税率计算应纳税额。为了便于理解计算内容，可把 11 项不同所得的计算按税率划分为两大类。

第一类：实行累进税率（第 1～3 项）。

1. 工资、薪金所得：按月计征

1）应纳税所得额的确定。对工资、薪金所得，涉及个人生计费用，采用定额扣除办法，即每月定额扣除 3 500 元费用。其计算公式为

应纳税所得额＝月工资、薪金收入额－3 500 元

2）应纳所得税额的计算。结合其适用税率（七级超额累进税率）来计算应纳税额，其计算公式为

应纳所得税额＝应纳税所得额×适用税率－速算扣除数

【例 4.3】　王先生每月工资 4 500 元，奖金全年总计 36 000 元，年底一次性发放。计算所得税时先将全年一次性奖金除以 12 个月，即 36 000/12＝3 000（元），按照商数 3 000 确定适用税率及速算扣除数，对照个人所得税率表，查得 3 000（元）所应适用的税率为 10%，速算扣除数为 105，则王先生 12 月应缴个人所得税为：

36 000×10%－105＋（4 500－3 500）×3%＝3 525（元）

2. 个体工商户的生产、经营所得和对企事业单位的承包、承租经营所得：按年计征

1）应纳税所得额的确定。这两项所得，涉及生产、经营及有关成本或费用支出的，应采取会计核算的办法扣除有关成本、费用或更多的必要费用。其计算公式分别为

应纳税所得额＝年生产经营收入总额－成本、费用及损失（经税务机关核实）

应纳税所得额＝年承包、承租经营收入总额－3 500×12

2）应纳所得税额的计算。结合其适用税率（五级超额累进税率）计算应纳所得税额，其计算公式为

$$应纳所得税额＝应纳税所得额×适用税率－速算扣除数$$

第二类：实行 20% 的比例税率（第 4～11 项）。

3. 劳务报酬所得、稿酬所得、特许权使用费所得及财产租赁所得

1）应纳税所得额的确定。上述四项所得的费用减除采取定额和定率两种扣除办法，即每次收入不超过 4 000 元的，固定减除费用 800 元；每次收入超过 4 000 元的，减除 20% 的费用，即定率扣除 20%。减除费用后的余额为应纳税所得额。

每次收入≤4 000 元，应纳税所得额＝每次收入额－800

每次收入＞4 000 元，应纳税所得额＝每次收入额×（1－20%）

2）应纳所得税额的计算。结合其适用 20% 的比例税率计算应纳所得税额，其计算公式为

$$应纳所得税额＝应纳税所得额×20\%$$

3）税率的特殊规定。

① 对劳务报酬所得一次收入畸高的实行加成征收，劳务报酬所得实际上适用三级超额

累进税率（表 4.4）。其计算公式为

$$应纳所得税额＝应纳税所得额×适用税率－速算扣除数$$

② 对稿酬所得给予适当优惠照顾，即按应纳税额减征 30%，因此其实际税率为 14%。其计算公式为

$$应纳所得税额＝应纳税所得额×20\%×（1－30\%）$$

③ 从 2001 年 1 月 1 日起，个人出租房屋取得的所得暂减按 10% 征收个人所得税，其计算公式为

$$应纳所得税额＝应纳税所得额×10\%$$

4. 财产转让所得

以一次转让财产的收入额，减除财产原值和合理费用后的余额为应纳税所得额，再按照其适用的 20% 的比例税率来计算应纳税额。其应纳税额计算公式为

$$应纳所得税额＝（转让收入总额－财产原值－合理费用）×20\%$$

5. 利息、股息、红利所得，偶然所得和其他所得

这三项所得按次计征，计税时不作任何费用扣除。其计算公式为

$$应纳所得税额＝每次收入额×20\%$$

（六）税收优惠

1. 按照税法规定，可以免征的个人所得税项目

1）奖金。省、部委、军以上单位以及外国组织、国际组织颁发的科学、教育、技术、文化、体育、卫生、环境保护等方面的奖金。

2）利息。国债和国家发行的金融债券利息。

3）补贴、津贴。按照国家统一规定发给的补贴、津贴。

4）福利费、抚恤费、救济金。

5）保险赔款。

6）军人转业费、复员费。

7）按照国家统一规定发给干部、职工的安家费、退职费、退休工资、离休工资、离休生活补助费。

8）各国驻华使馆、领事馆的外交代表、领事官员和其他人员的所得。

9）中国政府参加国际公约、签订的协议中规定免税的所得。

10）经国务院财政部门批准的免税所得。

2. 按照税法规定，有下列情形之一的，经批准可以减征个人所得税

1）残疾、孤老人员和烈属的所得。

2）因自然灾害造成重大损失的。

3）其他经国务院财政部门批准减税的。

上述减免项目的减征幅度和期限，由省、自治区、直辖市人民政府规定。

（七）税款缴纳方式

我国对个人所得税实行源泉扣缴和自行申报两种缴纳方式，但主要是支付方源泉扣缴，只有特定情形才采用纳税人自行申报缴纳方式。

第五节　资源、财产及行为税

一、资源税

资源税是对我国境内开采或者生产应税资源的单位和个人，就其资源的销售数量或自用数量征收的一种税。开征资源税的目的在于促进国有自然资源的合理开采与利用，调节因资源条件差异而形成的资源级差收入，促进企业的平等竞争，增加国家财政收入。

（一）纳税人与扣缴义务人

资源税的纳税人是指在中国境内开采应税矿产品或者生产盐的单位和个人。但对于中外合作开采石油、天然气，按照现行规定征收矿区使用费，暂不征收资源税。

资源税条例还规定了资源税的扣缴义务人为独立矿山、联合企业和其他收购未税矿产品的单位。之所以规定资源税的扣缴义务人，主要是因为应税矿产品零星分散、不定期开采，税务机关对此难以进行有效的税收控管。

（二）征收对象

我国资源税实施"普遍征收，级差调节"的原则。普遍征收是指对我国境内开发的一切应税资源产品征收资源税；级差调节是指对因资源储存状况、开采条件、资源优劣、地理位置等客观存在的差别而产生的资源级差收入，通过实施差别税额标准进行调节。资源条件好的，税额高一些；资源条件差的，税额低一些。

我国现行的资源税的征税对象既不是全部的自然资源，也并非对所有具有商品属性的资源都征税，而是选择对矿产品和盐两类资源征收资源税。其中矿产品主要包括原油、天然气、煤炭、其他非金属矿产品、黑色金属矿产品和有色金属矿产品。盐包括固体盐和液体盐。

（三）计税依据与税率

1. 计税依据

资源税采用从量定额的办法征收。纳税人开采或者生产应税产品销售的，以销售数量作为课税数量；纳税人开采或者生产应税产品自用的，以自用数量作为课税数量。

2. 税率

资源税根据应税产品的储存状况、开采条件、资源优劣、地理位置的不同，采取不同的幅度定额税率，即固定税额。具体资源税税目税额见表4.5。

表 4.5　资源税税目税额幅度表

税　目		税　额
原油		8～30 元 / 吨
天然气		2～15 元 / 千立方米
煤炭		0.3～5 元 / 吨
其他非金属矿原矿		0.5～20 元 / 吨或者立方米
黑色金属矿原矿		2～30 元 / 吨
有色金属矿原矿		0.4～30 元 / 吨
盐	固体盐	10～60 元 / 吨
	液体盐	2～10 元 / 吨

纳税人具体适用的税额，由财政部与国务院其他有关部门协商后，根据纳税人所开采或生产应税产品的资源状况，在规定的幅度内确定，并由财政部根据其资源和开采条件等因素的变化情况适当进行定期调整。纳税人开采和生产不同税目应税产品，应当分别核算不同税目应税产品的课税数量；未分别核算或者不能准确提供不同税目应税产品的课税数量的，从高适用税额。

（四）应纳税额的计算

资源税根据应税产品的课税数量和规定的单位税额计算纳税，具体计算公式为

$$应纳税额＝课税数量×单位税额$$

式中，课税数量为企业应税产品的销售数量或自用数量。

二、财产税

（一）房产税

房产税是以房产为征税对象，按房产的计税余值或租金收入为计税依据，向房产所有人或经营人征收的一种税。对房产征税的目的是运用税收杠杆，加强对房产的管理，提高房产使用效率，控制固定资产投资规模和国家房产政策的调整，合理调节房产所有人和经营人的收入。此外，房产税税源稳定，易于控制管理，是地方财政收入的重要来源之一。

1. 房产税的特点

1）现行房产税属于财产税中的个别财产税，其征税对象只是房屋。
2）征税的范围限于城镇的经营性房屋，不涉及农村。
3）区别房屋的经营使用方式规定征税办法。对经营自用的房屋按房产计税余值征税；对出租房屋的，按租金收入征税。

2. 房产税的纳税人

房产税的纳税人是产权所有人，即拥有房产的使用、收益、出卖、赠送等权利的单位和个人。

3. 房产税的课税对象和征税范围

房产税的课税对象是房产，即以房屋形态表现的财产。房地产开发企业建造的商品房，在出售前，不征收房产税；但对出售前房地产开发企业已使用或出租、出借的商品房应按规定征收房产税。

房产税的征税范围为城市、县城、建制镇和工矿区，城市是指国务院批准设立的市；县城是指县人民政府所在地的地区；建制镇是指经省、自治区、直辖市人民政府批准设立的建制镇；工矿区是指工商业比较发达、人口比较集中、符合国务院规定的建制镇标

准但尚未设立建制镇的大中型工矿企业所在地。开征房产税的工矿区须经省、自治区、直辖市人民政府批准。房产税的征税范围不包括农村。

4. 房产税的计税依据及税率

1）对经营自用的房屋，计税依据为计税余值，适用 1.2%的税率；
2）对出租房屋的，计税依据为租金，适用 12%的税率。

5. 房产税的计算

（1）从价计征房产税的一般规定
从价计征是按房产的原值减除一定比例后的余值计征，计征的适用税率为 1.2%。其公式为

$$应纳税额＝应税房产原值×（1－减除比例）×1.2\%$$

其中，房产原值是"固定资产"科目中记载的房屋原价；减除一定比例是省、自治区、直辖市人民政府规定的 10%～30%的减除比例。

（2）从租计征房产税的一般规定
从租计征房产税，是指纳税人出租的房产，其应纳税额按纳税人取得的租金收入为计税依据。其计算公式为

$$出租房屋应纳房产税＝租金收入×12\%$$

6. 房产税的减免规定

房产税条例规定的税收优惠包括：
1）公共部门非营业房产，免税。
2）自收自支的事业单位自用的房产，免税 3 年。
3）宗教寺院、公园、名胜古迹非营业用房产，免税。
4）个人所有非营业用房产，免税。

7. 征收管理

（1）纳税申报
房产税的纳税申报，是房屋产权所有人或纳税人缴纳房产税必须履行的法定手续。纳税义务人应根据税法要求，将现有房屋的坐落地点、结构、面积、原值、出租收入等情况，据实向当地税务机关办理纳税申报。
（2）纳税期限
房产税实行按年计算、分期缴纳的征收方法，具体纳税期限由省、自治区、直辖市人民政府确定。

（3）纳税地点

房产税在房产所在地缴纳。房产不在同一地方的纳税人，应按房产的坐落地点分别向房产所在地的税务机关缴纳。

（二）契税

1. 契税的概念和特点

契税是以所有权变动的不动产为征税对象，向产权承受人征收的一种税。契税是一种古老的税种，至今已有 1 600 多年的历史。

契税与其他税种相比，具有如下特点。

1）契税属于财产转移税。契税以发生转移的不动产、即土地和房屋为征税对象，具有财产转移课税性质。土地、房屋产权未发生转移的，不征契税。

2）契税由财产承受人缴纳。一般税种都确定销售者为纳税人，即卖方纳税。契税则由承受人纳税，即买方纳税。对买方征税的主要目的，在于承认不动产转移生效，承受人纳税以后，便可拥有转移过来的不动产产权和使用权，法律保护纳税人的合法权益。

2. 契税的纳税人

契税的纳税人是承受中国境内转移土地、房屋权属单位和个人。这里所称的"单位"，是指企业单位、事业单位、国家机关、军事单位和社会团体以及其他组织；所称的"个人"，是指个体经营者及其他个人；所称的"承受"，是指以受让、购买、受赠、交换等方式取得土地、房屋权属的行为。

3. 契税的课税对象

契税的课税对象是在中国境内承受其权属的土地、房屋，具体包括国有土地使用权出让、土地使用权的转让、房屋买卖、房屋赠与、房屋交换。

4. 契税的减免优惠

1）公共部门非营业用土地、房屋，免税。
2）承受农、林、牧、渔业用荒地使用权，免税。
3）城镇职工首次购买公房，免税。
4）外国外交人员承受的房地产，免税。
5）因不可抗力丧失住房而重新购买住房的，可酌情减免。

5. 契税的税率及应纳税额的计算

契税实行幅度比例税率，税率幅度为 3%～5%。具体适用税率，由省、自治区、直辖市人民政府在规定的幅度内按照本地区的实际情况确定，并报财政部和国家税务总局备案。

契税采用比例税率，应纳税额的计算公式为

$$应纳税额＝计税依据×税率$$

应纳税额以人民币计算。转移土地、房屋权属以外币结算的，按照纳税义务发生之日中国人民银行公布的人民币市场汇率中间价折合成人民币计算。

三、行为税

（一）印花税

1. 印花税的概念及特点

印花税是对经济活动和经济交往中书立、领受的应税经济凭证所征收的一种税。因纳税人主要是通过在应税凭证上粘贴印花税票来完成纳税业务，故名印花税。

与其他税种相比，印花税具有如下特点：

1）兼有凭证税和行为税的性质。

2）征收范围广泛。

3）税收负担比较轻。

4）由纳税人自行完成纳税任务。纳税人通过自行计算、购买并粘帖印花税票的方式完成纳税业务，并在印花税票和凭证的骑缝处自行盖戳注销或画销。

2. 印花税的纳税人

印花税的纳税人是在中国境内书立、使用、领受印花税法所列举的凭证并应依法履行纳税义务的单位和个人。根据书立、领受应税凭证的不同，印花税的纳税人可具体划分为以下几种：

1）立合同人。各类经济合同的纳税人就是书立合同的当事人各方。

2）立据人。产权转让书据的纳税人是立据人。

3）立账簿人。营业账簿的纳税人是立账簿人。

4）领受人。权利许可证照的纳税人为领受人。

5）使用人。在国外书立、领受，但在国内使用的应税凭证，其纳税人为使用人。

3. 印花税的征税范围

我国经济活动中发生的经济凭证种类繁多，数量巨大。现行的印花税只对印花税条例列举的凭证征税，没有列举的不征税，其具体范围可分为合同或具有合同性质的凭证、产权转移书据、营业账簿、权利及许可证照、经财政部确定征税的其他凭证五大类。

4. 印花税税率

印花税税率有两种：一是比例税率，二是定额税率。按比例税率征税的凭证，一般都载有金额，适用于各类合同以及具有合同性质的凭证、产权转移书据、营业账簿中记载资金的账簿。比例税率分为 5 个档次，分别是 0.05‰、0.3‰、0.5‰、1‰、4‰。定额税率为每件应税凭证 5 元，适用于权利、许可证照和营业账簿中的其他账簿。

5. 印花税的免税优惠

按规定，农副产品收购合同、无息或贴息贷款合同、国外优惠贷款合同、生活居住用房屋租赁合同、农牧业保险合同、慈善性捐赠财产所立书据、已税凭证的副本或抄本、军事物资运输凭证、抢险救灾物资运输凭证等，免征印花税。

6. 印花税的征收管理

印花税应在书立或领受时贴花，一般实行就地纳税。印花税根据税额大小、贴花次数以及税收征管的需要，采取以下三种纳税申报方法。

1）自行贴花。即纳税人根据应税凭证的性质和适用的税目税率，自行计算应纳税额，自行购买印花税票，自行一次贴足印花税票并加以注销或画销，即"三自"的纳税方法。一般适用于应税凭证较少或者贴花次数较少的纳税人。

2）汇贴或汇缴。对于一份凭证应纳税额超过 500 元的，应向当地税务机关申请填写缴款书或完税凭证，将其中一联贴在凭证上或由税务机关在凭证上加注完税标记代替贴花；对于同一种凭证需要频繁贴花的，应向当地税务机关申请按期汇总缴纳印花税。汇总缴纳的期限由当地税务机关确定，但最长不得超过 1 个月。

3）委托代征。即通过税务机关的委托，经由发放或者办理应纳税凭证的单位代为征收印花税款。税务机关将按代售金额的 5% 支付给受托单位代售手续费。

纳税人不论采用以上哪一种纳税办法，均应对纳税凭证妥善保存。凭证的保存期限凡国家有明确规定的，按规定办理；其余凭证均应在履行完毕后保存 1 年。

7. 应纳税额的计算

1）按比例税率计算应纳税额的公式为

$$应纳税额＝计税金额×适用税率$$

计税金额依合同或凭证的种类不同而有所不同。

2）按定额税率计算应纳税额的公式为

$$应纳税额＝应税凭证件数×单位税额$$

（二）车辆购置税

1. 车辆购置税的特点

车辆购置税是由车辆购置附加费转化而来的。1985 年，国务院作出开征车辆购置附加费的决策，规定对所有购置车辆的单位和个人，一律征收车辆购置附加费，由交通部负责安排作为公路建设的专项资金。车辆购置附加费作为在全国范围内普遍强制征收的专项政府基金，已经具有明显的税收特征。国务院于 2000 年 10 月 22 日颁布了《中华人民共和国车辆购置税暂行条例》，从 2001 年 1 月 1 日起实施并取代车辆购置费。

与其他税种相比，车辆购置税具有以下特点：
1）征收环节单一：在消费领域、车辆上牌使用前一次课征。
2）征收税率单一：只有一个统一比例税率——10%。
3）征收方法单一：以价格（不含增值税）为计税依据。
4）有特定目的：税款有专门用途，即用于道路建设。

2. 车辆购置税的纳税人

在我国境内购买、进口、自产、受赠、获奖或者以其他方式取得并自用应税车辆的单位和个人，为车辆购置税的纳税人。

3. 车辆购置税的征收范围

车辆购置税的征收范围包括汽车、摩托车、电车、挂车、农用运输车。车辆购置税实行一次征收制度。对纳税人购置的已征车辆购置税的车辆，不再征收车辆购置税。

4. 车辆购置税的计税依据和税率

车辆购置税实行从价定率办法，税率统一规定为 10%。车辆购置税的计税依据应根据不同情况分别确定，具体规定如下。
1）纳税人购买自用的应税车辆的计税依据，为纳税人购买应税车辆而支付给销售者的全部价款和价外费用，不包括增值税税款。计算公式为
$$计税价格＝价款＋价外费用$$
2）纳税人进口自用的应税车辆的计税价格的计算公式为
$$计税依据＝关税完税价格＋关税＋消费税$$
3）纳税人自产、受赠、获奖或以其他方式取得并自用的应税车辆的计税依据，由主管税务机关参照规定的最低计税价格核定。国家税务总局参照应税车辆市场平均交易价格，规定不同类型应税车辆的最低计税价格。
4）纳税人购买自用或进口自用应税车辆，申报的计税价格低于同类型应税车辆的

最低计税价格，又无正当理由的，按照最低计税价格征收车辆购置税。

5. 车辆购置税的减免优惠

1）外国驻华使馆、领事馆和国际组织驻华机构及其外交人员自用的车辆，免税。

2）中国人民解放军和中国人民武装警察部队列入军队武器装备订货计划的车辆，免税。

3）设有固定装置的非运输车辆，免税。

4）有国务院规定予以减税或者免税的其他情形的，按照规定减税或者免税。

6. 车辆购置税的征收管理

纳税人购置应税车辆，应当向车辆注册地的主管税务机关申报纳税；购置不需要办理车辆登记注册手续的应税车辆，应当向纳税人所在地主管税务机关申报纳税。

纳税人购买自用应税车辆的，应当自购买之日起 60 日内申报纳税；进口自用应税车辆的，应当自进口之日起 60 日内申报纳税；自产、受赠、获奖或以其他方式取得应税车辆的，应当自取得之日起 60 日内申报纳税。

车辆购置税实行一次征税制度，按照规定，纳税人应当在向公安机关车辆管理机构办理车辆登记注册前，缴纳车辆购置税。

（三）城市维护建设税

1. 城市维护建设税的特点

城市维护建设税（简称城建税）是国家对缴纳增值税、消费税、营业税（简称"三税"）的单位和个人就其实际缴纳的"三税"税额为计税依据而征收的一种税。城建税是一种具有收益性质的行为税，它与其他税种相比较具有以下特点：

1）税款专款专用。税款专门用于城市公用事业和公共设施的建设和维护。

2）属于一种附加税。城建税没有自己独立的征税对象和税基，而是以增值税、消费税、营业税"三税"的税额之和为计税依据，随"三税"同时附征的，其征管方法也完成参照"三税"的有关规定办理。

3）根据城镇规模设计税率。城镇规模大的，税率高一些，反之，则低一些。

4）征收范围较广。增值税、消费税、营业税是我国税制的主体税种，其征税范围基本包括了我国境内所有有经营行为的单位和个人。城建税以"三税"为税基，意味着对所有纳税人都要征收城建税。因此，它的征税范围比其他任何税种都要广。

2. 城建税的纳税人与征收范围

凡缴纳增值税、消费税、营业税的单位和个人，都是城建税的纳税义务人。但外商投资企业和外国企业目前不属于城建税的纳税人。此外，纳税人进口货物缴纳增值税、消费税的，也不必缴纳城建税。

城建税的征收范围包括：城市、县城、建制镇、工矿区。应根据行政区划作为划分标准。

3. 城建税的计税依据与税率

城建税以纳税人实际缴纳的增值税、消费税、营业税税额为计税依据，分别与增值税、消费税、营业税同时缴纳。纳税人违反"三税"的有关规定而加收的滞纳金和罚款，是税务机关对纳税人违法行为的经济制裁，不作为城建税的计税依据，但纳税人在被查补"三税"和被处以罚款时，应同时对其偷漏的城建税进行补税和罚款。

城建税实行地区差别比例税率。根据纳税人所在地不同，规定了三档不同的地区差别比例税率。

1）纳税人所在地为市区的，税率为7%。
2）纳税人所在地为县城、镇的，税率为5%。
3）纳税人所在地不在市区、县城或者镇的，税率为1%。

4. 城建税应纳税额的计算

应缴纳的城建税＝（实际缴纳的增值税税额＋营业税税额＋消费税税额）×适用税率

5. 城建税的税收优惠

城建税原则上不单独减免，但可随"三税"的减免而按减免后的实缴税额自动减免。对于因减免税而需进行"三税"退库的，城建税也可同时退库。但海关对进口产品代征的增值税、消费税，不征收城建税。对个别缴纳城建税有困难的企业和个人，由县（市）级人民政府审批，酌情给予减免税照顾。

6. 城建税的征收管理

城建税的纳税环节是纳税人缴纳"三税"的环节，纳税人只要发生"三税"的纳税义务，就要在同样的环节，分别计算缴纳城建税。

1）纳税人直接缴纳"三税"的，在缴纳"三税"地缴纳城建税。
2）代扣代缴的纳税地点：代征、代扣代缴增值税、消费税、营业税的企业单位，同时也要代征、代扣代缴城建税。
3）银行的纳税地点：各银行缴纳的城建税，均由取得业务收入的核算单位在当地缴纳。

阅 读 资 料

小废品公司牵出 17 亿惊天税案

"黑津冀"系列虚开发票案牵带出的是一个几乎遍布全国的犯罪网。全国税务机关动用了 3 000 多名稽查人员，对全国 28 个省市的 9 000 多户企业进行了排查和检查。目前，全国各税务机关已查补税款和罚款共计 17.28 亿元。然而，这样一个惊天税案最初却是从一个不起眼的小废品公司开始的。

注册两个月开出近 6 亿元发票

2004 年 6 月 28 日，黑龙江省龙江县国税局稽查局的两名稽查人员在日常检查中发现了一个特殊的公司——龙江县兴盛废品收购有限责任公司。当年 3 月 25 日，一名叫张德旺的人办理该公司营业执照，3 月 26 日办理税务登记，两个月之内公司就向津、冀、蒙等地企业开出了 5.59 亿元废旧物资发票。

5.59 亿！对于国税年收入只有 2 700 万元的龙江县来说，这个数字简直是天文数字。

废旧物资发票向来是税务稽查的重点。目前我国对增值税采用间接计算方法，即从事货物销售以及提供应税劳务的纳税人，要根据货物或应税劳务销售额按税率计算税款（销项税额），然后从中扣除上一道环节已纳增值税款（进项税额），其余额即为纳税人应缴纳的增值税税款。因此，增值税专用发票不仅是纳税人经济活动的重要商业凭证，还兼有记录卖方销项税额和买方进项税额进行税款抵扣的作用。

但在我国现行税制中，除专用发票外，增值税还有其他一些抵扣凭证，比如废旧物资发票等。由于这些凭证目前尚未完全纳入计算机系统防伪和稽核比对，因此不少违法分子把目光盯在了用废旧物资发票骗抵税款上。

国家税务总局 7 月 26 日迅速将此案列为全国重大涉税案件，并于 7 月 28 日召开黑、津、冀、蒙四省（市）联席会议，撒开捕捉黑手的天网。

种种"障眼法"掩盖偷税漏税事实

2004 年 9 月，张德旺在吉林省落网。

但虚开发票的网络已经层层发散出去，一些从张德旺那里买来虚开废旧物资发票的受票企业，又继续向下家虚开出增值税专用发票。相关部门对"开票公司"的稽查远未结束。

天津市国税局稽查局发现，从黑龙江买得虚开或伪造废旧物资发票的企业多集中在静海县。这些企业的"黑手"，就是把买来的虚开或伪造废旧物资发票作为进项税额抵扣，然后再对外虚开增值税专用发票，从中谋取暴利。

天津市国税局稽查局有关负责人介绍说，涉案企业一般通过假注资、假身份、假合同等手段来掩人耳目。比如静海县的 20 户涉案企业中，有 13 家都是在企业注册后 15 天内就将注册资金抽逃，甚至有的企业仅注册 1 天就抽走了；有 5 家企业注册的法人代表、合伙人不是实际经营者；大部分企业用假销货合同等来税务机关办理发票业务。

这位负责人说，涉案企业大多注册成生产、加工型企业，纳税申报时还注意人为调节，每月都缴纳一部分税金，真假发票混杂，欺骗税务人员。而且涉案企业通常以大量的现金结算为掩护，在账面上人为虚构材料的出入库以平衡账簿，以银行汇票结算方式经若干次背书把资金转回企业等，这些"障眼法"都给税务机关的调查取证制造了很大的麻烦。

打击其他抵扣凭证骗抵税款仍是重点

截至目前，"黑津冀"系列虚开发票案专案组已在黑龙江、河北查出 129 户企业虚开废旧物资销售发票 57 035 份，涉及税额 12.57 亿元；天津、河北等地的 373 户接受虚开废旧物资销售发票的企业中，又有 54 户企业对外虚开增值税专用发票 12 739 份，涉及税额 1.93 亿元。

据了解，自 2004 年 6 月"黑津冀"系列虚开发票案发生后，河北省保定市、黑龙江省、天津市等地都进行了废旧物资发票的专项检查，检查结果不容乐观。黑龙江省已认定的 39 户企业虚开了 45 亿多元发票，另外还发现约 36 亿元的假发票；河北省保定市专案检查 556 户企业，查出 365 户企业存在虚开和偷税行为，涉及金额 69.9 亿元。

国家税务总局有关负责人今天表示，"黑津冀"系列虚开发票案非常典型。目前，利用废旧物资发票等其他抵扣凭证骗抵增值税仍是涉税违法犯罪活动的主要形式，税务系统今年将继续对此依法加大打击和处罚力度。

资料来源：法制日报，2006.04.21

本 章 小 结

税收具有强制性、无偿性和固定性的特征，是国家财政收入的最主要来源。税收产生的目的是筹集财政收入，但它既然是一种分配活动，就必然会对经济行为产生影响，因此，税收还是国家的经济杠杆。

税收按课税对象可分为流转税、所得税、资源税、财产税和行为税几大类。流转税主要包括增值税、营业税、消费税、关税等，它是我国现行税制中最大的一类税收；所得税是指以所得额为征税对象而征收的一类税，主要有企业所得税和个人所得税；资源税包括资源税、城镇土地使用税等；财产税包括房产税、契税等；行为税包括如印花税、城市维护建设税、土地增值税、车辆购置税、固定资产投资方向调节税等。

复习思考题

1. 税收的"三性"是什么？

2. 税收制度构成要素有哪些？

3. 开征消费税的目的是什么？现行消费税是否有利于积极财政政策的实施？为什么？

4. 与增值税和消费税相比，营业税有什么特点？

5. 简述我国现行个人所得税的特征。

6. 我国个人所得税的征税项目有哪些？

7. 资源税的立法原则是什么？为何要开征资源税？

8. 开征车辆购置税的意义何在？车辆购置附加费改为车辆购置税其性质有何不同？

9. 比较房产税与契税的特点。

第五章 国 债

学习要点

1. 了解国债产生的经济条件、发展简史、国债与财政赤字的关系及分类法
2. 理解国债发行与流通的影响因素
3. 重点掌握国债的发行、流通管理及偿还方法
4. 能够运用所学知识对我国国债发行与流通业务进行理性分析

课前导读案例

天津市 2011 年凭证式（二期）国债首日发售情况

在连续发售两次电子式国债后，6 月 10 日，第二期凭证式国债开始发售。本期凭证式国债全国共发行 300 亿元，天津市 22 家银行发售本期国债，本期凭证式国债天津市发行总额为 6.18 亿元，发行首日共售出 3.54 亿元，占发行任务的 57.33%，本期国债发售特点如下：

一是本期国债销售平淡。虽然本期国债发行是在连续两次发行电子式国债后的凭证式国债，对于很多中老年投资者有较强的吸引力，部分承销银行网点出现了早上还没营业，就有客户在营业厅门口等候的现象。但是通过对首日发行数据的统计，本次国债首日累计销售额占全国发行量的比重较低，其中一年期、三年期国债销售任务完成率较第一期凭证式国债降幅较大，国债首日销售较平淡。

二是 3 年期国债继续受到热捧，5 年期品种比较优势明显。据统计，首日天津市 3 年期国债发行额均超过 1 年期及 5 年期，3 年期国债由于利率高于 CPI，同时期限较短，受到国债投资者的热捧。另外，5 年期国债虽然期限较长，但是由于利率为 6%，收益相对较高，本期仅 5 年期国债销售金额比上期多 3.44%。

三是资金来源主要为本行储蓄转存及国债到期资金。国债投资资金来源主要来自两个大方面：一是储蓄资金转存；二是近期有国债产品到期，大部分购买国债投资者选择继续持有新的国债。从各承销银行反馈的信息来看，这两项资金基本占国债销售额的 50% 以上。

四是投资人仍以中老年人为主。中老年投资者一直是凭证式国债的忠实购买者，其投资目的主要以保值和稳健增值为主，因此投资国债作为其首选的主要投资理财方式已经成为一种习惯，这样不仅可以有效地规避投资风险，而且可以获得高于同期限整存整取存款的收益。

资料来源：http://tianjin.pbc.gov.cn/publish/fzh_tianjin/

第一节 国债概述

一、国债的概念

国债是国家债务的简称。国债是国家依据有借有还的信用原则，通过发行政府债券筹集财政资金的一种形式。国债是国家信用的重要组成部分和基本形式。国家信用即政府信用，指政府以债务人的身份取得的信用或以债权人的身份提供的信用。在我国，国家信用主要采取以下几种形式：①国家对内发行国债或其他政府债券；②国家在国外发行或推销国债；③国家财政向国家银行借款；④国家向国外借款和对国外贷款；⑤一部分财政支出以信用方式加以运用，如财政资金用于经济建设方面的贷款等。

世界上许多国家的中央政府与地方政府都有权发行国债。中央政府发行的国债，称为"国家债券"，简称"国债"，它是中央政府借以筹措财政资金的重要方式，其收入列入中央政府预算，资金的使用调度权归中央政府。地方政府发行的国债，称为地方国债，简称"地方债"，它是地方政府为筹措财政收入而发行的，其收入列入地方政府预算，资金的使用调度权归属地方。而一般所称的国债，专指中央政府的债务。

二、国债的产生与发展

（一）国债的产生

国债最早产生于公元5世纪到7世纪的地中海沿岸一些国家。中世纪以后，地中海沿岸的意大利城市热那亚、威尼斯等地，由于其地理位置的优越，成了世界商业中心。与商业的发展相适应，信用制度也迅速发展起来。在中世纪以前的奴隶社会末期由高利贷者发展起来的银行，由于利息率太高，无法满足商人低利率贷款的要求，威尼斯和热那亚的商人首创了信用组合。这种信用组合又逐步演变为后来的划拨银行，一种比高利贷先进的专门从事信用的行业便应运而生。与此同时，由于封建制国家的职能有所扩大，加上财政管理不善，入不敷出，财政收支矛盾加剧，于是，划拨银行便以高出一般的利率贷款给国家，这样，就产生了国债。到16、17世纪，手工工场向机器大工厂过渡，社会劳动生产率大大提高，加上海上贸易和殖民地战争，商人和高利贷者从国内外获得了大批货币财富。这批积累起来的货币资本超过了工场手工业生产发展的需要，在大量多余资本找不到理想投资场所时，资本所有者便把闲置的货币资本投放到能保证获得高收入的国债。西方国家通过举债的实践，认为用发行国债的办法来解决财政困难要比增加税收容易得多，因此，国债很快在欧洲资本主义各国得到广泛的发展。

（二）国债的发展

国债的产生，对资产阶级极为有利。资本主义商品经济的发展是国债强有力的经济基础，同时，国债往往又是同国家财政困难相联系的。所以，国债虽然早在中世纪就已经产生，但是国债的急速增长却是在资本主义财政形成以后的两次世界大战期间。两次世界大战期间，参战各国军费迅速增长，税收已远远不能满足战争需要，于是国债成了筹集军费的重要途径，资本主义各国国债总额猛增。

到 20 世纪 70 年代，资本主义世界各国奉行凯恩斯主义的赤字财政政策。根据凯恩斯的理论，增加政府开支，削减联邦税收，虽然会出现财政赤字，但整个社会的有效需求提高后，可以刺激、推动经济的发展。而弥补财政赤字的有效办法是发行国债，因此，国债增长的速度越来越快，资本主义国家国债的发行达到了空前的程度。以发行国债较早的美国为例，1800 年国债总额只有 0.83 亿美元，1930 年上升到 162 亿美元，1980 年达到 9 302 亿美元，到 1984 年又猛增到 15 723 亿美元，截至 1986 年美国累计国债总额达 20 082 亿美元。

我国国债最早出现在清朝末年。我国第一次发行的国内国债，是 1898 年清王朝发行的"昭信股票"，总额为 1 100 万两银子。1911 年清王朝又发行一次国债。北洋军阀时代和国民党时期也多次发行国债。旧中国的国债基本上属于资本主义国债的类型，但带有半封建半殖民地色彩。

新中国成立后，我国也多次发行了国债：新中国成立初期，为了医治战争创伤，恢复国民经济，1950 年发行了人民胜利折实国债；1954～1958 年又发行了国家经济建设国债，此后随着国民经济形势的好转逐渐停发了国债；1979 年和 1980 年我国连续发生财政赤字，为了平衡财政收支和解决建设资金的不足，从 1981 年开始，我国每年都发行一定数量的国库券，为经济建设筹集了大量的建设资金。

三、国债的分类

（一）按照国债的发行地域分类

以国债的发行地域为分类标准，可以将国债分为国内国债和国外国债。

1. 国内国债

国内国债是指本国政府以债务人的身份向本国境内的居民或单位所发行的国债。国内国债债务收入来源于国内，从资源配置的角度看，发行国内国债表明对本国资源在一定时期（国债还本付息期限内）实行某种配置，不存在资源向国外转移问题。

2. 国外国债

国家在国外发行的国债称为国外国债。国外国债债务收入来源于国外，通过发行国外国债，使本国经济获得补充资金，以促进本国经济的发展。

（二）按照国债的本位分类

按照国债的本位分类，可以将国债分为货币国债和实物国债。

1. 货币国债

货币国债是以货币为本位发行的国债。按照货币的种类，又可以进一步将货币国债分为"本币国债"和"外币国债"。本币国债是以国债发行国本国的货币为本位的一种货币国债。例如，我国政府曾向国内所发行的国库券就属于本币国债。外币国债则是以某种外国货币为本位发行的一种货币国债。国外国债的发行，通常以债权国的货币或在国际上被当作世界货币的货币为本位。

2. 实物国债

实物国债是以实物为本位的国债。按照确定本位的具体方法，实物国债又可以进一步分为直接以实物为本位的国债和间接以实物为本位的国债，前者如 1949 年我国广东北江革命根据地北江第一支队所发行的"胜利国债"，该种国债直接以稻谷为本位，分为五十、一百和五百斤三种，年利二分。直接以实物为本位所发行的国债，其计量比较简便，因为这种国债的本位往往是一种实物，但其适应性较差，特别是农产品，区域性较强。如我国北方玉米和小麦较普遍，南方则多种植水稻。因此，若仅以水稻为本位，该国债恐怕难以在全国发行。间接以实物为本位的国债也称折实国债。我国于 1950 年所发行的"人民胜利折实国债"就是一种折实国债。同直接以实物为本位的国债相比，折实国债的适用范围较广。同货币国债相比，实物国债具有债值稳定、债值较高的优点，但实物国债的适应性较差。

（三）按照国债的债务期限分类

按照国债的债务期限分类，可以将国债分为有期国债和无期国债两类。

1. 有期国债

有期国债是规定有还本付息期限的国债。根据还本期限不同，有期国债还可以划分为短期国债、中期国债和长期国债。

（1）短期国债

短期国债是指还本期限为 1 年或 1 年以内的国债。短期国债一般包括行政国债和财政国债两类。行政国债是行政机关在执行任务时所发生的债务，其目的在于谋求行政上的方便，而不是解决财政收支不平衡问题；财政国债则是指由于国库资金一时周转不灵而发行的国债，主要有银行借款、财政透支和国库券等形式。

（2）中期国债

中期国债是指偿还期在 1 年以上（不含 1 年）、10 年以下的国债。同短期国债相比，中期国债偿还期限适中，政府可以在较长时间内使用因发行中期国债所得到的资金。因此，在许多国家中，政府通常将发行中期国债所筹集到的资金用于弥补财政赤字或进行投资。例如，我国从 1981 年开始发行的国库券就是为了筹集国家经济建设资金和弥补财政赤字。

（3）长期国债

长期国债是指偿还期在 10 年（不含 10 年）以上的有期国债。这类长期国债由于还本期限较长，一方面可以有效地降低该部分社会资金的流动性，减少国债调换的烦琐与滥用；另一方面，由于它灵活度低、流动性差、变现能力弱，因此，银行一般是不能以长期国债作为准备资产的。同时，私人和公司也往往因此而不愿意购买长期国债，这样，如果没有相应的措施，长期国债的推销难度必然较大。

2. 无期国债

无期国债是指政府在发行这种国债时，并不规定还本的期限。对于这种国债，债权人有权按期索取利息，但无权要求清偿；政府有权收回债券，但在法律上却只有按期支付利息的义务。对于无期国债，一般来说，除非政府收回债券，否则政府只有名义的还本负担。目前世界各国很少发行无期国债。

（四）按照国债的应募条件分类

按照国债的应募条件性质不同，可以将国债分为强制国债和自由国债。

1. 强制国债

强制国债是指在发行国债时，凡符合政府规定的应募条件者均必须购买国债。按照强制国债的具体推销办法，又可以进一步区分为直接强制国债和间接强制国债。直接强制国债是指依政府预先确定的条件直接强行摊派到应募者头上的国债，如按应募者财产的多少强行摊派等。间接强制国债是指政府以国债代替现金，用以支付薪金或购买物品。从债务人（政府）的动机来看，往往是在国家经济处于异常时期，或发生经济危机时期，政府在短期内无法通过推销自由国债增加财政收入，因而便凭借其政治权力推销强制性国债。政府在确定了应募条件以后，符合条件者，无论是否愿意，都必须购买或接受强制国债，不得拒绝。

2. 自由国债

自由国债是指政府在发行时不附带任何应募条件，而由企业或居民自由认购的国债，它是现代世界各国国债的普遍形式。

（五）按照国债的流动特点分类

以国债的流动性特点为标准，国债可分为上市国债和非上市国债两类。

1. 上市国债

上市国债是指可以在市场上公开买卖的国债。其基本特征是自由认购、自由买卖，即投资者除了在国债的发行市场上按规定购买国债以外，还可以在证券交易所或其他合法的证券交易市场按行市买卖国债，其行市或价格由该证券（国债）的供求关系状况所决定。虽然可以将上市国债理解为既可以在发行市场上公开发售，又可以在流通市场上自由买卖的国债，但是，上市国债的主要特点及其与不上市国债的区别主要在于后者。

上市国债的另一个重要特征是它在流通市场上的价格是随行就市的，它随着市场利率和币值以及供求关系的变化而波动，投机因素在其流通过程中起着十分重要的作用，因而为金融资产交易提供了获利机会。

2. 非上市国债

非上市国债是指不能在市场上公开买卖的国债。有些非上市国债是在发行市场上公开发售的，但发行完毕后，直到债务期满，政府并不允许这类国债上市流通转让。因此，非上市国债与上市国债的主要区别在于前者不允许在流通市场上自由买卖、转让。

（六）按照国债的形式分类

按照国债的形式为标准，国债可分为凭证式国债、无记名国债和记账式国债三类。

1. 凭证式国债

凭证式国债是一种国家储蓄国债，可记名、挂失，以"凭证式国债收款凭证"记录债权，不能上市流通，从购买之日起计息。在持有期内，持券人如遇特殊情况需要提取现金，可以到购买网点提前兑取。提前兑取时，除偿还本金外，利息按实际持有天数及相应的利率档次计算，经办机构按兑付本息之和收取手续费。

2. 无记名国债

无记名国债是一种实物债券。以实物券的形式记录债权，面值不等，不记名，不挂失，可上市流通。发行期内，投资者可直接在销售国债机构的柜台购买。在证券交易所设立账户的投资者，可委托证券公司交易系统申购。发行结束后，实物券持有者可在柜台卖出，也可将实物券交证券交易所托管，再通过交易系统卖出。

3. 记账式国债

记账式国债以记账形式记录债权、通过证券交易所的交易系统发行和交易，可以记名、挂失。投资者进行记账式证券买卖，必须在证券交易所设立账户。由于记账式国债的发行和交易均无纸化，所以效率高、成本低、交易安全。

以上，我们仅从六个不同角度对国债进行了分类。除此之外，我们还可以从其他角度进行分类：如按照国债有无担保划分，可以将国债分为有担保国债和无担保国债；按照国债交款方式划分，可以将国债分为分期付款国债和一次性付款国债；按照国债利率是否变动划分，国债可分为固定利率国债和浮动利率国债；按照国债债务收入的用途划分，可以将国债分为生产性国债和非生产性国债等。依照不同标准，从不同的角度对国债进行分类具有重要意义。每一类国债都有其特点，同时，每一种分类都不是绝对的，其中大部分可以相互交叉，因而可以有不同的组合。政府在发行国债时，可以选择不同组合，以适应不同的需要，提高国债的发行和管理效率。

四、国债与财政的关系

国债从产生起就与财政赤字紧密联系着。国债发行、偿还的整个运行过程，都与财政收支、财政赤字有着密切的联系。

（一）国债与财政收入

从广义上来说，国债也是财政收入的一部分，但在许多市场经济国家中，一般不把国债列为预算收入，而是作为赤字看待。关于赤字，有硬赤字和软赤字两个概念。硬赤字将国债收入列入财政收入，然后减去财政支出所得出的赤字，其弥补方式只能是向银行借款或透支，如果银行信贷资金本来就很紧张，那么向银行借款或透支就只能靠货币发行来弥补。所以，把国债收入列入财政收入后减去财政支出得出的赤字，称为"硬赤字"，它是指难以弥补的赤字。而软赤字则是正常的财政收入（不包括国债收入）减去正常的财政支出后所得出的赤字。由于按这种口径计算出来的赤字，是可以部分或全部靠发行国债来弥补的，而国债是实实在在的收入，是有物质保证的，故称之为"软赤字"。国债和税收是市场经济体制下财政组织收入的手段，但国债和税收还是有一定区别的。

1. 税收是国债的信用基础

国债是政府根据需要创造出来的金融商品，其所包含的价值，是以财政税收作为担保的，即国家在国债发行时所承诺的国债价值，在兑现时以财政税收作为物质保证。只要国家继续存在，购买国债的投资者就肯定可以获得稳定的收益。正因为国债有财政税收作为信用基础，国债才能成为有价证券市场中最具安全性的"金边债券"。

2. 国债是财政收入重要的补充

国债最初就是因为税收不能满足财政支出需求而产生的，现在国债已成为世界上大多数国家政府除税收之外筹集财政资金的重要渠道。在现代财政中，国债作为税收的补充，主要表现在两个方面：一是补充税收数量的不足。向国内居民举借债务，已成为大多数国家财政弥补税收不足最常用的方法。二是弥补税收在调节收入分配结构方面的不足。税收具有强制性和无偿性。税法的制定要通过比较严格的立法程序，一旦确定就不宜经常更改和变动。因此，税法一旦通过立法程序得以确定，对收入分配格局的影响将在比较长的时期内保持稳定，对于时刻都处于变动之中的市场收入分配格局的调节作用有局限性。国债则可以根据需要随时发行，而且可以专门针对特殊的对象发行定向国债，在调节分配结构时比较灵活，弥补了税收在调节收入分配结构方面的局限性。

3. 税收具有强制性，而国债一般是自由认购的

虽然，国债也有强制国债，但强制国债一般是在战争时期及其他紧急情况下才发行的，正常情况下，国债一般采用自由认购的方式。

4. 税收具有无偿性，而国债是有偿的

国家征税，无须承担偿还义务，而国债属于借贷性质，国家要承担还本付息的责任。所以，从财政成本和利益来看，税收优于国债，这是国债在财政收入形式中只能作为辅助手段的一个原因。

（二）国债与财政支出

1. 财政支出规模直接影响国债的发行规模

国债作为弥补财政收支差额的重要手段，其规模大小受财政支出的影响很大。因为作为财政收入主体的税收，其规模主要取决于经济规模、增长速度和税收制度三项因素。这三项因素的可预见性相对较强，年度与年度之间的变化比较容易把握，而支出的可变性比较大，不可预见的因素也较多，年度与年度之间的变化很大，常常超过收入规模，因此，支出的扩大往往意味着国债当年发行规模的扩大。国债的发行规模与财政支出规模呈正相关。

2. 现有的国债规模将会影响将来的财政支出规模

一方面，国债发行规模的扩大，意味着可供财政支配的资金增多，为扩大财政支出创造了条件；另一方面，财政发行的国债是有偿的，是未来财政收入的预支，到期必须还本付息。因此，当期的发行规模必然要影响到将来的财政支出。从大多数国家的实践来看，往往是财政支出规模的扩大导致了国债发行规模的扩大，而国债发行的扩大又把

财政支出提升到一个新的台阶,形成财政支出和国债发行规模相互推动、共同扩张的局面。

3. 财政支出结构影响国债的结构

发行什么种类的国债,主要取决于用于财政支出的具体用途。若是用于生产建设性投资,则应发行中长期国债;若是为了解决临时性的资金周转需要,则可以发行一年期以内的短期性国债。支出需求是多样性的,国债结构也应该是长中短期相结合的,国债的灵活性能充分满足支出多样性的需求。另外,为了适应现实经济生活中的通货膨胀现象,在国债的利率结构方面也需要加以调整,即处理好固定利率的国债和浮动利率的国债之间的比重问题。浮动利率国债的发行有利于减少投资者和筹资者双方的风险,通货膨胀率上升,浮动利率跟着上调,有利于投资者利益;反之,通货膨胀减轻,浮动利率下调,有利于减轻财政支出的负担。

(三)国债与财政赤字

1. 财政赤字是发行国债的重要原因

财政赤字就是财政年度中出现了财政支出大于财政收入的差额,国债的发行就是为了弥补这个差额。弥补财政赤字的办法虽然很多——如增加税收,压缩财政开支等,但是,增加税收、压缩财政支出都很困难,而用国债来弥补财政赤字是一种最方便、最灵活、最有效的手段,因此,世界各国通常都用发行国债的方法来弥补财政赤字。财政赤字是国债发行的重要原因,反过来发行国债引起的利息支付又会加大财政赤字,因此,财政赤字与国债有着互相促进、互为因果的关系。

筹集财政资金、弥补财政赤字是国债的初始职能。在现代经济生活中,国债还被许多国家作为调节经济的杠杆,如用以调节市场货币流通量、稳定经济等。因此,出于调节经济的目的而发行的国债,并非财政赤字所致。所以,财政赤字是发行国债的重要原因,但不是唯一的原因。

2. 国债是弥补财政赤字的理想方式

国债的发行及时、灵活、方便,是弥补财政赤字的理想方式。首先,用发行国债筹集财政资金,较课税来得及时迅速,而且什么时间发行,主动权掌握在国家手中。其次,根据财政收支不同性质的矛盾,以及财政支出的不同需要,国家可发行形式多样的国债。例如,为弥补财政季节性收支差额,可发行短期国债;为弥补年度财政收支差额,可发行中期国债;为解决国家重点建设项目的资金不足,可发行长期建设国债;为偿还旧债,可发行新债等等。

3. 平衡国际收支

任何国家在与其他国家及国际组织、机构的经济贸易往来中,如收入不足以抵充支出，就会出现国际收支逆差，这将影响该国的货币汇率和经济实力，除了动用外汇储备之外，最有效、最迅速地扭转局面的办法即是对外发行国债，用以平衡国际收支。

第二节　国债规模和结构管理

一、国债的规模管理

国债的规模通常是指年末国债余额，而年末国债余额是由两部分构成的：一部分是以前年度发行的至本年末尚未偿还的部分；另一部分是本年度新发行的至年末尚未偿还的部分。国债规模的大小并不仅仅是一个绝对量的表现，而主要是受多种因素影响和制约的相对量。确定合理的国债规模，取决于多种因素，概括地讲，包括政治因素与经济因素。

影响国债规模的首要因素是国家需要资金的多少，国家需要量大，发行量则大；反之，国家需要量小，发行量则小。当前各国不举借国债的很少，但发行规模上却有很大差异。这不仅和各个国家的财政状况有直接关系，还取决于该国奉行的国债政策，是适度偏小、以偿还能力为限，还是越多越好、以满足需要为宜。其次是政治局势，剔除强制发行的因素，人们对政府的信赖程度，特别是政治局势是否安定，是承购者自愿购买国债的重要原因。

社会经济发展水平的高低，决定国家运用国债政策的程度。只有商品经济的发展达到一定的水平，社会物质财富才会有相当的积累，国民生活水平普遍富足，社会游资充斥，国家才有可能大规模举借债务，也只有经济发展了，各种金融机构才可能发挥其助国举债的功能。国债规模的大小，主要取决于国债的承受能力和偿付能力。

（一）国债的承受能力

中央政府发行国债是为了加速本国的经济发展或弥补某一财政年度的财政赤字。国债的承受能力包括国债发行主体即中央政府财政和国债发行对象即社会经济组织和居民个人的承受能力和负担能力。中央政府确定国债发行规模时必须同时考虑这两个方面的承受能力。

1. 中央财政的承受能力

国债发行与财政收支的关系最为直接，也最为密切。首先，发行国债一般是为了弥补某一时期财政赤字，保证一定规模的财政支出，从而满足经济增长的资金需求；其次，偿还国债也主要依靠以后年度的财政收入偿还，当时的财政收入状况直接决定了国债到期能否顺利偿还。偿还国债还影响当时对经济的资金投入。衡量国债发行主体承受力的主要指标是国债依存度和国债偿债率。

（1）国债依存度

国债依存度是指财政年度内国债发行数额占财政支出总额的比率，计算公式为

国债依存度＝年度国债发行额/年度财政支出总额×100%

这一指标反映了财政支出中有多少是依靠发行国债来筹措的。当国债发行量过大、依存度过高时，表明财政支出过分依赖债务收入，财政处于脆弱状态，并对财政的未来发展构成潜在威胁。国债收入是一种有偿性的收入，国家财政支出主要应当依赖于税收，债务收入只能作为一种补充性收入。因此，国债规模的合理与否可以根据这一指标来判断。

（2）国债偿债率

一般以一定财政年度的还本付息额与财政收入的比值作为国债的偿债率指标，计算公式为

国债偿债率＝年底还本付息额/年度财政收入总额×100%

偿债资金可能来源于预算收入划出的部分、国债资金投资创造的收益或借新债还旧债，但最终都是来源于财政收入。这一指标反映了中央政府偿还国债的能力。偿还能力越强、对国债的承受能力也就越大。因此，国债流量与国债的偿还能力有着直接的关系。

2. 国债发行对象的承受能力

除考虑国债发行主体的承受能力外，确定合理的国债规模，还必须考虑国债发行对象的承受能力。首先，应考虑整个国民经济的承受能力，举借国债实质上是一种社会再分配，它直接或间接地取走了可用于社会再生产的资金，如果举债过多，将影响正常的分配与再分配，对经济和社会的发展造成危害。其次，应考虑国债购买者的承受能力。我国国债的购买者主要是个人、企事业单位以及各类金融机构，它们各自的承受能力是确定国债合理规模的重要依据。衡量国债发行对象承受能力的指标很多，其中最主要的指标是国民经济承担率。该指标从宏观上反映了整个国民经济的债务承担能力。国民经济承担率是当年国债余额占当年国内生产总值的比重。用公式表示为

国民经济承担率＝当年国债余额/当年国内生产总值×100%

当年国债余额占当年国内生产总值的比重越大，则国民经济债务承受能力越弱。

（二）国债的偿付能力

确定国债发行量还必须考虑到国债的偿付能力，最为重要的是考虑国债承受能力与国债偿付能力的对比状况。通常认为，当国债负担持续几年小于偿债能力时，国债负担便是安全的；而在持续出现国债负担大于或等于偿债能力的现象时，就应缩小国债规模。

偿债能力是国家财政在一定时期可以用于偿还国债本息的能力，它虽然与国家经济发展水平和财政收入规模有直接的联系，但决定偿付能力的只是中央财政收入中扣除一

般支出后的部分。这是因为国家财政只能支配国民收入中的一部分，偿付国债只能从国家财政收入中支付，偿债表现为国家财政收入的减少。再进一步分析，一个国家的财政收入必须用于满足社会一般公共需要和其他方面的需求，不可能全部用于偿还债务。如果将满足社会一般公共需要和其他方面需要的支出称为财政一般支出，从国家职能上讲，这些一般支出在一定时期必定有一个最低的极限值，财政支出若低于该极限值，国家财政将无法行使其应有的职能。因此，国债的最大偿付能力就是国家财政收入中扣除最低限度的一般支出后的财力。

国债规模主要由其承受力、偿付力所决定。除此之外，国债的存量结构与投向结构、国债发行的经济背景以及中央政府在公开市场上操作国债的能力等因素，对国债规模的形成也有不同程度的影响。政府应综合考虑上述诸因素，合理确定国债的规模。

二、国债的结构管理

国债的结构是指一个国家各种性质的互相搭配，以及债务收入来源和发行期限的有机结合。

应债主体的存在是国债发行的前提。应债主体结构实际上就是社会资金或收入在社会各经济主体之间的分配格局，即各类企业和各阶层居民各自占有社会资金的比例。国债持有者结构则是政府对应债主体实际选择的结果，即各类企业和各阶层居民实际认购国债的比例，又称为国债资金来源结构。这两者比较容易区分，但是，国债持有者结构要受应债主体结构所制约。在社会财富分配不均，贫富差距较大，社会资金集中在少数企业和个人手中，国债持有者则比较集中；而在社会财富分配比较平均，社会资金相对分散，国债持有者也必然是相对分散的。在资本主义条件下，国债的主要持有者只能是个人或私人企业（包括商业银行）。而在社会主义条件下，社会财富的社会化程度较高，企业和居民个人则共同构成国债持有者主体。

由于国债的发展已不再是单纯的弥补财政赤字的手段，已成为国家调节经济的一种经济杠杆。因此，现代国家运用国债，已逐渐建立起一套完整的国债管理体系，以发挥国债在现代经济生活中的作用。国债期限长短的配套和国债种类的配套等问题，是国债结构管理中的重要内容。

（一）国债期限长短的配套

期限长短不等的国债，对于债权人和债务人的利益是不同的。一般情况下，发行长期国债对于政府比较有利，长期国债偿还期限长，政府除每年付息外，在短期内不需筹措还本资金，因而不致增加财政负担。但是，在严重通货膨胀的情况下，债券期限愈长，国债贬值的程度就愈大。若政府发行长期国债时能考虑到通货膨胀的因素，在还本付息时采取一些弥补措施（如把国债利率与物价指数挂起钩来、实行浮动利率），那么，利率较高的长期国债对于购买者还是有吸引力的。短期国债具有流动性大、风险小、发行容易的特点。因此，债券期限长短的合理配套，债权人与债务人利益的有机统一，就能使国债的发行经常化。

在进行国债期限结构选择的同时，还必须结合国债利率结构的分析。国债期限结构选定的目标是，国债期限长短的配套能满足财政支出的需要；而国债利率结构选定的目标是，既能满足财政的"国债利息成本最低"的要求，又能使国债顺利发行。

1. 预期利率的变动与国债期限长短的选择

如果人们预期利率将上升，那么债券购买者不那么倾向于购买长期国债；而对于国债的发行者来说，则希望能在利率上升前借到钱。如预期利率上升，国债发行者则应该选择多发行长期国债，因为国债的利率在发行时就已经确定，国债到期时，如市场利率上升，而国债的偿还付息仍可按原定较低的利率支付。同理，如果人们预期利率下降，债券购买者就会倾向于购买长期国债，而对于国债发行者来说，这时不宜多发行长期国债，应以发行短期国债为好。所以，对于国债管理者来说，必须结合预期市场利率的变动来选择好国债的期限。

2. 预期通货膨胀率的变动与国债期限长短的选择

如果预期通货膨胀率上升，国债购买者在选择长期国债时将会很谨慎，一般倾向与选择短期国债，所以对于国债发行者来说，在制定长期国债利率时必须考虑预期通货膨胀率上升的因素，否则国债难以推销。如果预期通货膨胀率保持稳定，则不会对国债利率结构产生影响。

实际上，长期国债与短期国债各有利弊，无论是对于国债的发行部门还是对于国债的持有者，一个期限长短混合、配套合理的国债结构，肯定优于期限单一的国债结构。

（二）国债种类的配套

不同种类的国债有各自不同的特点，种类齐全的国债，能把社会上各种性质的闲散资金吸引到国债市场上来，既能满足各种闲散资金的投资需要，又能满足财政的需要。

从我国目前的情况来看，国债品种比较单一，国债的流通市场不够活跃。国债的品种与国债的流通市场有密切的关系，如果国债的品种单一，国债的流通市场也就不能兴旺。而国债的二级流通市场与国债的一级发行市场也有密切的关系。要使国债的发行长期化、正常化，必须要建立一个发达的流通市场，而在发达的流通市场中，需有品种较多的国债。所以，对于国债管理者来说，必须要研究市场中各种资金的性质，结合财政的需要，发行品种多样的国债，为健全发达流通市场，提供品种多样的金融商品。

第三节　国债的发行和管理

一、国债的发行

（一）国债发行时利率的确定

发行国债是一种以信贷形式筹措财政收入的办法，国家不仅要到期还本，还要按时付给利息。利息率的高低是债券发行的一个重要问题。一般情况下，长期国债的利息率高于短期国债的利息率，中期国债的利息率介于两者之间。债券利率的上限是社会平均利润率，如果债券利率超过社会平均利润率，意味着债券的发行成本可能超过债券收入的投资收益，发生亏损。国债利率的下限是债券能够在金融市场上推销出去的利率。

那么，国债的利率究竟应如何来确定，一般来说，决定国债利率高低的因素有三种：①金融市场的利率。一般国债利率的确定要依据金融市场利率来确定，因为，若国债利率过低，则国债难以推销；若国债利率过高，则国债发行的利息成本过高，从而增加财政负担。②国家信用。在确定国债利率时还应考虑国家信用是否稳固，一般来说，国家信用较稳固，投资国债较安全，而投资其他金融商品，投资风险大于国债。因此，国债利率可略低于市场利率，对于投资者来说会放弃一点投资收益而选择信用度较高的国债。③社会资金供应量。国债利率的高低还与社会资金供应量有密切关系。若社会资金充裕，则国债利率较低；若社会资金供应量紧张，则国债利率较高。这也是经济发达国家国债利率较低，经济落后及发展中国家国债利率较高的原因。

（二）国债的票面额与发行价格的确定

国债票面额的大小应视国债的性质、国家的富裕程度、发行对象类型以及交易的习惯而定。一般来说，大面额的国债券适合于购买力强的认购者，小面额的国债券适合于购买力较低的认购者。如果国债数量巨大，发行对象面广，国债券的票面应多样化，即既有大面额，也有小面额，以适应不同的对象。如果国债券允许上市交易，则国债券的面额应考虑适应市场交易的有价证券面额的习惯及规范化，以利于交易的方便。

确定了国债的票面额后，国债的发行价格就有了一定的依据。国债的发行价格的确定大致有以下三种。

1. 平价发行

国债的发行价格等于国债的票面额，称为平价发行。平价发行一般是在国债的利率与市场利率接近的情况下采用的。

2. 折价发行

国债的发行价格低于国债的票面额，称为折价发行。国债到期后，政府仍按国债的票面额还本付息。折价发行，一般是在国债的利率低于市场利率、国债发行有困难的情况下采用的，其实质是变相地提高国债利率，以鼓励人们购买，使国债的发行变得顺利。如不采用折价发行，而直接提高国债利率，就会扰乱金融市场。

3. 溢价发行

国债的发行价格高于国债的票面额，称为溢价发行。溢价发行等于降低国债利率，这种发行只有在举债者债信较高，或者国债利率高于市场利率的情况下才可能顺利发行。

国债发行价格的确定应视国债的利率水平，发行时的财政、金融状况以及公民应债情况的不同来确定。

（三）国债的发行方式

1. 公募法

公募法，是指通过在金融市场上公开招标的方式发行的国债。这种招标由政府负责组织，在计划发行总量确定以后，对国债的价格或收益进行招标。认购者依各自的承受力及对市场的预测报出认购数量和价格，或认购数量和利率。国家根据从高到低的价格排列或从低到高的利率排列确定中标者，直到满足发行价格要求为止。

2. 承购法

承购法，是指由金融机构承购全部国债，然后转向社会销售，未能售出的差额由承购的金融机构承担。

3. 公卖法

公卖法，是指政府委托推销机构利用金融市场直接出售国债。采用这种方法，要求有较发达的金融证券市场。由于发行价格、利率及经销期限均随市场行情而定，发行量不能过大，否则将冲击金融市场，影响国家收益和经济稳定。

4. 支付发行法

支付发行法，是指政府对应支付现金的经费改为以债券代付。

5. 强制摊派法

强制摊派法，是指国家利用政治强权迫使国民购买国债。采用这种方式，国家不仅明确规定发行价格、利息，还要规定认购条件，凡符合此条件者必须限额认购国债。

二、国债的偿还

（一）国债偿还的方法

1. 分期偿还法

分期偿还法，是指对一种债券规定几个偿还期，每期按一定比例偿还，直到债券最终到期日。具体方法又可分为比例偿还法、定期抽签法、按次偿还法等几种不同方式。

2. 买销法

买销法，是指在债券到期之前按市场价格购回债券，并不再卖出，视同国债已偿还。此法只适用于可上市的国债偿还。

3. 到期一次偿还法

到期一次偿还法，是指政府在国债到期日按票面额一次性偿还债务。

4. 以新债替换旧债偿还法

以新债替换旧债偿还法，是指通过发行新债券来兑换到期旧债券，以达到偿还国债的目的，也就是债券持有者以到期旧债直接兑换相应数额的新发行债券。

阅 读 资 料

2010年债券市场规模与价格走势回望

中债收益率曲线的收益率走势和我国乃至世界宏观经济、金融市场走势的相关性较强。当前央行对于银行资金的紧缩力度正在加强，两次上调准备金率加上临近年末等因素，对后市形成利空。短期来看，债市走势仍具有不确定性，但从中长期来看，市场明年4~6月以后会逐渐迎来复苏。

一、今年债券市场规模

今年前11个月，银行间债券市场发行量为9.15万亿元，同比增加1.21万亿元，增幅15.21%；11月末，银行间债券市场托管总量为20.18万亿元，同比增加2.96万亿元，增幅17.19%；截至11月末，今年银行间债券交易结算总量（包含现券、质押式回购、买断式回购、远期）为145.07万亿元，同比增加36.06万亿元，增幅33.07%。今年前11个月日均结算量6 447.75亿元，在8月25日结算量创下新高，为9 836.94亿元，逼近万亿元大关。

二、今年债券市场价格走势

根据历史上长期的观察,我们发现中债收益率曲线的收益率走势和我国乃至世界宏观经济、金融市场走势的相关性较强。从国内来看,中债收益率曲线体系对债券市场上通胀、加息等预期和货币政策等宏观调控效果的反应是相当灵敏的。今年年初以来,中债收益率曲线的变动基本上客观反映了一年来我国宏观经济发展变化和金融市场的动态。如果用具有债券市场风向标作用的国债10年期收益率来观察,从收益率的上行或下行来划分,我们基本上可以将今年的前11个月分为五个阶段:第一阶段:1月至5月中旬。这几个月银行间市场资金较为宽裕,机构配置需求较为旺盛。3月底两会结束后国家有关部门对房地产行业紧缩政策出台,市场对经济增长的预期受到一定程度抑制,资金避险需求增强。受这些因素影响,债市行情较好,10年期国债收益率显示为振荡下行的趋势,从年初的3.66%下移至5月中旬的3.18%,幅度40多个基点。第二阶段:5月下旬至6月下旬。备受市场关注的中行可转债上市、农行即将上市、银行类机构年中存贷比考核等因素吸引和冻结了相当规模的资金。这期间10年期国债收益率掉头向上,上移幅度约20个基点。第三阶段:7月初至7月中旬。资金面紧张状况逐渐缓解,6月CPI同比增长2.9%,环比下降0.2个百分点,市场对经济复苏预期有一定程度减弱,资金入市推动收益率下行,10年期国债收益率半月下行11基点。第四阶段7月中下旬至9月末。工行可转债上市、7月8月CPI连创当年新高、市场通胀预期较为强烈、季末及节日前期资金紧张等因素显现,这时10年期国债收益率振荡上行,幅度约16基点。第五阶段10月初至今。10月前半月,人民币升值预期持续增强,美元对人民币1年期NDF在10月中旬降至6.39的水平;9月末至11月初,股市大涨,上证综指由2 600点一度上扬至3 100点以上,股债跷跷板效应导致市场大量资金由债市转战股市;10月制造业PMI54.7,环比增长0.9%;非制造业PMI连续4个月维持在60以上,显示经济二次探底风险减弱。

资料来源:http://finance.jrj.com.cn/2010/12/0406158710001.shtml

（二）国债偿还的资金来源

1. 基金偿还

基金偿还,就是由政府预算设置专项基金用以偿还国债,即从每年的预算资金中拨出一笔专款设立基金,由有关部门掌管,专门用做偿还国债,而不能用做其他用途。

2. 预算盈余偿还

预算盈余偿还,是指以政府经常性预算盈利资金作为偿债资金来源的做法。

3. 预算列支偿还

预算列支偿还，就是将当年的国债偿还数额作为财政支出的一个项目而列入当年支出预算，由正常的财政收入保证国债的偿还。

4. 借新债偿还旧债

借新债偿还旧债，是指政府通过发行新债券，为到期债务筹措偿还资金，也就是以借新债的收入作为偿还旧债的资金来源。

三、国债的管理

现代国家运用国债，必须建立起一套完整的国债管理体系，以发挥国债在现代经济生活中的作用。长期以来，我国在国债的管理上存在着许多缺陷，下面主要就我国国债在国债使用方向和市场运行机制两个方面进行阐述。

（一）国债使用方向的控制

国家运用财政信用动员的资金，与国家通过税收等动员的资金有本质上的区别。运用财政信用筹集的债务收入，必须要考虑将来的还本付息。国债是有偿的，而税收是无偿的。不能把有偿借入和无偿交纳的收入混同起来，都作为无偿收入的资金使用。必须明确债务收入使用方向，严格进行债务收入使用的成本与效益的核算，保证债务还本付息的资金来源，减轻国债的负担。

我国20世纪80年代发行的国库券虽说用于经济建设，事实上，1979年以来我国连年发生财政赤字，不能排除有一部分国库券是用于弥补财政赤字的。世界上多数国家不把国债作为预算收入，而我国却把国债收入打入预算收入并与正常预算收入统一使用。这种做法在实践上带来两个方面的弊病：一方面很难分清国债收入究竟用于弥补财政赤字，还是用于经济建设，这就掩盖了财政赤字的实际情况，不利于全面分析财政赤字产生的原因，从而很难实现真正的财政收支平衡；另一方面把有偿借入和无偿取得的两种不同性质的收入混同起来作为无偿资金使用，这样就无法对国债收入的使用方向、投资效益和偿还能力进行统一的考核。

为了使国债的发行能正常地持久地进行，使国债真正地成为国家筹集资金、加快建设的手段之一，必须明确国家债务收入的使用方向，严格债务收入的使用。因此，在财政预算上，应将债务收入单独收支，专款专用，明确投资方向，以收定支。同时，对投资项目进行科学的测算，严格考核其经济效益，有偿使用，有借有还，谁借谁还，做到以债养债，以减轻国债还本付息所带来的财政负担。

（二）国债的市场运行机制

1. 完善一级市场发行体系

根据目前国债市场发展的实际情况，形成一个科学合理的国债期限结构，实行长中短结合，既能满足投资者的多种需要，也有利于国债发行任务的顺利完成。

在发行时间上要改变目前国债发行的不确定性。要借鉴国际惯例，根据中央预算的资金需要，提早发布阶段性的国债发行时间表，使之步入更规范化的轨道，便于各类投资者及早调动资金。

要根据机构投资者的布局和现状，建立一个相对固定的承销团制度，进一步明确承销机构的权利和义务，鼓励承销机构建立自己的分销网络，从而形成和建立起相对稳定的国债发行机制。

要进一步探索采取多种市场化的发行方式。国债发行市场化是原则、方向，但要根据我国现状，探索多种渠道与形式。

2. 理顺二级市场的框架体系

把银行间债券交易场所发展成机构间的场外交易市场，按照规范的场外交易规则进行交易，可以提高国债的流动性；拓展二级市场的参与主体，任何投资者都可以通过中央国债登记公司的托管结算系统参与国债投资，在货币市场与资本市场之间搭建一条以国债为媒介的渠道，可以为社会资金的流动性提供保证，也便于央行货币政策顺畅地传递。参与广泛、流动性强的国债二级市场可以为中央政府低成本、高效率地发行国债提供最可靠的保障。

充分利用现有交易所的交易网络，引导一些中小投资者购买国债，稳定、规范并促进交易所的国债交易，使之成为一个零售性的场内交易市场。

在上述场外、场内市场发展的基础上，建立统一的国债托管结算系统，有利于确保国债市场乃至整个金融市场的安全高效运行，也有利于建立国债发行市场的良性循环机制。

阅 读 资 料

电子式国债

电子式国债是我国财政部面向境内中国公民储蓄类资金发行的，以电子方式记录债权不可交易流通的人民币债券。电子式储蓄国债主要有两个品种，分别是固定利率固定期限储蓄国债和固定利率变动期限储蓄国债。固定利率固定期限储蓄国债类似于现有的凭证式国债，国债的期限和计息利率（即票面利率）是唯一的并且在发行时已经确定，该品种的付息方式有利随本清和定期付息两种。固定利率变动期限储蓄国债是一个新品种，投资者除选择持有到期外，有权在持满一定年限后申请终止债权债务关系，终止投资按照事先约定的利率（低于票面利率）计息。由于选择权的存在，该类国债的期限实际上是变动的，但无论投资者选择持有到期还是终止投资，计息利率都是事先确定的，不随整体市场利率的变化而变化，因而计息利率是固定的，该品种的付息方式为利随本清。

资料来源：http://baike.baidu.com/view/1005875.htm

（三）我国外债的管理

1. 外债的形式

（1）政府贷款

政府贷款是双边政府之间发生的借贷行为。这种贷款带有援助的性质，利率一般较低，有的甚至是无息贷款，贷款的期限也比较长。

（2）国际金融机构的贷款

国际金融机构对其成员国发放的贷款，贷款条件比较优惠，如低息或无息、贷款期限长等。但根据各金融机构设立的不同目的和具体规定，贷款的数量和使用方向受到严格的限制。世界性的金融机构主要有世界银行、国际开发协会、国际货币基金组织等。我国是这些金融机构的成员国之一，到目前为止已经多次接受这些组织的贷款。

（3）出口信贷

出口信贷是资本主义国家为鼓励出口，责成银行办理的出口贷款。由于银行在办理出口信贷时负有较大的风险，为了保障银行和出口商的利益，一般都采用出口信贷国家担保制度，即由出口商交纳一定的费用，国家给予担保，到期若贷款收不回来，则由国家负责赔偿。我国在对外贸易中，可以利用资本主义国家出口信贷的方式取得外债。主要方式有两种：一是卖方信贷，即由出口方银行向出口方提供的信贷；二是买方信贷，即出口方银行直接向进口方提供的信贷。

（4）补偿贸易

补偿贸易是在购进国外机器、设备、技术时不付款，而用投产以后的产品清偿债务。若进口设备不生产有形产品，可以用其他产品代替。通过补偿贸易借款时，往往同时签订归还合同。以补偿贸易方式获得的贷款利息一般比较低。

（5）向外国银行借入自由外汇

向国外银行借入自由外汇，一般用途不做限制，但利率按市场利率办理，利率较高。目前的欧洲货币市场是世界上最大的国际借贷市场。

（6）在国外发行债券

国家直接到国外市场上发行债券，由外国政府、企业及个人自愿认购。运用这种方式举借外债，具有期限长、利率低的优点，但不易筹集到大额款项。经过批准，国际信托投资公司或国内大型企业也可以在国外发行投资证券或股票，以吸收外资，这同样属于发行债券的形式。

2. 外债规模的控制

外债的数量界限主要由偿债能力决定。世界银行设想用一套指标来衡量发展中国家的债务负担高低，实际上也就是外债的数量界限问题。世界银行提出了四项指标：一是债务额与国民生产总值之比；二是债务额与出口额之比；三是偿债额与出口额之比；四是利息额与出口额之比。这四个指标的临界值是根据经验设定的。如果某个国家四项指标达到临界值的 60%，则该国被认为债务负担中等；若已经超过临界值，则该国被认为债务负担沉重；其他情况则被视为债务负担较轻。一个国家外债的适度规模是由该国国民经济发展的许多经济因素之间的相互关系客观决定的。

3. 外债的还本付息

外债还本付息的管理包括货币选择、利息计算、偿还方式、资金安排等方面的内容。外债还本付息所采取的货币可以是债权国的通货，也可以是债务国的通货，还可以是第三国的通货，这取决于贷款协定如何确定。外债利息的计算方法与国内国债的计算方法有所不同。外债利息一般采用复利方式，即经过一定期间（如一年），将所生利息加入本金再计利息，逐期滚算。外债的偿还方式多种多样，有到期一次清偿的；有逐年付息，本金一次清偿的；有分期归还本息的，每期归还的本金有的数额相等，有的不等。但大多数是采用分期偿还的方式。外债还本付息的资金来源分统借统还和统借自还两种。凡是由国家财政、政府部门以及政府指定的机构统一借入，用于计划内重点建设项目建设的借款，其还本付息由国家财政统一安排，列入国家决算。统一借入，根据重点建设规划转贷给用款单位使用的借款，到期后由用款单位负责偿付本息。这包括财政部负责的世界银行项目贷款、对外贸易合作部负责的政府双边贷款、中国人民银行负责的亚洲开发银行贷款、农业部负责的农业开发基金贷款等。从政府既负责借入，又负责偿还本息的系统负债关系上讲，严格意义上的政府外债，应当指政府"统借统还外债"。

4. 我国利用和管理外债的情况

改革开放以来，我国外债的规模和结构经历了如下的变化过程：1985 年以前，利用外债规模有限，各举债主体实际对外借款 130.41 亿美元，其中主要是政府对外借款。1987 年我国财政部代表我国政府在德国法兰克福发行 3 亿德国马克债券。1985～1992

年，我国对外签订借款协议 729 项，协议金额 557.19 亿美元，实际利用外债 476.12 亿美元。到 1992 年末，外债金额达 693.2 亿美元。截至 2011 年 6 月末，我国外债余额已达 6 425.28 亿美元（不包括香港特区、澳门特区和台湾地区对外负债）。在这些外债中，中资金融机构和外商投资企业是借债大户。统计显示，从债务人类型看，登记外债余额中，中资金融机构债务余额占 45.39%；外商投资企业债务余额占 30.38%；外资金融机构债务余额占 13.01%；国务院部委借入的主权债务余额占 9.77%；中资企业债务余额占 1.41%。

阅 读 资 料

我国外债规模居世界前列

"虽然我国外债从数量上看在世界排前面，但与我国庞大的外汇储备相比，规模不算大"，中国社会科学院研究员李茂生认为，我国外债规模在安全线内。国际上，一国的外汇储备是偿还外债的基础和保证。首都经济贸易大学金融学院院长谢太峰接受采访时，先给记者算了一笔账："我国有 3.2 万亿美元外汇储备，6 000 多亿美元外债只占很小比重。同时，另一国际参考指标——负债率，是指外债余额占该国当年商品和劳务出口收入比率，其比率不超过 100% 就在安全线内，超过就是负债过重。2011 年 1~6 月我国仅商品出口就达约 8 742 亿美元，6 000 多亿美元外债占商品出口收入都没超过 100%，若再加上劳务出口收入，比重就更低了。宏观上，我国外债规模算小的，根本不存在偿债风险，更不可能出现债务危机。"

资料来源：http://news.ifeng.com/gundong/detail_2011_09/17/9261763_0.shtml

本 章 小 结

国债是国家依据有借有还的信用原则，通过发行政府债券筹集财政资金的一种形式，也是重要的宏观调控手段之一。本章首先介绍了国债的概念与分类、国债与财政赤字的关系；接着，阐述了国债的规模管理和结构管理；最后，探讨了国债的发行与偿还方式、内债与外债的管理与控制。

复习思考题

1. 什么是国债？如何分类？

2. 什么是软赤字与硬赤字？简述国债与财政赤字的关系。

3. 简述衡量国债承受能力与偿付能力的指标。

4. 决定国债利率高低的因素有哪些？如何合理选择国债利率结构？

5. 简述国债发行的方式与偿还的方式。

6. 简述我国外债的形式。如何合理控制我国外债的规模？

第六章 国 家 预 算

学习要点

1. 了解国家预算的概念、编制原则、编制程序以及国家决算的基本内容
2. 了解我国国家预算改革与建设的情况
3. 掌握预算外资金的基本概念和基本特点；了解我国预算外资金的现状及对预算外资金进行管理的意义
4. 掌握预算管理体制的实质和内容，了解我国预算管理体制的类型；掌握分税制的基本内容、意义

课前导读案例

数里行间解读"国家大账"——六大数字看财政预算报告

新华网北京3月6日电（记者韩洁、何雨欣、李延霞）财政预算报告，数里行间展示的是"国家账本"。财政收入和支出的每一个数字背后都体现了国家政策的动向，回应着百姓的殷殷期盼。

一、财政收入迈上"8万亿元"台阶 收支矛盾仍突出

提交十一届全国人大四次会议审查的财政预算报告显示，2010中国财政收入达到83 080.32亿元，比2009年增长21.3%。

根据预算安排，2011年全国财政收入89 720亿元，增长8%，同时从中央预算稳定调节基金调入1 500亿元；全国财政支出100 220亿元，增长11.9%，全国财政收支差额9 000亿元。

全国财政收入迈上"8万亿元"台阶，财政支出将进入"10万亿元"时代，意味着国家有更多资金改善百姓福祉。

二、中央财政超收4410亿元 超收按规定使用

财政预算报告显示，2010年中央财政收入超过预算4 410亿元。这笔钱用在了何处？"之所以出现超收，主要因为年初收入预算安排是根据相关经济预期指标测算的，执行中一些指标超过预期较多，导致收入也超过预算。"财政部部长助理胡静林解释说。

胡静林说，2010年我国外贸进出口总额增长34.7%，超过年初8%的增幅预期，进口环节税收比预算超收2 865亿元；去年汽车销售量增长32.4%，消费税和车辆购

置税比预算超收 1 285 亿元，这两项超收合计占中央财政超收额的 94.1%，实际其他各项收入与预算基本持平。

根据报告，这笔超收资金已经按照有关法律法规要求作了安排，用于增加对地方税收返还和一般性转移支付 650 亿元，增加对地方公路养护等经费转移支付 242 亿元；增加教育支出 260 亿元，增加科学技术支出 56 亿元，增加公路建设支出 454 亿元。其余 2 748 亿元，用于削减中央财政赤字 500 亿元，补充中央预算稳定调节基金 2 248 亿元，留待以后年度预算安排使用。

三、中央政府投资 10 710 亿元 投资结构不断优化

财政预算报告显示，2010 年通过统筹使用公共财政预算拨款、政府性基金收入、国有资本经营收益等，中央政府公共投资共支出 10 710 亿元。

2008 年四季度，面对百年一遇的国际金融危机，中央出台了两年新增 4 万亿元的一揽子经济刺激计划，其中新增中央投资 1.18 万亿元。2010 年中央政府公共投资比 2008 年预算增加 6 505 亿元，加上 2008 年第四季度新增的 1 040 亿元和 2009 年新增的 5 038 亿元，累计达到 12 583 亿元，全面完成两年中央政府新增公共投资 1.18 万亿元的计划。

2010 年，财政部门扎实实施积极的财政政策，中央公共投资不断优化投资结构，重点支持了农业农村基础设施建设、保障性住房、教育和医疗卫生等社会事业，以及节能减排、环境保护和自主创新等方面，促进了国民经济继续朝着宏观调控的预期方向发展，进一步巩固经济向好势头。

四、中央财政"三农"支出 8 579.7 亿元 支持力度不断加大

财政预算报告显示，2010 年，中央财政"三农"支出 8 579.7 亿元，增长了 18.3%。其中支持农业生产支出 3 427.3 亿元，对农民的粮食直补等四项补贴支出 1 225.9 亿元，促进农村教育、卫生等社会事业发展支出 3 350.3 亿元，农产品储备等支出 576.2 亿元。从预算安排看，2011 年中央财政将大幅增加以水利为重点的农业农村基础设施投入，安排资金 1 575.4 亿元。

"今年中央一号文件提出，未来 10 年国家水利投入将达到 4 万亿元，中央财政今年大幅增加水利投入，显示了中央扭转水利建设滞后局面、增强农业综合生产能力的决心。"财政部财科所副所长刘尚希说。

五、中央财政教育等重点支出 8 898.54 亿元 民生支出占 2/3

财政预算报告显示，2010 年，中央财政用在与人民群众生活直接相关的教育、医疗卫生、社会保障和就业、文化方面的民生支出合计 8 898.54 亿元，增长了 19.9%。

根据预算安排，2011 年，中央财政用在上述五方面的支出安排将增加至 10 509.92 亿元，增长 18.1%。农业水利、交通运输和环境保护等支出也与民生密切相关，中央财政对地方的税收返还和一般性转移支付大部分也将用于保障和改善民生，民生支出合计将占中央财政支出的 2/3 左右。

六、中央对地方转移支付 32 349.63 亿元　推动区域协调发展

20世纪90年代我国实行"分税制"改革以来，中央对地方的转移支付力度逐年加大。根据财政预算报告，2010年中央对地方税收返还和转移支付的规模已经达到32 349.63亿元。2011年，这一规模将增至37 310亿元，转移支付结构进一步优化。

据了解，目前从资金来源看，地方财政支出中平均有37.2%的资金来源于中央财政转移支付，其中中西部地区财政支出平均60%以上的资金来源于中央财政转移支付。中央集中一定的财力，加大对地方的税收返还和转移支付，有力地促进了地区协调发展和基本公共服务均等化。

资料来源：http://www.gov.cn/2011h/content_1817664.htm

第一节　国　家　预　算

一、国家预算的概念

国家预算是经法定程序审批的国家年度收支计划，是国家筹集和分配集中性财政资金的重要工具，它规定了计划年度内国家财政收支指标及其平衡状况，体现了以国家为主体的分配关系，是调控国民经济运行的重要杠杆。从形式上看，国家预算就是按一定标准将财政收支分别列入特定的表格，可以使人们清楚地了解政府的财政活动。但从实际经济内容来看，国家预算的编制是政府对财政收支的计划安排，预算的执行是财政收支的筹措和使用过程，决算则是国家预算执行的总结。所以国家预算反映政府活动的范围、方向和国家政策。同时，由于国家预算要经过国家权力机构的审批后方能生效，因而又是国家重要的法律文件，体现国家权力机构和全体公民对政府活动的制约与监督。

国家预算是随着资本主义的发展而逐步形成的。在此之前，由于君主的权力至高无上，任何财政收支活动都要听命于君主的安排，因而，财政收支事先并无收支计划。到了资本主义时期，为保证资本主义经济的自由发展，防止政府过多干预经济，资产阶级通过议会限制和规定政府活动的范围，对政府取得收入、安排支出的项目和数额都要在事先进行严格的计算，且必须经议会通过后才有效。这就是早期的国家预算制度。英国于17世纪编制了世界上第一个国家预算，其他西方国家也陆续接受了这一做法。我国历史上是从1911年开始正式编制国家预算。

最初的国家预算是十分简单的，政府将财政收支数字按一定程序填入特定的表格，国家预算也就形成了。但随着社会经济生活和财政活动逐步复杂化，国家预算也逐步发展成为包括多种预算形式和预算方法的复杂系统。从预算的类别看，有单式预算、复式预算、零基预算、增量预算、项目预算、国民经济预算等。

二、国家预算的编制执行

(一) 国家预算的原则

国家预算的原则是指确定预算形式和编制预算的指导思想与准则。国家预算原则是伴随着国家预算制度的产生、发展而产生和发展变化的。影响较大并为大多数国家所接受的主要有以下原则。

1. 公开性

这是指全部预算收支必须经人民代表大会（议会）审查批准，并向社会公布，使之置于人民监督之下。国家预算是在政府对国内和国际政治经济形势进行分析和判断的基础上编制的，因而各项收支数字本身就包含了丰富的经济信息，也包含了政府的政策信息，公开这些信息将有助于部门、单位和个人的决策。

2. 完整性

这是指国家预算应包括它的全部财政收支，不准少列收支、造假账、预算外另列预算。国家允许的预算外收支，也应在预算中有所反映。

3. 统一性

这是指国家预算是由中央级预算和地方总预算组成的。各级政府的财政收支都要列入各级预算中，下级预算都要包括在上级预算中，各级预算都要统一在国家预算中。

4. 可靠性

这是指确定预算收支数字的依据必须可靠、计算正确，不能假定，更不能任意编造。具体地说：一是各级政府预算的财政计划应当是可靠的，不允许编造不顾客观实际、超过自身组织收入能力的财政收入计划；二是各级政府预算的支出计划要留有余地，以争取主动；三是支出上不留缺口。

5. 年度性

这是指国家预算必须按年度编制，要列清全年的财政收支，不允许将不属于预算本年度财政收支的内容列入本预算年度的国家预算之中。

预算年度又称财政年度，指国家预算的有效起止期限，通常为 1 年。世界上多数国家，如朝鲜、匈牙利、波兰、德国、奥地利、法国等，财政年度均采用历年制，即自公历 1 月 1 日起至 12 月 31 日止；有些国家的财政年度采取跨历年制，如英国、加拿大、日本、印度等，从当年 4 月 1 日至下年的 3 月 31 日止；瑞典、孟加拉国、巴基斯坦等，从当年 7 月 1 日起至下年 6 月 30 日止；美国、尼日尔、泰国从当年 10 月 1 日起至下年

9 月 30 日止。

我国《预算法》第十条规定：我国的预算年度自公历 1 月 1 日起，至 12 月 31 日止。

6. 法律性

这是指编制的国家预算一旦经过国家最高权力机构批准之后，就具有法律效力，必须贯彻执行。

应当指出，上述预算原则是属于一般性的原则，不是绝对的，具体到每一个国家，又具有其特殊性。例如，我国在编制预算中还强调预算应当根据国民经济和社会发展计划进行编制，应当符合国家的法律、法规和方针、政策等。

（二）国家预算的编制

预算编制是整个预算管理工作的开始。一般来说，预算的编制是由各级政府负责的，具体由各级财政管理部门进行。

1. 国家预算编制的准备工作

为了及时、准确地编制预算，在正式编制国家预算之前，必须做好一系列准备工作：

1）对本年度预算执行情况进行预计和分析。

2）拟定计划年度预算收支控制指标。

3）颁发编制预算草案的指示及具体规定。

4）修订预算科目及预算表格。

国家预算收支科目是国家预算收支的总分类，它系统地反映国家预算收入来源和预算支出的部门和用途。它是编制预算、办理缴拨款，进行会计核算、财务分析及进行财政统计的工具。预算收支科目分为预算收入科目和预算支出科目，为适应预算管理的需要，收入科目分为类、款、项、目级科目；支出科目分为类、款、项、目、节科目。预算表格是预算指标体系的表现形式，把预算数字和有关资料科学地安排在预算表格中，可以清楚地反映预算的全部内容。预算表格大致可分为收支表、收支明细表和基本数字表三类。

随着预算管理制度和预算收支内容的变化，在每年编制预算前都要对预算收支科目和表格进行修订。

2. 国家预算的编制程序

考虑到预算工作的严肃性，我国预算草案的编制采用"自上而下、自下而上、上下结合"的编制程序，通常有以下步骤：

1）根据财政部下达的预算控制指标，各部门、各地区提出计划年度预算收支建议数，上报财政部。

2）财政部参照国民经济和社会发展计划指标，拟定预算收支指标，报请国务院批准后下达。

3）各部门、各地区根据下达的预算收支指标，结合本部门和本地区的实际情况，编制预算草案经层层汇总，上报财政部。

4）财政部对各部门、各地区编制的预算草案进行认真审核，汇总成国家预算草案，并附上文字说明，报送国务院。

5）国务院审查通过后，将国家预算草案提交给全国代表大会审议批准。

3. 国家预算的审批

各级政府财政部部门应在每年本级人民代表大会会议举行的一个月前，将本级预算草案的主要内容提交给本级人大的专门委员会进行初审，在人民代表大会举行会议时向大会作关于预算草案的报告。预算草案经人民代表大会审议和批准后方能成立。中央预算由全国代表大会批准，地方预算由本级人民代表大会批准。各级政府预算经本级人民代表大会批准后，本级政府财政部门应当及时向本级各部门批复预算。各部门应当及时向所属各单位批复预算。

（三）国家预算的执行

国家预算经过批准以后，在新的年度开始之日就进入到了预算的执行阶段。国家预算的执行过程，就是国家预算收支任务的实现过程。

1. 国家预算执行的机构和任务

（1）国家预算的执行机构

根据我国《宪法》和《预算法》的规定，负责国家预算执行的组织领导机构是国务院和地方各级人民政府。国务院负责执行国家预算，地方各级人民政府负责执行本级地方总预算。财政部和地方财政部门是具体负责执行机构。财政部在国务院的领导下，具体负责全面组织国家预算的执行工作，包括执行中央预算和指导地方预算执行。地方各级财政部门在各级人民政府的领导下，具体负责组织本级预算的执行工作。此外，国家还指定或建立一些专门的管理机构参与国家预算的执行工作，主要有税务机关、海关、中国人民银行等。

（2）国家预算执行的任务

各预算执行机构要根据国家的方针政策，积极组织预算收入，使其及时、足额地缴入国库；按照计划及时合理地拨付财政资金，以保证经济建设和社会事业发展的需要；在预算执行过程中，督促企业和单位加强经营管理，合理、节约、有效地使用资金；积极组织预算收支平衡，保证国家预算收支任务的圆满完成。

2. 国家预算执行中的平衡

组织预算执行中的平衡工作，主要是通过编制预算季度收支计划和预算调整来实现的。

（1）预算季度收支计划

预算季度收支计划是国家预算年度计划在各季度的具体安排，是国家预算的具体执行计划。它是根据上季度预算执行情况和本季度政治经济运行状况来编制的，其目的在于以季保年，做到长计划、短安排。为保证预算收支计划有效，计划制定不宜过细，只要求确定主要指标。

（2）预算调整

预算调整是指经过批准的各级预算，在执行过程中因特殊情况需要增加支出或者减少收入，使总支出超过总收入或使原举借债务的数字增加的部分改变，它包括全面调整和局部调整两种方式。

全面调整是彻底地改变收支任务和资金用途，其性质接近于重新编制一次国家预算。全面调整只有在国家政治、经济发生特别重大变化的情况下才进行。

局部调整是在预算的执行过程中，为了适应客观形势的变化，部分地改变收支任务和资金用途。这种调整主要有以下几种方法：

1）运用预备费。各级预算的预备费，是为了解决某些临时性急需和事先难以预料的开支而设置的备用资金，我国《预算法》规定，各级预算应当按照本级预算支出总额的1%～3%设立预备费。在预算执行过程中，如果发生了原来国家预算没有列入而在本年度必须解决的开支时，可以动用预备费。预算费的使用，应从严掌握，一般应控制在下半年使用（突发性意外事件除外），并且要经过一定批准程序。中央预备费的使用，要经过国务院的批准；地方预备费的使用，要经过本级人民政府的批准。

2）预算的追加和追减。在原核定的预算总额以外增加收入或支出的，称预算追加；在原核定预算总额以内减少收入或支出的，称预算追减。在正常情况下，追加支出必须要有相应的资金来源；追减收入必须相应地追减支出。预算追加、追减的程序是：先由主管部门提出申请，再由同级财政机关审核并提请同级人民政府或转报上级人民政府审定通过后执行。

3）预算科目间的经费流用。这是指预算支出科目之间经费的相互调剂。在预算执行过程中，各支出科目往往会发生有的科目资金有余，而有的科目资金不足的情况，为了充分发挥预算资金的使用效益，保证各方面的资金需要，在不超过原核定的年度预算总额的情况下，可在某些科目间进行必要的调整，但必须要按规定的程序办理，不能任意调剂。同时，经费流用的范围是有严格规定的，基本建设支出不得与经常支出流用；人员经费不得与公用经费流用；专项拨款一般不与其他支出流用。

4）预算划转。这是指由于行政区划或企事业隶属关系改变，必须同时改变其预算的隶属关系，将原预算划归新的领导部门或接管单位。企业、事业单位的隶属关系改变后，各单位应上缴的收入与各项拨款和经费，一律按照预算年度的全年预算数划转，并且将年度过程中已经执行的部分同时划转。

（四）国家决算

国家决算是经法定程序批准的年度国家预算执行结果的会计报告，它反映着年度国家预算收支的最终结果，也是国家经济活动在财政上的集中反映。

国家决算的编制，要从执行预算的基层单位开始，自下而上地进行编制，其程序大体为：各基层单位按照财政部门下达的有关规定和要求，及时、准确地编制单位决算并报送上级主管部门，主管部门审核后汇编成部门总决算报送同级财政部门，由财政部门汇编成本级总决算，逐级向上汇总编制国家决算。

《预算法》规定，国务院财政部门编制中央决算草案，报国务院审定后，由国务院提请全国代表大会常务委员会审查和批准。县级以上地方各级政府财政部门编制本级决算草案，报本级政府审定后，由本级政府提请本级人民代表大会常务委员会审查和批准。乡、民族乡、镇政府编制本级决算草案，提请本级人民代表大会审查和批准。

三、我国预算管理制度的改革和建设

（一）编制部门预算

部门预算制度是市场经济国家财政管理的基本形式，也是编制政府预算的一种制度和方法，由政府各个部门编制，反映政府各部门所有收入和支出情况的政府预算。通俗地讲，部门预算就是一个部门一本预算。

在我国部门预算改革中所谓的"部门"具有特定含义，它是指那些与财政直接发生经费领拨关系的一级预算会计单位。具体而言，根据中央政府部门预算改革中有关基本支出和项目支出试行单位范围的说明，部门预算改革中所指"部门"应包括三类：一是开支行政管理费的部门，包括了人大、政协、政府机关、共产党机关、民主党派机关、社团机关；二是公检法司部门；三是依照公务员管理的事业单位，如气象局、地震局等。

1. 编制部门预算的必要性

我国传统的预算编制方法与市场经济体制已经严重不相适应。如财政部以前的机构设置，就是与计划经济管理方式配套的，中央各个部门几乎要与财政部每个业务司局打交道。不论是财政部内各业务司局，还是财政部与各个有预算分配权部门之间，各自都有不同的工作习惯和管理方法，于是各项经费的预算编制与下达就不可避免地在时间上不统一、在内容和形式上不规范。这不仅影响了中央预算的严肃性，更主要的是妨碍了各部门和单位严格执行预算，妨碍了更好的提高资金使用效益。

编制部门预算的必要性在于：第一，从"基数法"到部门预算的改革，将被设计为

"一个部门"和"一本账"，即由财政部预算司统一接收和批复部门预算；中央每一个部门所有的收入和支出都在一本预算中得到反映。在部门预算中，既反映了财政部门直接安排的预算拨款，又反映了有预算分权的部门安排的资金，所以实行部门预算有利于预算编制的统一性。第二，以前财政部各业务司局各管一项或几项经费预算，使得预算编制过程进度不一样，许多经费预算都没有在法律规定的时间内批复到有关预算单位，影响了《预算法》的严肃性，显然实行部门预算有利于维护预算的严肃性。第三，由于基数的不合理，造成部门之间、支出项目之间苦乐不均。比如同是与"农"有关的部门，有些部门有些方面经费项目入不敷出，而有的经费却有结余，挪作他用。实行部门预算，一个部门的所有各项收支都在一本预算中反映，使得有可能对部门各项开支进行科学、合理的核定。毫无疑问，实行部门预算有利于预算管理的规范化。第四，中国传统的预算是按财政支出功能编制的，预算划分较粗，对各项支出内容的划分不细，并且多年来中央预算也只是停留在对预算内资金的管理上，对包括预算外资金、各种政府性基金、各项事业收入的大量政府性资金，基本上是由各单位自行安排使用，一些腐败现象也由此而产生。

2. 部门预算的内容

部门预算包括一般的预算和基金的预算。

部门的一般预算收入包括部门及所属事业单位取得的财政拨款、行政单位预算外资金收入、事业收入、事业单位经营收入、其他收入等。一般预算支出包括部门及所属事业单位的基本建设支出、挖潜改造和科技三项费用、各项事业费、社会保障支出、其他支出等。

基金预算收支包括按国家规定取得的基金收支，如水利部门的水利建设基金收支、电力部门的电力基金收支、铁路部门的铁路建设基金收支等。

各部门要根据历年的收入情况和下年的增减变动因素，测算本部门的预算收入，收入预算要按收入类别逐项核定，行政性收费、预算外收入以及部门的其他收入也要核定到单位和具体项目。各部门要根据国家现有的经费开支政策和规定，测算各部门预算支出，要按照预算年度所有的因素和事项，分轻重缓急测算每一级科目的支出需求，个人的工资性支出要按编制内的人数核定，公用经费要按照部门分类、分档，按定额和项目编制预算，基建、挖潜、科技三项费用、建设性专款等都要进行项目论证，测定支出概算。

实行部门预算制度，需要将部门的各种财政性资金、部门所属单位收支全部纳入预算编制。部门预算收支既包括行政单位预算，也包括事业单位预算；既包括一般收支预算，也包括政府基金收支预算；既包括基本支出预算，也包括项目支出预算；既包括财政部门直接安排预算，也包括有预算分配权部门安排的预算，还包括预算外资金安排的预算。

（二）国库集中收付制度

1. 国库集中收付制度的含义

国库集中收付制度一般也称为国库单一账户制度，包括国库集中支付制度和收入收缴管理制度，是指由财政部门代表政府设置国库单一账户体系，所有的财政性资金均纳入国库单一账户体系收缴、支付和管理的制度。财政收入通过国库单一账户体系，直接缴入国库；财政支出通过国库单一账户体系，以财政直接支付和财政授权支付的方式，将资金支付到商品和劳务供应者或用款单位，即预算单位使用资金但见不到资金；未支用的资金均保留在国库单一账户，由财政部门代表政府进行管理运作，降低政府筹资成本，为实施宏观调控政策提供可选择的手段。

在九届人大四次会议通过的《国民经济和社会发展第十个五年计划纲要》明确提出："改革国库制度，建立以国库单一账户体系为基础的现代国库集中收付制度。"2001 年 1月 13 日，李岚清副总理在省部级主要领导干部财税专题研讨班讲话中指出："国库集中收付制度是最终规范政府资金收付的最彻底、最完善、最可靠的模式。"2001 年 2 月 28日，国务院第 95 次总理办公会议原则同意了财政部和中国人民银行联合上报的《财政国库管理制度改革方案》，确立了中国财政国库管理制度改革的目标、指导思想和原则、改革的内容、配套措施及实施步骤。改革方案明确提出，在"十五"期间全面推行以国库单一账户体系为基础、资金缴拨以国库集中收付为主要形式的财政国库管理制度。

根据党中央、国务院的部署，财政部要求各级财政部门按照总体规划、分步实施的原则，在不改变预算单位资金使用权、财务管理权和会计核算权的前提下，采取有效措施，认真做好各项基础性工作，不断总结和积累改革经验，加快改革的实施步伐。地方政府要为推进改革提供机构和人员保证。同时，财政部又明确指出，在政府管理层次较高的省、地（市）两级必须推行国库集中收付制度。政府管理层次较低，预算单位不多的县、乡两级，可以尝试会计集中核算，但有条件的也可以搞国库集中收付制度。

2. 国库集中收付制度的基本特征

一是财政统一开设国库单一账户；二是所有财政收入直接缴入国库，主要财政支出由财政部门直接支付到商品或劳务供应者；三是建立高效的预算执行机构，科学的信息管理系统和完善的监督检查机制。建立以国库单一账户体系为基础、资金缴拨以国库集中收付为主要形式的现代财政国库管理制度。

3. 国库集中收付制度的重要性

（1）建立国库集中收付制度是建立社会主义市场经济条件下公共财政管理体制的重要内容

由于国库集中收付制度贯穿于公共财政管理全过程，不仅可以通过监督财政资金流入和流出各个公共机构的各个环节来控制预算执行过程，而且可以为预算编制和制定各项财政政策提供准确依据，因此国库集中收付制度是预算执行的根本性制度，也是建立科学、规范的部门预算编制和加强财政监督的重要保证。

（2）建立国库集中收付制度是提高财政财务管理科学化、法制化程度的有效手段

国库集中收付制度要求财政收入的收缴方式和财政支出的去向及支付方式必须建立在法制的基础上，要求合理界定征收机关、财政部门、预算单位、中央银行国库及代理银行的职责范围，实行科学规范管理。从财政部门内部看，实行预算编制、执行、监督相对分开，是一场自我革命；从各部门间的关系看，财政部门、预算单位、代理银行在财政资金运行的全过程中，都分别持有统一规范的可以相互核对的收支账册，使预算执行更加规范透明；从预算单位看，作为预算执行的主体，国库集中收付制度要求预算单位必须加强财务管理，科学而准确、细致地编制部门预算和用款计划，并按规范程序收缴和使用财政资金，从而使财务管理和单位业务的开展有机结合起来。

（3）建立国库集中收付制度是提高财政资金运行效益，降低财政筹资成本的可靠保证

实行国库集中收付制度后，预算单位的财政资金都集中存放在国库单一账户体系内，这有利于财政部门加强对财政资金的统一调度和管理。同时，由于预算单位未支用的资金都保存在国库单一账户，财政部门可以依法对结余的国库资金进行资本运作，不仅可以有效降低财政筹资成本，而且可以使国库资金得到增值，从而增加财政收入。

（4）建立国库集中收付制度是加强财政监督，防范腐败的治本措施

实行国库集中收付制度后，能从机制上减少或杜绝资金在预算单位滞留时间。同时，通过新的支出程序及与预算单位零余额账户的联网，可以对每个基层预算单位、每一笔支出进行查询和监督，实现了财政监督由事后检查、秋后算账转变为事前审核监督、事中实时监控、事后绩效评价的全过程监督，有利于从源头上防治腐败现象发生。

（三）政府收支分类改革

1. 政府收支分类的概念

政府收支分类，就是对政府收入和支出进行类别和层次的划分，以全面、准确、清晰地反映政府收支活动。政府收支分类科目是编制政府预决算、组织预算执行以及预算单位进行会计明细核算的重要依据。

2. 政府收支分类在财政管理中的具体运用

（1）编制和汇总预决算

各地区、各部门、各单位的预决算收支，都要按照政府收支分类统一规定的科目填报汇总。

（2）办理预算缴、拨款

各单位和个人都要按照政府收支分类科目填制专用凭证，办理缴、拨款，进行对账和结算。

（3）组织会计核算

各级财政总会计、各单位预算会计的收支明细账，都要按政府收支分类科目进行核算。

（4）报告预算执行情况

各地区、各部门、各单位都要按照政府收支分类科目，定期汇编总预算和单位预算收支执行情况表，以便各级人大、政府、社会公众及时了解预算收支执行情况。

（5）进行财务考核分析

行政事业单位可以综合运用支出功能分类和经济分类，对既定的行政事业计划任务和单位预算进行分析比较、绩效考核。

（6）进行财政收支统计

政府财政收支数据只有按统一的政府收支分类科目进行归集、整理，才可与有关历史数据、国际数据进行合理的对比分析。

3. 政府收支分类改革的原因和必要性

随着公共财政体系的逐步建立和各项财政改革的深入，我国原政府预算科目体系的不适应性和弊端日益突出，有必要进行政府收支分类改革。

（1）与市场经济体系下的政府职能转变不相适应

目前我国社会主义市场经济体制已基本建立，政府公共管理和公共服务的职能日益加强，财政收支结构也发生了很大变化。但作为反映政府职能活动需要的预算收支科目，如基本建设支出、企业挖潜改造支出、科技三项费用、流动资金等仍然是按照过去政府代替市场配置资源的思路设计的。这既不能体现目前政府职能转变和公共财政的实际，也带来了一些不必要的误解，影响各方面对我国市场经济体制的认识。

（2）不能清晰地反映政府职能活动

在市场经济条件下，政府的重要职能，就是要弥补市场缺陷，满足社会公共需要，讲求公开、透明。政府预算必须反映公共需要，强化公共监督。但我国原预算支出类、款、项科目主要是按经费性质进行分类的，把各项支出划分为行政费、事业费等等。这种分类方法使政府究竟办了什么事情在科目上看不出来，很多政府的重点工作支出如农业、教育、科技等都分散在各类科目中，形不成一个完整的概念。

（3）财政管理的科学化和信息化受到制约

按照国际通行做法，政府支出分类体系包括功能分类和经济分类。我国原有支出目级科目属于支出经济分类性质，但它涵盖的范围偏窄，财政预算中大多数资本性项目支出，以及用于转移支付和债务等方面的支出都没有经济分类科目反映。另外，原有目级科目也不够详细、规范和完整。这些对细化预算编制，加强预算单位财务会计核算，以及提高财政信息化水平都带来一些负面影响。

（4）财政预算管理和监督职能弱化

原《政府预算收支科目》只反映财政预算内收支，不包括应纳入政府收支范围的预算外收支和社会保险基金收支等，给财政预算全面反映政府各项收支活动、加强收支管理带来较大困难，尤其是不利于综合预算体系的建立，也不利于从制度上、源头上预防腐败。

4. 政府收支分类改革的主要内容

以建立包括收入分类、支出功能分类和支出经济分类在内的政府收支分类体系为目标，改革主要从三个方面展开：一是对政府收入进行统一分类，全面、规范、细致地反映政府各项收入。二是建立支出功能分类体系，更加清晰地反映政府各项职能活动。三是建立支出经济分类体系，全面、规范、明细地反映政府各项支出的具体用途。

（1）政府收入分类的基本内容

收入分类主要反映政府收入的来源和性质。根据目前我国政府收入构成情况，结合国际通行分类方法，按经济性质将政府收入分为税收收入、社会保险基金收入、非税收入、贷款转贷回收本金收入、债务收入以及转移收入等。从分类结构来看，新分类设类、款、项、目四级。

（2）政府支出功能分类的基本内容

建立新的政府支出功能分类体系，更加清晰地反映政府各项职能活动，是此次科目改革的核心。新的支出功能分类不再按基建费、行政费、事业费等经费性质设置科目，而是根据政府管理和部门预算的要求，统一按支出功能设置类、款、项三级科目，分别为17类、172款和1 152项。类、款两级科目主要按照政府职能设置，反映政府做了什么，政府具有哪些职能。支出功能分类的类、款科目主要是根据政府职能，由大到小、有粗到细分层次设置。其中类级科目反映政府主要职能，包括一般公共服务、外交、国防、公共安全、教育、科学技术、文化体育与传媒、社会保障和就业、社会保险基金支出、医疗卫生、环境保护、城乡社区事务、农林水事务、交通运输、工业商业金融等事务、其他支出和转移性支出，共计17类。款级科目反映政府履行某项职能所要从事的主要活动，例如，文化体育与传媒类级科目下面就设置了文化、文物、体育等。

（3）政府支出经济分类的基本内容

支出经济分类主要反映政府支出的经济性质和具体用途。支出经济分类设类、款两级，具体科目设置情况如下：①工资福利支出；②商品和服务支出；③对个人和家庭的补助；④对企事业单位的补贴；⑤转移性支出；⑥赠与；⑦债务利息支出；⑧债务还本支出；⑨基本建设支出；⑩其他资本性支出；⑪贷款转贷及产权参股；⑫其他支出。

第二节　预算外资金

一、预算外资金的概念

预算外资金是指国家机关、事业单位、社会团体和其他机构为履行或代行政府职能，依据国家法律法规和具有法律效力的规章而收取、提取、募集和安排使用，未纳入国家预算管理的各种财政性资金。

预算外资金从性质上属于财政性资金，具体原因有以下三点：一是分配特征上为凭借国家或政府权力，按照国家有关法律、法规和制度规定而收取和提取的资金；二是分配对象主要是来自国民生产总值的剩余产品部分和一部分补偿基金，与预算内资金之间具有此消彼长和相互转化的关系；三是属国家宏观调控的手段，但如果对预算外资金使用和管理不当，也会成为干扰国家宏观经济调控效果的重要因素。

目前，我国预算外资金范围主要包括：

1）法律、法规规定的行政事业性收费、基金和附加收入等。

2）国务院或省级人民政府及其财政、计划（物价）部门审批的行政事业性收费。

3）国务院以及财政部审批建立的，向企事业单位和个人征收、募集或以政府信誉形成的具有特定用途的各种基金、附加收入等。

4）主管部门从所属单位集中的上缴资金。主管部门是指独立核算的行政单位、事业单位和社会团体的行政主管机构（含各级代行政府管理职能的总公司和行业性组织）。

5）用于乡镇政府开支的乡自筹和乡统筹资金。乡自筹资金是指乡（镇）政府按照国家政策规定筹集的、由乡（镇）政府用于本乡（镇）经济建设、社会发展、公共福利等方面的资金。主要包括乡（镇）企业上缴的利润、事业单位上缴的收入和向个人筹集的费用等。统筹资金是乡（镇）政府按照规定收取、提取和统筹的资金，如乡（镇）提留或集中的村组提留、民兵训练费等。

6）社会保障基金。社会保障基金在国家财政建立社会保障预算制度以前，先按预算外资金管理制度进行管理，专款专用，由财政、审计部门监督。

7）其他未纳入预算管理的财政性资金。主要包括以政府名义获得的各种捐赠资金、财政拨款、有偿使用回收资金中未纳入财政预算管理的部分、国家行政机关派驻境外机构和非经营性收入、财政专户利息等。

二、预算外资金的管理

（一）我国预算外资金的历史和现状

预算外资金作为一个特殊的财政范畴，有其产生和发展的历史必然性。它是正确处理资金分配与使用上的集中与分散、一般和特殊的关系，调动各预算执行单位的积极性的一项重要措施。

从历史上看，预算外资金的规模不大，是作为预算资金的补充形式而存在的。在建国初期，预算外资金主要包括三项内容：农村自筹资金、机关生产和"小家公务"。农村自筹资金主要弥补农村基层政权的经费问题，并仅限于农业税附加一种形式。机关生产是战争时期遗留下来的，用机关生产性收入弥补机关费用的不足。"小家公务"是指公共部门设施报废的折旧收入等。

改革开放以来，预算外资金的规模不断扩大，扩大的原因主要有两方面。一是改革的目标是社会主义市场经济体制，改革的起点是"放权让利"，因此，历史上曾作为预算外管理的项目基本上都放到预算外管理。由于"放权让利"的力度比以往任何时候都大，因此，预算外资金的规模也比以往有大幅度地增加。二是由于改革的不平衡，使得预算外资金的发展更加迅速，因此规模也越来越大。这种改革的不平衡主要体现在社会公共消费收费数量的提高和项目的增加上。

预算外资金规模的较快增长，对经济建设和社会事业发展起到了一定的积极作用。但是，近些年来有的地方违反《预算法》和国务院的有关规定，擅自将财政预算资金通过各种非法手段转为预算外资金，有些部门和单位擅自设立基金或收费项目，导致国家财政收入流失，预算外资金不断膨胀。同时，由于管理制度不健全，预算外资金的使用脱离财政管理和各级人大监督，乱支滥用现象十分严重。这些问题不仅造成了国家财政资金分散和政府公共分配秩序混乱，而且加剧了固定资产投资和消费基金膨胀，助长了不正之风和腐败现象的发生。因此，加强对预算外资金的管理，已成为当前财政改革的重要内容。

（二）预算外资金的管理原则

1. 统一领导，分级管理原则

统一领导就是国家对于全国预算外资金管理活动有统一政策，统一计划，统一组织，统一指挥和统一调节的权限。预算外资金管理的方针、政策和法规必须由国家统一制定；预算外资金项目、范围和标准，要由财政部审批，重要项目报国务院审定；预算外资金收支计划、决算、执行情况由财政部统一布置、审核汇总；全国性的重要的预算外资金管理的规章制度，由财政部统一制定。

分级管理就是各部门、各地区、各单位按照国家规定收支预算外资金，可以在国家规定的范围内，结合自身的具体情况，组织收入、安排支出、支配和动用结余，促进生产、发展事业、支援国家建设；可以根据国家统一制定的政策、法规和规章，因地制宜地制定符合本地区、本部门和本单位实际情况的具体执行办法和实施细则。

实行统一领导、分级管理的原则，是我国的政治制度和经济制度所决定的。我国《宪法》规定"国家机构实行民主集中制的原则"。在经济制度方面，虽然我国实行的是社会主义市场经济，但各地区经济发展存在较大的不平衡，地区差异也较大，因此仍需实行统一领导下的分权制，即统一领导，分级管理。

2. 计划管理原则

预算外资金必须纳入国家综合财政计划，即做到预算内资金和预算外资金的综合平衡。实行计划管理原则是由预算外资金的性质和特点所决定的，虽然预算外资金没有纳入预算管理，但履行的是政府职能，因此必须和预算内资金统一考虑。

3. 收支平衡、略有节余的原则

一般来说，预算外资金的收支都有明确的规定，因此，应该严格执行收支平衡、略有节余的原则。应严格按照《预算法》的规定，禁止将预算资金转移到预算外，任何地区、部门和单位都不得隐瞒财政收入，将财政预算资金转为预算外资金。财政部门要严格按照"控制规模、限定投向、健全制度、加强监督"的原则，加强财政周转金管理。各部门、各单位未经财政部门批准，不得擅自将财政拨款转为有偿使用，更不得设置账外账和"小金库"。财政部门尤其不能设置"小金库"。

4. 效率原则

效率原则是指预算外资金存在的条件和基础是效率。这存在一个预算内资金和预算外资金效率比较的问题，也是判断预算外资金是否应转入预算内管理的重要依据。从本质上说，有利于效率提高的公共劳务收费项目应该纳入预算内管理。

5. 专款专用的原则

预算外资金必须按各项资金规定的用途，专款专用，不得挪作他用。

（三）加强预算外资金管理的办法

1. 预算外收支两条线的管理制度

预算外收支两条线管理是强化预算外资金管理的重要方法，它从制度上打破了以往由部门和单位自收自支、收支一体的体制。

（1）预算外资金财政专户储存

预算外资金财政专户是指财政部门在银行开设的统一专户，用于预算外资金的收支管理。财政专户分为中央财政专户和地方财政专户，分别办理中央和地方预算外资金的收缴和拨付。财政专户管理是国家强化行政事业单位预算外资金管理的一种行政手段，具有强制性的特点。

预算外资金是国家财政性资金，不是部门和单位自有资金，各级财政部门要按预算级次在银行统一开立预算外资金专户，用于对本级各部门和单位的预算外资金收支的管理，部门和单位的预算外资金必须纳入同级财政专户，实行"财政专户储存、计划管理、财政审批、银行监督"的管理办法。财政部门要认真履行职责，建立健全各项管理制度，积极做好各项服务工作，及时拨付预算外资金，保证单位正常用款，完善预算外资金财务会计核算制度，切实加强对预算外资金收支活动的监督管理。

财政专户管理的运作方法是：部门和单位的预算外收入必须上缴同级财政专户，支出由部门和单位提出用款申请后，同级财政部门根据年度预算外资金收支计划、单位财务收支计划和预算外资金收入上缴财政专户情况，从财政专户中及时核拨资金，实行收支两条线管理。部门和单位要严格按照财政部门的规定使用预算外资金。

行政事业单位预算外资金缴入财政专户的形式有三种：一是全额上缴，即部门和单位收取的预算外资金按全部数额上缴财政专户；二是按比例上缴，即部门和单位收取的预算外资金，按规定的比例，一部分上缴财政专户，另一部分留用；三是预算外收支结余上缴，即部门和单位取得的预算外资金收入可先直接安排预算外支出，只将结余部分上缴财政专户。一般情况下，全额上缴是主要形式，只有少数费用开支有特殊预算外资金专户，经财政部门核定收支计划后，方可按确定的比例或按收支结余的数额定期缴入财政专户。

（2）规范单位预算外资金银行账户

部门和单位如果在银行开户过多，会给挪用、截留、坐支国家预算外资金提供可乘之机，使大量的预算外资金滞留在财政专户外，不能及时上缴财政。因此，必须取消单位擅自在银行开设的过渡性账户，确需开立预算外资金账户，必须经财政部门批准，在指定的一家银行设立一个预算外资金支出账户，确有必要的，也可再开设一个预算外资金收入过渡性账户。未经财政部门批准，银行不得为部门和单位开设预算外资金账户。

（3）严格票据管理

强化收费票据管理，可以有效地防止"三乱"现象，保证预算外资金的基金管理，堵塞"小金库"的漏洞，有效地制止各种贪污、挪用公款等违法犯罪活动，同时，也维护了会计凭证的合法性和完整性。

单位收费时，必须按隶属关系使用中央或省级财政部门统一制发的收费票据。票据的购买管理要在单位财务部门统一办理，同级财政部门要做好票据的发放、核销工作，对各单位领取的收费票据进行验证、审核、结算，通过验证把收取的各种预算外资金划转到财政专户。严格票据的审批、领用、缴销和监督，对非中央或非省级财政部门印制的票据一律予以取消。票据种类要越少越好，样式要简单方便，并向社会公布，以便于监督。要以省为单位，使用统一的票据进行收费，否则，任何单位和个人都有权拒付，并予以法律保护。

（4）实行收缴分离、票款分离的管理办法

预算外资金由单位直接收取，容易将国家所有的资金变成单位的"小金库"，逃避财政部门的管理和监督。为确保预算外资金及时足额地上缴预算外资金财政专户，财政部门要在统一票据的基础上管住票据，实行征收与缴款分离，采取银行代收、收款人代缴的办法。一切预算外资金的支付一律凭财政部门的拨款凭证，由预算外资金财政专户统一办理拨付。

票款分离和收支脱钩是实行收支两条线管理的核心。在收入方面，重点要加快票款分离步伐，做到罚没款和行政事业性收费的开票与缴款相分离。除法律、法规规定可以当场收缴罚款的情况以外，全面实行罚款决定与罚款缴纳相分离的办法，执罚人员开罚款通知单，受罚者到指定银行缴纳罚款。行政事业性收费和基金，尽可能实行"单位开票、银行代收、财政统管"的票款分离办法，从严控制和逐步减少单位直接征收的项目。要加快政府机构改革的步伐，精简机构和人员，财政不供养的事业单位一律禁止行政性收费，全面推向市场。党政机关的行政性收费，要在强化预算管理的基础上，实行执收单位管收不管支，收入全部上缴国库。在支出方面，关键要抓好"收支脱钩"、支出由财政预算安排的管理方式，真正做到"收支两条线"。

2. 综合财政预算管理

财政部门在各部门、单位预算的基础上要编制包括预算内、外收支的综合财政计划，实行综合预算，统筹使用预算内、外资金。

财政综合预算是一种预测性、参考性、指导性计划。只能在不损害资金使用权的前提下，统筹和指导各项预算外资金。综合财政不参与国家对一部分剩余产品的集中过程，也不能代替财政去进行资金使用方面的具体分配，而只是从国民经济的整体需要出发，指导社会财力的分配和使用，对国家财力进行宏观调控和管理。

编制综合财政计划要遵循以下原则：一是量力而行。有多少财力办多少事情。要在促进生产发展和提高经济效益的基础上，按主次先后顺序安排好积累和消费等重大国民经济比例关系。同时，把主观和客观、需要和可能紧密结合起来，坚持做到量入为出，收支不留缺口。二是统筹安排、综合平衡。综合财政计划是财力平衡表，是协调财政预算内、外资金之间关系的行动方案，是保证整个国民经济计划顺利实现的重要文件。三是不平调资金。如果将综合财政计划作为国家筹集资金的手段，任意抽调资金，会严重挫伤各地区、各部门和单位的积极性，违背物质利益规律的要求。

3. 加快税费制度改革

目前，我国的政府收入既有预算内收入，又有预算外收入，而预算外收入增长又快于预算内收入的增长；既有税收，又有收费，而事实上形成费大于税的格局；还存在"乱收费、乱罚款、乱摊派"形成的"制度外收入"。由此可见，目前我国的政府收入机制是不规范的，违背了国家预算的法治化的原则。所谓税费改革，就是将可以以税收形式取得收入的"收费"改为税收。因此，税费改革是治理整顿预算外资金、规范政府收入机制的一种有效措施，也是提高预算内财政收入占 GDP 比重的重要途径。

对政府收费制度进行改革的基本思路是：通过财政体制和税收管理改革，用法律形式来规范国家、单位和个人的利益分配关系，科学设计税费项目，建立合理的税费体系，为此，需要由政府统一组织财政、税务、物价等部门对收费单位、项目、标准等进行分类，实行清理整顿，加强对公安、工商、城建、供电等重点部门和行业的清理。在清理整顿的基础上，采取如下措施。

（1）取消不合理收费

取消不合理、不合法、纯属乱收费的项目，合并或取消重复设置的收费项目，降低过高的收费标准。对于地方政府及部门越权擅自立项、自定标准违法收费的，要进行严厉的行政、经济处罚。

（2）费改税

以税为主的政府收入机制有利于政府获得稳定、充足的收入来源，并可制约政府收入行为。发达国家收费收入占财政收入的比重通常不超过10%。我国预算外收入规模过大，需要以费改税为主攻方向，结合地方税收体系的完善，将一部分稳定、可控性强的收费和基金项目转为税收，扭转分配领域中费多税少的局面。其中，对由国务院及有关部门批准的、实际上具有税收特征的收费、基金等，应通过立法开征新税种取而代之或并入现行税种。

（3）规范收费管理

合理规范的收费是政府收入的组成部分，是税收的必要补充。对于合理合法的收费应进行规范管理：一是对属于预算外资金的收费收入，财政部门代表政府行使管理权，根据各部门、各单位的预算外资金的收入情况和支出需要，结合预算内拨款情况，核定单位预算外资金收支计划，结余部分按比例归政府统一调控，用于经济建设和事业发展；二是对收费单位实行收支两条线管理；三是逐步把各种行政性收费纳入政府财政预算，以增强其管理力度，提高其使用效益；四是对市场性收费，如中介机构收费，由市场机制调整，政府进行宏观指导，其收入不再作为预算外资金。

第三节　国家预算管理体制

国家预算管理体制是在中央和地方政府以及地方各级政府之间规定预算收支范围和预算管理职权的一项制度，是财政管理体制的主要组成部分。划分预算收支范围是国家财力在中央与地方以及地方各级之间进行分配的具体形式。预算管理职权是各级政府在中央统一领导下，支配国家财力的权利和责任。预算管理体制作为一种管理制度，其根本任务就是通过正确划分各级预算的收支范围和规定预算管理职权，使各级政府的责、权、利密切结合起来，以调动预算管理的积极性，促进国民经济和社会的发展。

一、国家预算管理体制的类型

（一）国家预算管理体制的原则

为了正确处理中央和地方之间的利益分配关系，必须按以下原则建立预算管理体制。

1. 统一领导、分级管理的原则

统一领导是指中央政府有统一的领导权，财政的方针政策、财政计划、财政制度必须由中央统一制定。分级管理是指地方政府在中央政府的统一领导下具有一定的经济职能，主要表现在：地方政府有权安排和调剂本级财政收支；有权安排和使用本地区的机动财力；有权根据中央的财政方针政策和制度，结合本地区实际情况，制定具体的实施办法。

2. 对称性原则

对称性原则是指各级政府的对称，预算收支划分要和权责相适应。预算管理体制是决定政府行为方式最基本的制度安排，对称性原则是保证各级政府资源配置效率的基本要求。具体来说，在安排各级政府资源配置职责的同时要考虑公共物品的受益者和成本负担者之间的对称。

3. 外溢校正原则

外溢校正原则是指上级政府对下级政府资源配置失败的领域有干预权。当各级政府进行资源配置的时候，实际上是把地方行政辖区内居民的需求作为"公共需求"来对待的。因此，当地方政府提供的这类公共物品存在外部性的时候，即公共物品的成本和收益影响其他地区的时候，就需要具有更大职权范围的上一级政府根据效率原则来予以干预。

4. 均等性原则

均等性原则是指各级地方政府都有提供基本公共劳务的职责和能力。在一个国家，地区之间的经济发展在很多情况下是不均衡的，因此，仅以对称性原则来安排各级政府职权的时候，就会发生各地区公共劳务水平过分悬殊的矛盾。政府的社会公平职能包括地区间的公平，因此，预算管理体制要恪守公共劳务均等化的原则。

5. 地方中性原则

地方中性原则是指在安排地方政府经济职能的时候要相对独立，即既不干扰市场经济效率的发挥，又不干扰其他地方政府的行为。地方政府可以看作是辖区内居民公共利益的代表，其职责是根据市场经济体制的要求决定的，因此，不干扰市场效率是题中应有之义。但地方政府又是统一领导、分级管理体制的产物，地区共同利益是整体利益合理安排的结果，因此，地方政府在管理权限内的行为要有相对独立性，即地方政府的行为应被约束在不损害其他地区利益和整体利益的范围之内。

6. 社会公平和经济稳定职能以中央为主的原则

政府的社会公平职能和经济稳定职能主要安排给中央政府，但地方政府在这两个方面也有一定的职权。这一原则是根据这两个职能发挥的内在要求决定的。

（二）国家预算管理体制的类型

从预算资金的支配权、预算管理权的集权和分权程度划分，预算管理体制可分为集权型、分权型、集权和分权相结合偏向集权型、集权和分权相结合偏向分权型。从我国的预算管理体制实施的情况看，大致有以下三种类型：

1. 集权型的预算管理体制

这种体制的特点是预算资金的支配权和管理权高度集中在中央政府，地方的收入上缴中央，地方的支出由中央下拨，地方的财权、财力很小，即我们通常所说的"统收统支"的预算管理体制。

2. 基本分权型的预算管理体制

这种体制的特点是在中央统一领导下，除中央必须集中的预算资金外，对地方实行多种多样的预算收支包干办法，地方的财权较大，财力较多。

3. 以中央集权为主，适当下放财权、财力的预算管理体制

这种体制的基本特点是相当多的财权和财力集中在中央，地方有一定的机动性，但比较小。

从纯理论的角度来分析，以上三种模式各有利弊，关键在于要使预算管理体制和政治经济形势相适应，根据政治经济形势来选择和调整预算管理体制，做到趋利避害，把不利方面降到最低限度。

（三）国家预算管理体制的内容

1. 预算管理职权的划分

预算管理权是指国家预算方针政策、预算管理法律法规的制定权、解释权和修订权；国家预算的编制和审批权；预算执行、调整和监督权等。在我国，凡全国性的财政方针政策、法律、法令都由中央统一制定，其解释权、修订权也集中在中央。各地方有权制定地区性的财政预算管理制度，但不能违反全国的统一规定，并应注意对毗邻地区的影响。

2. 确定预算管理级次

确定预算管理的级次，是预算管理体制的基础。由于预算是以国家为主体的集中性分配，为保证各级政府行使其职能，一般来说，有一级政权就应有一级预算。同我国政权结构相适应，我国的预算分为中央预算和地方预算。地方预算分两种情况：在没有市管县的情况下，地方预算分为省（自治区、直辖市）预算、县（市、自治县、自治旗）预算、乡（民族乡、镇）预算。在实行市管县的情况下，地方预算分为省（自治区、直辖市）预算、市预算、县（自治县、自治旗、县级市）预算、乡（民族乡、镇）预算。

3. 划分预算收支范围

预算收支范围的划分实际是确定中央政府以及地方各级政府各自的事权和财权。收支范围划分是否合理，关系到国家预算管理体制的运行效率的高低，各级政府的职能是否能够充分实现，各层次的公共需要是否能有效满足，因而它是预算管理体制的核心。

我国曾先后采用过统收统支、收入分类分成、总额分成、定收定支，收支包干、增收分成、分税制等划分预算收支的方法。

4. 确定地方的机动财力

地方预算的机动财力，是指在国家规定范围内，由地方政府自行支配的一部分预算资金。它包括地方预算的预备费、地方预算执行中的收入超收和支出结余。设置地方机动财力的目的，是使地方因地制宜、机动灵活地解决一些本地区经济文化或公益方面的资金需要。

5. 政府间转移支付制度

政府间的转移支付制度是中央政府为均衡各地方政府的财务状况，协调地区间的经济发展，对全国整体经济实施宏观调控，将中央掌握的一部分财力转移给地方政府使用的一种调节制度，是预算管理体制的重要组成部分。建立这一制度的目的在于：一是为地方政府提供额外的收入来源，弥补收支差额，以增强其满足社会公共需要的能力；二是中央政府通过对地方财政的财力补助，对地方的财政支出实施调控，使其行为符合中央政府宏观调控的要求；三是由于地方政府提供的某些公共需要或服务具有外部性，客观上要求上级政府采取一定的形式对该地方政府予以补助，以鼓励其提供公共服务的积极性；四是在分级财政体制下，由于地区之间经济社会发展的不均衡，从而造成地区的财政能力往往相差悬殊，中央政府可以通过转移支付制度的实施，促进各地区财力状态均衡化；五是中央政府可以利用转移支付制度促进国家某些特殊社会目标的实现。

二、分税制

（一）分税制的概念及模式

分税制是一种以分税为主要特征、以划分中央与地方政府的事权与财权为实质的财政管理体制。分税制要"分"的内容如下：

1）分财力：主要通过分税种来体现，或通过分税率来体现。

2）分财权：主要包括划分税收的立法权、征管权、减免权，还应包括公债的举债权以及非税收入的立法权、征管权、减免权等。

3）分事权：是指划分各级政府基于不同职能而应有的办事权，主要包括投资权、事业权及国有资产管理权。

完整的分税制应包括上述三方面的内容，其中，基本依据是事权，核心问题是财权，主要表现是财力。

从事权、财权、财力的划分来看，分税制有彻底的分税制和适度的分税制两种模式。

所谓彻底的分税制，一种理解是指税种的彻底划分，即只设中央税与地方税，不设共享税；另一种理解是指划分税种以后，各级财政完全自求平衡，中央财政不对地方财政予以补助；还有一种理解是，既分财权，又分财力，尤其是划分财权中的立法权，从而使各级政府不仅具有满足当前事权所需的财力，更具有满足潜在未来发展需要的财权。

所谓适度的分税制，一是指设有共享税的分税制；二是指中央财政对地方财政给予较多补助的分税制；三是指只分财力不分财权的分税制或仅划分财力和部分财权的分税制。

（二）分税制预算管理体制的建立及调整

1992 年 1 月 1 日，我国在 3 省 6 市（辽宁、浙江、新疆、天津、沈阳、大连、青岛、武汉、重庆）实行分税制，其内容是：按税种把财政收入划分为中央财政固定收入、地方财政固定收入和共享收入三大类。从 1994 年开始，我国全面实行分税制。

1. 分税制预算管理体制改革的主要内容

根据国务院的规定，1994 年 1 月 1 日起，在全国范围内全面实行了分税制财政体制。此后，在实际运行中又进行了一系列调整，使分税制财政体制的内容不断完善。

（1）中央与地方事权的划分

事权的划分是决定中央与地方政府财力大小的根据，也是实行分税制的前提条件。

中央政府的事权主要表现在：一是处理国与国之间的公共事务，如国防、外交、国际援助等；二是处理国内的公共事务，如科研、教育、文化、卫生、行政、社会保障等；三是进行全国性的能源、交通、原材料等基础产业和高新技术产业等方向的投资；四是从宏观上调整地区间的经济结构，干预资源配置。

地方政府的事权主要表现在：一是负责提供地区性的公共服务，满足地方文教、科学、卫生、环境保护、社会治安、行政管理等方面的需要；二是进行地方性公共投资，如道路、桥梁、供电、供水等基础设施的投资；三是协调本地区经济的发展。

（2）中央与地方支出的划分

根据事权的划分，中央财政主要承担国家安全、外交和中央国家机关运转所需的经费，调整国民经济结构、协调跨地区事务、实施宏观调控所必须的支出以及中央直接管理的事业支出。具体包括：国防费、武警经费、外交和援外支出、中央级行政管理费、中央统管的基本建设投资、中央直属企业的技术改造和新产品试制费、地质勘探费、由中央本级负担的公检法支出和文化、教育、卫生、科学等各项事业费支出。

地方财政主要负责本地区行政、事业运转支出及其他区域性支出。具体包括：地方行政管理费、地方各项事业费、地方统筹基本建设技术改造支出、支农支出、城市维护和建设经费、价格补贴支出和其他支出。

（3）中央与地方收入的划分

根据事权与财权相结合的原则，按税种划分中央收入和地方收入。将维护国家权益、实施宏观调控所需的税种划分为中央税；将同经济发展直接相关的主要税种划分为中央与地方共享税；将适合地方征管的税种划分为地方税。分设中央与地方两套税务机构，中央税务机构征收中央税和中央与地方共享税，地方税务机构征收地方税。具体划分如下：

中央固定收入包括：关税，海关代征的消费税和增值税，消费税，中央企业所得税，非银行金融企业所得税，铁道、各银行总行、保险总公司等部门集中缴纳的收入（包括营业税、所得税、利润和城市维护建设税），中央企业上缴利润收入。外贸企业出口退税，除1993年地方实际负担的20%部分列入地方财政上缴中央基数外，以后发生的出口退税全部由中央财政负担。

地方固定收入包括：营业税（不含各银行总行、铁道、各保险总公司集中缴纳的营业税），地方企业所得税（不含上述地方银行和外资银行及非银行金融企业所得税），地方企业上缴利润，个人所得税，城镇土地使用税，固定资产投资方向调节税，城市维护建设税（不含各银行总行、铁道、各保险总公司集中缴纳的部分），房产税，车船使用税，印花税，屠宰税，农业特产税、耕地占用税、契税，国有土地有偿使用收入等。

中央与地方共享收入包括：增值税、资源税、证券交易（印花）税。增值税中央分享75%，地方分享25%。资源税按不同的资源品种划分，海洋石油资源税作为中央收入，其他资源税作为地方收入。证券交易（印花）税，中央与地方各分享50%。

（4）中央财政对地方财政税收数额的确定

为了保证地方既得利益格局，逐步达到改革的目标，中央财政税收返还数额以1993年为基期年核定。按照1993年地方实际收入以及税制改革和中央地方收入划分情况，核定1993年中央从地方净上划的收入数额（消费税＋75%的增值税－中央下划收入）。1993年中央净上划收入，全额返还地方，保证地方既得利益，并以此作为以后中央对地方税收的返还基数。1994 年以后，税收返还额在 1993 年基数上逐年递增，递增率按本地区增值税和消费税增长率的 1∶0.3 系数确定，即本地区两税每增长 1%，对地方的返还增长 0.3%。如果 1994 年以后上划中央收入达不到 1993 年的基数，则相应扣减税收返还数额。

（5）原中央补助、地方上解及有关结算事项的处理

为顺利进行分税制改革，1994 年实行分税制后，原体制的分配格局暂时不变，过渡一段时间再逐步规范化。原体制地方上解仍按不同类型执行：实行递增上解的地区，按规定继续递增上解；实行定额上解的地区，按原确定的上解额继续定额上解；实行总额分成的地区和原分税制试点地区，暂按递增上解办法，即按 1993 年实际上解数，并核定一个递增率，每年递增上解。原来中央拨给地方的各项专款，该下拨的继续下拨。地方 1993 年承担的 20%出口退税以及其他年度的上解和补助项目相抵后，确定一个数额，作为一般上解或补助处理，以后年度按此定额结算。

原体制中央补助、地方上解及有关结算事项按原办法过渡执行，充分体现了渐进式改革和抓大放小的改革思路，并非是对地方政府让步的结果。

（6）确立了新的预算编制和资金调度制度

实行分税制体制后，中央和地方都要按照新的口径编报财政预算。由于中央对地方的税收返还数额较大，为避免资金的往返划拨，保证地方财政正常用款，将中央税收返还数和地方的原上解数抵扣，按抵顶后的净额占当年预计中央消费税和增值税收入数的比重，核定一个"资金调度比例"，由金库按此比例划拨消费税和中央分享的增值税给地方。

2. 分税制财政管理体制的调整

近年来，根据分税制运行情况和宏观调控的需要，对分税制财政管理体制进行了必要的调整，主要内容如下。

（1）收支划分及管理方面的调整

一是从 1997 年 1 月 1 日起，将中央与地方共享收入中的证券交易（印花）税的分离比例由原来中央与地方各占 50%，调整为中央占 80%，地方占 20%，后又调整为中央占 88%，地方占 12%。自 2000 年 10 月 1 日起，证券交易（印花）税的分享比例调整为中央占 91%，地方占 9%，并将分三年把证券交易（印花）税的分享比例调整到中央占 97%，地方占 3%。二是从 1997 年 11 月 1 日起，将金融保险业营业税税率从 5%提高到 8%；2001 年 1 月 1 日起，分三年时间将金融保险业营业税税率降到 5%。提高税率所增加的收入归中央财政。三是为了严格控制土地使用，对国有土地有偿使用收入分配作必要调整，将其中新批准转为非农建设用地的部分收入上缴中央财政。四是从 2002 年开始，改革原来按企业的行政隶属关系划分所得税收入的办法，对企业和所得税和个人所得税收入实行中央和地方按比例分享。改革的主要内容是：①分享范围：除铁路运输、

国家邮政、中国工商银行、中国农业银行、中国银行、中国建设银行、国家开发银行、中国农业发展银行、中国进出口银行以及海洋石油天然气企业缴纳的所得税作为中央收入外，其他企业所得税和个人所得税收入由中央与地方按比例分享。②分享比例：2002年中央分享50%，地方分享50%；2003年中央分享60%，地方分享40%；2003年以后年份的分享比例根据实际收入情况考虑确定。③基数计算：以2001年为基期，按改革方案确定的分享范围和比例计算，地方分享的所得税收入，如果小于地方实际所得税收入，差额部分由中央作为基数返还地方；如果大于地方实际所得税收入，差额部门由地方作为基数上缴中央。④跨地区经营、集中缴库的中央企业所得税等收入，按相关因素在有关地区之间进行分配。⑤中央因改革所得税收入分享办法增加的收入全部用于对地方（主要是中西部地区）的一般性转移支付。⑥对新增企业所得税征管范围的调整：对2009年起新工商注册登记的纳税人，以缴纳的主体税种划分，凡缴纳增值税的企业，其企业所得税由国家税务局管理。凡缴纳营业税的企业，其企业所得税由地方税务局管理。逐步过渡和实现新办企业纳税人在一个税务机关管理；原外商投资企业和外国企业投资占25%以上的，全部在国税征收管理。对外商投资企业和外国企业在中国境内未设立机构、场所，而有来源于中国境内的所得，全部在国税征收管理；2008年底之前已成立的跨地区经营汇总纳税企业，2009年起新设立的分支机构，其企业所得税的征管部门应与总机构企业所得税征管部门相一致；从2009年1月1日起，对既不缴纳增值税也不缴纳营业税的企业，其企业所得税暂由地方税务局管理。对既缴纳增值税又缴纳营业税的企业，以缴纳的主体税种划分征管归属。难于划分的，原则上以工商登记注明的第一项业务为准，凡第一项业务属缴纳增值税的企业，其企业所得税由国家税务局管理；凡第一项业务属缴纳营业税的企业，其企业所得税由地方税务局管理。一经确定，原则上不再调整。

（2）政府间转移支付制度的调整

1995年出台的过渡期转移支付办法是在不触动地方既得利益的条件下，由中央财政安排部分资金，按照相对规范的办法，用于对欠发达地区的一般性财政补助，并向民族地区适度倾斜。与以往的政府间财力分配方式相比，其突出的特点是办法规范、决策过程透明。按照影响财政支出的因素，核定各地的标准支出数额，并考虑财力水平与收入努力程度，计算各地的财力缺口，作为确定转移支付的依据。标准财政支出的核定，主要采用分类因素计算方法，将财政支出划分为人员经费、公用经费、专项支出和其他支出四部分，根据不同类别财政支出的特点、影响因素和相关制度状况，分别采用不同的办法。凡是国家明确规定支出标准和范围的，一律按国家制度的有关规定核定各地的标准支出，对国家没有颁布支出标准的项目，运用多元回归分析的方法，建立标准支出模型。既贯彻公正、规范的原则，又能将有限的财力首先用于解决最紧迫的问题，同时，还针对民族地区的财力状况，建立了对民族地区的政策性转移支付制度。

1996年和1997年，改进了客观性转移支付的计算方法，以"标准收入"替代"财力"因素。标准收入测算范围包括增值税、营业税、农业税、农业特产税、资源税、土地使用税，同时，标准财政收支的测算方式进一步改进。标准收入的测算尽可能向"经济税基"（平均有效税率）的规范做法靠近，标准支出的测算方法尽可能考虑到客观因素的影响。

1998 年，在保持过渡期转移支付办法总体框架的情况下，标准化收支项目的测算面进一步扩大，并针对财政数据口径的变化，对部分项目的测算方法作了改进，使标准收支测算结果更趋合理。1999 年调整居民收入分配，改革中央对地方的补助。2000 年起新增对民族地区的专项转移支付。2001 年调整机关事业单位职工工资，调整中央对地方的补助等项目，也都采用了过渡期转移支付的办法。2002 年所得税收入分享改革明确，中央财政集中的收入全部用于均衡性转移支付，过渡期转移支付的概念不再使用。均衡性转移支付主要由预计当年中央财政因所得税收入分享改革增加的收入、中央财政另外安排的预算资金、清算上年的均衡性转移支付余额三部分组成。均衡性转移支付不规定具体用途，由接受补助的省（自治区、直辖市，以下简称省）政府根据本地区实际情况统筹安排。

均衡性转移支付资金分配选取影响财政收支的客观因素，考虑人口规模、人口密度、海拔、温度、少数民族等成本差异，结合各地实际财政收支情况，按照各地标准财政收入和标准财政支出差额及转移支付系数计算确定，并考虑增幅控制调整和奖励情况。用公式表示为

某地区均衡性转移支付＝（该地区标准财政支出－该地区标准财政收入）
×该地区转移支付系数＋增幅控制调整＋奖励资金

凡标准财政收入大于或等于标准财政支出的地区，不纳入均衡性转移支付分配范围。

标准财政收入分省计算。各省的标准财政收入由地方标准财政收入、中央对地方返还及补助（扣除地方上解）、计划单列市上解收入等构成。地方标准财政收入主要根据相关税种的税基和税率计算，个别税种根据实际收入适当调整。中央对地方返还及补助收入按照决算数确定，主要项目包括："两税"返还、所得税基数返还、公路养路费等"六费"基数返还、一般性转移支付（不包括资源枯竭城市转移支付、国家重点生态功能区转移支付、产粮（油）大县奖励资金等）、专项转移支付（不包括抗震救灾专项转移支付，及基本建设投资项目等），各地区对中央的体制上解、专项上解等。计划单列市上解省收入按照计划单列市上解省级收入决算数计算。

标准财政支出分省、市、县（含乡镇级，下同）三个行政级次，按政府收支功能分类支出科目计算。计算标准财政支出时，选取各地总人口、学生数等与该项支出直接相关的指标为主要因素，按照客观因素乘以单位因素平均支出计算，并根据海拔、人口密度、温度、运输距离、少数民族、地方病等影响财政支出的客观因素确定各地成本差异系数。考虑到各地市辖区、市本级支出责任划分的差异，部分支出项目根据实际情况适当调整市辖区、市本级等人均支出标准。

均衡性转移支付系数按照均衡性转移支付总额、各地区标准财政收支差额以及各地区财政困难程度等因素确定。其中，困难程度系数根据地方"保工资、保运转、保民生"支出占标准财政收入比重及缺口率计算确定，其计算公式为

困难程度系数＝标准化处理后（"保工资、保运转、保民生"支出/地方标准财政收入）

×50%＋标准化处理后（标准收支缺口/标准支出）×50%

标准化处理＝（某指标－指标均值）/指标标准差

（三）分税制的完善

1. 分税制财政体制存在的问题

1994年分税制财政管理体制改革，是我国财政管理体制一次卓有成效的制度创新，初步建立起了与社会主义市场经济发展相适应的财政管理体制和运行机制。不仅理顺了中央与地方的分配关系，调动了各级政府理财的积极性，建立了财政收入稳定增长机制，提高了中央财政收入占全国财政收入的比重，增强了中央政府宏观经济调控的能力，并且使各级政府的理财思路发生了明显的转变，促进了产业结构调整和资源优化配置。

分税制财政体制改革经过多年的运行，虽然取得了较大的成绩，但由于各方面的原因，还存在一定的问题，主要表现如下几个方面。

（1）中央直接组织的财政收入占全国财政收入的比重未能完全达到既定目标

分税制设计的基本目标之一，就是使中央财政直接组织的财政收入占全国财政收入的比重在60%左右。但从分税制实行以来的实际情况看，这个目标并未完全实现。如2003～2006年，中央财政收入占全部财政收入的比例分别为54.6%、54.9%、52.3%、52.8%。出现这种局面的原因，主要是中央财政收入的增长速度低于地方财政收入的增长速度。从发展趋势看，在一定时期内，地方财政收入的增长将继续快于中央财政收入的增长，而产生这一现象的原因是多方面的，单纯依靠设置两套税务机构分别征税，很难从根本上解决问题。

（2）政府事权和支出范围划分还不够科学、规范

政府职能的界定和政府间事权的划分是建立分税制财政管理体制的基础。1994年财政体制改革是在当时中央与地方事权划分的基础上进行的，基本维持了原来的支出范围。由于在市场经济体制下政府职能的重新界定是一个全新的课题，因此，目前在政府与市场的关系上，仍存在一些不够具体和规范的情况。这在一定程度上制约着政府的事权划分和财政收支划分。另外，中央政府与地方政府之间的事权和支出范围的划分，还缺乏明确的法律界定，一方面，有些应由中央承担的事务，让地方承担了支出责任；有些中央支出项目，原来中央在核定地方支出基数时也曾予以考虑，但随着物价上涨等因素，原来核定的经费已远远不能满足需要，地方财政不得不负担。另一方面，一些属于地方的事权，应由地方财政负担的支出，中央财政也在安排，如目前地方所有支出项目

基本上都有中央专款，而这些专款都是中央职能部门分配下拨的，这些专款有些是应由地方负担的，但中央一些部门为了加强对全国本系统工作的指导和协调，用经济手段办了一些应由地方财政负责的事情。

（3）政府间转移支付制度不够规范、科学

实行分税制后，我国政府间转移支付制度由体制补助、税收返还、专项补助等多种形式构成，1995年以后又实行了过渡期转移支付办法，增加对一部分困难地区的补助。但是，目前的转移支付办法还存在不够规范、科学的方面，离公共服务水平基本均等化的目标还有一定的差距。主要表现在以下几个方面。

1）一般性转移支付制度不够规范。分税制改革后实行的税收返还，按照国际货币基金组织实行的财政统计口径，属于一般性转移支付形式，但由于这是在原体制基数法上演变而来的，对地区间财力分配的均衡作用不明显。1995年后实行了过渡期转移支付办法，增加了中央财政对困难地区的财力补助，但由于中央财政自身比较困难，转移支付资金的规模还不够大。

2）中央对地方的专项补助的分配和使用与财政分级管理的原则不相适应。相当一部分专款用于地方事权范围和支出，体现中央事权和宏观调控作用不够，分配的方法也有待进一步规范。

3）中央政府有关部门管理的某些补助地方的资金，如预算内基本建设投资、技术改造、农业开发投资等，还没有统一纳入中央政府对地方的转移支付范畴，与财政转移支付资金的统筹运用存在脱节现象。

（4）省以下地方财政管理体制没有得到应有的规范

按照分税制改革的目标和世界上实行分税制国家的通行做法，分税制作为一种处理政府间财力分配关系的制度，应在全国范围内统一运作，并做到形式规范、内容合理，充分体现公平与效率。我国1994年的分税制改革虽然在全国实行了统一，但没有解决好省以下各级财政体制的规范化问题。虽然各地按照中央对省的分税制改革的基本原则与模式，结合本地区的实际情况实施了对下级政府的分税制财政管理体制。但是较为普遍的现象是，多数收入划为共享收入；有的地方县市财政还缺乏稳定的收入来源；有些地方资金调度不落实，中央财政在核定地方资金调度比例时，曾明确规定各地必须将资金调度比例逐级核定到县，但个别地区执行不够彻底，在一定程度上影响了县级财政的正常资金需要。另外，各地都采取了一些财力均衡措施，但是均衡方式不够规范，均衡的力度也有限，各省辖区内的地区间财力差距依然较大。

2. 进一步完善分税制财政管理体制的思路

（1）科学界定政府职能，调整财政供给范围

市场经济就是使市场在政府宏观调控下起到资源配置的基础性作用。政府职能的界定应该按照"市场能干的，就交给市场，市场不能干或干不好的，政府来弥补"的原则

来进行，也就是说，凡是市场能够自发调节解决好的问题，政府绝不干预，政府的职能主要就是按国家确定的战略目标指导市场和弥补市场失灵。

规范我国的政府职能，应立足于满足社会公共需要，为全社会提供公共产品和服务，纠正市场失灵，同时考虑到我国特殊的国情。按照这两个方面的要求，对我国政府现有的职能事项进行逐一鉴别、筛选，消除"错位"，即政府管了不该管的、不属于社会公共需要领域的事项以及政府该管而没有管好的事项。

按照在市场经济条件下对我国政府职能的重新界定，对目前我国财政资金的供给范围也应进行相应的调整。

1）财政必须为国家机器的正常运转提供充分的财力保证，保证公安、司法、行政、国防、外交等国家政权建设的需要。

2）随着社会不断进步，财政要不断增加那些代表社会公共利益和长远利益的社会性开支，如教育、科技、卫生、环境保护和社会保障等，这些社会公共开支应以财政供给为主。

3）财政要重视发挥收入再分配的作用，调节收入分配，实现社会公平，避免或减少市场分配所造成的社会收入分配过分悬殊的问题。为此，财政要扩大均衡性转移支付的规模，调节地区间的收入分配，使全国各地区的基础教育、医疗卫生、公共基础设施等公共服务水平逐步接近，保证地区之间各项社会经济事业的均衡发展。

4）强化财政的宏观经济调控职能。一方面，财政要逐步从一般性竞争性项目投资领域退出，减少对国有企业的亏损补贴；另一方面要加大对基础设施建设和其他政策性支出的投入力度，以促进产业结构的调整和优化，提高财政宏观调控水平。

5）灵活运用财政补贴手段，规范财政补贴范围，合理控制补贴规模。为充分发挥市场在资源配置中的基础性作用，促进产业结构优化，应将财政补贴主要用于保障农产品生产和流通、培育和发展高新技术产业、鼓励承担政府赋予某些特殊责任的企业以及支持社会公益事业发展等方面。

（2）合理划分中央与地方政府间事权，根据事权科学界定各级财政支出范围

在界定清楚政府与市场之间的职能范围之后，还要科学划分中央与地方政府之间的事权，以确定各级财政的支出范围，这是完善分税制和政府间转移支付制度的基础。中央与地方政府之间的事权划分应遵循以下原则：

1）市场基础原则。即首先要以界定市场经济条件下政府的职能为基础，改变目前政府存在的"越位"与"缺位"的现象，并相应界定清楚财政供应的范围。

2）范围原则。即按政府管辖的范围来确定事权的归属，属于全国（全社会）范围共同事物的事权，由中央政府承担；属于地方（局部）范围的事务由地方政府处理。

3）效率原则。凡是由地方政府处理，其行政效率更高的事务归地方；由中央政府处理，行政效率更高的归中央。

4）分级管理原则。即需由中央决策，且只有中央能承担的事务，由中央政府管理；

需中央决策，地方有能力承担的事务，由中央授权地方管理；地方能决策并有能力承担的事务，由地方管理。

5）法律规范原则。即事权的划分和调整，都应通过法律程序，保持相对稳定。

根据上述原则，中央政府的事权和财政支出范围，大体可分为三类：一是体现国家整体利益的公共支出项目，需要集中管理，由中央政府直接负责的社会事务，经费由中央财政安排，主要包括中央政府的各类行政机构和少数由中央政府负责的社会公共事业，主要包括国防、外交、中央国家机关和少数全国性科研、教育、卫生、文化等社会公益事业的支出；二是中央和地方共同承担的社会事务，经费应由中央与地方共同承担，主要包括一些跨区域的基础设施建设和公共安全、环境保护、社会统计、气象观测等公共福利事业，在具体项目中应确定中央财政与地方财政各自承担的支出数量或支出比例；三是中央负有间接责任，但应通过地方政府来具体实施的社会事务，诸如基础教育、公共医疗等，中央政府通过对地方的一般性转移支付来补助，同时要提供具体的原则、标准或要求，由地方政府来负责具体实施。其他一些明显带有地域性特点的公共支出，明显属于地方的事权，由地方财政安排相应经费。

（3）对原体制下某些收入的划分进行必要的调整

从各国财政实践的经验看，政府间收入的划分应遵循以下原则：

1）根据收入项目调节功能的强弱确定归属。一般将数额较大、调控功能比较显著的税种划归中央。

2）根据税基的移动性进行划分。如果一个税种的税基具有移动性，容易出现通过迁移得以避税的现象，而地方政府间为减少乃至消除这种税基移动，需要进行合作与调整，进而加大征税成本，则这类税收作为中央收入比较理想。而实际移动性不强或不具有移动性的税种，通常划为地方政府收入。

3）根据征管效率进行划分。某些税种能够实现规模效益，则宜于集中，应作为中央收入；反之，收入零星、分散的税种，集中管理的成本较高且容易流失，则应下放给地方政府。

4）按照税基分布的均衡性进行划分。各辖区税基分布不均衡的税收，应作为中央收入。

5）基于收益原则征收的税收或使用费，交给地方政府管理。

（4）进一步改进和完善政府间转移支付制度

借鉴各国的经验，应从以下几方面进一步改进和完善我国的转移支付制度：

1）稳定税收返还的绝对规模，扩大过渡期转移支付规模。从技术层面看，过渡期转移支付的框架与规范的转移支付已经比较接近，为了进一步发挥过渡期转移支付的均衡效应，今后应随着中央财力的增加，逐步扩大其规模。

2）以缩小地区间财力差距为目标，在条件允许时将税收返还纳入规范的转移支付范围。

3）清理专项拨款，改进拨款办法，逐步将其纳入规范的转移支付制度体系。要在对专项拨款进行清理和分类的基础上，引入因素法核定专项拨款数额，除特殊情况外，专项拨款应尽量按照规范的程序和公式化方法计算对各地的补助额。

（5）按照国际上通行的做法，逐步推行比较彻底的分税制财政管理体制

在建立科学、完整的中央和地方税收制度的基础上，实现按税种单一方式划分各级政府的收入范围；完全彻底地划分地方各级政府的事权，配置与事权相适应的财权；运用法律手段，规范上下级政府的财政关系，明确各自的预算管理职权；按照统一领导、分级管理的原则，实现各自征税、各自理财；努力创造条件，向国际上通行的分税制财政管理体制过渡。

阅 读 资 料

全国人大常委会是怎样加强对国家预算执行情况监督的？

对上一年度国家预算执行情况，全国人大常委会主要是通过审查和批准上年度中央预算、听取和审议中央预算执行情况的审计工作报告来加强监督的。

国家预算执行到年末，要根据执行结果编制国家决算。因为全国人民代表大会会议在每年的第一季度举行，而上一年的国家决算要到6月份以后才能编制出来。于是1982年修改宪法时，就将全国人民代表大会的这项职权授予了全国人大常委会。这样，全国人大常委会在每年6月份举行的常委会会议上，都要听取和审议国务院关于中央决算的报告，以审查和批准上一年度的中央决算。

1996年6月，八届全国人大常委会第20次会议在听取和审议中央决算报告的同时，专门听取和审议了国务院关于1995年中央预算执行和其他财政收支情况的审计报告。这是全国人大常委会加强对国家预算执行情况监督的一项重要举措。此后，每年6月份举行的全国人大常委会会议，都要听取国家审计部门对上一年度国家预算执行情况的审计报告。

对本年度的预算执行情况，全国人大常委会的监督途径，主要是听取和审议国家预算执行情况的报告、审查和批准国家预算执行中的部分调整方案。

1989年3月，七届全国人大常委会在第七届全国人民代表大会第二次会议上作的常委会工作报告确定，每年第三季度，由国务院向全国人大常委会作关于本年度预算执行情况的报告。常委会组成人员可以在审议过程中提出意见和建议。对委员们提出的询问，有关部门要作出认真的回答。

在预算执行过程中，经常会出现各种在编制时意想不到的变化，需要对预算作出调整。1982年宪法修改后，规定由全国人大常委会审查和批准国家预算的部分调整方案。

资料来源：中国人大网

本 章 小 结

国家预算是经法定程序审批的国家年度收支计划，是国家筹集和分配集中性财政资金的重要工具，它规定了计划年度内国家财政收支指标及其平衡状况，体现了以国家为主体的分配关系，是调控国民经济运行的重要杠杆。国家决算是对国家预算的总结。

预算外资金是指国家机关、事业单位、社会团体和其他机构为履行或代行政府职能，依据国家法律法规和具有法律效力的规章而收取、提取、募集和安排使用，未纳入国家预算管理的各种财政性资金。它和预算内资金一样都属于财政资金，目前采用"收支两条线"的财政专户管理。

国家预算管理体制是在中央和地方政府以及地方各级政府之间规定预算收支范围和预算管理职权的一项制度。它是财政管理体制的主要组成部分。目前，我国采用分税制的预算管理体制。分税制是一种以分税为主要特征、以划分中央与地方政府的事权与财权为实质的财政管理体制。

复习思考题

1. 确定国家预算的原则有哪些？
2. 在预算执行过程中，预算调整的措施包括哪些？
3. 编制国家决算需遵循什么原则？
4. 什么是预算外资金，其包括的内容有哪些？
5. 加强预算外资金管理的原则有哪些？
6. 如何评价我国现行的分税制？

第七章 金融导论

📚 **学习要点**

1. 了解金融的产生和发展，理解金融的概念、构成要素及在经济中的作用

2. 了解货币及其演变，理解货币的概念和在经济生活中的作用，掌握货币的职能、本质及货币制度的基本内容

3. 了解各种信用形式及其作用，理解信用的概念及其本质，掌握各种信用工具的特点及其功能

4. 了解利率的来源及种类，理解利息的本质，掌握利率的调节作用及利率变化的影响因素

📖 **课前导读案例**

　　现代生活中，我们处处都会遇到"钱"，每时每刻都在和钱打交道，正所谓无钱寸步难行。钱的存在解决了经济生活中的种种难题，没有了货币，交换将非常困难，也很难作到等价交换，而没有了等价交换原则，整个社会将一片混乱。但货币，尤其是现代纸币的流通也带来了很多问题，最明显的就是我们会不时地发现自己手中的钱会贬值，也就是会觉得不值钱了，这就是通货膨胀。

　　金融就是涉及货币、信用、银行及其他金融机构等范畴的经济概念，我们的生活一刻也离不开金融，金融影响着我们生活的方方面面。我们的衣食住行、学习、工作、社会交际等离不开金融，社会生产、商品流通、经济发展、经济稳定离不开金融，人们就业、企业经营、政府管理、社会稳定离不开金融……同时，金融已是现代经济的核心，哪里繁荣哪里就有金融，哪里有金融哪里就繁荣。可见，学习金融具有十分重要的意义。本章就是要介绍金融的基本知识，让我们了解金融的基本范畴、了解货币、信用、利息、利率等的概念、产生和发展历史及其在现代经济中的作用，为深入掌握金融知识打好基础。

第一节 金 融 概 述

一、金融与金融学

（一）金融的含义

金融（finance）即资金融通，是与货币、信用、银行和非银行金融机构相关的经济活动的总称。这里，资金融通的主要对象是货币和货币资金，融通的主要方式是有借有还的信用方式，融通的主要渠道是银行和非银行金融机构。这些活动包括：货币的发行、流通与回笼，货币资金的借贷，票据的承兑与贴现，有价证券的发行与流通，外汇及金银的买卖，保险基金的筹集与运用，信托与租赁，国际间货币的支付与结算等等。《中国金融百科全书》对金融的含义作了较为权威的注释，其"金融"辞条的解释是："货币流通和信用活动以及与之相关的经济活动的总称。"

金融有直接金融和间接金融之分。如果金融活动是以银行等金融机构为媒介，通过发行银行券、存款单、银行票据和保险单等作为金融工具的交易方式进行，称为间接金融（indirect finance）。如果金融活动不通过媒介，而是以非金融机构（企业、政府或个人）所签署的商业票据、公债、企业债券、股票以及抵押契约等作为信用工具的交易方式进行，称为直接金融（direct finance）。资金融通方式如图7.1所示。

（间接金融）

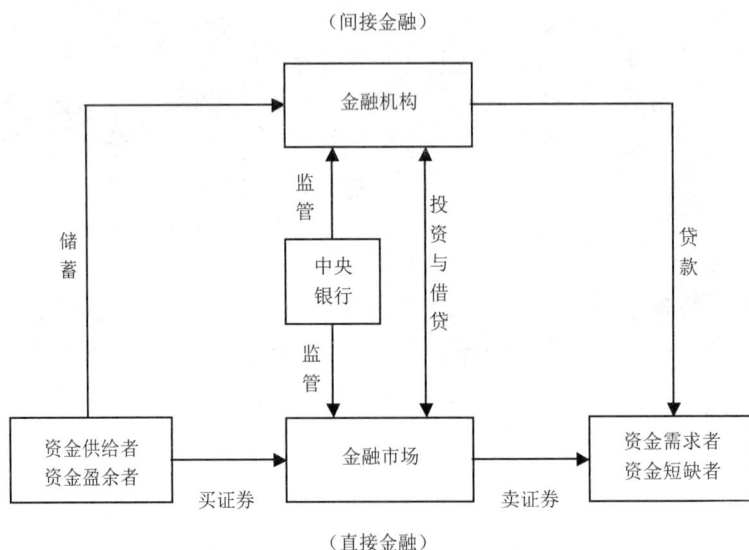

图 7.1　资金融通的方式

（二）金融的构成要素

在金融的发展过程中，最早出现的是货币和货币收付活动。随着商品货币关系的进一步发展，各种形式的信用活动相继产生，并出现了各种形式的金融机构，金融市场不断发展完善，金融工具不断创新和丰富。这样，货币、信用、金融机构、金融市场、金融工具等诸因素相互依存，相互渗透，构成了完整的金融统一体。现代金融体系的构成要素有如下方面。

1. 由货币制度所规范的货币流通

货币是金融体系的血液，货币流通是金融活动的基本形式，贯穿于整个金融体系之中。货币流通是商品流通的实现形式和表现形式，在经济社会中，如果不存在现实货币作为交易媒介和支付手段，没有规范货币流通的制度保证，金融活动就难以进行，金融体系就无从存在，社会经济也就不能运行。货币流通有现金流通和非现金流通两种方式。现金流通是以收付现钞的方式形成的货币收支。非现金流通是指存款货币的流通，主要是金融机构的转账结算。在现代经济交易中，非现金流通一般都超过 90%，是货币流通的主要形式。

2. 金融机构

金融机构是金融活动的中介，它是经营货币或货币资本的企业，在金融活动中充当信用中介、媒介，并提供多种金融服务。金融机构是一个种类繁多的群体，通常可分为银行和非银行金融机构两大类。其中，银行包括中央银行和银行企业两类，非银行金融机构包括保险公司、证券公司、信托投资公司等。

3. 金融市场

金融市场是金融活动开展的场所，是按特定规则形成的金融市场要素相互联系构成的整体，是金融工具发行和交易的场所。金融市场也是一个庞大的系统，通常可分为货币市场、资本市场、保险市场、外汇市场、衍生金融工具市场等等。这些市场的最重要参与者是金融机构，而利率、汇率、股指等构成金融市场价格。

4. 金融工具

金融工具是金融市场上交易的对象，又称金融产品或金融商品，一般是信用关系的书面证明、债权债务的契约文书等。金融工具种类很多，通常包括货币、商业票据、银行票据、债券、股票、银行券、存款单、保险单以及期权、期货等金融衍生工具。

5. 金融制度和调控机制

金融业在现代经济中处于核心地位，同时又是一个高风险的行业。金融业在国民经济中的地位和自身的特殊性，决定了国家必须对金融领域及其运行进行管理和政策性调节。国家对金融运行的管理由一系列制度构成，包括货币制度、汇率制度、信用制度、利率制度、金融机构制度、金融市场制度，以及支付清算制度、金融监管制度等等。这个制度系统涉及金融活动的各个方面和各个环节，体现在国家法律，政府法规、规章和条例，以及行业公约和惯例中。同时，国家通过中央银行来制定和实施货币金融政策对经济进行宏观调控，以实现经济社会稳定和发展目标。

（三）金融学的研究对象

金融学是研究货币金融的基本理论及其运动规律的科学，是一门研究货币、信用、金融机构、金融市场等金融范畴及其运行规律的一门新兴的经济学科。它既包括以微观金融主体行为及其运行规律为研究对象的微观金融学的内容，还包括以金融系统整体的运行规律及其各构成部分的相互关系为研究对象的宏观金融学的内容。

金融学是从经济学中分化出来的学科，其研究对象是社会金融现象，即研究货币、信用、利率、金融机构、金融市场、国际金融、金融宏观调控、金融监管等金融活动规律及其所反映的社会经济关系。金融学研究的基本内容包括以下三方面：

1）金融范畴的理论分析，包括货币、信用、利息、利率、汇率等金融基本范畴的基本理论及其运动规律的分析。

2）金融的微观分析，包括对银行和非银行金融机构实务运作机制和发展趋势的分析；对金融市场实务运作机制的分析；对金融机构与金融市场相互作用的分析；对金融在经济中地位和功能的分析等。

3）金融的宏观分析，包括货币需求与货币供给；货币均衡与市场均衡；利率与汇率形成；通货膨胀与通货紧缩；金融与经济发展；金融体系与金融制度；货币政策与金融宏观调控；国际金融体系与国际宏观政策的协调等。

二、金融的产生与发展

金融是商品货币关系发展的必然产物，伴随着商品货币关系的发展而发展。在一个社会中，收入和支出不会完全平衡，一部分人因收入大于支出而成为资金盈余者，同时，另一部分人因支出大于收入而成为资金短缺者。最初的资金融通方式是资金盈余者把钱直接借给资金短缺者，这就是原始的直接金融方式——高利贷。高利贷产生于原始社会末期，当时社会上已经有一些产品转化为商品。随着商品交换的发展，货币的各种职能，特别是支付手段职能得到发展，高利贷信用就产生了。高利贷最初是以实物形式借贷的，货币产生后逐渐以货币借贷为主要形式。

随着社会经济的不断发展，资金盈余者和资金短缺者越来越多，他们互不了解，资金供求双方在时间、地点和数量等交易条件方面难以同时满足。这样，一些以资金融通为主业的金融机构就应运而生。它们赢得了资金供求双方的信任，并在他们间充当中介角色，发挥媒体作用。资金盈余者把钱存入金融机构，然后再由金融机构放贷给资金短缺者。这种以金融机构为媒介的资金融通方式就是间接金融方式。这一融资方式的出现，大大便利了社会资金的流动，使金融向前迈进了一大步。随着商品生产、商品交换和信用的发展，金融活动的范围也随之扩大，货币兑换、保管和汇兑业务相继出现，这样，作为银行前身的货币经营业出现了。

随着社会经济的进一步发展，这种间接融资方式已不能满足经济发展的需要，从而使资金需求者发行各种有价证券（即债券、股票等金融工具）直接向金融市场去筹资。这样，资金短缺者需要资金时可以不通过金融机构，而是直接到金融市场上发行各种证券来集资；而资金盈余者不一定要将其资金全部存入金融机构，也可以在金融市场上购买各种金融工具。这种资金供求双方通过金融市场直接融资的形式就是现代的直接金融形式。这种现代融资形式要以比较健全发达的金融市场为其存在的前提。

直接金融方式与间接金融方式的不断发展，促进了银行和其他金融机构以及金融市场的不断进步，大大便利了社会资金的流动。为了促进金融的健康发展，维护投资者和筹资者各方面的利益，有必要建立一定的机构对金融活动进行协调和管理。各国中央银行和其他金融监管机构就是适应这一客观需要而逐步建立和发展起来的。

20世纪80年代以来，世界金融业发生了巨大而深刻的变化，出现了新的发展趋势，包括金融产品多样化、金融服务扩大化、金融体系多元化、金融信息化、金融全球化、金融自由化等。特别是随着互联网的发展，电子货币和网络金融的出现使世界金融业发展到前所未有的高度。金融的高度发展和自由化使金融风险越来越大，不时引发金融危机和金融动荡。如1995年的墨西哥金融危机、1997年的东南亚金融危机、2001年的阿根廷金融危机、2007年的美国"次贷危机"、2010年的欧洲主权债务危机、2011年的美国国债危机等等对国际经济的发展带来了很大的影响。

三、金融在国民经济中的地位和作用

在市场经济时代，金融已经渗透到社会经济生活的方方面面，在市场经济中发挥越来越重要的作用。传统的货币经济以商品市场为运行中心，经济活动以"实物流"为主导，即围绕商品的生产、分配、交换、消费四个环节展开，以商品价格作为主要调节机制，引导和组合生产资源。而在现代的金融经济中，"资金流"居于主导地位，资源配置越来越金融化，金融的稳定、发展与安全，直接决定着一国经济的稳定、增长乃至社会的安定。金融是社会资金运动的总枢纽，是国民经济的重要调节器，是发展经济的重要杠杆。邓小平同志曾经指出："金融很重要，是现代经济的核心。金融搞好了，一着棋活，满盘皆活。"这段话深刻地揭示了金融在现代经济生活中的重要地位和作用。

（一）实现资金再配置，筹集融通资金

金融配置资源是在不改变所有权的条件下实现的，即通过改变对资源的实际占有权和使用权，实现所有权和使用权相分离，来改变对资源的分配格局，以实现社会资源的重新组合，达到社会资源充分、合理、高效运用的目的。金融的资金再配置作用主要体现在两个方面。一是金融能有效地筹集社会闲散资金，促进储蓄向投资转化。金融通过吸收存款、发行证券、发放保险单等多种方式筹集巨额资金，再通过贷款和投资等形式投入生产部门，有力促进了社会经济的发展。二是金融能实现资金的部门转移，促成利润率平均化。通过金融信用交易，资金从各行各业聚集成巨额资金，再按利益原则投放到国民经济各部门，实现资金部门间的自由流动和重新配置，并促成社会各部门利润率的平均化。我国企业的资金来源除了自筹资金外，还可通过财政无偿筹集和金融市场有偿筹集两种渠道。随着社会主义市场经济的发展，金融市场已成为我国企业筹集资金的主要渠道。

（二）引导资金流向，提高资金使用效率

金融系统通过信用方式以各种金融工具为调节杠杆，来引导社会资金的合理流动。引导资金流入符合国家产业政策的经济部门，流入质量好、市场广、效益优的经济部门。同时，通过金融价格杠杆和金融机构的信贷管理，促使工商企业努力提高企业经营管理水平，加强产品开发和市场开拓，节约资金，加速资金周转，提高资金的使用效率。

（三）调节社会总供求，促进国民经济稳定健康发展

在市场经济条件下，金融已经成为调节国民经济的杠杆。由于金融活动渗透到社会再生产的全过程，与各行业、各地区、各单位的经济活动息息相关，因此，它可以灵敏、及时、全面地反映社会经济活动的状况，提供各种信息，为微观经济活动和宏观经济决策提供重要依据。同时，借助于价格、税收、信贷、利率、汇率等经济杠杆，通过金融政策的放松或紧缩，可以调节社会资金的供求关系，从而调控社会总供给和总需求的关系，而且还可以调整经济结构。金融调控的主要目标是要保证社会总供求的平衡，稳定货币和价格，平衡国际收支，维持国民经济持续、稳定、协调发展。

（四）防范和降低经济风险，进行金融监管

各经济主体在金融活动中存在着各种各样的风险，从而给他们带来意想不到的损失，甚至危及国家和社会的稳定与安全，金融机构体系和金融市场提供了风险管理的渠道，金融的创新和发展为风险管理提供了更多、更有效的产品和工具。同时，国家通过金融政策的制定和实施及货币、信用、银行、证券、保险等各种制度的规定，对金融业和金融市场进行调控和监管，对保证经济和金融的安全和稳定发挥了极为重要的作用。

（五）加强国际经济交流与合作

在经济全球化和经济自由化高度发达的今天，金融与经济更加密不可分，金融业也出现了金融全球化、金融自由化的发展趋势。各国各地区的经济紧密联系在一起，一国经济发展无法离开他国经济，其政府、企业和个人都可到国际市场上去投资和融资，从而促进了世界各国的经济交流。同时，为了协调国际经济发展和应付国际金融风险，各国必须加强协调和合作，协调彼此的利益关系，共同打击跨国犯罪，促进世界经济的共同发展。

第二节　货币和货币制度

一、货币及其演变

（一）货币的定义

货币的存在已有几千年的历史，现代经济生活中人们也时时刻刻离不开货币。人们对货币的存在早已习以为常。但究竟什么是货币？货币从哪里来的？经济学意义上的"货币"并不等同于生活中的"钱"，不同经济学家对货币的定义有所不同。一般认为，货币是指在购买商品和劳务或清偿债务时，具有普遍接受性而作为支付手段的任何东西。这种定义是人们现在对货币的一般理解，是建立在现实经济基础上的，有两个方面的含义。第一，货币是用作商品交换的媒介和支付债务的工具，这是货币的两个最基本的功能。第二，货币发挥作用的一个基本前提是具有"普遍可接受性"。这种普遍可接受性在金属货币流通条件下，是由于货币是在长期的商品交换中从商品世界中分离出来的，一种扮演一般等价物的特殊商品的性质所决定的；而在信用货币流通的条件下，货币的普遍可接受性主要由国家的强制力量、货币发行主体的信誉等因素决定的。

（二）货币的产生和发展

货币不是从来就有的，货币是商品交换的必然产物，产生的经济根源是私有制。在原始社会末期，最初的交换是一种直接的物物交换，当时交换还是一种偶然的经济现象，并不需要货币。但随着社会生产力的发展，进行交换的物品的数量和种类日益增多，这就造成了交换效率低、成本高，物物交换的矛盾和局限性就显露出来了。要想使交换顺利实现，必须满足需求的双重偶合和时间的双重偶合的两个基本条件，即商品买卖双方必须正好同时需要对方的产品，否则交换出现困难。于是，交换中自发产生了一种充当商品交换媒介的商品，即货币。货币的出现使商品交换分为买和卖两个过程，大大提高了交换的成功率和效率。货币的产生与发展大致经历了如下四个阶段。

1. 简单的或偶然的价值形式

原始社会末期，由于生产力的发展，出现了少量剩余产品和商品交换，但商品交换只是个别的、偶然的。在交换过程中，一种商品的价值偶然地表现在另一种商品上，即表现为简单的物物交换。这种形式叫做简单的或偶然的价值形式。如

$$1 只绵羊 = 2 把斧头$$

2. 扩大的价值形式

随着生产力的发展，特别是第一次社会大分工出现后，剩余产品逐渐增多，人们之间交换的种类、数量和规模也在不断扩大。一种商品已不是偶然地与另一种商品相交换，而是经常地与许多商品相交换，其价值也不是偶然地表现在某一商品上，而是表现在一系列的商品上，于是出现了扩大的价值形式。如

$$1 只绵羊 = \begin{cases} 2 把斧头 \\ 1 袋小麦 \\ 2 斤茶叶 \\ 20 尺棉布 \\ \cdots\cdots \end{cases}$$

3. 一般价值形式

随着生产力的进一步发展，社会分工越来越细，用于交换的产品越来越多。在长期的交换过程中，在一定范围内出现了一种大家都乐于接受的商品，其他商品的价值都可通过它表现出来，这种特殊商品从普通商品中分离出来，充当的是一般等价物的角色，一切商品的价值就共同表现在充当一般等价物的商品上。这时，扩大的价值形式就过渡到了一般价值形式。如

$$\left.\begin{array}{l} 2 把斧头 \\ 1 袋小麦 \\ 2 斤茶叶 \\ 20 尺棉布 \\ \cdots\cdots \end{array}\right\} = 1 只绵羊$$

一般价值形式的出现，是商品价值形式演变过程的质的飞跃，作为一般等价物的商品实际上起着货币的作用。

4. 货币价值形式

第二次社会大分工出现后，商品生产成为社会生产，商品交换范围更加广泛。从充当一般等价物的众多商品中逐渐分离出一种固定充当一般等价物的特殊商品。这种商品

就是货币。货币商品出现后，社会商品就分为两极，即一般商品和货币商品，物物交换就转变为以货币为媒介的商品流通，极大地促进了商品交换和生产力的发展。如

$$
\left.\begin{array}{l}
1\ 只绵羊 \\
1\ 袋小麦 \\
2\ 斤茶叶 \\
20\ 尺棉布 \\
\cdots\cdots
\end{array}\right\}=1\ 克黄金
$$

从货币的产生过程看，货币是一个历史的经济范畴，是商品生产和商品交换发展到一定阶段的必然产物，同时也是商品经济内在矛盾发展的必然结果。历史上，不同的国家和地区、不同的时期，处于等价形式的货币材料是不完全相同的，最初是牲畜和矿物，如牛、羊、贝壳、铜、铁等等，后来逐渐固定在贵重金属黄金和白银上。因为金银具有质地均匀、体积小价值大、便于分割的优点。因此，货币最终必然以金银为代表，成为理想的货币材料。正如马克思所说："金银天然不是货币，但货币天然是金银。"

（三）货币的本质

货币产生以后，人们对其本质的探索一直没有中断过，不同经济学派对此有不同的理论和看法，形成了不同的学说。在西方，早期影响较大的有两种学说，即货币金属说和货币名目说。货币金属说认为货币是唯一的财富，货币等同于贵金属。货币名目说认为货币是商品价值的符号，是观念的计算单位。这些学说虽有其合理之处，但都没能科学、全面地概括货币的本质，从而导致在经济生活中长期存在着"货币拜物教"。马克思从劳动价值论入手，通过分析商品交换的发展和货币的起源，科学地分析了货币的本质，认为货币是固定地充当一般等价物的特殊商品，反映一定的社会生产关系。首先，货币作为一种特殊商品，具有商品的共性，是价值和使用价值的统一体。其次，货币作为一般等价物，具有两个基本特征：一是货币是表现一切商品价值的材料；二是货币具有直接同所有商品相交换的能力。最后，货币体现一定的社会生产关系。作为一般等价物，货币是商品交换的媒介和手段，体现着产品归不同所有者占有，并通过等价交换来实现它们之间的社会联系。"货币是隐藏在物后面的人与人之间的关系"，马克思关于货币本质的理论深刻地揭示了货币和商品世界的对应关系。但货币毕竟是不断发展的，而且这种发展目前还在继续。尤其是在不兑现的信用货币制度下，不断变化的只是货币的外在形式，并不改变货币与商品之间的对立均衡关系。

二、货币的职能与形式

（一）货币的职能

货币本质规定性决定了货币的职能。马克思的货币理论认为，货币在与商品交换的过程中，逐渐形成了价值尺度、流通手段、贮藏手段、支付手段和世界货币五个职能。

其中，价值尺度和流通手段是货币的两个基本职能，也是最先出现的职能，其他职能都不过是在基本职能基础上派生出来的派生职能。

1. 价值尺度

价值尺度（measure of value）是指货币具有表现商品和劳务的价值，并能衡量其价值量大小的职能。货币之所以成为价值尺度，是因为金属货币本身也是商品，也具有价值。商品价值的大小是由凝结在该商品中的社会必要劳动时间来决定，而社会必要劳动时间不能自己表现出来，必须借助货币外化出来。在金属货币流通下，货币是用自身的实际价值来衡量商品价值的；而在现代信用货币流通下，货币是由国家强制赋予的名义价值来衡量商品价值的。货币在执行价值尺度时，并不需要现实的货币，而是采取观念形态的货币，即商品的价格。所以，几乎没有价值的纸币成为我们现在使用的货币。货币在执行价值尺度职能时，商品的价值形式就转化为价格形式，价值是价格的基础，价格是商品价值的货币表现。商品价值大小不同，用货币表现的价格也不同。为了便于比较，就需要规定一个货币的计量单位，称为价格标准。价格标准最初是以金属重量单位的名称命名的，如中国的"两"、英国的"镑"。后来由于国家以较贱金属代替贵金属作币材，使货币单位的名称和金属重量单位名称相脱离。如人民币以"元"为货币单位，等分为角、分，英国以"镑"为货币单位，等分为先令、便士等。

2. 流通手段

流通手段（medium of exchange）是指货币在商品交换过程中充当交易媒介的职能。作为流通手段的货币量取决于商品价格、商品数量与货币流通次数。流通手段职能将直接的物物交换变成以货币为媒介的交换，将商品交换分为卖和买两个环节，打破了直接物物交换在时间上和空间上的局限性，扩大商品交换的品种、数量和地域范围，大大地促进了商品交换的发展。但同时，卖买在时空上的分离也使商品经济的内在矛盾更加复杂化，从而孕育着经济危机的可能性。充当流通手段职能的货币有两个特点：一是必须是现实的货币，而不能是观念上的货币；二是可以是足值的也可以是不足值的。因此，就产生了不足值的铸币以及仅是货币符号的纸币，来代替贵金属充当流通手段。

3. 贮藏手段

贮藏手段（store of value）是指货币退出流通领域，被人们当作独立的价值形态和社会财富的一般代表保存起来的职能。人们之所以愿意贮藏货币，因为货币是一般等价物，是一般财富的代表，拥有货币就拥有财富。货币的贮藏手段职能有如下特点：一是作为贮藏的货币必须是现实的货币，而不能是观念上的货币；二是作为贮藏的货币必须是十足货币，而不能是不足值货币或货币符号；三是作为贮藏的货币必须退出流通领域，处于静止状态。在金属货币流通条件下，金银是典型的价值贮藏形式；在现代信用货币流通条件下，货币储藏的形式也在变化，人们除了以金银、珠宝等贮藏价值外，更为普遍地利用银行存款或直接贮藏纸币。在足值的金属货币流通条件下，货币作为贮藏手段，具有自发调节货币流通量的作用：当流通中的货币量大于商品流通所需要的货币量时，多余的货币会退出流通领域；当流通中所需要的货币量不足时，贮藏货币会重新加入流通。因此，在足值的金属货币流通条件下，不会发生通货膨胀现象。当今世界普遍采用了信用货币，在信用货币流通的条件下，贮藏手段无法调节流通量中的货币量和物价，因为通货膨胀影响到货币的实际购买力，存款货币本身就计算在市场流通量之中。因此，信用货币也就不能进行自我调节，这就要求宏观调控机制发挥作用。

4. 支付手段

支付手段（deferred payment）是指货币作为价值的独立形态进行单方面转移，以用来清偿债务或付款的手段的职能。货币的流通手段表现的是商品或劳务与货币的价值的互换，是即期购买，不存在债权债务关系；而支付手段表现的是延期购买或支付，商品或劳务的让渡在先，货币的支付在后，是货币作为价值的单方面转移。在流通中，货币的流通手段和支付手段职能交替发挥作用。货币作为支付手段起因于赊卖赊买的商品交换中，这是商品经济发展到一定阶段的必然产物。货币执行支付手段的职能，最初主要用于商品生产者之间清偿债务，后来扩展到工资、佣金、房租、财政和信贷等领域。货币作为支付手段可以扩大商品流通，节约现金流通，极大地促进了商品交换的发展。但同时使商品货币关系进一步复杂化，可能引起商品世界整个支付链条的中断，从而给货币流通和商品流通带来严重的后果，甚至可能造成货币危机。

5. 世界货币

世界货币（world currency）是指货币超越国界，充当国际间货币流通手段和支付手段所具有的职能。马克思对世界货币的论述是在金属货币流通条件下进行的。世界货币并不是货币一个单独的职能，它只是商品生产和交换超出国界，导致货币的其他各职能在国际市场上延伸和发展的结果，货币的职能并没有发生根本的变化。世界货币职能主要表现为三个方面：一是作为国际支付手段用以平衡国际收支差额；二是作为国际购买手段用以购买外国商品；三是作为国际间财富转移的一种手段。金属货币因具有充足的价值而自动取得世界货币职能。所以，黄金尽管实行非货币化后已不是固定的货币形态，但仍然是国际支付的最后手段。而现代信用货币没有内在价值，其名义价值是国家强制力赋予的，越过国境强制力就不存在了，理论上是不能够执行世界货币职能的。但当代，一些西方发达国家的信用货币，如美元、英镑、欧元等，成为世界上普遍接受的硬通货，实际上发挥着世界货币的职能，并广泛地被用做国际储备和国际间的支付手段。

（二）货币形式的演变

货币形式又称货币形态，是指以什么货币材料来充当货币。充当货币材料的物体必须具备普遍接受性、价值稳定性、稀缺性、便于携带和易于分割、供给富有弹性等特性。在货币产生的几千年中，随着商品交换和信用制度的发展，货币形态也在不断地演变。不同货币形态适应了不同社会生产阶段和历史阶段的需要。从历史上看，货币形式从具体的商品到抽象的符号，经历了一个由低级向高级不断演变的过程。

1. 实物货币

实物货币又称商品货币，是以自然界存在的某种物品或人们生产的某种物品来充当货币。它是货币形态的最原始形式。中外历史上有许多实物商品充当过货币，如牲畜、贝壳、珊瑚、布帛、皮革等。这些实物货币在当时既是作为交换媒介的货币商品，又是用于直接消费的普通商品。古希腊曾以牛、羊等为货币，非洲和印度等地以象牙为货币，美洲土著人和墨西哥人以可可豆作为货币。在我国古代，龟壳、海贝、蚌珠、皮革、米粟、布帛、农具等都曾充当过货币。实物货币体积大、价值小、不易计量与分割，不便携带和保存，所以随着商品交换的发展，实物货币逐渐被金属货币所取代。

2. 金属货币

金属货币是以金、银、铜等金属作为币材的货币。严格地说，金属货币也是一种实物货币。金属冶炼技术的出现与发展是金属货币广泛使用的物质前提。金属货币具有价值稳定、易于计量、便于储藏和携带等优点。这种自然属性使其比一般商品更适宜于充当货币材料。所以，世界上几乎所有国家都采用过金属作为货币。金属货币也经历了从贱金属到贵金属、从金属称量制到金属铸币制的发展过程。货币金属最初是贱金属铜和铁，多数国家和地区用的是铜，铁由于冶炼技术发展而价值较低，用于交易过于笨重，且易锈蚀不便保存，因此流通范围有限。随着经济的发展和财富的增长，需要用价值量大的贵重金属充当货币，币材向银和金过渡。19世纪上半叶，金、银代替了贱金属铜、铁，成为主要的货币。最早的金属货币采用金属条块的形式，每次交易时都要鉴定成色、称量和分割，非常麻烦。随着商品交换的发展，金属货币由条块形式发展为铸币形式。铸币的出现是货币形式发展的一大进步，奠定了近代货币制度的基础。但是金属货币也有自身的缺陷和不足，其流通费用高，无法适应大宗交易的需要量，同时，社会经济的发展对金属货币需要的无限性与金属货币本身供应的有限性产生了巨大的矛盾。于是随着商品流通的发展，渐渐出现了代用货币。

3. 代用货币

代用货币是指在贵金属流通制度下，由政府或银行发行的代替金属货币流通的纸质货币符号。早期的铸币面值与其实际价值是基本一致的，铸币使用频繁，容易磨损而成为不足值货币，但人们只关心铸币上标明的购买力而并不关注其实际的重量，仍按足值货币去使用。后来，国家就发行了没有任何实际价值的纸币来代替金属货币。货币符号是指本身不足值或没有内在价值，而代替足值金属货币执行货币职能的货币。代用货币作为金属货币的替代物在市场上流通，充当商品交换的媒介，不但有足值的金属货币作为准备，而且可与所代表的金属货币自由兑换，因而被人们所普遍接受。典型的代用货币是可兑换的银行券，它是在欧洲资本主义银行发展中出现的一种用纸印制的货币。最初，一般的商业银行均可发行银行券，它们要保证按面额随时兑换金币和银币。到 19世纪，各国逐渐禁止商业银行发行银行券，而把发行权集中在中央银行。代用货币节省了金、银等币材的使用，携带方便、易于保管和计量、成本低廉，因而在近代货币史上持续了很长时间。但由于代用货币的发行须以足量的金银为保证，其发行量受到金属准备的限制，不能满足社会经济发展的需要。在第一次世界大战中，各国银行券普遍停止兑换金银，到 20 世纪 30 年代银行券完全不可兑换，代用货币基本退出了历史舞台，信用货币取代代用货币而成为现代的最主要货币。

4. 信用货币

信用货币是以信用为保证，通过一定信用程序发行和流通的货币。它是代用货币进一步发展的产物，其形态与代用货币一样也是纸质货币。信用货币自身没有价值，且不代表任何金属货币，它只是一种价值符号或信用凭证，通过国家强制力赋予它名义价值来进行流通，依靠政府信用和银行信用来发挥一般等价物的作用。目前，世界各国都采用这一货币形态。信用货币是通过银行信贷方式投入流通的，其主要形式是现金和存款货币。现金包括纸币和金属辅币，由中央银行经国家授权发行，是中央银行的负债。存款货币是指能够发挥货币作用的银行存款，包括支票存款、活期存款、定期存款等，由商业银行创造，是商业银行的负债。而广义货币还包括其他能充当支付手段和流通手段的各种信用凭证，如银行汇票、商业票据及其他短期证券等。信用货币在现代经济中发挥着十分重要的作用，尤其是银行信用创造的存款货币，已经成为现代经济中主要的货币形式。信用货币的发行完全摆脱了黄金准备的限制，政府掌握了发行货币的权利，可控制货币发行量的规模，如果发行货币过多，就会导致通货膨胀，过少又会导致通货紧缩，对国民经济带来冲击和危害。

5. 电子货币

电子货币是指通过计算机系统储存和处理的电子存款和信用支付工具。它以电子计算机、现代通信系统等现代科技为基础，以各种信用卡为载体，通过电子信息转账系统存储和转移货币资金，因此称为电子货币。自 20 世纪 70 年代以来，计算机广泛应用于银行领域，特别是 ATM、POS 机的应用使货币进入了电子货币时代。目前，以信用卡为代表的电子货币已经普及到人们的日常生活中，许多交易结算都利用银行系统的计算机网络进行电子化转账支付或货币资金转移。电子货币的出现是市场经济高度发展和信息技术革命的产物，但存款货币的性质并没有改变，电子货币仍然发挥一般等价物的作用，仍具有货币的职能。在不久的将来，现钞和支票的使用会逐渐减少甚至消失，但货币将以其新的形式存在，去执行货币的各项职能。电子货币是金融创新的一项重要成就，具有使用简便、安全、迅速、可靠、节约费用等优点，是货币作为流通手段不断进化的表现，是信用货币发展的必然趋势，代表了货币未来的发展方向。

三、货币制度

（一）货币制度的含义与形成

货币制度简称币制，是一个国家以法律形式确定的该国货币体系和货币流通的结构及组织形式。货币制度的宗旨是加强对货币发行和流通的管理，维持货币币值的稳定，管理国家的经济金融秩序，促进经济稳定健康发展。在现代市场经济条件下，货币制度是社会经济和金融活动赖以存在的基础。

货币制度的发展并不完全与货币本身的发展同步。远古的实物货币流通时期几乎没有成形的货币制度，金属货币时期开始有了对货币铸造与流通的一些具体规定。但在前资本主义社会，自然经济占统治地位，商品经济不发达，货币制度是分散而混乱的。系统完整的货币制度是在资本主义经济制度产生之后才形成的。在前资本主义社会，货币制度的一些要素陆续产生，世界各国先后出现了铸币流通。铸币是经过国家证明，具有一定形状、重量和成色，并标明面值的金属货币。这一时期，货币的发行权分散，各种货币的适用区域狭小，充当货币的材料种类繁多，铸币的成色、重量下降，货币流通十分混乱。这种混乱的货币体系不利于正确计算成本、价格和利润，不利于广泛而稳定的信用关系的建立，也不利于商品流通的扩展以及大市场的形成，成为商品经济顺利发展的一大阻碍。资本主义生产方式确立后，为创造统一、稳定的货币流通体系，以适应资本主义经济发展要求，各国先后颁布法令和条例，对货币流通做出种种规定，形成了严格、统一的货币制度。

（二）货币制度的主要内容

在现代信用货币流通条件下，货币制度的宗旨和要求没有变化，但内容有了较大改变，一些传统的要素不再是重点。典型的货币制度包括以下方面的内容。

1. 币材与货币单位的规定

货币金属是建立货币制度的基础，确定货币材料是建立货币制度的首要步骤。国家规定哪种金属作货币材料受客观经济条件的制约。在资本主义初期，商品经济不发达，商品交换规模不大，以白银为货币金属材料就能满足流通需要。随着商品经济的发展，商品交换规模不断扩大，由于白银价值量低且价值不稳定，不能适应流通的需要，因此，黄金逐渐取代白银在币材中占了统治地位。20 世纪初，随着商品经济的进一步发展，黄金存量规模已不能满足商品交换和经济的需要，黄金已不适宜作货币材料，纸币制度便取而代之。在当今信用货币流通条件下，货币都是没有实际价值的纸制材料做成，各国法令中没有关于货币材料的规定，传统货币制度的一项重要内容消失了。这是因为信用货币不具实际价值，由国家强制力赋予名义价值进行流通，且由中央银行垄断发行，币材的规定已没实际意义。

不同的币材构成不同的货币本位制度，如银本位、复本位、金本位等。货币金属确定后，就要规定货币单位，包括规定货币单位的名称和货币单位所含的货币金属量。金属秤量制下的货币单位与重量单位完全一致，其后的金属铸币制中的货币单位名称开始与重量单位名称相分离了。货币单位的价值量就是货币的含金量，仍以重量单位为标准。例如，英国的货币单位为"镑"，1816 年 5 月的金本位法案规定，1 英镑含纯金 113.001 6 格令；1934 年美国的法案规定货币单位为"美元"，1 美元含纯金 0.888 671 克；我国 1914 年颁布的《国币条例》中规定流通银元，货币单位定名为"圆"，1 圆含纯银 23.977 克。在现代信用货币制度下，币值与金属完全分离，流通中只有不可兑换的信用货币，货币发行管理以经济发行为原则，以商品物资为基础，通过多种措施保证币值的稳定。

2. 本位币和辅币的发行与流通的规定

本位币又称主币，是一国货币制度规定的标准货币，是一个国家法定的计价、结算货币。本位币具有无限法偿能力，即国家规定本位币有无限支付的能力，是最后的支付手段，债权人不得拒绝接受。在金属货币流通条件下，本位币是指用货币金属按照国家规定的货币单位所铸成的铸币；在现代信用货币时期，本位币表现为不可兑换的银行券和纸币。

辅币是本位币的等分，是本位币货币单位以下小面额的、供日常零星交易与找零之用的货币。在金属本位制下，货币的发行与流通表现为本位币与辅币的铸造与管理。本位币是足值货币，可以自由铸造、自行熔化、超差兑换。辅币一般用较贱金属铸造，是不足值货币，在一定限额内可与主币自由兑换，即有限法偿。辅币不能自由铸造，只准国家铸造。在现代信用货币制度下，主辅币发行和偿付的规定有了很大变化。现在，主币一般是纸币，为无限法偿，由中央银行统一发行。而辅币大都由财政部委托中央银行发行，一般也是无限法偿，并发行一些辅币钞票，与硬辅币同时流通。

3. 纸币发行和流通的规定

在金属货币制度下，流通中的货币除了金属铸币外，还有银行券和纸币。银行券是一种信用货币，是代表金币充当支付手段和流通手段的信用证券。银行券规定了含金量，其发行必须有黄金准备，在银行可兑换成足额黄金。19世纪中叶后，银行券只规定含金量，而不可兑换黄金。纸币是中央银行和政府发行的并依靠其信誉和国家权力强制流通的价值符号。现代信用货币与黄金无直接联系，银行券和纸币已演变为同一事物。现代信用货币制度一般只规定实行信用货币本位制，货币由中央银行垄断发行，国家承担维护币值的义务。货币发行由于不需要黄金准备，因此可能导致通货膨胀。

4. 黄金准备制度

黄金准备是指国家所拥有的金块和金币的总额。它是货币制度的一项重要内容，也是一国货币稳定的基础。大多数国家的黄金准备都集中由中央银行或国家财政部负责管理。在金属货币制度下，黄金准备有三项用途：一是作为兑付银行券的准备金；二是作为调节货币流通量的准备金；三是作为国际支付的准备金。在现代信用货币制度下，黄金准备的前两项用途已经消失，黄金只是形成国家储备中的黄金储备，作为国际支付的最后手段，主要是用作国际支付的储备金。

（三）货币制度的演变

货币制度以币材为代表，其发展经历了从金属货币制度到不兑现信用货币制度的历史演变过程。各国都有不同的货币制度，同一国家在不同时期也有不同的货币制度。金属货币制度包括银本位制、金银复本位制、金本位制三种形式。货币制度的演变如图7.2所示。

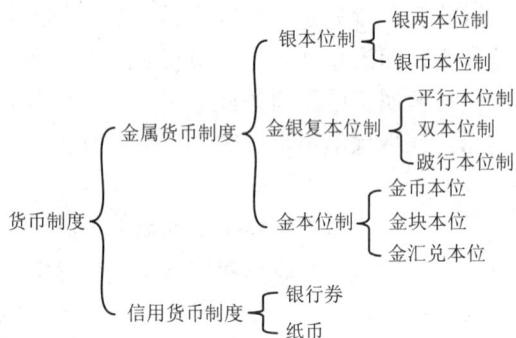

图7.2　货币制度的演变

1. 银本位制

银本位制是指以白银为本位货币的一种货币制度。在银本位制下，白银为本位币币材，银币是无限法偿货币，可自由兑换、自由铸造，白银可自由输出入。银本位分为银两本位与银币本位，它是历史上最早的货币制度，产生于货币制度萌芽的中世纪。银本位制作为一种独立的货币制度存在时间并不长，范围也较小，主要是印度、墨西哥、日本等国。我国古代长期实行的是金银秤量制和铜铸币制并行的货币制度，1910 年清政府宣布实行银本位，到 1935 年法币改革就废除了。银本位的缺点是，白银价值低不能适应大宗商品交易的实现，并且价格不稳定。19 世纪中期以后，黄金需求大幅增加而供给不足，白银的需求减少而产量增加。黄金作为价值高且稳定的贵金属，便取代了白银的统治地位。于是，许多国家纷纷放弃银本位制，相继采用了金银复本位制或直接进入金本位制。

2. 金银复本位制

金银复本位制是指金币和银币同时被法定为本位货币的货币制度。在这种制度下，金银两种铸币都是本位币，都是无限法偿货币，均可自由铸造，并可以自由兑换。复本位制盛行于资本主义原始积累时期（16～18 世纪），在这一时期，商品生产进一步扩大，对银和金的需求量都大幅增加。银价值含量小，适合于小额交易；金价值含量大，适合于大额交易。这大大便利了商品流通，促进了商品经济的发展。

但是，由于货币自身的独占性和排他性，两种本位币同时流通必然会造成混乱。最初金币和银币按其自身包含的价值流通，称为平行本位制。由于金银两种铸币所含的价值不同，流通中商品的价格要以金银分别标价，而且这两种价格会随着金银的市场比价的变化而变化，造成流通中的混乱状态。于是，国家用法律规定金币与银币的比价，称为双本位制。但在双本位制中，当一个国家同时流通两种实际价值不同但法定比价不变的货币时，实际价值高的货币（良币）必然被人们熔化，收藏或输出而退出流通，而实际价值低的货币（劣币）反而充斥市场，造成"劣币驱逐良币"的现象，史称"格雷欣法则"。在这种情况下，国家规定作为良币的金币可以自由铸造，银币则不允许自由铸造，称为跛行本位制。到 19 世纪 70 年代，世界白银过剩，银价爆跌，各主要资本主义国家都先后放弃了复本位制，货币制度过渡到金本位制。

3. 金本位制

金本位制是指以黄金作为本位币的货币制度，主要有金币本位制、金块本位制和金汇兑本位制三种形式。金币本位制是指以金币为本位币，推行以金币流通为主的一种货币制度。其特点是：金币可以自由铸造；辅币和银行券可自由兑换成金币；黄金可以自由输出入国境。金币本位制是最典型的金本位制，是一种比较稳定的货币制度。它可以自动调节流通中的货币量，从而保证物价稳定和经济的平稳运行，在资本主义发展过程中起到了促进作用。

金块本位制是指没有金币的铸造和流通，而由中央银行发行以金块为准备的纸币来进行流通的货币制度。其特点是：金币不再铸造、流通；纸币或银行券为流通货币，规定含金量，在限定数额内方可兑换金块；黄金由政府集中储存。金汇兑本位制是指以银行券作为流通货币，银行券不能直接兑换黄金，只能通过外汇间接兑换黄金的货币制度。

其特点是：货币单位规定含金量；国内流通银行券；银行券不能兑换黄金，可换取外汇。金块本位制和金汇兑本位制是残缺不全的、不稳定的货币制度。由于没有金币的流通，货币失去了自动调节机制，币值稳定机制也不复存在。这种脆弱的金币本位制，经过1929～1933 年的世界性经济危机后，就被不兑现的信用货币制度所代替，从而为国家干预、调节经济提供了一个非常有效的机制。

4. 信用货币制度

信用货币制度是指以不兑换黄金的信用货币（纸币或银行券）为本位币的货币制度。其特点是：不兑现的纸币为本位币，不规定含金量，也不可兑换黄金；中央银行垄断货币发行，货币发行通过信用程序投放到经济流通领域，由国家强制力赋予无限法偿能力。这种不兑现的纸币代替黄金成为本位币，黄金完全退出货币流通的现象叫做黄金非货币化。信用货币制度取代金本位制是货币制度演进中的一次重大飞跃，它突破了货币商品形态的桎梏，适应了商品生产和流通的发展，大大节约了社会流通费用，显示出较大的优越性。但是，这种货币制度也有一定的缺陷，具有很大的危机性。在信用货币制度下，货币发行由中央银行根据国内的经济需要来控制，如果货币投放过多，就可能出现纸币贬值、通货膨胀；如果货币投放过少，就可能出现物价下跌、通货紧缩。黄金非货币化在现代市场经济中具有非常重要的意义，政府可以利用纸币发行来调节经济，调节得当，则币值稳定，经济繁荣。目前，国家对货币流通的管理和调节日益增强，各国都把货币政策作为实现宏观经济目标的重要手段。

（四）我国的货币制度

我国的货币制度是人民币制度。人民币制度属于不兑现的信用货币制度，由中国人民银行依法进行管理调控。人民币制度开始于解放战争即将胜利之时，1948 年 12 月 1 日，中国人民银行在石家庄正式成立，同时发行人民银行券，即人民币。1955 年 3 月 1 日起发行了新版人民币，规定以新币 1 元兑换旧币 1 万元，提高了人民币单位"元"所代表的价值量。人民币制度基本内容如下。

1）人民币是我国的法定货币，具有无限法偿能力。

2）人民币的单位为"元"，辅币的名称为"角"和"分"，人民币以"￥"为符号。

3）人民币是一种不兑现的信用货币，采用不兑换银行券的形式，人民币没有含金量的规定，不能自由兑换黄金，也不与任何外币正式联系。

4）人民币是我国唯一的合法通货，严格禁止外币在中国境内计价流通，严禁金银流通，严格禁止妨害人民币及其信誉。

5）国家指定中国人民银行为唯一的货币发行机关，并对人民币流通进行管理。

6）人民币是信用货币。人民币的发行有三个层次的发行保证：一是以商品物资为基础，即根据商品生产的发展和流通的扩大对货币的实际需要而发行；二是信用保证，包括政府债券、商业票据等；三是黄金、外汇储备。

7）人民币实行有管理的货币制度。中国人民银行可根据国民经济动态变化和客观需要，通过调控货币发行、货币流通及利率等手段对货币供应量进行调整。同时对汇率进行管理，设立外汇储备基金，实行以市场供求为导向的、单一的有管理的浮动汇率制度。

8）人民币在国际收支经常项目下可自由兑换，人民币出入国境实行限额管理。

第三节　信用与信用工具

一、信用的含义及构成要素

（一）信用的含义

信用（credit）是一种以偿还和付息为条件的，暂时让渡商品或货币的借贷行为，体现一定的债权债务关系。信用有借方和贷方两个关系人，贷方为授信者，即债权人；借方为受信者，即债务人。授信过程是债权人将一定的有价物借给债务人，到约定时间，债务人归还该有价物并附加一定利息。有价物可以是商品、劳务、货币或某种金融要求权（如股票或债券）。无论是何种信用，通常都可以用货币支付。可见，信用是一种以偿还和付息为条件的借贷行为。马克思指出，信用是以偿还为条件的付出，即货币或商品有条件让渡的独特运动形式。

偿还和付息是信用最基本的特征，也是它与财政分配相区别的特征。信用分配是有偿的，而财政分配基本上是无偿的，如企业税收和财政转移支付都是无偿的。信用反映的是债权债务关系，商品和货币的所有者由于让渡财产的所有权而取得债权人的地位，而商品和货币的需求者则处于债务人的地位，借贷双方具有相应的权利和义务。信用是价值运动的特殊形式，一般商品交换是以等价交换为基础的，在交换中实现商品所有权的转移，而信用活动是价值单方面的转移，只是财产使用权的让渡。

（二）信用的构成要素

信用有四大构成要素。

1. 信用关系

信用关系是指信用双方当事人通过直接或间接方式进行资金和实物的融通而形成的债权债务关系，它是构成信用的基本要素。任何信用活动均至少涉及到两方面的当事人，他们通过直接或间接方式进行资金和实物的融通而形成债权债务关系。其中，转移资产、服务的一方为债权人，其借出商品或货币的行为称为授信；接受的一方为债务人，其接受商品或货币的行为称为受信。授信者以自身的资产为依据授予对方信用，受信者则以自身的承诺为保证取得信用，因此，在信用交易过程中，授信者取得一种权利（债权），受信者承担一种义务（债务）。信用与债权债务是同时发生的，没有权利与义务的关系也就无所谓信用。

2. 信用标的

信用标的是指信用关系中被交易的对象。这种对象就是被让渡的商品或货币。它表现为授信方的资产，可以是有形的（如商品或货币形式），也可以是无形的（如服务形式）。没有信用客体，就不会产生信用交易，因而也不会有信用行为的发生。

3. 信用工具

信用工具是指证明债权债务关系存在的合法书面凭证。它是信用关系的载体。授受信用双方的权利和义务关系，需要表现在一定的载体上（如商业票据、股票、债券等），这种载体被称为信用流通工具。信用流通工具是信用关系的载体，没有载体，信用关系无所依附。作为载体的信用流通工具一般具有返还性、流动性和收益性的特点。

4. 信用条件

信用条件是信用关系确立的各种制约性规定，主要包括信用期限、利息和偿还方式等。期限是信用关系从开始到终止的时间间隔，即计息时间，它是信用行为得以存在的必然条件。利息是债权人让渡财产使用权所得的补偿，是债务人取得财产使用权所付出的代价，其大小取决于时间的长短、本金的多少、风险的大小以及资金的供求情况等。偿还方式包括本金的偿还方式和利息的偿还方式，这也是信用关系确立时必须明确的条件。

二、信用的主要形式

信用关系都会表现为一定的信用形式。随着现代商品货币关系的发展，信用形式日趋多样化和复杂化。按照信用主体的不同，信用形式可分为商业信用、银行信用、国家信用、消费信用和国际信用等五种形式。商业信用是现代信用制度的基础，商业信用和银行信用是两种最基本的信用形式。

（一）商业信用

商业信用是工商企业之间在买卖商品时，以商品形态提供的信用。商业信用是企业间的直接信用。商业票据是商业信用工具，主要有期票和汇票两种。商业信用的具体方式有很多，如赊销商品、委托代销、分期付款、预付定金、预付货款及补偿贸易等，归纳起来主要是赊购赊销和预付货款两大类。商业信用是以商品形态提供的信用，其主体都是商品的经营者，并与特定商品的买卖相联系。由于这种信用与商品流通紧密结合在一起，故称为商业信用。商业信用是现代经济中最基本的信用形式，构成了现代信用制度的基础。在市场经济中，商业信用发挥着润滑生产和流通的作用，是企业融通资金、促进商品销售、加速资金周转、提高经济效益的有效形式。同时，商业信用也存在局限性。它在规模上受到企业资本数量的限制，在期限上受到企业资金周转的时间限制，在范围上受到商品流转方向的限制。而且，商业信用经常使企业间形成债务链条，可能引起信用危机，在管理调节上有一定难度。

（二）银行信用

银行信用是银行及其他金融机构以货币形式对工商企业提供的信用。银行信用是在商业信用基础上发展起来的一种间接信用，包括吸收存款和发放贷款两个方面的业务，银行以吸收存款等形式筹集社会各方面的闲散资金，并通过贷款等形式运用资金，存贷利差是银行获得的业务收入。信用工具有银行券、支票、存单等。银行信用具有信用创造的功能，银行通过信用活动在货币乘数的作用下创造出货币。银行信用克服了商业信用的局限性，在规模、范围、期限上都大大超过商业信用，成为现代经济中最基本的占主导的信用形式。随着商品货币经济的发展，商业信用也日益依赖于银行信用，银行通过商业票据的承兑和贴现，把商业信用纳入了银行信用的轨道。但是，商业信用仍是社会信用制度的基础，银行信用并不能取代商业信用，因为银行信用直接服务于产业资本的周转，服务于商品从生产领域到消费领域的运动。可见，商业信用与银行信用各具特点，两者相互交织、相互补充、相互促进、相互利用。

（三）国家信用

国家信用又称政府信用，是指国家及其附属机构作为债务人或债权人，依据信用原则向社会公众和国外政府举债，或向债务国放债的一种信用形式，即以国家（或政府）为主体的借贷活动。国家信用有多种方式，如发行各种银行债券、银行透支或借款、向外国政府借款、在国际金融市场上发行债券等。发行国库券和公债券是国家信用的典型形式。国库券是政府为了解决财政年度内预算支出困难，而发行的期限在一年以内的短期债券。公债券是政府为了弥补长期财政赤字而发行的期限在一年以上的长期债券。国家信用由于信誉度高、收益稳定、流动性强、风险小，是受社会公众欢迎的信用形式之一。国家信用也是一种古老的信用形式，其产生直接与国家财政相联系。通常是政府利用赤字财政扩大需求，刺激生产，而通过发行公债来弥补巨额财政赤字。在现代市场经济中，国家信用具有非常重要的作用，它既可以调节财政收支的短期不平衡，弥补财政赤字，又可调节货币供应量，成为国家经济宏观调控的工具。

（四）消费信用

消费信用是指企业、银行和其他金融机构向消费者个人提供的、直接用于生活消费的信用。消费信用按性质可分为两种：另一种是商业信用性质的消费信用，如赊销、分期付款；另一种是银行信用性质的消费信用，如消费信贷、信用卡透支。赊销是由零售商以延期付款的方式销售商品，提供给消费者的短期消费信用，也就是延期付款的销售方式。分期付款是用于购买耐用消费品，如汽车、住房或高档家具、家电的消费者，先付一部分货款，其余部分按合同规定分期加息偿付，在货款付清之前，消费品的所有权仍属于卖方的一种中期消费信用。消费贷款是银行或其他金融机构以贷款形式向消费者提供的长期消费信用，一般用于购买汽车或住房，时间可达二三十年，可采取抵押贷款方式或信用贷款方式。消费信用与商业信用和银行信用并无本质区别，只是授信对象和授信目的有所不同。消费信用的授信对象是消费者，授信目的是为了满足和扩大消费者消费资料的需求，授信者对受信者会有一定的要求。消费信用在现代经济中起着积极作用，可以促进消费品的生产与销售，调节市场的供求关系，引导社会消费，提高消费者的消费水平。同时，也可为大量银行资本找到出路，提高资本的使用效率。但是，消费信用的过度发展会加剧市场紧张，造成通货膨胀和债务危机。

（五）国际信用

国际信用是指一切跨国的借贷关系或借贷活动，是各国银行、企业、政府之间提供的信用以及国际金融机构向各国政府、企业、银行提供的信用形式。随着经济全球化和经济自由化的发展，一国的商业信用、银行信用和国家信用扩展到世界范围，就形成了国际信用。国际信用是一种良好的国际经济合作和引进外资的方式，具体包括国际商业信用、国际银行信用、政府间信用、国际金融机构信用等形式。国际信用体现的是国与国之间的债权债务关系，直接表现资本在国际间的流动。同国内信用相比，国际信用涉及的资金规模大，信用风险大、信用程序、形式和工具复杂，并且，国际信用方向呈现不对称性。目前，西方发达国家在国际信用中往往是债权国，发展中国家则往往是引进外资的债务国。

各种信用形式的主要区别见表7.1。

表 7.1　各种信用形式的主要区别

信用形式	主要区别
商业信用	债权人和债务人双方都是工商企业
银行信用	债权人和债务人必须有一方是银行
国家信用	债权人和债务人必须有一方是国家
消费信用	债务人是消费者
国际信用	债权人和债务人有一方是非居民

三、信用工具

（一）信用工具及其特征

信用工具又称金融工具，是在信用活动中产生的、能够证明债权债务关系并具有法律效力的书面凭证。信用工具是资金融通的工具和信用关系的载体，是各种信用形式的具体化。任何信用工具都具有双重性质，对于发行人和出售者，它是一种债务；对于购买人和持有者，它是一种债权或金融资产。信用工具一般有以下四个显著特征。

1. 偿还性

偿还性也称期限性，是指信用工具的发行者或债务人按期归还全部本金的特性。一般信用工具都标有偿还期，债务人到期必须全部归还信用凭证上所记载的应偿付债务。不同偿还期能满足不同债权人和债务人对借贷期限的需要。但是，存在两个特例：一是银行活期存款随时可以提取，其偿还期不定；二是股票和永久性债券不偿还本金，只付利息，其偿还期为无限。但有价证券可在市场上流通转让，可把无限化为有限，长期化为短期。

2. 流动性

流动性是指信用工具可以迅速变现而不致遭受损失的能力。衡量一种信用工具的流动性大小包含着两方面的含义：一是能否随时迅速变现；二是变现过程中价格损失的程度及所消耗交易成本的大小。除货币和活期存款以外，各种信用工具都存在着不同程度的不完全流动性，即现金和活期存款具有最充分的流动性，国库券具有较强的流动性，而其他信用工具的流动性则相对减弱。一般来说，信用工具的流动性与偿还期限成反比，与债务人信誉和信用能力成正比。偿还期限越短，债务人信誉越高，流动性越强，反之则流动性弱。

3. 风险性

风险性是指购买金融信用工具的本金和预期收益遭受损失的可能性。任何信用工具都可能产生不同程度的风险性。信用工具的风险主要有信用风险和市场风险两种。信用风险是指债务人不履行合约，不能按规定返本付息而给债权人带来损失的可能性。它主要取决于债务人的信誉、经营能力、经营状况及金融工具本身的等级。例如，同一企业所发行的债券风险小于优先股票，而优先股票风险小于普通股票。市场风险是指信用工具市场价格波动而给投资者带来损失的可能性。例如。股票市场价格波动可能给投资者带来较大损失。一般来说，信用工具的风险性大小与信用期限正相关，与债务人信誉度和流动性负相关。

4. 收益性

收益性是指信用工具能定期或不定期地为其持有人带来一定收入的能力。例如，股票可获得股息，债券可获得利息。另外，由于金融市场的行情变化，买卖信用工具也可获得差价收益，被称为资本利得。收益性要通过收益率来衡量和反映。收益率是净收益与本金的比率，有名义收益率、当期收益率、实际收益率三种类型。收益率与信用工具的价格和市场利率密切相关。一般来说，信用工具的收益性与其流动性成反比，与其风险性成正比。

（二）信用工具的分类

随着货币信用经济的发展，信用工具的数量和种类也越来越多，每种信用工具都有各自的特点。信用工具按不同的标准可进行不同的分类。

1. 以偿还期为标准

以偿还期为标准，信用工具可以分为短期信用工具和长期信用工具。短期信用工具也称货币市场信用工具，是指偿还期在 1 年以内的金融工具。它具有期限短、风险低、流动性强、收益率低等特点，主要有汇票、本票、支票、信用证、信用卡、国库券、可转让大额定期存单、回购协议等。长期信用工具也称资本市场信用工具，是指偿还期在 1 年以上的金融工具。它具有期限长、风险大、流动性弱、收益率高等特点，主要有股票、公司债券、公债券等。

2. 以发行者的性质为标准

以发行者的性质为标准，信用工具可以分为直接信用工具和间接信用工具。直接金融工具是指工商企业、个人和政府等非银行金融机构为筹集资金而发行的融资工具，包括商业票据、股票、公司债券、国库券、公债券等。这些信用工具是债权人和债务人在金融市场上直接进行借贷、交易的工具。间接金融工具是指金融机构为聚集贷放资金而发行的信用工具，包括银行券、各种期限的存单、银行票据、金融债券、人寿保险单等。

3. 以所有权性质为标准

以信用资产的所有权性质为标准，信用工具可分为权益类工具和债务类工具。权益类工具是一种所有权凭证。它表明投资者取得的不是债权而是所有权，所以不能要求还本，只能通过转让所有权，即以出售证券的方式收回本金。权益类工具只有股票一种。债务类工具是一种债权凭证，它表明投资者取得的是债权，因此有权要求还本付息。除股票外的其他信用工具都是债务类工具。

（三）主要信用工具

1. 票据

票据是指载明金额和期限，到期时由付款人向持票人或指定人支付款项的书面债务凭证。企业签发的作为企业之间商品交易所引起债权债务关系凭证的票据为商业票据。它是为商业信用服务的信用工具。银行签发并承担付款义务的票据为银行票据。它是在银行信用基础上产生的信用工具。票据以支付一定金额为目的,可以流通转让,包括汇票、本票和支票。

（1）汇票

汇票是债权人向债务人发出的,命令债务人在约定期限内支付一定款项给第三人或持票人的支付命令。汇票有出票人、付款人、收款人三方当事人。汇票的出票人是债权人,所以必须经债务人承兑后才生效。承兑是票据的付款人在票据上签名盖章,写明"承兑"字样,承诺票据到期保证付款的行为。汇票按出票人的不同,可分为商业汇票和银行汇票。商业汇票是指工商业主体或个人签发的汇票,有即期和远期之分。即期商业汇票见票即付,无需承兑。远期汇票则需要付款人在到期日之前先承兑,并于到期日支付票据金额。银行汇票是由银行签发,委托另外的银行为付款人的汇票,主要用于银行的票汇业务中。银行汇票均为即期汇票,见票即付。

（2）本票

本票又称期票,是债务人（出票人）承诺在一定时间及地点,无条件支付一定款项给收款人的书面凭证。本票的基本特征有两个:一是本票的基本当事人只有出票人和收款人两个;二是本票的付款人为出票人自己,因此没有承诺制度。本票按出票人的身份不同,可分为商业本票和银行本票,依据到期日不同可以分为即期本票和远期本票。目前我国只允许签发即期的银行本票,不允许签发远期本票,也不允许签发商业本票。但是在国际金融市场上存在着大量远期商业本票（又称商业期票）的流通和交易。商业汇票和商业本票合称商业票据。

（3）支票

支票是发票人签发的,委托其开户银行从其活期存款账户上支付一定金额给指定人或持票人的支付命令。支票一般有出票人、付款人和收款人三方当事人,付款人为银行。支票是一种委托式的信用工具,是银行票据的一种,仅限银行发行。支票主要分为现金支票、转账支票和普通支票。现金支票只能支取现金,转账支票只能转账,普通支票既可支取现金,又可转账。如果在普通支票左上角划两条平行线,则成为划线支票,只能转账。

2. 信用证

信用证是指在国际贸易活动中,开证银行应本国进口商的要求,向出口商签发的,保证在有效期限内凭单支付一定金额的付款承诺书。信用证上注明了支付货款的条件,如交货规格、数量等。信用证开出后,银行就承担起履行付款的责任,对出口商的货款起到保证作用,因此大大促进了国际贸易的发展。信用证是在国际信用的基础上发展起来的,是现代国际贸易中普遍使用的信用工具。信用证有商业信用证和旅行信用证两种。商业信用证是指开证银行应买方的要求和指示,向卖方开出的书面保证文件,保证在规定的期限内,只要卖方交来符合信用证规定的单据,开证银行保证付款。旅行信用证又称货币信用证,是银行专门为便利旅行者出国旅行时支取款项所发行的信用凭证。旅行者在出国前，将款项交存银行，由银行开出旅行信用证。在旅行途中需要支付时，旅行者可凭信用证向指定的所在地银行取款。

3. 信用卡

信用卡是银行或专业公司对具有一定信用的顾客签发的，可以在指定场所进行记账消费的一种信用凭证，如维萨卡（VISA card）、万事达卡（MASTER card）等。它是在消费信用的基础上发展起来的一种新的信用工具，具有转账结算、储蓄、汇兑、消费信贷等多项功能。信用卡上有发卡银行代号、持卡人姓名、有效期限等内容，卡的背面有磁性条，录有持卡人的有关资料和密码，以用于识别真伪。持卡人可在本地或外地指定的商店、公司、饭店、旅馆等场所凭卡购买商品和支付费用，无须支付现金，一定时期后由发卡银行与顾客和各家特约机构进行结算。信用卡的广泛使用，可以起到减少现金的使用，节约流通费用，便利支付等作用。目前，我国的信用卡普遍用作支付货款和服务费用的工具。

4. 股票

股票是股份公司为筹集资金而发给其股东，证明其所投入的股份份额，并能凭其领取股息红利和参与剩余资产分配的书面凭证。股票是一种所有权凭证，是代表公司财产所有权和价值的证书。股票是一种永久性证券，不能要求还本，只能通过证券市场将股票出售以收回投资，股票收益因公司经营状况的不同而不同。股票是现代企业制度和信用制度发展的结果。股票按股东风险和权益的不同可分为优先股和普通股，这也是股份公司发行的两种主要类型的股票。优先股有固定的股息，发行时已确定，其股东有优先分配股息和公司破产时分配剩余资产的权利，但无公司经营管理权、选举权和被选举权。普通股是股份公司最基本、最普遍的股票，股息不固定，股息分配视公司经营盈利情况而定，其股东享有公司经营管理权。优先股的风险小于普通股，普通股的股息一般情况下要多于优先股。

5. 债券

债券是国家、企业、金融机构等为筹措资金，按法定手续发行的，并承担在指定时间还本付息义务的书面债务凭证。它反映了筹资者和投资者之间的债权债务关系，是有价证券的重要组成部分。债券与股票相比收益稳定，投资者无参与经营权。债券种类很多，按发行主体不同，可分为政府债券、公司债券和金融债券，按期限还可分为短期债券、中期债券和长期债券。由于债券的偿还具有明确的期限性，加之债券的发行人一般是政府或有关的公用事业单位、银行和信用较高的大企业，具有较高的安全性，同时利率一般高于储蓄存款利率，因而是一种受到普遍欢迎的证券品种。

6. 保险单

保险单是保险当事人双方签订的，保险人为投保人在遭受承保范围内的损失时提供补偿，或其到一定年龄后支付一笔款项的凭证。保险单也是一种可供人们筹资或投资的金融工具，特别是人寿保险单兼有储蓄投资功能，投保人即便在投保期内平安无事，也同样可拿到本金和红利。保险单主要有人寿保险单、健康保险单、火灾保险单等。

7. 金融衍生工具

衍生金融工具是指其价值依赖于基础金融资产的一类金融产品。基础金融资产可以是股票、债券、存单、外汇等。随着世界范围内金融创新的快速发展，出现了许多金融衍生工具。它是在传统信用工具的基础上发展起来的投资和风险管理工具，具有保值、规避风险、融资等功能。近年来在国际金融市场上交易十分活跃。金融衍生工具主要有金融远期、金融期货、金融期权、互换协议等。金融远期合约是最简单的一种金融衍生工具，是指买卖双方约定在未来某一日期按事先商定的价格买卖一定数量相关金融资产的合约。远期合约的交易一般不在规范的交易所内进行，而是通常在两个金融机构之间或金融机构与其客户之间签署的，合约中规定了标的物的种类、交割期限、交易价格、交易数量。金融远期合约主要有远期利率协议、远期外汇合约、远期股票合约等。金融期货合约是指买卖双方在有组织的交易所内以公开竞价的方式达成的，在未来某一时间交割标准数量特定金融资产的合约。金融期货合约主要包括利率期货、货币期货、股票指数期货、外汇期货、黄金期货等。金融期权合约是一项法律合同，赋予期权的买方有权在约定的时间或时期内，按照约定的价格买进或卖出一定数量的相关金融资产，也可以根据市场行情放弃行使这一权利。如果期权的买方决定行使这一权利，则期权卖方必须履行合同。为了取得这一选择权利，期权合约的买方必须向卖方支付一定数额的费用，即期权费。按照相关金融资产的不同，金融期权可以分为外汇期权、利率期权、股票期权、股票价格指数期权等。金融互换合约也称为掉期或调期，是指交易双方当事人按共同商定的条件，在约定的时间内，交换支付一系列现金流以达到双方互利（转移、分散和降低风险）目的的一种金融交易，主要包括货币互换和利率互换。

第四节 利息与利率

一、利息

（一）利息的含义

利息（interest）是借贷资金的价格，是信用关系中由借款人支付给贷款人的作为资金使用代价的报酬。利息是信用的偿还性所决定的，它来自于生产者使用借贷资金发挥生产职能而形成的利润的一部分。利息是伴随着信用关系而产生的经济范畴，并构成信用关系的基础。利息的存在是信用经济的一个重要特征，只要有信用关系存在，就必然存在利息。

它随着信用关系的产生而产生，并随着信用关系的发展而发展。在市场经济条件下，利息在社会经济和生活中都发挥了十分重要的作用。利息是银行吸收存款和聚集社会资金的重要手段；是工商企业和金融机构进行经济核算的基础；是调节社会资金供求，促进企业提高经营管理水平和资金利用效率的有效手段；是国家进行社会再分配的重要工具。

（二）利息的来源和本质

利息是伴随着信用关系而产生的经济范畴。利息的本质决定于利息的来源，是由信用关系的性质决定的。利息同信用一样，放在不同的社会生产方式下反映着不同的生产关系。关于利息来源和本质的问题已探讨了几百年的时间，一直是人们争论不休的问题，各种流派提出了众多的解释。

1. 西方经济学家的观点

在揭示利息本质的过程中，西方存在着许多理论。配第的利息报酬论认为，利息是因暂时放弃货币的使用权而获得的报酬。萨伊的资本生产论认为，资本具有生产力，资本创造利润和利息，利息是资本生产力的产物。西尼尔的节欲论认为，利息是资本家节制目前的消费欲望而得到的补偿。庞巴维克的时差利息论认为，人们对当前的资产价值评价要大于对未来的资产的评价，利息就是对两个不同时间的不同主观评价而带来的价值上的差异。凯恩斯的流动偏好理论认为，人们愿意持有流动性较强的货币资产，利息是货币资产所有者放弃流动性偏好的报酬。总之，在西方经济学家看来，利息是对放弃货币的机会成本的补偿。西方经济学家关于利息来源与本质的理论大多脱离经济关系本身，无法揭示资本主义利息的真正来源与本质。

2. 马克思的观点

马克思通过对资本主义生产关系的深刻分析，科学揭示了资本主义利息的本质。马克思认为，利息就其本质而言，是剩余价值的一种特殊表现形式，是利润的一部分，反映了职能资本家和产业资本家共同剥削雇佣工人的关系。马克思主义经济学家将这一科学理论引入了社会主义经济范畴，认为在以公有制为主体的社会主义社会中，利息同样是利润的一部分，是社会收入再分配的一种形式，反映了社会主义经济关系。在我国社会主义市场经济条件下，利息来源于国民收入或社会财富的增值部分，反映了有中国特色的社会主义经济关系。

（三）利息的计算

利息的多少取决于本金及利息率水平。利息率简称利率，是一定期限内利息额与本金的比率，是货币资金的价格。用公式表示为

$$利息＝本金×利率 \tag{7.1}$$

1. 单利和复利

利息的计算有单利和复利两种方法。单利（simple interest）就是不管贷款期限的长短，仅按本金计算利息，对所生利息不加入本金重复计息的计算方法。单利计算简单，方便，一般多用于短期信用。其计算公式为

$$I=P\times r\times n \tag{7.2}$$
$$S=P+I=P(1+r\times n) \tag{7.3}$$

式中，I 为利息；P 为本金；r 为利率；n 为期数；S 为本利和。

【例7.1】 一笔期限为 5 年、年利率为 10%的 10 万元的银行贷款，到期后按单利计算，银行应支付多少利息？本利和为多少？

解：

利息总额为：$100\ 000\times10\%\times5=50\ 000$（元）；

本利和为：$100\ 000\times(1+10\%\times5)=150\ 000$（元）。

复利是一种将上期利息转为本金一并计息的计算方法，即利滚利。按复利计算利息，不仅本金要计算利息，上期利息也要作为继续计算利息的依据。复利计算法更符合商品经济条件下的资本特性，即资本在运动中不断增值，而且已经增值的部分作为资本使用，也要增值，复利反映了利息的本质特征，更能准确反映所有者的收益和货币资金的使用效益，可以正确地反映资金的时间价值，多用于长期信用。其计算公式为

$$S=P(1+r)^{n} \tag{7.4}$$
$$I=S-P=P[(1+r)^{n}-1] \tag{7.5}$$

【例7.2】 一笔期限为 5 年、年利率为 10%的 10 万元的银行贷款，5 年到期后按复利计算，银行应支付多少利息？本利和为多少？

解：

本利和为：$100\ 000\times(1+10\%)^{5}=161\ 051$（元）；

利息总额为：$161\ 051-100\ 000=61\ 051$（元）。

根据我国现行利率政策，活期存款每年结息一次，结息日为每年 6 月 30 日，利息并入本金起息；其余各类存款均按单利计息。因而，活期存款计息带有一定的复利性质。我国各项贷款均按单利季度结息，每季度末月 20 日为结息日，但结息日不能支付利息，欠息部分并入本金，计收复利。

2. 现值与终值

经济学上，将货币资金的价值通过现值与终值两个侧面来反映。

终值（future value，FV）又称未来值，指当前的一笔投资资金按一定利率计算，在未来某一时间所获得的货币总额。这个数额也就是本利和。终值的计算方法就是本利和的计算方法，计算公式见式（7.6）。例 7.2 中按复利计算的 161 051 就是终值。

现值（present value, PV）指未来某一时点要取得一定数额货币，按一定的利率水平计算，在当前必须具有的资金。现值的计算方法正好是终值计算方法的逆运算。计算公式见式（7.7）。

$$FV = PV \times (1+r)^n \tag{7.6}$$

$$PV = \frac{FV}{(1+r)^n} \tag{7.7}$$

式中，FV 为终值；PV 为现值；r 为利率；n 为期数。

【例7.3】 小张5年后需要一笔10万元的货币，年利率按10%计算，则他现在需要存入银行多少钱？

解：

$$PV = \frac{FV}{(1+r)^n} = \frac{100\,000}{(1+10\%)^5} = 62\,092.13 （元）$$

现值与终值是相对而言的，现值相对于其前面的价值而言就是终值，而终值相对于其后面的价值而言又成为现值。现值与终值在投资方案选择时是非常有用的工具。在现实生活中，一个项目的投资很少是一次性的，大多是连续多年陆续投资，不同的方案不仅投资总额不同，而且投资在年度之间的分配比例也不相同。如果不运用现值的方法，把不同时间、不同金额的投资换算为同一时点的值，则无法比较方案的优劣。单利与复利计算公式的推导过程如表7.2所示。

表7.2 单利与复利计算公式推导

计息方式	期数（n）	计算基数（P）	利息（I）	期末本利和（S）
单利	1	P	Pr	$P(1+r)$
	2	P	Pr	$P(1+2r)$
	…	…	…	…
	n	P	Pr	$P(1+n\times r)$
复利	1	P	Pr	$P(1+r)$
	2	$P(1+r)$	$P(1+r)r$	$P(1+r)^2$
	…	…	…	…
	n	$P(1+r)^{n-1}$	$P(1+r)^{n-1}r$	$P(1+r)^n$

二、利率

（一）利率的表示

利率即利息率，是指在借贷期内所形成的利息额与借贷资金的比率。它表示利息水平的高低，体现了借贷资本的增值程度，是借贷资金的价格。利率是重要的经济杠杆，对经济运行发挥着调节作用。利率可以按照不同的标准进行分类。利率用公式表示为

$$利率 = \frac{利息额}{借贷资金额} \times 100\%$$

（7.8）

例如，银行存款 10 000 元，年利息收入为 600 元，则年利率为 $\frac{600}{10\,000} \times 100\% = 6\%$。

利率通常以年利率、月利率、日利率来表示。年利率亦称年息，是以年为单位计算利息的利率，通常以百分之几计算，称为年息几厘。例如，年息 3 厘就是年利率为 3%。月利率亦称月息，是以月为单位计算利息的利率，通常以千分之几计算，称为月息几厘，即月息 3 厘就是月利率为 3‰。日利率也称日息、拆息，是以日为单位计算利息的利率，通常以万之几计算，称为日息几厘。年利率是宏观经济分析中常见的一个利率指标；月利率是微观经营中常用的利率指标；日利率一般在计算短期资金融通利息时使用，如银行拆借、计算罚息等。西方国家习惯以年利率为主，我国习惯以月利率为主。

（二）利率的种类

1. 存款利率和贷款利率

利率按照资金流向可分为存款利率与贷款利率。存款利率是客户在银行和其他金融机构存款时计算利息所依据的利率。贷款利率是银行和其他金融机构在对企业、个人等发放贷款时计算利息所依据的利率。存款利率直接决定了存款人利息收益和金融机构的融资成本，贷款利率直接决定着金融机构的利息收入和借贷人的筹资成本。贷款利率一般高于存款利率，其差额即为存贷利差，世界平均为 4% 左右。存贷利差是银行收益的主要来源，对信贷资金的供求状况和货币流通有着重要影响。

2. 名义利率与实际利率

利率按照真实水平可分为名义利率与实际利率。名义利率是金融市场上以名义货币表示的利率，它是包含了通货膨胀因素的利率。实际利率是名义利率扣除了通货膨胀因素后的真实利率，即物价不变、货币购买力不变条件下的利率。名义利率不可能小于零，因为名义利率不但包含了通货膨胀风险的补偿，还包含信用风险、机会成本的补偿。在市场经济中，由于物价水平不断变动，实际利率水平也随之不断变化，可能短时间内小于零，但不可能长期为负，否则人们就不再存款了，银行就必须提高名义利率使实际利率大于零。实际利率是资金使用的真实成本，其变化会影响人们的资产选择行为和货币资金的供求状况，从而对经济发生实质性影响。实际利率通常用名义利率减去通货膨胀率即为实际利率，即

$$R_r = R_n - P$$

（7.9）

式中，R_r 为实际利率；R_n 为名义利率；P 为通货膨胀率。

【例 7.4】　A 向 B 提供 10 000 元贷款，年利息额为 1 000 元，即名义利率为 10%。

如果当年物价上涨了 3%，那么，10 000 元的本金就贬值了 300 元，A 所获利息就要扣除 300 元的涨价损失，实得利息为 700 元。故实际利率就是＝10%－3%＝7%。如果当年物价上涨了 13%，则实际利率就是＝10%－13%＝－3%。如果当年物价下跌了 3%，则实际利率就是＝10%－（－3%）＝13%。

3. 固定利率与浮动利率

利率按照借贷期内是否浮动可分为固定利率与浮动利率。固定利率是指利率在借贷期限内都固定不变，不随借贷供求状况和市场利率而变动。固定利率锁定了融资成本和风险，简便易行，比较适宜于短期贷款。浮动利率是指利率在借贷期限内不固定，随着市场利率的变化而定期调整。浮动利率不利于融资成本的计算，核算烦琐，但借贷双方可共同承担利率变化的风险，比较适宜于市场利率多变且期限较长的借贷业务。

4. 法定利率与市场利率

利率按照决定方式可分为法定利率与市场利率。法定利率又称官定利率，是由政府金融管理部门或者中央银行确定的利率。法定利率是政府调控经济的杠杆，体现了政府的政策意图，对市场利率起着导向作用。市场利率是指在某一时点，金融市场上由借贷资金的供求关系直接决定并由借贷双方自由议定的利率。市场利率随市场规律而自由变动，直接反映出资金的供求状况。银行间同业拆借市场利率是比较典型的市场利率，其中，伦敦银行同业拆借利率是国际金融市场上最有影响的市场利率。随着经济全球化和经济自由化的发展，西方发达国家已实现了利率自由化。

5. 短期利率和长期利率

利率按照信用期限长短可划为短期利率和长期利率。信用期限的长短通常以 1 年为标准。短期利率是借贷期限在 1 年以内的利率；长期利率是借贷期限在 1 年以上的利率。一般说来，长期利率高于短期利率。融资期限长，市场变化的可能性加大，经营风险性加大，借贷资金的流动性减小，借贷的风险性也就越大。因此，利率作为风险的补偿就要相应提高。由此可见，银行等金融机构进行信贷资金的期限结构管理对于保证其经营的稳健性十分重要。

（三）决定和影响利率水平的因素

确定合理的利率水平是国家运用利率杠杆调节经济的重要环节，也是微观经济主体经营管理活动的一项内容。关于利率的决定和影响因素是金融中的重大理论课题。西方经济学家进行了广泛的论证，提出了多种理论，如费雪和马歇尔的实际利率论、罗伯逊的可贷资金论、凯恩斯的流动偏好论、希克斯和汉森的 IS-LM 模型等，这些理论主要着眼于利率变动取决于供求对比关系。马克思在对利率来源与本质分析的基础上，建立了利率决定论，科学揭示了利率的决定因素。马克思认为，利息是借贷资本家从职能资本家那里分割来的一部分剩余价值，剩余价值表现为利润，所以，利息量的多少取决于利润总额，利率的高低取决于平均利润率。利率水平的决定受到客观经济规律的制约。决定和影响利率水平的因素非常复杂，总的来说，主要可分为经济因素、政策因素和制度因素三类。其中，经济因素包括经济周期、通货膨胀、税收等；政策因素包括货币政策、财政政策、汇率政策等；制度因素主要是利率管制下的利率状况。具体来说，影响利率的因素主要有如下方面。

1. 社会平均利润率

利息来源于利润，是利润的一部分，因此，利率受利润率的制约。社会平均利润率是决定利率高低的最基本因素。市场经济主体都以追求利润为目的，利润被分割成两部分，一部分作为企业经营的报酬，另一部分作为企业支付给借贷者的利息。一般情况下，利率与平均利润率同方向变化，随平均利润率的提高而提高，随之降低而下降。但利率最高不能高于平均利润率，最低不能低于零。利率高于平均利润率，企业因无利可图而不愿借款；利率为零，货币所有者就不愿借出资金。因此，利率将在平均利润率和零之间波动。在社会主义市场经济中，利率也是由平均利润率决定的。

2. 资金的供求关系

利率是资金的"价格"，资金供求状况是影响利率变动的一个重要因素。在市场经济中，当平均利润率一定时，资金供求关系是决定具体利率水平及其变化的最主要因素。当资金供不应求时，借贷双方的竞争使利率上升；当资金供过于求时，利率就会下降，体利率水平是借贷资金供求实现均衡时的利率。可见，利率水平的高低反映了资金供求状况，同时也调节资金的供求关系。因此，利率政策成为国家调节资金供求的重要手段。

3. 物价水平

物价水平是制定利率必须考虑的一个因素。因为，物价变动必然引起货币购买力的变动，其变动幅度制约着名义利率水平的高低，从而影响到借贷双方对资金价格的评价。物价上涨，货币就会贬值，如果存款利率低于通货膨胀率，实际利率为负，就会严重挫伤存款人的存款积极性；如果贷款利率低于通货膨胀率，则银行的实际收益减少，就会严重影响银行和金融体系的运营。因此，通货膨胀时应适当提高名义利率，通货紧缩（即物价下跌）可适当降低名义利率。

4. 银行成本

银行是以吸收存款、发放贷款、办理结算等为主要业务的金融企业，也需要讲求经济效益，也必须以利润最大化为经营目标。银行成本是确定利率水平的重要制约因素。银行在从事金融业务时要支付存款利息，要付出各项经营管理费用和成本，而贷款利息收入是银行收益的主要来源。因此，只有贷款利率高于银行的经营成本，保持合理的存贷利差，银行才能维持正常的运营。

5. 国家经济政策

在市场经济条件下，一国的宏观经济都需要政府进行调控和干预，货币政策和财政政策是国家调节国民经济、实现国家经济目标的两个重要政策手段。利率作为有效的经济杠杆，是各国货币政策中经常采用的工具。因而，利率不再是完全随借贷资金的供求状况自由波动，而是受到中央银行的控制和调节。中央银行可以通过再贴现利率的变化直接对市场利率水平进行干预。再贴现利率具有基础利率的作用，其变化将会影响到商业银行存贷款利率、同业拆借利率、债券利率等作同一方向的变化。中央银行也可以通过运用货币政策工具改变货币供给量，从而影响可贷资金的数量，间接调节市场利率。在经济不景气时，中央银行通过降低利率来刺激投资，加快经济发展速度；当经济过热时，中央银行就要提高利率，减少投资需求，缓解通胀压力。另外，财政政策对利率的影响也很明显。政府增加财政支出，社会需求增加，会引起投资需求增加和收入增加，因而会引起利率上升。政府增加税收收入，就会直接降低居民和企业的可支配收入，减少他们的储蓄和投资，货币需求会相应减少，利率水平会下降。

6. 国际利率水平

在经济全球化的时代，随着各国之间贸易、金融交易的增加，国际金融市场一体化的程度越来越高，国际利率水平对国内利率也有重要影响。国际利率对国内利率的影响是通过资金的国际移动实现的。如果国内利率高于国际利率水平，资本将大量涌入，导致国内金融市场上资金供大于求，国内利率会下降；如果国内利率低于国际利率水平，则资本将流出，国内资金供不应求，国内利率将上升。国内利率与国际市场利率往往有一种联动效应，因此，一国政府在调整国内利率时必须考虑国际利率水平。

除以上因素外，借贷期限长短、借贷风险大小、一国经济开放程度、利率管理体制、经济周期等，都会对一国国内利率产生重要影响。

（四）利率在现代经济中的作用

在现代市场经济中，利率发挥着极其重要的作用。利率作为国家调节经济的重要杠杆，对一国宏观经济和微观经济都起着调节作用，成为各国中央银行调节经济的重要工具。

1. 利率对宏观经济的调节作用

从宏观角度看，利率是各国政府及金融管理当局进行宏观调控的重要经济杠杆。首先，利率具有聚集社会闲散资金的功能，协调消费和积累的比例关系，为经济发展提供资金来源。其次，利率作为资金的价格，可以调节资金的供求关系，调节货币流通量，稳定物价水平。第三，利率可以调节社会信贷规模和投资规模，引导资金流向高利润的部门，调节资本在各部门之间分配，优化产业结构。提高利率可以减少对资本的需求，紧缩投资规模，降低利率则会增加对资本的需求，扩大社会投资规模。利率是国家干预和调节经济的重要杠杆。第四，利率可以影响汇率和国际资本流动方向，是平衡国际收支的杠杆。

2. 利率对微观经济的调节作用

从微观角度看，利率的作用体现在对企业和个人两个微观经济主体上。首先，利率对企业的投资决策和管理有着直接影响。利率作为企业自有资金的机会成本和借入资金的使用成本，能够影响企业的投资规模和投资资金流向，促进企业加强经营管理和资金核算，提高资金的使用效率。利率越高，企业筹资成本提高，收益降低，因而会减小投资规模；利率降低，企业筹资成本降低，收益提高，因而会扩大投资规模。其次，利率可影响到居民的经济行为。利率的变化会影响居民收入在消费和储蓄之间的分配，利率越高，人们越愿意储蓄；率降低，则会刺激居民消费。最后，利率变化会影响居民金融资产的价值，改变其资产选择行为，从而对金融市场产生影响。利率提高，人们会增加储蓄，减少股票和债券等金融资产的持有；利率降低，人们则会减少储蓄，增加股票和债券的持有。

在我国社会主义市场经济中，利率也发挥了极为重要的作用。利率有利于促进企业节约使用资金，加强经济核算，提高资金使用效率；有利于筹集社会闲置资金，促进经济建设发展；有利于调节信贷规模；有利于国民经济的稳定协调发展。但利率作用的发挥需要市场化的利率决定机制和合理的利率结构。我国要使利率杠杆充分发挥作用，应进一步推进利率市场化改革。

阅 读 资 料

欧洲统一货币——欧元

一、欧元的产生

欧元（Euro）是欧元区内各国使用的统一货币。于1999年1月1日正式启动，自即日起，欧盟11个国家的货币将逐步完成向欧元的转换。欧元区国家原先使用的货币统一称为"欧元区内国家的货币"，简称"欧币"。1999年1月1日至2001年12月31日为欧元的过渡期，2002年1月1日欧元的纸币和硬币投入流通，2002年7月1日，欧元区内各国的原货币完全退出流通，欧元成为欧元区内12个国家唯一的货币，欧洲统一货币正式形成。欧元是具有独立性和法定货币地位的超国家性质的货币，这是世界金融货币史上的伟大创举，它对世界货币的格局以至国际经济政治将产生巨大的影响。

二、"欧元"的名字是如何而来的

欧盟各成员国在 1992 年 9 月于马斯特里赫特签署的《欧洲联盟条约》中做出实行单一货币的决定。该条约所附的议定书允许英国和丹麦游离于单一货币体系之外。1995 年 12 月 15 日至 16 日在马德里召开的欧洲理事会上，15 个成员国的首脑一致决定将欧洲单一货币定名为"欧元"，并通过推行实施欧元的最后方案。

三、欧元区包括哪些国家

欧洲货币联盟的比利时、德国、西班牙、法国、爱尔兰、意大利、卢森堡、荷兰、奥地利、葡萄牙和芬兰等 11 个成员国从 1999 年 1 月 1 日开始实行欧元统一货币，希腊于 2001 年 1 月 1 日采用欧元，成为欧元区第 12 个成员国。其余三个欧盟国家丹麦、瑞典和英国目前没有参与此进程。

四、欧元的缩写和符号有何象征意义

欧元的官方缩写是"EUR"。欧元的符号像中间穿过两根清晰平行线的英文字母 E，这个符号的灵感来自于希腊字母，暗指欧洲文明的摇篮，并且是"欧洲"（Europe）这个单词的第一个字母。平行线象征着欧元的稳定。欧元符号醒目、容易辨认，很快就变成与美元符号一样为人们所熟知。作为缩写，欧元符号使用起来方便，开始越来越多地出现在计算机和打字机的键盘上。

五、谁来保证欧元的稳定

货币稳定与否，要看其政府执行的政策是否稳定。欧元启动后，成员国货币政策将由欧洲中央银行统一制定和实施。欧元的稳定将由欧洲中央银行的独立性获得保证。欧洲中央银行是一种新型的联邦机构，此银行的首要宗旨在于稳定物价，欧元币值的稳定、坚挺是其主要目标。在《马约》和《稳定和增长公约》中对欧洲央行的独立性都做了明确规定和法律保证。

六、实行单一货币——欧元有什么好处

首先，实行单一货币后，在欧元区内部出国旅行的人无须再兑换货币，可以减少很多麻烦，外汇的买卖差价和付给银行的手续费将不会再有，因此各成员国间款项的支付和转账变得更为便捷、安全、节省，小企业收益更多。对企业和消费者来说，实行单一货币意味着不必担心汇率波动风险。其次，如果商品和服务的定价都按照同一货币计算，单一市场的竞争性就会大大加强，这对整个欧盟是有好处的。因此，单一货币有助于刺激经济增长和增加就业。向单一货币转换还意味着各成员国政府将对彼此的经济政策产生更大的影响，其中包括对利率的影响。各国在单独面对投机商给他们的货币造成的压力时，常常力不从心，实行单一货币后他们的信心会大得多，有利于减少利率方面的不确定性。

资料来源：http://www.chinagoldcoin.net/ouyuan/wenda.htm

本 章 小 结

　　金融是与货币、信用、银行和非银行金融机构相关的经济活动的总称。金融有直接金融和间接金融之分。现代金融体系的构成有金融工具、信用交易、金融机构、金融市场等要素。金融是现代经济的核心，在市场经济中发挥着重要作用。

　　货币是指在购买商品和劳务或清偿债务时，具有普遍接受性的支付手段。货币具有价值尺度、流通手段、支付手段、贮藏手段和世界货币五个职能。货币的形态经历了实物货币、金属货币、代用货币、信用货币、电子货币的演进过程。

　　货币制度是一个国家以法律形式确定的该国货币体系和货币流通的结构及组织形式。货币制度的发展经历了一个从金属货币制度到不兑现信用货币制度的历史演变过程。金属货币制度包含银本位制、金银复本位制、金本位制三种形式。我国的货币制度是人民币制度，人民币制度属于不兑现的信用货币制度。

　　信用是一种以偿还和付息为条件的借贷行为，体现一定的债权债务关系。偿还性是信用最基本的特征。信用有信用关系、信用标的、信用工具、信用条件四大构成要素。信用形式主要有商业信用、银行信用、国家信用、消费信用和国际信用等五种。信用工具一般有偿还性、流动性、风险性、收益性四个显著特征。信用工具主要有票据、信用证、信用卡、股票、债券、保险单及金融衍生工具。

　　利息是借贷关系中，由借款人支付给贷款人的作为资金使用代价的报酬。利率是指在借贷期内所形成的利息额与借贷资金的比率，是借贷资金的价格。影响利率的因素主要有社会平均利润率、资金的供求关系、物价水平、银行成本、国家经济政策、国际利率水平等。在现代市场经济中，利率成为各国中央银行调节国民经济的重要工具。

复习思考题

1. 金融有哪些构成要素？
2. 货币有哪些职能？
3. 货币制度的主要内容有哪些？
4. 常见信用工具有哪些？各有何特点？
5. 市场利率变化主要有哪些影响因素？
6. 利率对国民经济有何调节作用？

第八章　金融机构体系

学习要点

1. 了解金融机构体系的一般构成及相互关系，掌握各机构的特点和业务内容
2. 了解中央银行产生的客观经济条件，理解中央银行的性质与主要类型，掌握中央银行的职能，了解金融监管的主要内容
3. 了解商业银行产生和发展的过程，理解商业银行的性质、职能和组织制度，掌握商业银行的主要业务
4. 理解政策性银行的概念和特点，掌握我国政策性银行的分工特点
5. 了解保险公司、信托投资公司和证券公司的主要类型及主要业务

课前导读案例

我国金融机构综合经营的特征

我国目前金融机构的综合经营或称为"混业经营"，在现实生活中已大量存在，而且形式繁多，各式各样，但归纳起来主要有三类。

一是通过成立金融控股公司或金融集团，持有多个金融机构股权，达到综合经营或"混业经营"。如中信、光大、平安集团，这些集团分别相对控股与绝对控股银行、证券、保险、基金、期货、信托等金融机构。也有实业公司投资金融业形成的金融集团，如山东电力集团和国家开发投资公司等。这些综合经营或称为"混业经营"，并不是直接意义上的混业经营，而是通过股权的持有，通过跨行业投资间接实现综合经营或"混业经营"。

二是各类金融机构相互合作，共用平台，或者成立专门机构实现销售功能上的综合经营。即金融机构之间相互代理销售金融产品，如银行销售基金、保险产品，证券公司销售基金，或者是一集团内不同金融机构统一网页，共同营销产品。一些金融集团实现集团内金融机构数据的集中与统一处理。

三是各类金融机构共同竞争同一类性质的资产管理业务。目前，各类金融机构出于各种原因或压力，已纷纷将资产管理业务作为业务发展重点之一，如银行的理财业务，证券公司的定向资产管理业务与集合资产管理业务，保险公司的分红保险、投资联结保险，信托公司各式各样的信托计划，基金管理公司的各类证券投资基金以及客户委托投资计划等。虽然这些业务名称各不相同，具体操作上因各监管部门监管方式

不一而导致业务方式不尽一样，但这些行为体现的都是"信托"原则，实现的都是相同的"代客理财"功能。从这一点讲，在这类业务方面，中国各类金融机构已真正实现了综合经营或混业经营。

资料来源：http://finance.sina.com.cn/economist/jingjixueren/20060112/09322269768.shtml

第一节　金融机构概述

一、金融机构及其功能

（一）金融机构的概念及种类

金融机构（financial institution）是指专门从事各种金融活动以及为金融活动提供相关服务的组织。金融机构的特点是：以货币资金为对象，资产由金融工具组成，业务活动集中于金融工具的持有和交易。各种金融机构是货币、信用和资金融通活动的经营者和组织者，也是金融市场的参加者和组织者，在金融活动中处于重要地位，是金融体系的核心。金融机构按照不同的方法可以进行不同的分类。

1. 银行金融机构和非银行金融机构

按业务经营范围的不同，金融机构可分为银行金融机构和非银行金融机构。银行金融机构是以吸收存款作为主要资金来源的金融机构及其监督管理机构，包括中央银行、商业银行、专业银行三种类型，它们在金融机构体系中居于支配地位，构成现代银行制度。非银行金融机构不是以吸收存款作为主要资金来源，而是以特定方式吸收资金和运用资金的金融机构及其监督管理机构，包括证券公司、保险公司、信用合作机构、信托投资公司、租赁公司、财务公司等。它们是整个金融机构体系中非常重要的组成部分，其发展状况是衡量一国金融体系是否成熟的重要标志之一。

2. 直接金融机构和间接金融机构

按资金融通方式的不同，金融机构可分为直接金融机构和间接金融机构。直接金融机构是为筹资者和投资者双方牵线搭桥或提供相关服务的金融机构，如证券公司、证券经纪人以及证券交易所等。间接金融机构是作为资金余缺双方进行金融交易媒介的机构，如商业银行以及某些作为金融中介的非银行金融机构。直接金融机构主要促成贷款人与借款人直接发生交易，而间接金融机构通过各种负债业务活动聚集资金，然后再通过资产业务活动分配这些资金。

此外，金融机构按照业务性质可分为商业性金融机构和政策性金融机构，按照业务地理范围可分为国内金融机构和国际金融机构。

（二）金融机构的功能

金融机构作为经营货币资金的特殊企业，在信用高度发达的市场经济体系中发挥着多种重要的功能。

1. 信用中介功能

信用中介功能是金融机构最基本的功能。充当信用中介是指金融中介机构通过自身信用活动充当经济行为主体间货币借贷的中间人。金融机构通常以一定量的自有资金为资本，通过吸收存款，发行各种证券等方式形成资金来源，并通过贷款、投资等形式运用资金，在向社会提供各种金融工具和金融服务的过程中获取利润。通过信用中介功能，金融机构把社会上的各种闲散资金集中起来，把短期资金转化为长期资金，把闲置资金转化为生产资金，从而使借贷资金得到最有效的利用，在不改变社会资本总量的条件下扩大了生产规模，提高了生产率，促进了经济的发展。

2. 支付中介功能

支付中介功能是指金融机构为客户办理与货币运动有关的技术性业务，成为企业、团体和个人的货币保管者、出纳员和收付代理人。作为支付中介，金融机构通过存款在账户上的转移，代理客户收付资金；在存款的基础上，为客户兑付现款等。通过支付中介功能，减少了现金的使用，节约了社会流通费用，加速了货币资金的周转，促进了社会再生产的扩大。

3. 信用创造功能

信用创造功能是指金融机构通过贷款和投资活动，创造存款货币，扩大信用规模的功能。这一功能是支付中介职能的延伸，是商业银行的特殊功能，其他金融机构一般不具信用创造的能力。商业银行利用所吸收的存款货币发放信用贷款，贷款又以存款的方式进入银行，在这种不完全提取现金的情况下，就增加了银行资金的来源，最后在整个银行体系形成了数倍于基础货币的派生存款。通过信用创造功能，大大减少了货币流通费用，为经济发展提供了更多的流通手段和支付手段，扩大了社会信用规模，为经济发展提供了有力的支持。

4. 金融服务功能

金融服务功能是金融机构在传统业务的基础上，应社会发展需要而发展起来的业务内容。由于金融机构联系面广，具有专业、人才和信息等优势，特别是电子计算机在业务中的广泛应用，使其具备了为客户提供多种金融服务的条件。在现代经济中，企业和居民对金融服务的要求越来越高，不仅服务质量要求越来越高，而且对服务范围要求越来越广，如代发工资、代收水电费、代售车票、投资咨询、信用担保、租赁、信托等。同时，由于金融业竞争日益激烈，金融机构为了开拓业务领域，也都开展了这些服务项目以增加利润。通过金融服务功能，金融机构不仅拓展了业务，增加了利润增长点，也大大便利了人们的生活。

二、金融机构体系的构成与发展趋势

（一）金融机构体系的含义及构成

金融机构体系指金融机构的组织体系，简称金融体系，是一个由经营和管理金融业务的各类金融机构所组成的完整系统。金融体系具体由中央银行、银行金融机构、非银行金融机构和金融监管机构等组成。中央银行是货币金融政策的制定机构。银行金融机构包括商业银行、专业银行、政策性银行、外资银行同组成的。非银行金融机构包括保险公司、证券公司、信托投资公司、财务公司、信用合作社、退休和养老基金、投资基金、邮政储蓄机构等。

（二）金融机构体系的发展趋势

金融业的发展经历了混业经营、分业经营再到混业经营的过程。分业经营是指金融机构之间有严格的业务范围划分，如商业银行能经营存贷款业务，其他金融机构就不能经营；而混业经营则没有严格的限制。当前，世界各国金融机构体系都处在由分业经营向混业经营过渡的阶段，金融业混业经营是大势所趋。我国是目前世界上为数不多的实行分业经营、分业监管的国家。

1999 年 11 月 4 日，美国参院通过《1999 年金融服务法》（Financial Services Act of 1999）以取代运行 60 多年的《格拉斯-斯蒂格尔法》（Glass Steagall Act），从而结束了银行、证券、保险分业经营管理的局面，标志着金融业走向了混业经营时代。分业经营使美国走出了经济危机的泥沼，但经过 60 多年的分业经营，金融业在权衡分、混业经营的利弊之后，还是选择了混业经营的道路。

混业经营的制度优势主要体现在：①能加强金融业的竞争，有利于优胜劣汰和提高效益，促进社会总效用的上升。②使并购后的金融行业拓展了规模边界，更好地发挥技术优势，扩大同质性产品或服务的提供，实现规模效益。③可以整合利用商业银行、投资银行、保险公司等的有限资源，形成信息共享、损益互补机制，取得范围经济的合成效应。④使客户得到综合性金融服务的便利，面对一个窗口就可以获得银行集团内部包括存贷款、证券、保险、资产管理、咨询、电子服务等内容在内的"一条龙"服务。

当然，若缺乏相应配套的严格管理和风险控制制度，混业经营可能会给整个金融体制带来很大的风险。第一，利益的引诱和竞争的压力，使商业银行短期资金流入资本市场、投资银行进行垫头交易、银行因收益和风险不对称而引发道德风险等，由此可能带来信用链断裂的金融危机。第二，混业经营下形成的更大范围的行业垄断，不仅易使金融业的不稳定因素危及产业的安全，也容易使股市价格作为经济指标的作用失效，对国民经济的发展产生消极影响。第三，金融监管体系的不健全和金融法规制度的不完善，会使撤去"防火墙"的金融业被不完善的管理所遗漏的星星之火燎原成全局性的风险。因此，现代混业不仅要求在组织模式上采用创新形式，而且要求商业银行、投资银行、保险公司等内部建立科学的风险控制机制，风险控制工具被广泛采用，更需要有效的宏观金融监管机制与之相配合。

三、我国的金融机构体系

（一）我国金融机构体系的演变

1. 新中国成立前夕旧中国的金融体系

1949 年中华人民共和国成立前夕，旧中国存在两个对立的金融机构体系，即国民党统治区的金融机构体系和共产党领导下的解放区的金融机构体系。

国民党统治区的金融机构体系主要由官僚资本主义银行、民族资本主义银行、帝国主义银行、其他非银行金融机构所组成。官僚资本主义银行居于统治和垄断地位，包括"四行二局一库"。"四行"是 1928 年国民党政府建立的中央银行、清末成立的中国银行和交通银行、1935 年成立的中国农民银行。"二局"是 1930 年建立的邮政储金汇业局和 1935 年建立的中央信托局。"一库"是 1946 年成立的中央合作金库。中国民族资本主义银行是从 19 世纪末 20 世纪初逐步建立起来的，先天不足，发展缓慢，力量非常薄弱。帝国主义银行是 19 世纪 40 年代以来由帝国主义资本在中国开设的银行，主要经营对中国的奴役性贷款，对中国的金融体系实行控制。此外，还有一些其他非银行金融机构，在农村则是高利贷的天下。

共产党领导下的解放区的金融机构体系主要由银行和农村信用合作社组成。共产党在根据地和解放区曾先后建立了 30 多家自己的银行，最早的是 1931 年中央苏区在瑞金成立的苏维埃共和国国家银行。这些银行发行自己的货币，办理存贷款业务，以支持生产和革命事业。农村信用合作社是根据地和解放区为了抑制高利贷剥削而成立的，对解决农民生产生活困难，促进农业生产和支持革命战争起了很大作用。

2. 新中国金融机构体系的建立与发展

新中国金融机构体系的建立与发展大致可分为以下几个阶段。

（1）新中国金融体系的建立（1948～1953 年）

中国人民银行的成立是新中国金融体系诞生的标志。辽沈、淮海战役胜利后，为了适应全国解放的新形势，1948 年 12 月 1 日，在原华北银行、北海银行和西北农民银行的基础上建立了中国人民银行，并于当天发行人民币，1949 年迁到北京。新中国金融机构体系的建立是通过组建中国人民银行、合并解放区银行、没收官僚资本银行、改造私人银行与钱庄，以及建立农村信用合作社等途径实现的。中国人民银行接管了官僚资本银行及其他金融机构，包括国民党政权的中央银行、省市地方银行和资本全部属于官僚资产阶级的商业银行。中国银行和交通银行在接管后仍保留原名，并分别成为外汇专业银行和长期投资银行。同时，通过公私合营的方式对民族资本银行和钱庄进行社会主义改造，外资银行撤出中国，在农村广泛建立了信用合作社，并建立了中国人民保险公司。到 1953 年前后，我国基本上建立了以中国人民银行为核心和骨干，少数专业银行和其他金融机构为辅助和补充的金融机构体系。

（2）"大一统"的金融体系（1953～1978 年）

与这个时期高度集中的计划经济体制相适应，金融机构体系也实行了高度集中的单一国家银行体系——"大一统"模式。其基本特征为：全国只有一家银行——中国人民银行，分支机构遍及全国，既行使金融管理和货币发行的中央银行职能，又从事借贷、储蓄、结算和外汇等普通银行业务经营活动。所有业务行为按严格的计划进行，利润分配上实行统收统支。这种模式是计划经济体制的必然要求，也有力地保证了经济计划的实现，但体制僵化，缺乏活力，银行没有积极性，效率低下。

（3）改革初期的金融体系（1979～1983 年）

这一时期建立了多元混合型的金融机构体系。1979 年，为适应农村经济体制改革和对外开放的需要，中国农业银行和中国银行相继从中国人民银行中分离出来。1980 年，中国人民建设银行（1996 年 3 月更名为中国建设银行）从财政部独立出来，其业务范围从单纯的财政拨款扩展到信贷和储蓄业务。同时，非银行金融机构，如中国国际信托投资公司和中国人民保险公司等，也先后成立或恢复业务。这些金融机构的成立打破了中国人民银行一家包揽的局面，但中国人民银行仍然一身兼二任，不能有效地对金融进行调控与管理。

（4）改革完善中的金融体系（1984～1993 年）

这一时期建立了中央银行体制，形成了以中国人民银行为核心，以四大专业银行为主体，多种金融机构并存和分工协作的金融机构体系。为了加强金融监管和金融宏观调控，1983 年 9 月，国务院决定中国人民银行专门行使中央银行职能。1984 年 1 月，中国工商银行成立，承办原来中国人民银行经办的工商信贷和城镇储蓄业务。1987 年 4 月，国务院重新组建交通银行，它是我国第一家股份制的全国性商业银行。此后，又陆续组建了 10 余家股份制商业银行。1988 年后，中国平安保险公司和中国太平洋保险公司相继成立，打破了中国人民保险公司独家垄断的格局。1990 年和 1991 年，上海证券交易所和深圳证券交易所先后成立，标志着中国证券市场正式形成，一批证券公司相继成立。这些金融机构的产生，对加强金融业的合理竞争，促进金融业的经营管理，支持国民经济发展起了重要作用。

（5）新型金融机构体系的建设（1994年至今）

1994年以来，为了与社会主义市场经济体制相适应，我国金融体系进一步改革和完善，建立了以中国人民银行为核心，国有商业银行为主体，政策性银行和各种金融机构并存的金融体系。1994年，为了对专业银行进行商业化改革，实现政策性金融与商业性金融分离，我国先后建立了三家政策性银行，同时着手进行专业银行向商业性银行的转换。2001年11月，张家港市、常熟市、江阴市在原农村信用社的基础上，组建了3家农村商业银行，它们是在农村信用合作社的基础上改制组建的股份制商业银行，标志着我国新的农村金融机构的诞生。2003年3月中国银监会成立，我国金融业实现了"分业经营、分业管理"。2004年，中国银行股份有限公司和中国建设银行股份有限公司成立，标志着国有商业银行的股份制改革正式启动。随着2010年7月15日中国农业银行的成功上市，原四大国有商业银行都已经转变为股份制商业银行。目前，我国正处在实现和完善这一新的金融机构体系的过程之中。

（二）我国现行的金融机构体系

我国的金融机构体系按其地位和功能，大致可分为中央银行与金融监管机构、银行金融机构、非银行金融机构、外资金融机构四类。我国金融机构体系是以中央银行为领导，以国有商业银行和政策性银行为主体，多种金融机构并存，分工协作的金融组织体系。

1. 中央银行和金融监管机构

中国人民银行是我国的中央银行。中国人民银行在国务院领导下，制定和实施货币政策，防范和化解金融风险，维护金融稳定，提供金融服务。中国人民银行直属国务院，设有货币政策委员会，制定的货币政策经国务院批准后才能执行，同时在制定货币政策上又有一定的独立性。同时，我国分别对银行、证券、保险设立专门的监管机构。中国银行业监督管理委员会（简称中国银监会）是对银行和信托机构及其业务活动进行监督管理的机构，为国务院直属事业单位，于2003年3月设立。中国证券监督管理委员会（简称中国证监会）是对中国证券、期货市场进行统一监督管理的机构，为国务院直属事业单位。1992年10月，国务院证券委员会和中国证券监督管理委员会成立，1998年4月，两者合并组成新的中国证券监督管理委员会。中国保险监督管理委员会（简称中国保监会）是全国商业保险的主管部门，为国务院直属事业单位，于1998年11月成立。

2. 银行金融机构

我国的银行金融机构包括商业银行和政策性银行两类。商业银行又可分为国有商业银行、股份制商业银行和城市商业银行三类。国有商业银行是我国金融机构的主体，是由国家专业银行演变而来的，包括中国工商银行、中国农业银行、中国银行、中国建设银行四家。这四家银行是随着改革开放的不断深入而逐渐建立起来的，并承担不同的分工，现在已全部改制为股份制商业银行。我国先后成立的股份制商业银行有交通银行、深圳发展银行、中信实业银行、招商银行、中国光大银行、华夏银行、广东发展银行、上海浦东发展银行、兴业银行、中国民生银行等。城市商业银行是在对原城市信用社清产核资的基础上，由城市企业、居民和地方财政投资入股组成的地方性股份制商业银行，实际上也属于股份制商业银行。我国还于 1994 年组建了三家政策性银行，即国家开发银行、中国进出口银行和中国农业发展银行。

3. 非银行金融机构

在一国金融机构体系中，一般把中央银行、商业银行、专业银行和外资银行以外的金融机构列入非银行金融机构体系。我国非银行金融机构包括的范围十分广泛，主要有保险公司、证券公司、信托投资公司、财务公司和信用合作组织等。此外，我国的金融资产管理公司、金融租赁公司、金融期货公司、投资基金管理公司等也属于非银行金融机构。

4. 外资金融机构

外资金融机构是依照中国有关法律法规的规定，经主管机关批准在我国境内设立和营业的金融机构，包括外资、侨资、中外合资的银行、财务公司、保险机构等金融机构。外资银行有美国花旗银行、法国巴黎国民银行、德意志银行、日本东京三菱银行、英国渣打银行、意大利商业银行等。外资保险公司有美国友邦保险、英国皇家太阳联合保险、日本财产保险公司、中英人寿保险、中意人寿保险等。2002 年 11 月 7 日，证监会、中国人民银行联合颁布《合格境外机构投资者境内证券投资管理暂行办法》，自 2002 年 12 月 1 日起施行。QFII（合格的境外机构投资者）经允许可通过严格监管的专门账户投资当地证券市场。同时，我国金融机构也逐步进入国际金融市场，在境外设立分支机构。

第二节　中　央　银　行

一、中央银行的产生与发展

（一）中央银行产生的客观必然性

中央银行（central bank）是在商业银行的基础上经过长期发展而逐步产生和发展起来的，它是经济发展的客观要求和必然结果，具有客观必然性。中央银行的产生有两个基本前提，一是商品经济发展比较成熟，二是金融业发展对此有客观需求。这种客观需求体现在以下几个方面。

1. 统一银行券发行的需要

在中央银行成立前，资本主义国家的所有银行都有权发行银行券并在市场上流通。商业银行的发展促进了商品经济的发展，同时也带来了一系列问题。一是各银行发行的银行券数量有限，流通范围窄，难以在全国范围流通，不利于统一大市场的建立和运行，不能适应商品生产和流通发展对货币的需要。二是许多中小银行限于财力和信用，银行券的兑现得不到保证，从而造成了货币流通的混乱。因此，在客观上需要一个具有权威性、且资本雄厚的大银行来集中发行货币，在全国范围内流通，以稳定货币，促进经济的发展。

2. 统一票据清算的需要

随着信用的迅速发展，银行业务不断扩大，每天收受的票据数量日益增多，各银行间的债券债务关系日益复杂。然而，由于没有一个全国统一的、公正的、有权威性的清算机构，银行间债权债务清算困难重重，矛盾突出。中央银行的出现从根本上解决了全国性票据交换和清算问题。

3. 最后贷款人的需求

随着资本主义经济的发展，社会对信贷的需求与日俱增，而商业银行仅以吸收的存款来提供信贷已难以满足经济的发展要求。同时，商业银行发行银行券受到种种限制，市场渠道筹资也有难度，同业拆借只能解决小额的临时性资金问题，过度使用存款又影响到清偿能力。因此，客观上就需要一个经济实力雄厚的部门向商业银行提供资金支持，充当商业银行的贷款人，在商业银行发生资金困难时予以必要的贷款支持。

4. 金融监管和金融宏观调控的需要

金融稳定事关一国经济稳定的全局，银行破产倒闭会给经济造成极大的震动和破坏。随着银行业竞争加剧和金融市场的发展，为了建立公平、效率和稳定的金融秩序，政府需要对金融业进行监督管理。中央银行作为国家金融监管的最主要机构，在金融监管中发挥着重要作用，保证了金融业的安全与规范。同时，中央银行作为政府机构，通过制定和实施货币政策，可对经济运行进行干预和调节，这是中央银行的另一重要职责。

（二）中央银行的产生和发展

中央银行正是为了解决上述问题而产生的。中央银行的产生和发展经过了一个漫长的渐进的过程。最初的中央银行也是普通的商业银行，只有一国政府以法律形式把一些有实力的大银行集中起来发行银行券，垄断货币发行权，商业银行才最终转化为中央银行。

中央银行制度产生于 17 世纪末，最早设立的国家银行是瑞典里克斯银行，它是现代中央银行的萌芽。它原是由私人创办的欧洲第一家发行银行债券的银行，1668 年由政府出面改组为国家银行，但直到 1897 年才独占发行权，开始履行中央银行职责，成为真正的中央银行。1694 年成立的英格兰银行是世界上第一家真正的中央银行，被公认是近代中央银行的鼻祖。1844 年，英国国会通过《比尔条例》，赋予英格兰银行独占货币发行权。随着其地位的提高，英格兰银行逐渐成为英国票据清算中心和其他银行的最终贷款人。1857 年的银行法确立了英格兰银行集中管理全国的金属储备。自此，英格兰银行完成了向中央银行的转变，成为中央银行的典范。19 世纪末，几乎所有欧洲国家及日本、埃及等均设立了中央银行。美国的中央银行成立较晚，1907 年发生的金融危机使美国政府意识到中央银行的必要性，1913 年通过了"联邦储备法案"，确立了中央银行制度。"二战"后，许多新兴的发展中国家也开始普遍设立中央银行。当中央银行制度在世界各国日渐普及的同时，中央银行的各项职能也不断明确和完善。20 世纪 30 年代大危机以后，凯恩斯提出了政府干预经济的理论，各国开始强调政府对经济的干预作用，而货币政策与财政政策是政府干预经济的主要工具。世界各国中央银行的形成主要有两种方式，一是由一般的商业银行演变而成；二是政府直接为担负中央银行职能而设立的。

（三）中央银行的基本类型

1. 单一中央银行制

单一中央银行制是指国家单独建立中央银行机构，使之全面、纯粹行使中央银行职能，并监管全部金融企业的制度，可分为一元式和二元式两种。一元式是建立统一的中央银行，采用总分行制。它的特点是：权利集中，职能齐全，分支机构众多。世界上大多数国家都采取这种模式，如英国、法国、日本、意大利、中国等。二元式是建立中央和地方两级中央银行机构，中央级机构是最高权力或管理机构，地方中央银行有较高的独立性。实行联邦制的国家多采用这种制度，如美国、德国等。

2. 复合中央银行制

复合中央银行制是指在一国之内，不设立专门的中央银行，而是由一家大银行既行使中央银行职能，又经营一般银行业务的银行管理体制。这种制度主要存在于计划经济体制国家，如苏联和东欧国家。我国在 1983 年以前也是实行这种银行制度。

3. 准中央银行制

准中央银行制是指在一些国家或地区并没有通常意义上的中央银行制度，只是设置类似中央银行的机构，或由政府授权某个或某几个商业银行部分行使中央银行职能的体制。如新加坡有两个类似于中央银行的机构，即金融管理局与货币发行局，由它们配合行使中央银行的职能。香港特别行政区的货币发行由汇丰银行、渣打银行、中国银行执行，货币政策和金融监管则由金融管理局执行。

4. 跨国中央银行制

跨国中央银行制是指由参加某一货币联盟的所有成员国联合组成中央银行的制度，如西非货币联盟、中非货币联盟、东加勒比货币管理局等。不发达国家因为经济实力弱，自己发行货币没有信用，因而几个国家联合发行一种货币。1998 年 7 月成立的欧洲中央银行是最有影响的跨国中央银行，它是由欧洲经济货币联盟的成员国为了同美国进行经济竞争而共同设立的，主要职能是发行统一的货币——欧元（EURO），并制定和实施欧元区的货币制度。

二、中央银行的性质和职能

（一）中央银行的性质

中央银行是一国的货币金融管理机构，在各国的金融机构体系中居于核心和主导地位。中央银行虽然也被称为银行，但并非商业银行那种意义的"银行"，具有其特殊性质。①地位的特殊性。中央银行是国家行政管理机构的组成部分，是一国金融管理最高当局，其主要职责是代表国家发行货币，制定与实施货币金融政策，金融监管，处理国际性金融事务等。②经营管理的特殊性。中央银行不同于普通金融企业，是非盈利性机构，不以盈利为目的。中央银行作为金融管理机构，在业务活动中不能谋求自身利益，而是以全社会利益为根本目标。③业务的特殊性。中央银行享有许多经营特权，不经营普通银行业务。现代中央银行一般都享有国家赋予的各种特权，如垄断货币发行，代理国库并发行政府债券，集中保管各商业银行的存款准备金，制定利率，管理金融市场，保管黄金与外汇，代表政府履行国际货币金融协定等。因此，中央银行不能与商业银行竞争，其业务对象仅限于金融机构和政府，而不能面向企业和个人。

（二）中央银行的职能

中央银行的职能一般被概括为"发行的银行"、"银行的银行"和"政府的银行"三大类。中央银行正是通过这些职能来影响货币供给量、利率等指标，实现其对金融领域乃至整个经济的调节作用。

1. 发行的银行

所谓"发行的银行"，是指中央银行垄断货币发行权，是国家唯一的货币发行机构。货币发行权一经国家法律形式授予，中央银行即对调节货币供应量、保证货币流通的正常与稳定负有责任。现代中央银行则通过掌握货币发行来调控货币供应量，保持币值稳定，对国民经济发挥宏观调控作用。

2. 银行的银行

所谓"银行的银行",是指中央银行集中保管银行的准备金并发放贷款,充当"最后贷款者",并对所有金融机构负有监督和管理责任。这主要体现在:第一,中央银行的业务对象不是一般企业和个人,而是商业银行和其他金融机构及特定的政府部门;第二,中央银行集中管理商业银行的存款准备金,充当最后贷款者,业务仍具有"存、贷、汇"业务的特征;第三,中央银行为商业银行和其他金融机构提供多种服务与指导,同时监督和管理全国的金融机构。

3. 政府的银行

所谓"政府的银行",是指中央银行是国家货币政策的执行者和干预经济的工具。中央银行代表国家制定和执行货币政策,代理国库收支并为国家提供各种金融服务,包括代理发行政府债券,为政府筹集资金,代表政府参加国际金融组织和各种国际金融活动,代表国家实施金融监管。

三、中央银行的业务

中央银行执行以上职能,是通过其业务活动反映出来的。中央银行的业务活动是围绕中央银行的货币政策展开的,目的是对宏观经济进行调节。但是,中央银行的业务活动与商业银行的业务有明显不同,它不是对具体企业和私人的业务,而是对政府和金融机构的业务。因此,中央银行虽然不直接办理具体信贷业务,但它与政府、银行及其他金融机构也发生了资产负债业务关系,从而形成了中央银行的资产负债表。同其他商业银行类似,根据其资产负债表所反映的资金运动关系,中央银行的业务仍可分为负债业务、资产业务和中间业务。

(一)中央银行的负债业务

负债业务是指中央银行以负债的形式获得资金来源的业务,是其从事资产业务的基础,主要包括货币发行业务、代理国库业务、集中存款准备金业务和自有资本等。

1. 货币发行业务

货币发行业务是指中央银行向流通领域投放货币的活动。中央银行的货币是通过再贴现、再贷款、购买有价证券以及收购黄金外汇等途径投入市场,并形成流通中的货币,成为中央银行对社会公众的债务。货币发行是中央银行最重要的负债和资金来源。中央银行发行的货币主要是中央银行券、不兑现的纸币和金属铸币。货币是中央银行的一种债务凭证,在现代不兑现的信用货币制度下,货币发行成为发行者的一项长期占有的稳定收益。因此,对中央银行来说,货币发行一方面是负债业务,另一方面是一种净收益。

中央银行一般都实行垄断发行和准备金制度。为了防止货币过度发行和稳定货币流通，各国采取了不同方法对货币发行量加以限制。有的国家规定了准备金制度，中央银行货币发行时必须以一定的金银、外汇、证券等作为发行准备。有的国家规定了最高发行量制度。我国采取信用发行原则，即以国家信用和中央银行信用作为货币保证。

2. 代理国库业务

中央银行一般都有代理国库的职责，即经办政府的财政预算收支，充当政府的出纳。政府的收入和支出都通过财政部在中央银行开设的各种账户进行。同时，依靠财政拨款的机关、团体和单位的存款也由中央银行办理。政府和公共机构因此在中央银行要存入大量资金。这种财政存款和财政性存款也是中央银行重要的资金来源。这些存款通常是无息的，所以，中央银行代理国库可获得大量资金，筹资成本还比较低。

3. 集中存款准备金业务

中央银行集中存款准备金是为了使国内各金融机构保持一定的流动性和足够的清偿能力。金融机构在中央银行的存款包括法定准备金和超额准备金两部分，它们是中央银行资金来源的重要组成部分。这些准备金除一小部分可以库存现金的形式持有外，大部分要交由中央银行保管，各存款机构在中央银行开立准备金账户，存入准备金。存款准备金制度的意义在于发挥准备金的"蓄水池"作用，同时为中央银行调节信用规模和控制货币供应量、调节宏观经济提供了政策手段和工具。

4. 自有资本

中央银行虽不以营利为目标，但与其他银行一样，必须拥有一定数量的自有资本以保证正常的业务活动。其自有资本主要有政府出资、混合持股、银行持股或私人持股。

（二）中央银行的资产业务

资产业务是指中央银行运用其负债资金的业务，主要包括贷款业务、再贴现业务、证券业务和储备资产业务。

1. 贷款业务

贷款业务是中央银行作为最后贷款人，对商业银行及其他金融机构发放的贷款。贷款的目的在于解决它们短期资金的不足。当某一金融机构面临资金困难，而别的金融机构又无力或不愿对其提供援助时，中央银行就扮演最后贷款人的角色。一般贷款利率比较优惠，期限较短，有的要求借款银行以有价证券作抵押。此外，中央银行也对财政部门提供贷款或透支，但在期限和数额上都受法律的严格限制，以避免中央银行沦为弥补财政赤字的工具，导致货币发行失控。

2. 再贴现业务

再贴现业务是中央银行买进商业银行所持有的未到期的商业票据，从而向商业银行融通资金的行为。中央银行再贴现是解决商业银行短期资金不足的重要手段，其利率称为再贴现率。通过调整再贴现率，中央银行可以对整个社会的资金供求状况和利率发生影响，再贴现利率也是中央银行实施货币政策的重要工具之一。

3. 证券业务

证券业务是指中央银行在金融市场上公开买卖有价证券的一项业务。中央银行持有证券和从事公开市场业务的目的不是为了盈利，而是通过证券买卖投放或回笼基础货币，对货币供应量进行调节。中央银行持有的证券一般都是信用等级比较高的国家债券，包括国库券和公债券。公开市场业务是中央银行调控货币供给的重要方式，是一项有效的货币政策工具。

4. 储备资产业务

储备资产业务是中央银行根据本国经济发展需要，对国际储备的规模和结构进行管理的业务。黄金和外汇储备是稳定币值的重要手段，也是国际间支付的重要储备。中央银行担负着为国家管理外汇和黄金储备的责任，而黄金和外汇储备要占用中央银行资金，因而属于中央银行的重要资金运用。

（三）中央银行的中间业务

中间业务是中央银行为商业银行和其他金融机构办理资金划拨清算和资金转移的业务，主要包括票据交换业务、资金结算业务和资金转移业务。它是中央银行金融服务职能的具体体现，主要包括票据交换业务、资金结算业务和资金转移业务。中央银行集中了商业银行的存款准备金，商业银行之间由于交换各种支付凭证所产生的应收应付款项，可通过它们在中央银行的存款账户划拨来清算，从而中央银行成为全国的清算中心。各中央银行都设有专门的票据清算机构，各商业银行之间的票据交换和结算业务通常是在中央银行的票据交换所集中办理的。同时，中央银行还设有电子资金划拨系统，在全国范围内为商业银行办理异地资金转移。中央银行统一办理清算为各家银行提供服务，不仅提高了清算效率，加速了资金周转，而且有利于加强中央银行对全国金融情况及商业银行等金融机构资金情况的了解，有助于中央银行监督、管理职责的发挥。此外，中央银行还从事金融统计业务，为金融机构的经营管理、金融监管和经济金融决策提供科学依据。我国金融统计的主要内容有：货币供应量统计、信贷收支统计、现金收支统计、对外金融统计、金融市场统计、保险统计和资金流量统计等。

四、中央银行的金融监管

（一）中央银行金融监管及其对象

金融监管即金融监督管理，是指一国的金融管理部门依照国家法律和行政法规的规定，对整个金融业（包括金融机构及其在金融市场上的所有业务活动）实行外部监督、稽核、检查和管理，以稳定货币、维护金融业的正常秩序。

金融监管的必要性是由金融业在国民经济中的地位和自身的特殊性所决定的。首先，金融业在现代经济中处于核心地位，金融的稳定关系到社会生产、流通、分配、消费等的顺利进行，关系到国家经济的发展和政局的稳定，在国民经济中具有特殊重要的地位。因此，对金融业的监管是国家社会经济稳定发展的必然要求。其次，金融业是一个高风险的行业，包括了信用风险、利率风险、汇率风险、市场风险、道德风险、政策风险、操作风险、国家风险等诸多风险。近年来，金融创新和金融自由化不断推进，金融风险剧增。金融业的高风险性决定了国家特别需要对该行业进行监管。第三，金融业具有公共性。金融作为经营货币这种特殊商品的行业，涉及各行各业和千家万户的切身利益。这就需要通过金融监管约束金融机构的行为，保证公平竞争，提高金融效率，保护公众利益，维护金融秩序。同时，金融监管是市场经济的内在要求。金融业在市场经济中具有特殊地位，通过外部监管可以克服市场缺陷，保证宏观经济的稳健运行。

金融监管的对象随着金融业的发展经历了不断演进的过程，监管范围不断扩大，从单纯的银行业监管扩展到对整个金融业的监管，包括银行金融机构、非银行金融机构、金融市场三个方面。由于政治经济体制和经济发展水平的差异，世界各国在金融监管的主体、对象、方式和内容等方面存在较大差别，有的国家中央银行享有金融监管特权，有的国家由中央银行和财政部等政府部门分工配合共同实施监管。各国金融监管体制主要有集中监管体制和分业监管体制。集中监管体制是把金融业作为一个相互联系的整体统一进行监管，一般由一个金融监管机构承担监管的职责。分业监管体制是根据金融业机构主体及经营范围的不同而分别进行监管的体制。绝大多数国家的金融监管是由中央银行来承担，中央银行在金融监管中处于特殊地位，发挥着特殊的作用。

（二）中央银行金融监管的目标和原则

1. 金融监管的目标

中央银行金融监管的目标可分为一般目标和具体目标。一般目标主要就是维持一个稳定、健全、高效的金融货币体系。具体目标则因各国经济金融发展状况不同而不尽相同，其基本内容大致包括经营的安全性、竞争的公平性和政策的一致性三个方面。

1）经营的安全性。它包括两个方面的含义：一是保护存款人和其他债权人的合法权益；二是保护金融体系的安全与稳定。金融活动是一种信用中介行为，金融机构聚集了社会各界的闲置货币和资本，与众多存款人和社会各方面利益息息相关。因此，中央银行要保护他们的利益不受损害。同时，金融机构是以盈利为目的的特殊企业，它们之间的竞争日趋激烈，金融风险不断提高。金融业的安全稳定对整个国民经济有重要的影响。因而，中央银行就要规范金融机构的行为，提高其信贷资产质量，维护国家的金融安全。

2）竞争的公平性。竞争是市场经济条件下的一条基本规律，市场机制就是要营造一个适度竞争的环境，促进金融机构保持经营活力，提高服务质量和经营管理水平，促进金融企业的优胜劣汰。因此，中央银行要为金融市场营造一个公平、高效、有序的竞争环境。

3）政策的统一性。货币政策是当今世界各国进行宏观经济调控的重要手段，而中央银行是实施货币政策的主体。货币政策的有效实施必须以金融机构为传导中介，只有金融机构对政策信号反应灵敏，货币政策传导机制才能有效地传递政策信号。因此，中央银行的金融监管要与货币政策的实施统一起来，要为货币政策顺利执行提供保障。

我国现阶段的金融监管目标是防范和化解金融风险，维护金融体系稳定与安全，保护公平竞争和金融效率的提高，保证中国金融业的稳健运行和货币政策的有效实施。

2. 金融监管的原则

1）依法管理和公开监管原则。中央银行应按有关法律法规的规定对金融机构和金融市场进行管理，并提高金融监管的透明度。在实施监管时要明确适用的法律法规和有关政策，明确监管的目的和要求，并接受社会的监督，使金融监管朝着规范化的方向发展。

2）分类管理和公平对待原则。中央银行应对各种金融机构和各类金融业务进行分门别类的管理，按各自的特点采取不同的方法和措施进行监管。同时，在金融监管中，中央银行必须依据公平的原则，一视同仁，适用统一的监管标准。

3）适度监管和适度竞争原则。中央银行的金融监管应通过适度监管实现金融业的适度竞争。既要使金融业保持适度的竞争，优胜劣汰，以提高金融机构的效率和经济效益，又要避免金融业的过度竞争，降低金融风险，维护金融业和国民经济的安全与稳定。

（三）中央银行金融监管的主要内容

中央银行对金融业的监管对象是对商业银行、非银行金融机构和金融市场的监管，其具体内容主要有市场准入监管、市场运作过程监管、市场退出监管三个方面。

1. 市场准入监管

市场准入监管是国家对银行等金融机构监管的开始。各国金融监管当局一般都参与金融机构设立的审批过程，一般要根据经济发展的需要和有关法律法规的规定来进行审核批准。银行等金融机构申请设立必须符合法律规定，主要要求包括：认缴资本额要达到法律最低限度的要求；机构法人和从业人员具有从业资格和素质；经济上的合理性和可行性等方面。

2. 市场运作过程监管

金融机构经批准开业后，中央银行还要对金融机构的经营活动中的业务活动、风险控制、流动性、风险损失准备、存款保护等方面进行有效监管，以更好地实现监控目标的要求。主要内容包括：对业务范围的界定和监管；对资本负债比例管理、贷款风险管理、资本流动管理等的监督；对存款准备金、资本充足率等的监督与管理；风险损失和存款保护管理；金融市场的监督和管理等。

3. 市场退出监管

各国对金融机构市场退出的监管都通过法律予以明确，并且有很细致的技术性规定。当金融机构在业务活动中出现了严重违规行为，或其资产负债出现危机时，中央银行负责进行稽查、检查和管理，如果达到法律规定应该退出市场，中央银行按法定程序对金融机构进行破产和清算管理，使之退出金融业。

同时，各国中央银行在金融监管的国际协作方面取得了一系列进展与突破，其中最重要的是达成了巴塞尔协议和《有效银行监管的核心原则》。

第三节　商业银行

商业银行是历史上最早出现的银行，它是货币信用关系发展演进的必然产物，在经济发展与社会进步中发挥着愈来愈重要的作用。商业银行在现代银行体系中占有重要地位，在信用活动中起着主导作用。商业银行直接与工商企业发生业务联系，吸收可签发支票的活期存款，办理贴现和汇兑业务，是企业贷款的主要供应者，并起着创造货币存款的作用。因此，商业银行是各国金融体系中的主体，对国民经济发展起着重要的作用。

一、商业银行的产生和发展

银行业是个古老的行业，它是由古代货币兑换和银钱业演变而来的。在前资本主义时期，流通中的铸币在币材、形状、重量和成色上很不一致，不适应各国和各地区之间商品交换的发展。随着国际贸易的发展，商品交换范围不断扩大，于是产生了专门从事鉴定和兑换铸币的货币兑换业。后来，商人为避免交易中长途携带货币的风险和不便，就委托货币兑换和银钱业者保管货币，办理货币的收付和汇兑，代理清偿债务。这样，货币兑换业就转化为货币经营业。这时的货币经营业主要从事货币兑换、保管和汇兑业务，而不从事放款业务，是近代银行业的雏形。

在中世纪的欧洲，货币经营业得到进一步的发展。随着货币兑换、保管和汇兑三项业务的开展，货币经营业者发现存入的钱不会被很快提走，而借出后会取得利息，就开始以付息的方式吸引更多的人把钱存入，发展起了存款业务。在意大利的威尼斯和其他几个城市出现了从事存款、放款和汇兑业务的机构。当存、放、汇业务都发展起来后，古代的货币经营业就变成了银行。世界上第一家银行是 1580 年成立的威尼斯银行，它是第一家叫银行的机构，但贷款对象主要是政府和大商人，利率很高，带有高利贷性质。此后，相继出现的银行有米兰银行、阿姆斯特丹银行、汉堡银行、鹿特丹银行等。

随着 17、18 世纪资产阶级革命在英、法等国家的成功，资产阶级走上历史舞台，带有高利贷性质的银行不适应资本主义制度的要求。资产阶级掌握政权后，通过两条途径建立了自己的银行，一是改造高利贷性质的银行，降低其利率，逐步转变成现代银行；二是通过股份公司形式建立股份制的现代商业银行。1694 年在英皇三世的支持下，由英国商人以股份制形式成立了英格兰银行，标志着现代商业银行的产生。

20 世纪 80 年代以来，现代商业银行出现了许多新的发展趋势。随着金融全球化和自由化的发展，金融业的竞争日趋激烈，商业银行不断推出新的创新业务，从分业经营走向混业经营，从专业化逐步走向综合化和全能化。经营手段电子化、资产证券化成为现代商业银行发展的重要特点。同时，西方发达国家的商业银行出现了并购浪潮，国际范围内也出现银行的并购与扩张风潮，商业银行业务出现集中化、国际化的趋势。

二、商业银行的性质和职能

（一）商业银行的性质

商业银行（commercial bank）是以利润最大化为目标，以多种金融负债筹集资金，以多种金融资产为经营对象，并向客户提供多功能、综合性服务的金融企业。商业银行具有如下特点。

1. 商业银行是一种企业

银行是以某种方式吸收资金，并以某种方式运用资金的企业。商业银行作为企业，具有一般企业的共同特征。与一般企业一样，商业银行拥有从事经营的自有资金，自主经营，自负盈亏，并通过经营活动追求最大化利润。

2. 商业银行是一种特殊的企业

商业银行作为经营货币资金的金融企业，与一般企业相比又有其特殊性。它以货币资金为经营对象，创造的是能充当一般等价物的存款货币，经营活动于货币信用领域，与客户之间是一种以借贷为核心的信用关系。而一般工商企业创造的是有使用价值的商品，经营活动于一般商品生产和流通领域，与客户之间表现为在等价交换基础上的商品买卖关系。此外，商业银行还具有特殊的利益和风险。

3. 商业银行是一种特殊的金融企业

商业银行作为金融企业，与各种专业银行和非银行金融机构相比又有其特殊性。与中央银行相比，商业银行是一个金融企业，而中央银行是金融管理机构，两者是管理与被管理的关系。与专业银行和非银行金融机构相比，商业银行以吸存为主要负债业务，以放贷为主要资产业务，是唯一能够吸收活期存款的金融机构，具有其他金融机构所不具备的信用创造功能，其经营业务具有广泛性和综合性，是万能银行和金融百货公司。

（二）商业银行的职能

商业银行的性质决定了其职能和作用，商业银行作为现代经济的核心，具有以下职能。

1. 信用中介职能

充当信用中介是商业银行最基本的职能。商业银行通过负债业务，吸收和集中社会上的闲置货币资本；再通过资产业务，提供资金给各个经济部门，充当资金剩余者和资金需求者之间的信用中介。信用中介职能克服了直接信用在授信规模和时间上的局限性，有利于充分利用社会货币资本，促进经济的发展。

2. 支付中介职能

充当支付中介是商业银行的传统职能。商业银行在办理货币结算收付等服务性业务时执行此职能。商业银行以活期存款为基础，接受客户的委托，办理货币收付、结算、转移存款等业务，充当客户之间的支付中介。支付中介职能扩大了商业银行的资金来源，减少了现金的使用，节约了流通费用，促进了再生产规模的扩大。

3. 信用创造职能

信用创造职能是由商业银行的信用中介职能派生出来的又一重要功能。商业银行是唯一能接受活期存款并具有派生能力的金融机构。商业银行在经营业务的基础上，将发放的贷款转化为存款货币，创造出数倍于原始存款的派生存款，使整个经济的货币供给扩张，从而扩大了社会资本总量。中央银行的货币政策通过以商业银行为主体的金融机构的传导，经商业银行信用创造后成倍地扩张和收缩社会信用量，从而实现刺激或抑制经济增长的目的。因此，商业银行在各国货币政策执行中起着特殊的作用。商业银行存款货币创造机制所决定的存款货币的最大扩张倍数称为存款乘数，一般说来，它是法定准备金率的倒数。其计算公式为

$$K = \frac{1}{r_d} \tag{8.1}$$

式中，K 为存款乘数；r_d 为法定准备金率。

【例 8.1】 我国法定准备金率为 8%,中国人民银行发行基础货币量 100 亿元,经商业银行货币创造后,最多可形成多少社会信用量?

解:

存款乘数为:$K=1/8\%=12.5$(倍);

可形成社会信用量:$M=100\times12.5=1\,250$(亿元)。

4. 金融服务职能

金融服务职能是商业银行业务综合化和全能化的具体体现。商业银行在激烈的竞争中,不断创新业务,利用自身优势为客户提供多种金融服务,主要包括各种代理、咨询、信息、融资、财务管理、信托等业务。金融服务职能大大拓展了商业银行的业务范围,增加了利润增长点,而且丰富和便利了人们的生活。金融服务已成为当代商业银行的重要职能。

三、商业银行的组织制度

商业银行的组织制度是一个国家用法律形式所确定的该国商业银行体系、结构及组织原则的总和。一国商业银行的组织形式受到该国经济、政治制度和经济发展水平的影响。商业银行组织制度的基本原则是公平竞争、安全稳健、规模适度。目前各国的商业银行的组织制度主要有如下几种。

(一)单一银行制

单一银行制也称单元银行制,指每家商业银行只有一个独立的银行机构而不设分支机构的银行组织制度。这种制度主要以美国为代表,其特点是法律禁止或者严格限制银行设立分支机构,银行业务由完全独立的各个银行分别办理。美国曾长期实行完全的单元银行制度,不许银行跨州经营和设立分支机构。单元制虽然强化了银行与当地经济的联系,限制了银行垄断势力的发展,但它人为限制了银行的发展,影响了银行竞争力的提高。1997年后随着《跨州银行法案》的实施,美国对银行设立分支机构已不存在实质性的限制。

(二)总分行制

总分行制又称分支行制,是指商业银行在大城市设立总行,并根据需要在该市及国内各地设立分支机构的银行组织制度。总分行制是目前世界上普遍的一种银行组织形式,以英国、德国、日本等国为典型。它的特点是,分支行的业务和内部事务统一遵照总行的规章和要求办理,有的总行不再办理具体银行业务,而专司管理协调之责,有的则继续办理银行业务,同时进行全面的管理。实行总分行制度,有助于银行实现规模经济效益,有利于在一个较大的范围内实现资产等业务的分散经营,并可在不同分支机构之间灵活调度资金,统筹安排各项业务,化解银行风险,可更好地满足大的资金需求。从国家来看,便于中央银行监管以及货币政策的实施和传导。我国商业银行实行的也是总分行制。

（三）银行控股公司制

银行控股公司制又称集团银行制，是指由一个集团成立持股公司，再由该公司控制或收购两家以上银行或金融机构的银行组织制度。在该制度下，被控股的银行在法律上是独立的，但业务经营和职员管理等由持股公司控制，而持股公司又受大银行控制，实际上小银行成为了大银行的分支机构。银行控股公司制在美国最为流行，它可回避法律对设立分支机构的限制。它的优点是可提高银行资信，更有效地集中资金，经营非银行业务产品和服务，降低筹资成本，扩大融资渠道。

（四）连锁银行制

连锁银行制又称联合制，是指两家以上的商业银行受控于一个人或同一集团，但又不以持股公司形式出现的银行组织制度。与银行控股公司制的区别仅在于没有持股公司，而由大银行直接持有小银行的股票，从而达到控制这些银行的目的。连锁银行成员多是形式上保持独立的小银行。这种制度流行于美国中西部。

（五）代理银行制

代理银行制又称往来银行制，指银行之间相互签有代理协议，委托对方银行代办指定业务的银行组织制度。代理银行制在国际上也非常普遍，美国国内的代理银行制最为发达。

四、商业银行业务

商业银行在金融机构体系中，业务量最大，经营范围极为广泛，其基本业务主要可分为负债业务、资产业务和中间业务三大类。其中，负债业务和资产业务是商业银行执行信用中介职能时所经营的基本业务，故又称信用业务。中间业务是商业银行执行支付中介和金融服务职能时所经营的代理委托业务，不占用银行自身的资金，故又称服务性业务。此外，表外业务是商业银行近年来广泛开展的一种业务。在这些业务中，负债业务和资产业务反映在银行的资产负债表中。通过资产负债表，可以了解商业银行业务活动的概貌。商业银行的资产负债表结构见表8.1。

表8.1　商业银行资产负债表的结构

资产	负债与资本
现金资产	存款
库存现金	活期存款
存款准备金	储蓄存款
同业存款	定期存款

续表

资产	负债与资本
在途资金	借款
贷款	向中央银行借款
工商贷款	同业拆借
消费者贷款	其他借入资金
不动产贷款	其他负债
银行间同业贷款	股东权益
其他贷款	资本
投资	资本盈余
政府债券	

（一）商业银行的负债业务

负债业务是形成商业银行资金来源的业务，即商业银行吸收资金的业务。它是商业银行最基本、最主要的业务，列在资产负债表的右方。商业银行的负债规模决定其资产规模，负债结构影响其资产运用方向和盈利水平，因此，负债业务是商业银行资产业务的基础。商业银行的资金来源包括银行自有资金和吸收的外来资金。自有资金所占比例很小。外来资金包括各种存款和各项借款等，在商业银行的全部资金来源中占 90% 以上。

1. 存款业务

吸收存款业务是银行接受客户存入的货币款项，存款人可随时按约定时间支取款项的一项信用业务。它是商业银行最重要的负债业务。存款是银行最主要的资金来源，是全部银行活动的基础。商业银行的重要特征就是以吸收存款为其业务的主要资金来源，没有存款就没有银行。商业银行的存款一般可分为三大类。

1）活期存款，又称为支票存款，是指那些可以由存户随时存取的存款。它来源于工商企业、政府机构、个人用于交易和支付的款项。其特点是存取不受期限限制，客户可以使用支票提取现金或转账支付，银行一般不付利息。现在很多国家的银行为了保住活期存款，也已经对之付息了。活期存款是密切银行与客户关系的桥梁，也是银行开展中间业务的基础。活期存款虽然平均期限短，但可给商业银行带来短期流动资金，并可形成一定存款余额用于对外放款，因此，活期存款是商业银行的一项重要资金来源。

2）定期存款，是存款客户与银行事先约定存款期，到期才能支付的存款。它来源于企业在生产过程中的结余资金。定期存款有一定期限，银行可以放心使用，收益较高，所以可向客户支付利息。期限通常为 3 个月、6 个月、1 年、3 年、5 年等。传统的定期存款不能转让，不能开支票。20 世纪 60 年代后，在金融创新的浪潮中，出现了可转让的定期存单，可以在货币市场上转让取得现金。定期存款对客户来说，是一种收入稳定而风险很小的投资方式；对商业银行而言，是稳定的资金来源，可满足其长期贷款和投资的需要。

3）储蓄存款，是指个人或非赢利单位以积蓄资财为目的，凭存折或存单提取的存款。它来源于社会各阶层收入中的消费结余。储蓄存款不能开支票，可分为定期和活期两种，银行对活期储蓄存款也要付利息，利率低于定期利率。在我国，储蓄的地位和作用比较突出，在商业银行的负债业务中，定期储蓄存款比例高且稳定，为银行提供了大量长期性资金。

2. 借款业务和其他负债业务

1）向中央银行借款。商业银行在资金不足时，可以向中央银行借入资金以维持资金周转。中央银行作为"最后贷款人"，也有义务向商业银行提供资金支持。商业银行向中央银行借款是为了缓解暂时性资金不足，主要通过再贴现和直接借款两种形式。再贴现是指商业银行将自己办理贴现业务所买进的未到期票据，再转卖给中央银行。直接借款通常采用质押贷款的形式，即将所持有的合格票据、银行承兑汇票、政府公债等有价证券作为质押品从中央银行取得贷款。商业银行向中央银行借款的利率一般低于市场利率，但由于央行贷款受货币政策的牵制，条件较为苛刻。

2）银行间的同业拆借。它是指银行相互之间的资金融通。在同业拆借中，拆入资金的银行主要是用以解决自身临时性资金周转的需要，拆出资金的银行主要是其在中央银行存款账户上存在超额储备。因此，拆借的期限一般很短，有大量的隔日拆借。同业拆借一般是信用借款，拆入行要支付利息。同业拆借可以通过在中央银行的存款账户进行，也可采用同业存款或回购协议的方式。这是银行的一项传统业务。

3）金融市场借款。商业银行通过在金融市场上发行商业票据和金融债券，可筹集到比较稳定的信贷资金。现代金融市场日趋发达，越来越多的商业银行开始利用这些渠道融资。同时，国际金融市场上有充足的短期和中长期资金，商业银行在国内资金不足时，也可利用国际金融市场来筹资。目前影响最大的是欧洲货币市场，其特点是限制少、利率低、金额大、手续简单、流动性强、因而吸引了无数资金需求者。

4）以回购协议借款。回购协议是指商业银行以出售其持有的政府债券或其他证券的方式，暂时从客户处获得闲置资金，并订立协议，承诺在某一时期按议定的价格重新买回这些证券并偿付客户的一种交易方式。回购与出售的差价就是银行融资的利息。这种融资方式成本低，协议期限灵活，一般都在 1 年以内，以 3 个月内的居多。商业银行向企业借款通常采用证券回购方式。

5）结算过程中的在途资金占用。商业银行在为客户办理结算业务时，不仅可以收取一定的手续费，还可以短时间占用客户资金。这种占用资金数额大，也是商业银行信贷资金来源的一部分，形成结算性负债。

3. 自有资金

自有资金包括股份资本、公积金和未分配利润。股份资本是商业银行筹建时股东投资的资本金，它是商业银行最原始的资金来源，也是商业银行开业的前提条件。公积金是商业银行依法按利润的一定比例提取的，用于应付银行意外损失的基金。未分配利润是银行税后利润在提取公积金、派发股息和红利后的余额，它是银行增加自有资金的主要来源。自有资金在商业银行的资金来源中所占比例很小，但它是商业银行开展各项业务的基础，商业银行的自有资金越多，可以开展的资产业务越多。根据《巴塞尔协议》的规定，商业银行的资本充足度（自有资金/风险加权资产）必须达到8%。

（二）商业银行的资产业务

资产业务是指商业银行运用其积聚的货币资金从事各种信用活动，以取得收益的业务。它表明银行资金的存在形式以及银行所拥有的对外债权，是商业银行利润的主要来源，列在资产负债表的左方。资产业务包括贷款业务、票据贴现业务、证券投资业务和现金资产。

1. 贷款业务

贷款业务是商业银行将其所吸收的资金，按一定利率贷放给客户并限期归还的业务。它是商业银行最主要的资产业务，也是最主要的利润来源。贷款业务可作多种分类：按贷款期限可分为短期贷款（1年内）、中期贷款（1～5年）和长期贷款（5年以上）；按贷款条件可分为抵押担保贷款和信用贷款；按还款方式可分为一次偿还贷款和分期偿还贷款；按贷款的质量或风险程度可分为正常贷款、关注贷款、次级贷款、可疑贷款和损失贷款；按贷款对象可分为工商业贷款、不动产贷款、消费者贷款、同业贷款、证券贷款和其他贷款等。其中，证券贷款是指商业银行对证券自营商、经纪人、投资银行和证券公司等专门从事证券业务的金融机构发放的短期贷款。

2. 票据贴现业务

票据贴现业务是商业银行应客户要求，以一定贴现率扣收贴现利息，买进未到期票据的业务。它是商业银行早期最重要的资产业务。贴现从形式上看是一种票据买卖活动，实际上是一种信用活动，相当于银行间接向票据持有人提供贷款。所以，票据贴现业务又称票据贷款。银行在办理贴现时要付给客户现金，但票据到期后才能收回欠款，所以要收取贴现利息。具体做法是：银行从买进之日起到票据到期日止，从票据金额中扣除贴现息后的余额支付给客户。银行贴现付款额的计算公式如下：

$$\text{贴现利息额} = \text{票据面额} \times \text{贴现率} \times \text{未到期天数}/360 \tag{8.2}$$

$$\text{贴现付款额} = \text{票据面额} - \text{贴现利息} \tag{8.3}$$

【例8.2】 某商业银行为客户持有的面额10 000元，90天后到期的票据办理贴现，贴现率为 5%，则银行贴现该票据时贴现利息为多少？应付给客户多少现金？

解：

贴现利息额＝10 000×5%×90/360＝125（元）；

贴现付款额＝10 000－125＝9 875（元）。

3. 证券投资业务

证券投资业务是商业银行以其资金在金融市场上购买有价证券的业务活动。商业银行从事投资业务的目的是增加资产的流动性，实现资产的多样性，降低风险和增加资产收益。世界各国一般对商业银行购买股票加以限制或禁止，商业银行主要投资于政府债券。我国商业银行法规定，商业银行在中国境内不得从事信托投资业务和股票业务，不得投资非自用房地产，除承销国债、代理发行国债外不得办理证券业务。我国商业银行的证券投资业务规模很小，主要限于政府债券和中央银行、政策性银行发行的金融债券。

4. 现金资产

现金资产是商业银行为应付日常的提款要求而持有的流动性资产。它是商业银行资产中最富有流动性的部分，基本上不能带来直接的收益，但能直接满足对外支付的需要。现金资产由库存资金、存款准备金、同业存款和托收中的在途资金组成。库存资金是银行金库中的现钞和硬币，主要用于满足客户日常提款和银行本身的日常开支。存款准备金主要是按中央银行的要求所提取的法定存款准备金，以确保商业银行的支付能力。存放同业存款是银行出于代理和自身需要而在其他银行保有一定的存款余额。在途资金是指在支票清算过程中，已记入银行的负债，但实际上银行还未收到的那部分资金。

（三）商业银行的中间业务和表外业务

负债业务和资产业务是商业银行的基本业务，它们都反映在其资产负债表中。此外，商业银行还从事资产负债表以外的业务，包括中间业务和表外业务。中间业务是指商业银行不需要动用自己的资金，而以中介人的身份代客户办理各种委托事项，并从中收取手续费的业务。中间业务主要有结算、承兑、代理、信托、信用卡等。目前，西方发达国家商业银行的中间业务收入占银行总收入的 60% 以上，中间业务已成为西方商业银行最主要的盈利来源。表外业务是指商业银行从事的，按会计准则不列入资产负债表内，不影响其资产负债总额，但能为银行带来额外收益的经营活动。严格地说，商业银行的中间业务也属于表外业务。表外业务和中间业务虽然都属于收取手续费的业务，且都不直接反映在资产负债表中，但银行对它们所承担的风险是不同的。在中间业务中，商业银行一般仅处于中间人或服务者的位置，不承担任何风险。而表外业务是有风险的经营活动，它是银行的或有资产和或有负债，在一定条件下可以转化成表内业务，即当客户根据银行的承诺提取资金或当约定的或有事件发生时，才会成为银行实际的资产和负债。表外业务主要有贷款承诺、担保信用证等。

1. 结算业务

结算业务是指商业银行通过提供结算工具，代客户清偿债权债务，完成货币支付及转账划拨的业务。对于商业银行来说，这是一项业务量大、风险小、收益稳定的典型的中间业务。结算可分为现金结算和转账结算两类。转账结算又可分为国内结算和国际结算。办理结算的凭证有：汇票、支票、本票等。结算方式有汇兑、托收等。

2. 承兑业务

承兑业务是银行为客户开出的汇票或其他票据签章，承担保证付款责任的业务。如果客户到期不能付款，收款人可以向承兑行要求付款。承兑业务实际上是以银行信誉加固客户信誉，银行不需投入自己的资金，并可通过信用担保获取手续费。

3. 代理业务

代理业务的范围极其广泛，包括代收业务、代付业务、代客买卖业务、保管箱业务等。代收业务是银行根据各种凭证，以客户的名义代替客户收取款项的业务，包括代收支票款、代收票据款、代收有价证券利息或股息、代收公用事业费、代收房款等业务；代付业务为企事业单位代发工资、代发社会保险金等；代客买卖业务是银行接受客户委托，代客户买卖有价证券、贵金属和外汇的业务，其中最主要的是代理发行有价证券的业务；保管箱业务即银行为顾客保管货币或其他物品的业务，如现金、重要文件、贵重物品等。保管箱业务具有安全可靠、保密性好、租金低廉的特点。

4. 信托业务

信托业务即信用委托业务，是指银行以受托人的身份，接受客户委托，代为管理、经营和处理经济事务的行为。银行信托业务以经营资金信托为主，并且必须与银行的其他业务完全分开，会计上相互独立。我国实行分业管理，商业银行不允许从事信托业务。

5. 银行卡业务

银行卡业务是商业银行通过发行银行卡，为客户提供存取款和转账支付的新型服务。银行卡是由银行发行的，供客户办理存取款和转账结算的一种现代支付工具，包括信用卡、支票卡、记账卡等，其中只有信用卡有授信功能，并可以透支。

6. 贷款承诺

贷款承诺是商业银行与客户达成的，承诺在约定的期限和额度内，向客户提供所需贷款的具有法律约束力的协议。客户要为商业银行的贷款承诺提供费用，形成商业银行的承诺费收入。贷款承诺在实现前并不列入银行的资产负债表，属于表外项目。

7. 担保信用证

担保信用证是商业银行接受客户委托开出的，对第三方承担保证付款责任的信用证。其作用是保证委托人对债务的清偿，当债务到期时，如果委托人无法清偿，收益人可凭担保信用证要求开证行代为偿付。这种信用证是银行的或有负债，属于表外业务。

第四节　政策性银行

一、政策性银行的概念及特点

（一）政策性银行的概念及种类

政策性银行（policy-led bank）是专门为贯彻、配合政府的社会经济政策或意图，在特定的领域内，直接或间接从事政策性融资活动，充当政府发展经济，促进社会进步，进行宏观经济管理的金融机构。它实质上也是一种专业银行，但不以盈利为目的，一般都由政府主办，是政府为满足整个国家社会经济发展需要而设立的，在西方国家一般是官方或半官方的专业信用机构。在整个金融体系中，商业性银行居于主体地位，政策性银行居于补充地位。它弥补了市场经济条件下市场金融配置资源的计划性缺陷，具有健全和优化一国金融体系的总体功能。政策性银行主要有开发银行、农业银行、进出口银行等。

1. 开发银行

开发银行是专门为经济开发提供长期投资性贷款的专业银行。它一般是一国政府为满足国内经济建设长期开发性投资需要设立的，服务于全国。其资金来源主要是政府投资及发行国内债券，资金运用主要是对国内企业和建设项目提供长期贷款。这类贷款规模大、周期长、见效慢、风险大，所以一般商业银行不愿承担。开发银行可分为全球性、区域性和本国性三种。

2. 农业银行

农业银行是专门向农业提供优惠信贷及其相关金融服务的专业银行。农业的特点决定了农业贷款的高风险、低收益，所以一般商业银行不愿提供信贷。农业银行主要是为了贯彻政府的农业政策，专门为农业提供特别贷款和补贴，为农业发展提供金融支持。农业银行信贷资金来源主要依靠政府拨款，也可通过发行债券、股票以及国外借款等形式筹措。贷款覆盖农业生产的方方面面，国家给予利息补贴或税收优惠。

3. 进出口银行

进出口银行是专门为本国商品进出口提供信贷及其相关服务的专业银行。这类银行通常是政府的金融机构，也有半官方性质者，一般由国家出资、参股或保证。主要业务是为本国企业提供出口信贷、出口担保、保险和其他服务，同时还执行政府对外经济援助及资本输出的任务。

（二）政策性银行的基本特征

政策性银行作为银行性金融机构，与商业银行和专业银行具有一些共同的基本属性。此外，它还具有自身独特的特点。

1. 政策性

政策性银行是一种特殊的金融企业，与政府联系密切，具有政策性。其资本金一般来源于政府，由政府创立、参股或保证，直接为贯彻、配合政府的社会经济政策或意图服务。

2. 非营利性

政策性银行不以盈利为经营目标，是一个非营利性机构。它是政府为了本国经济和社会发展需要设立的，且由政府出资或保证。因此，政策性银行在经营过程中，不能与商业银行争利。按照执行政策的力度，政策性银行的经营方针分为财政补贴型、无利保本型、保本微利型三种。

3. 专业性

政策性银行具有特定的融资对象、范围和明确的专业分工，须严格按照国家法规规定的业务范围和经营对象，专门在特定的业务领域内从事金融经营活动，如基础性建设项目、社会公共设施项目、环保项目或高新技术产业。这些领域大多是成本高、风险大、收益低，商业银行一般不愿或不能涉足经营。因此，政府设立了政策性银行来专门从事这些领域的业务。

4. 优惠性

政策性银行具有特殊的融资原则，具有独特的资产运作方式和经营原则。政策性银行为了贯彻政府的政策意图，实行限额管理和低息政策，以优惠的存贷款利率或条件向指定领域的公司融资，其贷款条件明显优惠于商业性金融机构，即以优惠的存贷款利率或条件向指定领域的公司融资。政策性银行的信用业务活动基本上实行计划管理，政府直接干预的色彩较浓厚。

（三）商业银行与政策性银行的区别

政策性银行和商业银行都是充当信用中介的金融机构，在整个国民经济中，是资金活动的中枢神经，是经济活动的总枢纽。政策性银行和商业银行可以在经济活动中起互补作用，但它们之间也存在明显的区别。

1. 任务不同

政策性银行着重于贯彻政府政策意图，确保国家大型基本建设、农业发展和大宗进出口贸易的顺利完成，并向这些项目提供国家政策性专项贷款，支持国家进行宏观调控，促进社会和经济发展。商业银行则是经营货币信贷业务并获取利润的企业法人。

2. 经营目标不同

政策性银行不以盈利为目标，而主要从经济发展的角度来评价和选择项目，目的是建立健全国家宏观调控体系。商业银行以经营工商业存贷款为主要业务，以获取银行利润为主要经营目标，贷款利息和存款利息的差额扣去费用就是银行利润。

3. 融资渠道不同

政策性银行的主要资金来源是国家划拨的资金和其他财政性资金，向金融机构发行的债券，向社会发行由财政担保的建设债券以及经批准在国外发行的债券等，它不吸收居民储蓄存款，也不从民间借款。而商业银行的主要资金来源是吸收存款，并依靠吸收存款作为其发放贷款的主要来源。

二、我国的政策性银行

我国的政策性银行是由政府投资设立的，以贯彻国家产业政策、区域发展政策为目的，服务于特定领域的银行机构。1994年，我国组建了三家政策性银行：国家开发银行、中国进出口银行和中国农业发展银行。成立政策性银行，一是为实现政策性金融与商业性金融的分离，解决原来专业银行一身兼二任的问题；二是为割断政策性贷款和基础货币的直接联系，确保中央银行调控基础货币的主动性。政策性银行的资金由国家财政提供，其他资金可以发行金融债券的方式筹集，其经营活动不以营利为目的，但要坚持银行经营管理的基本原则，力争保本微利。

（一）国家开发银行

国家开发银行（NDB）是我国首家专门从事政策性贷款业务的国家政策性银行，直属国务院，1994年3月17日在北京成立，其资本金100亿元全部来自中央财政预算。其基本职能是：通过发行金融债券获得资金，向国家重点建设项目发放贷款。国家开发银行目前只设总行，没有分行，其业务由商业银行代理。国家开发银行的主要任务是：按照国家的法律法规和方针政策，筹集和引导社会资金，支持国家基础设施、基础产业、支柱产业的大中型基本建设和技术改造等政策性项目及其配套工程的建设；从资金来源上对固定资产投资总量进行控制和调节，优化投资结构，提高经济效益，促进国民经济持续、快速、健康地发展。国家开发银行要建立科学严格的决策责任制，独立核算、自主经营，择优选定项目，只负责提供贷款，不对项目进行参股。国家开发银行发放长期贷款，其贷款种类主要有基本建设贷款和技术改造贷款。

（二）中国进出口银行

中国进出口银行（CEIB）是我国第二家政策性银行，1994 年 4 月 26 日成立，同年 7 月 1 日正式挂牌运营。中国进出口银行是直属国务院领导的政策性金融机构，注册资本 34 亿元，不设分行，是中国唯一的官方出口信贷机构。其主要任务是执行国家政策和外贸政策，为机电产品和成套设备等资本性货物进出口提供进出口信贷（买方信贷和卖方信贷），办理与机电产品出口信贷有关的外国政府贷款，出口信贷保险，境外发行债券等。

（三）中国农业发展银行

中国农业发展银行（CADB）于 1994 年 11 月 8 日在北京成立，是直属国务院领导的国家政策性金融机构。其注册资本金为 200 亿元人民币，一部分从中国农业银行、中国工商银行现有信贷基金中划转，另一部分由财政部划拨。中国农业发展银行的主要任务是筹集农业政策性信贷资金，承担国家规定的农业政策性金融业务，代理财政性支农资金的拨付，为农业和农村经济发展服务。它所经营的业务主要有：办理粮、棉、油等主要农副产品的国家专项储备贷款和收购贷款，农业开发贷款，代理财政支农资金拨付，并监督财政支农资金的使用等。

第五节　非银行金融机构

一、保险公司

保险公司（insurance company）是依法设立的，专门经营保险业务的金融机构。它是一国金融体系中的重要组成部分，在社会经济发展中发挥了极其重要的作用。保险是一种重要的风险保障制度，具有分散风险、组织经济补偿和融通资金的功能。保险公司的资金来源于投保人缴纳的保险费，集中起来成立保险基金，对投保人遭受的意外损失承担赔偿责任。保险公司主要可分为财产保险公司、人身保险公司、再保险公司三类，其经营活动包括财产保险、人身保险、责任保险、信用保险、再保险及其他金融业务。

（一）财产保险公司

财产保险是以财产及其有关利益为保险标的，保险人对被保险人的各种物质财产及有关利益在发生保险责任范围内的各种自然灾害、意外事故而遭受经济损失时给予补偿的一种保险。财产保险是一种补偿性保险，是现代保险业的两大种类之一。财产保险公司经营一个庞大的业务体系，包括由若干险别及其数以百计的具体险种构成。财产保险公司业务通常包括财产损失保险、责任保险、信用保证保险三个部分。

1. 财产损失保险

财产损失保险是以物质财产及有关利益为保险标的的各种保险业务的统称。它是财产保险传统的和最广泛的业务来源。财产损失保险主要有火灾保险、运输保险、工程保险、海上保险等。

2. 责任保险

责任保险是以被保险人对第三者依法应负的各种民事赔偿责任为保险标的保险。它是一种随着法律制度的不断完善而逐步发展起来的一种保险业务。责任保险的业务体系通常包括公众责任保险、产品责任保险、职业责任保险、雇主责任保险及各种运输工具第三者责任保险等内容，它是保险市场的重要组成部分。

3. 信用保证保险

信用保证保险是以被保证人履行合同为保险标的的一种保险，又分为信用保险和保证保险。信用保险是保险人根据权利人的要求，担保义务人（被保证人）信用的保险。它包括国内信用保险、出口信用保险和投资信用保险三大类。保证保险是义务人（被保证人）根据权利人的要求，要求保险人向权利人担保义务人自己信用的保险。它又分为合同保证保险、产品保证保险、诚实保证保险、许可证保证保险等。信用保证保险与财产损失保险和责任保险一样，也是属于商业性财产保险的保险业务。

（二）人身保险公司

人身保险是以人的生命、身体和健康为保险标的，在保险有效期限内，当被保险人因自然、意外事故发生死亡、伤残、疾病或者达到保险合同约定的年龄或期限时，保险人依照约定给付保险金或年金的一种保险。人身保险是一种定额保险，它是现代保险业的两大种类之一。人身保险公司的业务也由若干具体险种构成，包括人寿保险、人身意外伤害保险和健康保险三个部分。

1. 人寿保险

人寿保险简称寿险，是一种以人的生命为保险标的，以保险人在一定时期死亡或生存为保险金给付条件的一种人身保险。它是人身保险中主要的种类，在整个人身保险业务中占有相当比重。人寿保险又包括生存保险、死亡保险、生死两全保险及一些创新型人寿保险等。

2. 人身意外伤害保险

人身意外伤害保险是以被保险人因遭受意外伤害事故而死亡或残疾为保险事故的人身保险。它又可分为普通意外伤害保险和特种意外伤害保险。它具有保费低、保障性大、投保简便的特点。

3. 健康保险

健康保险也叫疾病保险，是以人的身体和生命作为保险标的，当被保险人在保险期间因疾病、生育所致残废或死亡时，由保险人按约定给付保险金的一种保险。疾病保险不包括意外伤害引起的损失，它又可分为医疗保险和收入损失保险。

（三）再保险公司

再保险又称"分保"，是指保险公司为了分散风险，而将原承保的全部或部分保险业务转移给另一个保险公司的保险。再保险是保险公司之间分散风险损失的一种交易方式。随着社会经济和科学技术的不断发展，社会财富日益增加，保险公司所承担的保险责任日趋增大，加之由于自然灾害、意外事故造成的巨灾风险增多，使得世界上每一家保险公司都不得不依赖于再保险，所以，再保险也叫保险人的保险。

二、信托投资公司

（一）信托投资公司及其业务

信托投资公司（unit trust）也称信托公司，是专门或主要办理信托投资业务的金融机构。其核心作用在于汇集中小投资者的资金，投资于不同市场的不同证券，通过再融资和再投资来达到规模投资效益。信托投资公司利用其在投资领域中的经验、技术、信息以及由各种融资方式所形成的庞大资金进行国内外组合投资，一般能给中小投资者带来较高的和安全的收益。信托业务是以资金及其他财产为信托标的，根据委托人的意愿，以受托人的身份管理及运用信托资产。信托机构的主要种类有信托投资公司、信托公司、信托局和银行信托部。信托公司是以盈利为目的，并以受托人的身份经营信托业务的金融机构。信托公司业务广泛，有"金融百货商店"之称。在英、美等国，专业的信托公司并不多，信托业务大多由大商业银行设立的信托部来经营。信托公司的职能是财产事务管理，即接受客户委托，代客户管理、经营、处置财产，可概括为"受人之托、为人管业、代人理财"。信托公司业务包括资金信托、实物信托、债券信托和经济事务信托，主要可分如下几类。

1. 委托业务

委托业务是接受客户委托，按照委托人指定的目的或为指定人的利益，代为管理和处理财产的业务，主要包括信托存款、信托贷款、信托投资、财产信托、委托贷款、委托投资等。

2. 代理业务

代理业务是信托机构以代理人的身份代为办理某些指定的经济事务的业务，主要有代理资财保管、代理收付款项、代理有价证券的发行和买卖、代理保险、代理会计事务、信用担保、代理组建公司等。

3. 咨询业务

咨询业务是信托机构凭借自己在信息、专业、人才和技术优势，接受单位和客户委托，提供国内外企业资信、商品行情以及金融动态等方面信息咨询的业务，主要有资信调查、经济咨询、市场信息咨询、财务管理咨询、项目可行性咨询、投资咨询和金融咨询等。

4. 其他业务

除前述基本业务外，信托公司还从事一些相关业务，包括兼营业务、外汇业务和创新业务。兼营业务有金融租赁、证券业务、房地产开发、国际融资性租赁项目下的进出口业务等。外汇业务有外汇信托存贷款、投资以及在境内外发行和代理发行、买卖和代理买卖外币有价证券等。创新业务有个人委托、公益信托、投资基金信托和投资银行等业务。

（二）我国的信托投资公司

我国的信托投资公司是在经济体制改革后才逐步恢复和发展起来的。1979 年 10 月，中国银行重设信托咨询部。同月，中国国际信托投资公司经国务院批准成立。此后又陆续设立了一批全国性信托投资公司，如中国光大国际信托投资公司、中国民族国际信托投公司、中国信息信托投资公司、中国教育信托投资公司等，以及众多的地方性信托投资公司与国际信托投资公司。1996 年，我国对信托业进行了改革，信托公司与商业银行分业经营，不再有任何联系。2002 年 10 月 1 日，我国第一部《信托法》开始实施，为我国信托市场构筑了基本制度框架，信托活动进入了规范化和法制化的发展轨道。经过30多年来的发展，信托业在我国经济发展中起着不可忽视的作用，已成为金融体系中的重要组成部分。

1. 中国国际信托投资公司

中国国际信托投资公司（CITIC）创办于改革之初的1979年，是一家国家特许成立的全国性的信托公司，直属国务院领导，主要任务是引导、吸收和运用外资，引进先进设备。CITIC现已发展为金融、投资、贸易、服务相结合的综合性金融机构。

2. 地方性信托投资公司

我国地方性信托投资公司初创时大部分曾由银行、国务院及各部委、各级地方政府部门组建的。它们经营管理不规范，违规经营和高利揽存的问题较为严重，从而屡屡暴发危机，一些信托投资公司被清理和关闭。1995年实行分业经营与规范管理后，国家陆续展开对信托投资公司的调整改组、脱钩及重新登记工作。1999年，全国只保留了60家规模较大、效益好、管理严格、真正从事受托理财业务的信托投资公司。目前，我国大部分省、直辖市、自治区都设有不同级别的地方信托投资公司和地方国际信托投资公司。

三、证券公司

（一）证券公司及其种类

证券公司（security company）是指在证券市场上，专门或主要从事各种有价证券经营及相关业务的金融机构。在许多国家，证券公司与投资银行是同一类机构，经营的业务大体相同。目前，国外证券机构相当发达，主要有证券公司、证券投资信托公司、证券金融公司、证券评信公司、证券交易所、证券投资咨询公司等。

证券公司主要可分为证券经纪公司和综合类证券公司。证券经纪公司是以代理人的身份从事证券交易的公司。它与客户是委托代理关系，其主要业务是证券经纪业务，即接受客户委托，代客买卖证券，并收取佣金。综合类证券公司除了可从事证券经纪业务外，还可从事自营业务、承销业务以及其他经核定的业务。证券市场上，除了证券公司外，还有一些证券服务机构，它们主要为证券发行、证券交易和证券投资提供相关服务，包括证券登记结算公司、投资咨询公司、资产评估机构、信用评估机构、证券交易所、律师事务所、会计师事务所等。

（二）证券公司的主要业务

证券公司是专门从事债券、股票等有价证券买卖的金融机构，包括受托办理发行证券和代理单位及个人买卖证券，同时自己也从事证券的买卖经营。它的主要业务有以下方面。

1. 证券承销业务

证券承销业务就是证券公司接受证券发行人的委托，负责发行和销售有价证券的业务。这是证券公司最基础的业务活动。

2. 代理买卖业务

代理买卖业务又称经纪业务，是指证券公司接受客户委托，代理客户买卖有价证券的业务。这是证券公司重要的日常业务之一。

3. 自营买卖业务

自营买卖业务是证券公司自己买卖证券，赚取差价并承担相应风险的行为。它是综合类证券公司主要业务之一。

4. 投资咨询业务

投资咨询业务是证券公司为证券发行、证券交易和证券投资所提供咨询服务，充当财务、理财和投资顾问，主要有提供上市公司、行业背景、经济前景的分析研究，证券市场变动态势分析，风险投资和资产组合咨询等。

5. 其他业务

除了上述基本业务外，证券公司还进行其他相关业务，主要有项目融资、企业的兼并与收购、基金管理、金融衍生工具业务、证券资产管理等。

阅 读 资 料

欧洲中央银行

欧洲中央银行是根据 1992 年《马斯特里赫特条约》的规定于 1998 年 7 月 1 日正式成立的，其前身是设在法兰克福的欧洲货币局。欧洲央行的职能是"维护货币的稳定"，管理主导利率、货币的储备和发行以及制定欧洲货币政策。其职责和结构以德国联邦银行为模式，独立于欧盟机构和各国政府之外。

欧洲中央银行是世界上第一个管理超国家货币的中央银行。独立性是它的一个显著特点，它不接受欧盟领导机构的指令，不受各国政府的监督。它是唯一有资格允许在欧盟内部发行欧元的机构，1999 年 1 月 1 日欧元正式启动后，11 个欧元国政府将失去制定货币政策的权力，而必须实行欧洲中央银行制定的货币政策。

欧洲中央银行的组织机构主要包括执行董事会、欧洲央行委员会和扩大委员会。执行董事会由行长、副行长和 4 名董事组成，负责欧洲央行的日常工作；由执行董事会和12个欧元国的央行行长共同组成的欧洲央行委员会,是负责确定货币政策和保持欧元区内货币稳定的决定性机构;欧洲央行扩大委员会由央行行长、副行长及欧盟所有15国的央行行长组成,其任务是保持欧盟中欧元国家与非欧元国家接触。

欧洲央行委员会的决策采取简单多数表决制,每个委员只有一票。货币政策的权力虽然集中了,但是具体执行仍由各欧元国央行负责。各欧元国央行仍保留自己的外汇储备。欧洲央行只拥有500亿欧元的储备金,由各成员国央行根据本国在欧元区内的人口比例和国内生产总值的比例来提供。

当前,欧洲中央银行货币政策面临的挑战。

1. 成员国经济周期不完全相同、劳动力市场和工资制度存在很大差异、税收政策和政府支出结构不统一,一刀切的货币政策使成员国的经济增长速度和物价水平出现很大的差异。把消费物价协调指数定为2%偏低,在一部分国家经济过热、通货膨胀率过高的同时,另有部分国家经济低迷,有出现通货紧缩的危险。

2. 成员国的经济结构、竞争能力、金融体系不尽相同,欧元启动初期,欧洲各国金融市场仍保留各自原有特点,金融市场的一体化程度远远不够,货币政策的实行在传导机制上还存在不畅通的问题。其后果是利率水平的调整对每个成员国的经济影响程度和持续时间不同。据测算,德国、英国、荷兰、比利时等国家对利率较为敏感,而法国、意大利、西班牙和葡萄牙等敏感度现相对较小,其中,欧元区最大的国家德国的经济对利率的敏感度是第二大国法国的两倍。

资料来源:http://jxc.mastvu.ah.cn/classhomepage/ly/03qjrz/04.12gp/hbyhx/6/xiaozhishi16.htm

本 章 小 结

金融机构是专门从事各种金融活动以及为金融活动提供相关服务的组织,可分为银行金融机构和非银行金融机构。金融机构具有信用中介、支付中介、信用创造、金融服务等功能。现代金融体系是以中央银行为核心,以商业银行为主体,银行和非银行金融机构并存而构成的多元化的组织体系。

中央银行是一国的货币金融管理机构,在金融机构体系中居于核心地位。中央银行表现为发行的银行、银行的银行和政府的银行三大职能。其业务有负债业务、资产业务和中间业务。中央银行金融监管的目标是维持一个稳定、健全、高效的金融货币体系。

商业银行是各国金融体系中的主体,具有信用中介、支付中介、信用创造、金融服务等职能。商业银行的基本业务主要可分为负债业务、资产业务和中间业务三大类。其中，负债业务和资产业务是商业银行的基本业务。

政策性银行是专门为贯彻、配合政府的社会经济政策，在特定的领域内从事政策性融资活动的金融机构。政策性银行具有政策性、非盈利性、专业性、优惠性等特点。

非银行金融机构主要有保险公司、证券公司、信托投资公司、财务公司和信用合作组织等。

复习思考题

1. 现代金融机构体系一般由哪几类机构组成？
2. 中央银行有哪些职能？
3. 中央银行金融监管遵循的基本原则是什么？
4. 商业银行的职能有哪些？
5. 简述商业银行的三大业务及其关系。
6. 我国为什么成立政策性银行？
7. 保险公司主要有几种类型？
8. 简述信托投资公司的主要业务。
9. 证券公司的主要业务有哪些？

第九章 金融市场

学习要点

1. 了解金融市场的概念及功能
2. 掌握金融市场的分类，掌握货币市场、资本市场的基本概念和基本知识
3. 掌握货币市场的金融工具，了解货币市场、资本市场的业务

课前导读案例

资本市场将在制度创新中阔步前行

中国资本市场发展对中国经济快速发展起到重要的推动作用。经过 20 年发展，目前中国资本市场已拥有 A 股、B 股、中小企业板、创业板、期货、黄金、外汇等多个交易市场，拥有股票、债券、期货等多个交易品种，拥有上市公司 2 000 多家。总结中国资本市场从无到有、从小到大、从单一到多层次的发展过程，我们深刻地体会到制度创新是资本市场发展的灵魂，是资本市场资源配置功能、融资功能和风险管理功能得以发挥的核心保障。

20 世纪 90 年代，中国资本市场脱胎于制度创新，创新起步于尝试。资本市场的建立本身，就是中国经济由计划向市场转轨过程中的一次重大尝试。

新世纪的第一个五年，中国资本市场的艰难成长得益于制度创新的有力推动。从第一只开放式基金的发行，到 QFII 制度的实施、中小板的设立，再到股权分置改革的推行，中国资本市场就是在创新中不断长大。自 2001 年 9 月中国第一只开放式基金发行至今，我国基金公司已达 60 余家，基金产品 600 多个，基金规模超过 20 000 亿元，成为稳定市场的重要力量。2002 年 12 月 1 日，《合格境外机构投资者境内证券投资管理暂行办法》正式实施，QFII 全面启动，在增加海外机构投资者的同时，为资本市场丰富了价值投资的理念。2004 年 5 月 27 日，深交所中小企业板开板，多层次资本市场正式启动。中小企业板经过多年发展，目前上市公司已达 500 多家，市值超过 3 万亿元。中小企业板为中小企业搭建直接融资的平台，更大范围地发挥资本市场的资源配置功能，在促进经济可持续发展和经济结构战略性调整方面发挥重要作用。2005 年 6 月 10 日，三一重工打响股权分置改革攻坚第一枪。股权分置改革是中国资本市场上具有划时代意义的一次制度创新，标志着全流通时代的到来，开辟了中国资本市场的新纪元，促进了证券市场的制度建设，推动了上市公司治理结构的改善，改变了证券

市场供求关系扭曲的状况，完善了市场定价机制，更好地保护了投资者特别是公众投资者的合法权益，为中国证券市场的健康发展打下坚实基础。

新世纪的第二个五年，中国资本市场的日趋成熟得益于制度创新力度进一步加大。2007年6月20日，QDII制度开始实施，为缓解内地流动性过剩和内地资本海外投资开辟新渠道。2009年10月30日，创业板开板标志着由主板、中小板和创业板构成的多层次资本市场体系进一步完善，鼓励创业和企业技术创新、管理创新的机制进一步健全，中小企业特别是创新型中小企业的融资渠道更加通畅。2010年3月31日，融资融券试点的正式启动是推进资本市场基础性制度建设的又一项重要举措，对完善证券交易机制、形成合理规范的资金、证券融通渠道具有十分重要的意义。2010年4月16日，股指期货开市，作为资本市场的一大里程碑，股指期货改变中国资本市场20年只能做多、不能做空的单边市机制，意味着中国资本市场进入制度创新的新时期。

展望未来，中国资本市场将在制度创新中阔步前行。资本市场国际化、定价机制市场化、交易机制合理化等都要靠制度创新来推动。目前国内资本市场在国际中的地位与我国在国际中的经济地位并不匹配。在MSCI全球指数中，美股权重占46%，日本股权重占10%，新兴市场国家股票权重只占18%，中国仅占新兴市场国家中8%的权重，中国资本市场在国际资本市场中地位有很大的提升空间。

在时机成熟时，我们应适时推出国际板，使国内资本市场与国际接轨，这要靠制度创新。近年来，中国资本市场发行体制经历从量变到质变的飞跃，机构投资者在发行定价方面发挥着越来越重要的作用，新股发行制度已不断完善，但在一级市场询价、定价机制等方面仍有一些不足之处，发行体制进一步市场化要靠制度创新。风格、行业指数及个股的做空机制、T+0交易机制、涨跌停板机制的完善和改革，要靠制度创新。进一步完善并购重组市场化机制，提高并购重组的质量和效率，促进存量资产加快流向优势企业，促进产业结构的调整与优化升级，要靠制度创新。

资本市场是市场经济的王冠，制度创新就是王冠上的明珠，华尔街400年的发展史和中国资本市场20年成长史，都深刻地告诉我们，只有坚定不移地推进制度创新，资本市场才会拥有更加灿烂的明天。

资料来源：缪建民.中国证券报

第一节　金融市场概述

一、金融市场的概念

从一般意义上说，市场是一个交易机制的概念，任何一种有关商品和劳务的交易机制都可以形成一种市场。金融市场是市场体系中一个重要组成部分，它既有市场体系的共性，又有自身的特点，这些特点奠定了其在市场体系中是特殊地位。

金融市场是金融领域各种市场的总称。所谓金融，是指货币资金的融通，是货币流通、信用活动及与之相关的经济行为的总称。它是商品货币关系发展的产物，只要存在着商品货币关系，就必然会有金融商品的融通活动。

金融市场就是以金融商品为交易对象而形成的供求关系及其机制的总和。对此概念应从以下三方面理解，一是金融市场不受固定场所、固定时间的限制，是金融商品进行交易的一个有形和无形的场所；二是金融市场反映了金融资产的供应者与需求者之间所形成的供求关系，即市场的参与者是资金的供给者和需求者，前者拥有闲置的盈余资金，后者则面临资金不足，交易双方的关系不再是单纯的买卖关系，而是建立在信用基础上的、一定时期内的资金使用权的有偿转让；三是金融市场包含了金融资产交易过程中所产生的运行机制，其中最主要的是价格机制。

二、金融市场的功能

在发达的市场经济中，金融市场的存在不仅为经济主体融通资金提供了极大的便利，还具有其他多方面的功能，主要有资金聚敛功能、资源配置功能、风险分散功能、经济调节功能和信息反映功能五大方面。

（一）资金聚敛功能

金融市场的聚敛功能是指金融市场能够将众多分散的小额资金汇聚为能够供社会再生产使用的大资金集合。在这里金融市场起着"蓄水池"的作用。

首先，在国民经济部门中，各部门之间、各部门内部的资金收入和支出在时间上并不总是对称的。这样，一些部门、一些单位在一定时间内可能存在暂时闲置不用的资金，而另外的一些部门和单位则可能存在较大的资金缺口。金融市场通过金融工具，把储蓄者或资金盈余者的货币资金转移给筹资者或资金短缺者使用，为两者提供了沟通的渠道，使社会投资得以顺利完成，使社会资源得到成分利用。

其次，实际中各单位的闲置资金是比较零散的，数量也通常较小，不足以满足大规模的投资要求，特别是企业为发展生产而进行的大额投资和政府部门进行大规模的基础设施建设与公共支出的要求，这就需要一个能将众多的小额资金汇集起来以形成大额资金的渠道，金融市场就提供了这种渠道，它能够积沙成塔，汇水成河从而汇聚众多小额资金集合为大额资金，满足生产投资与大规模公共支出的需要。

何以金融市场能够具有这样大的聚敛功能呢？这是由金融市场的特点决定的。一是以金融工具表示的金融资产比实物资产具有更强的流动性和更高的收益性。股票、债券等金融工具将大额投资分割为小额投资，并且随时可以流通，从而吸引大量短期、小额的、零散的资金不断聚集，形成巨额的、长期的、集中的资金，对投资者与筹资者都具有极大的吸引力。二是金融市场中的金融工具多样化，为资金供应者的资金寻求合适的投资手段找到了出路。金融市场可以提供品种繁多的金融工具供筹资者和投资者选择，满足交易者的各种偏好和需求，激发人们的投资热情，加速资金的流通和聚集。

（二）资源配置功能

金融市场的存在，扩大了资金供给者和资金需求者的接触机会，为双方开辟了广阔的投、融资途径，同时有利于双方降低各自的交易成本。因为在经济的运行过程中，拥有多余资金的盈余部门并不一定是最有能力和机会作最有利投资的部门，现有的资产在这些盈余部门得不到有效的利用，为了实现自身经济利益的最大化，投资者和筹资者双方都要审时度势，通过市场竞争做出抉择。前者要将资金投向最有利可图的部门和项目，后者则要在实现融资目标的前提下选择成本相对较低的融资渠道。于是，市场上的资金自然流向经济效益高、发展潜力大的部门和企业以及价廉物美的金融工具上，没有效益或效益不佳的部门与投资项目及价高风险大的金融工具就很难取得较多的资金，这是一个优胜劣汰的竞争过程。这样通过金融市场的作用，有限的资源就能够得到合理的利用，真正实现资源的优化配置。

（三）风险分散功能

在现代经济活动中，风险无时不在、无处不在，尤其是在为谋求未来经济收益的投资过程中，各种政治风险、市场风险、自然风险时刻都存在着。风险的发生不仅会使投资者遭受经济损失，严重的还可能倾家荡产。由于未来总是不确定的，人们无法消灭风险，唯一的预防办法就是分散风险。金融市场的存在，使投资者可以通过资产组合分散、化解、降低、抵消投资的风险。同时，金融工具的应用使得大额投资分散为小额零散资金投资，从而将较大的投资风险分由大量投资者共同承担，既使投资者的利益得到保证，同时又便于筹资者融资目标的实现。

（四）经济调节功能

金融市场对宏观经济具有重要的调节作用。金融市场一边连着储蓄者，一边连着投资者，金融市场的运行机制通过对储蓄者和投资者的影响而发挥作用。

首先，金融市场通过其资源配置功能，对微观经济部门效率的提高起到积极促进作用，进而有效提高整个宏观经济的运行质量。

其次，金融市场是政府实施宏观经济政策的重要手段和渠道之一。中央银行通过金融市场，运用存款准备金率、再贴现率和公开市场操作三大货币政策工具，向金融市场注入货币或抽回货币，调节货币供给量，对经济起到刺激或平抑作用。此外，财政政策的实施也和金融市场紧密相连，政府通过国债的发行和运用，对宏观经济进行引导和调节。

（五）信息反映功能

金融市场历来被称为国民经济的"晴雨表"和"气象台"，是公认的国民经济信号系统。

首先，从宏观经济角度来看，经济的每次繁荣总是首先表现为金融市场的异常活跃，而经济的衰退又总是以金融市场的崩溃为信号。金融市场与国民经济的关系十分密切，总是能为国民经济的景气与否及时提供准确灵敏的信息。

其次，从微观角度看，金融市场上各种证券，其价格波动的背后总是隐藏着相关的信息。一般而言，经济效益比较良好、行业前景乐观且运做平稳的单位所发行的证券，长期看其价格稳中有生；相反，如果某种证券的价格相对于市场上其他品种一路下跌，则多数是因为该企业出现了运行危机。投资者可以根据金融市场上的证券价格信息，据此为由，分析判断出相关企业、行业的运行状况和发展前景，做出合理选择。

最后，金融市场是中央银行进行公开市场业务操作的地方，对国家货币供应量的变化反应最快，能灵敏地觉察到宏观经济中的种种变化，感受国家货币政策、财政政策等变化，因此，金融市场往往最能反映整个国家宏观经济的发展态势。

三、金融市场的分类

金融市场的分类方法较多，按交易对象、方式、条件、期限等不同标准有不同的分类。

（一）按交易的标的物划分

1. 货币市场

货币市场是指以期限在一年以内的金融资产为交易标的物的短期金融市场。它的主要功能是保持金融资产的流动性，以便随时转换成货币。它一方面满足了借款者的短期资金需求，另一方面也为暂时闲置的资金找到了出路。货币市场一般指国库券、商业票据、银行承兑汇票、大额可转让定期存单、回购协议、货币市场共同基金等短期信用工具买卖的市场。

货币市场一般没有正式的组织，所有交易特别是二级市场的交易几乎都是通过电讯方式联系进行的。市场交易量大是货币市场区别于其他市场的重要特征之一。巨额交易使得货币市场实际上成为一个批发市场，由于货币市场的非人为性及竞争性，因而它又是一个公开市场，任何人都可以进入市场进行交易，在那里不存在固定不变的顾客关系。

2. 资本市场

资本市场是指期限在一年以上的金融资产交易市场。一般来说，资本市场包括两大部分：一是银行中长期存贷款市场，另一是有价证券市场。但由于证券市场最为重要，加之长期融资证券化已成为世界大趋势，所以现在资本市场主要指的是债券市场和股票市场。

3. 外汇市场

外汇市场是专门买卖外汇的场所，从事各种外币或以外币计价的票据及有价证券交易市场。同货币市场一样，外币市场也是各种短期金融资产交易的市场，但货币市场交易的是同一种货币或以同一种货币计值的票据，而外汇市场交易的则是不同种货币计值的两种票据。在货币市场上所有的贷款和金融资产的交易都受政府法令条例管制，外汇市场上，一国政府只能干预或管制本国的货币。

4. 黄金市场

黄金市场是专门集中进行黄金等贵金属买卖的交易中心或场所。尽管随着时代的发展，黄金的非货币化趋势越来越明显，但黄金作为国际储备工具，在国际结算中仍然占有重要地位，因此黄金市场仍被看做金融市场的组成部分。目前，世界上绝大部分的黄金交易都集中在伦敦、纽约、苏黎世、香港等几个主要的黄金市场上。

（二）按交割方式划分

1. 现货市场

现货市场实际上是指即期交易的市场，是金融市场上最普遍的一种交易方式。相对于远期交易市场来说，在现货市场上，买卖双方必须在成交后的若干个交易日以内办理交割，钱货两清。

2. 衍生市场

衍生市场是各种衍生金融工具进行交易的市场。所谓衍生金融工具是指由原生性金融商品或基础性金融工具创造出的新型金融工具。它一般表现为一些合约，这些合约的价值由其交易的金融资产的价格决定。衍生工具包括远期合约、期货合约、期权合约、互换协议等。由于衍生金融工具在金融交易中具有套期保值和防范风险的作用，衍生工具的种类仍在不断增多。

（三）按交易中介划分

1. 直接金融市场

直接金融市场是指资金供给者直接向资金需求者进行融资的市场。直接融资既包括企业向企业、企业向个人的直接资金融通，又包括企业通过发行债券和股票方式进行的融资。

2. 间接金融市场

间接金融市场是指以银行等信用中介机构为媒介，来进行资金融通的市场。在这个市场上，资金所有者将资金放贷给银行等信用中介机构，再由信用中介机构转贷给资金需求者，不论这笔资金最后归谁使用，资金所有者的债权都只是针对信用中介机构而言的，对资金的最终使用者不具任何权利要求。

值得注意的是，直接金融市场和间接金融市场的差别并不在于是否有中介机构介入，而在于中介机构介入的作用和特征。在直接金融市场上，也有中介机构的介入，但这些机构并不是资金的中介，而多数充当信息中介和服务中介。

（四）按金融资产的发行和流通特征划分

1. 发行市场

发行市场又称一级市场、初级市场，是资金需求者将金融资产首次出售给公众时所形成的交易市场。证券的发行是证券买卖、流通的前提。证券发行者与证券投资者的数量多少，是决定一级市场规模的关键因素。

2. 流通市场

流通市场又称为二级市场、次级市场，是在证券发行后，各种证券在不同的投资者之间买卖流通所形成的市场。金融资产的持有者需要资金时，可在二级市场出售其持有的金融资产，将其变现。想要进行投资却并未进入一级市场的，可以在二级市场购买金融资产。二级市场上买卖双方之间的交易活动，使得金融资产的流动性大大增强，促进了经济的繁荣。

初级市场是二级市场的基础和前提，没有初级市场就没有二级市场；二级市场是初级市场存在与发展的重要条件之一，不论从流动性还是从价格的确定上，初级市场都要受到二级市场的影响。

在发达的市场经济国家还有第三市场和第四市场的说法，它们实际上都是场外市场的一部分。第三市场是原来在交易所上市的证券移到场外进行交易而形成的市场。第三市场的交易相对于交易所交易来说，具有限制更少、成本更低的优点。第四市场是投资者和证券的出卖者直接交易形成的市场，其形成的主要原因是机构投资者在证券交易中所占的比例越来越大，它们之间的买卖数额很大，因此希望避开经纪人直接交易，以降低成本。

（五）按地域划分

1. 国内金融市场

国内金融市场是指金融交易的作用范围仅限于一国之内的市场，它除了包括全国性的以本币计值的金融资产交易市场之外，还包括一国范围内的地方性金融市场。

2. 国际金融市场

国际金融市场是金融资产的交易跨越国界进行的市场，国际金融市场有狭义和广义之分。狭义的国际金融市场指进行各种国际金融业务的场所，包括货币市场、资本市场、外汇市场、黄金市场以及衍生市场等。广义的国际金融市场还包括离岸金融市场。所谓离岸金融市场，是非居民之间从事国际金融交易的市场，基本不受所在国的金融监管机构的管制，并可享受税收方面的优惠待遇，资金出入境自由。离岸市场是一种无形市场，从广义来看，它只存在于某一城市或地区而不在于一个固定的交易场所，由所在地的金融机构与金融资产的国际性交易而形成，这一市场的居民，缩短了国际金融市场之间时空上的距离，大大推动了国际金融业的发展。

（六）按有无固定场所划分

1. 有形市场

有形市场是指具有固定交易场所的市场，一般指证券交易所、期货交易所等固定的交易场地。

2. 无形市场

无形市场则是指证券交易所外进行金融资产交易的总称，它的交易一般通过现代化的通讯工具在各金融机构、证券商及投资者之间进行。它是一个无形的网络，金融资产可以在其中迅速转移。

（七）按成交与定价方式划分

1. 公开市场

公开市场指的是金融资产的交易价格通过众多的买主和卖主公开竞价而形成的市场。金融资产在到期偿付之前可以自由交易，并且只卖给出价最高的买者。一般在有组织的证券交易所进行。

2. 议价市场

在议价市场上，金融资产的交易通过私下协商或面对面的讨价还价进行，没有固定的场所。

四、金融市场的构成要素

与其他市场一样，金融市场也包含交易主体、交易对象、交易工具、交易价格这样一些基本要素。

（一）交易主体

金融市场的主体就是指金融市场的交易者，这些交易者在市场上从事着投资、融资、套期保值、套利、调控和监管等活动。它们是金融市场上资金的提供者和需求者，或是两种身份兼而有之。金融市场的投资者与实际部门的投资者是不同的，它是指为了赚取差价收入或者股息、利息收入而购买各种金融工具的主体，是金融市场的资金供应者。筹资者则是金融市场上的资金需求者。套期保值者是指利用金融市场转嫁自己所承担风险的主体。套利者是指利用市场定价的低效率来赚取无风险利润的主体。调控与监管者是对金融市场实施宏观调控和监管的中央银行和其他金融监管机构。一般来说，这五类主体是由如下各类主体构成的。

1. 政府部门

政府是金融市场的重要参与者，它具有对资金需求和供给的双重身份。在一定时间，一国的中央政府与地方政府都是资金的需求者，它们主要通过发行财政部债券或地方政府债券来筹集资金，用于基础设施建设、弥补财政预算赤字等。在一定时间，政府也可能成为资金的供给者，如在经济循环中，政府在一些阶段往往会出现资金过剩，在为过剩的资金寻找投资途径的过程中，就成为了资金的供给者。另外，有时出于政治原因，某国政府力求在国际事务中发挥更大的影响力，或出于对别国的援助，就会对某一国提供贷款，成为国际金融市场上的资金供给者。

此外，在一国金融市场上，政府除了是交易的主体，还是重要的市场监管者和调节者。政府在监管过程中主要发挥人为地调节和干预金融市场，保持金融市场的平稳运行，为参与者提供一个公平的交易场所；保证和促进金融体系的效率；优化金融资源配置；防止和打击非法金融活动等作用。

2. 居民个人

个人一般是金融市场上的主要资金供应者。个人出于为了购买大宗商品，或为了子女教育，或为了留存资金以备急需等目的，都将手中的资金投资以使其保值增值。个人的投资可以是直接购买债权或股票，也可以是通过金融中介机构进行间接投资，最终都是向金融市场提供资金。个人有时也有资金需求，但数量一般较小，常常是用于耐用消费品的购买和住房消费等。

3. 企业

企业作为独立经营的法人实体，是以利润最大化为其经营目标的，因此，企业必须按照这个目标调配资源，以求获得最大的收益。在金融市场上，企业既是资金的需求者，也是资金的供给者，企业的资金的需求与供给是通过筹资与投资活动实现的。它们既通过市场筹集短期资金从事经营，以提高企业财务杠杆和增加盈利，又通过发行股票或中长期债券方式筹措资金用于扩大再生产和经营规模。另外，企业在生产经营过程中也会发生暂时闲置的资金，为了使其保值或获得盈利，会将其暂时让渡出去，以使资金的运用发挥更大的效益。

4. 存款性金融机构

存款性金融机构是指通过吸收各种存款而获得可利用资金，并通过将其贷给需要资金的各经济主体及投资于证券等途径而获取收益的金融机构。他们是金融市场的重要中介，也是套期保值和套利的重要主体。存款性金融机构一般包括商业银行、储蓄机构、信用合作社等类别。

5. 非存款性金融机构

金融市场上另一类重要的金融机构参与者是非存款性金融机构，它们的资金来源和存款性金融机构吸收公众存款不一样，主要是通过发行证券或以契约性的方式聚集社会闲散资金。这类机构主要有保险公司、养老基金、投资银行、投资基金等。

6. 中央银行

中央银行在金融市场上处于一种特殊的地位，它既是金融市场的行为主体，又大多是金融市场的监管者。从中央银行参与金融市场的角度看，首先，作为银行的银行，它充当最后贷款人的角色，从而成为金融市场资金的供给者。其次，中央银行为了执行货币政策，调节货币供应量，通常采取在金融市场上买卖证券的做法，进行公开市场操作。中央银行的公开市场操作不以盈利为目的，但会影响到金融市场上资金的供求及其他经济主体的行为。此外，一些国家的中央银行还受政府的委托，代理政府债券的还本付息；接受外国中央银行的委托，在金融市场上买卖证券参与金融市场的活动。

（二）交易对象

金融市场的交易对象是货币资金。但在不同的场合，这种交易对象的表现是不同的。在信贷市场，货币资金作为交易对象是明显的，它表现了借贷资金的交易和转让。而在证券市场，似乎直接交易的是股票或债券，交易对象转换了。但从根本上讲，所交易的仍然是货币资金，因为有价证券是虚拟资本，本身不具有价值和使用价值，人们取得这些金融工具不具备实质性意义；而只有货币才具有价值和一般的使用价值，人们通过交易取得货币才能投入再生产。所以，通过有价证券的交易，从另一方面反映了货币资金的交易。

（三）交易工具

金融市场的交易工具是金融交易的证明，简称金融工具。传统的金融工具包括各种债权和产权凭证，如存款单证、商业票据、股票、债权等，现在的金融工具还包括以传统金融工具为基础开发出来的衍生金融工具，如期权合约、期货合约、认股权证等。

（四）交易价格

每一笔金融交易都是按照一定的价格成交的，其交易价格同其他市场价格一样，也是由金融工具所代表的交易价格决定的。

金融市场四个构成要素之间紧密联系，相辅相成。金融市场主体和交易对象是构成金融市场的基本要素，是金融市场的基础，金融市场交易工具和交易价格随着金融市场的发展而发展，是金融市场不可或缺的要素，对金融市场的进一步完善和发展具有重要的意义。

五、形成金融市场的条件

金融市场的形成不是政府意志和个人主观偏好的产物，其产生有一系列的前提条件。

（一）较高的商品经济发展水平

只有在社会化大生产的条件下，在商品经济有了一定程度发展的基础上，金融活动才会日益频繁和扩展，金融市场的产生才有其可能和必要。

（二）要有发达的信用制度

发达的信用制度是资金流动和供求的前提和保证。发达的信用制度主要在以下几个方面：

1）要有一个自由浮动、反应灵敏的利率机制。

2）信用工具要多样化，只有种类繁多的信用工具或金融工具，才能保证各种信用形式和债权债务的实现与转移。

3）金融机构实行企业化管理，只有如此，才能使金融机构获得积极参与金融市场活动的内在动力，保证金融市场高效率地运转。

（三）要有完善的信用法律制度

完善的信用法律制度是信用活动法律化和规范化的关键，也是金融市场健康发展的关键。

（四）要有一定数量的社会闲置资金

有一定数量的社会闲置资金，是金融市场赖以生存和发展的物质基础。

第二节　货　币　市　场

货币市场是进行一年以内的短期资金融通的市场，其交易主体和交易对象十分广泛，既有直接融资，又有间接融资；既有银行内的交易，也有银行外的交易。由于早期商业银行业务主要局限于商业性贷款业务，因而货币市场是最早和最基本的金融市场分市场。

货币市场的主要特征如下：

1）交易期限短。货币市场是提供短期借贷手段的市场，其交易的金融工具的偿还一般为一年或一年以内，期限短的只有一天，以三至六个月者居多。

2）交易的目的主要是短期资金周转的需要，一般以为了弥补流动资金的不足。

3）交易工具的风险小，流动性强。货币市场金融工具期限短于一年，对购买者提供了价格稳定性和金融工具未来市场价格的可预测性，风险较小；而且持有者在资产到达偿还期以前可以随时出售兑现，从这个意义上说，它们近似货币，故将融通短期资金的市场称为货币市场。

4）一般收益较资本市场低。因为期限短，价格波动范围较小，所以投资者受损失的可能性也较小，获益也就有限。

货币市场按交易的内容可以分为票据市场、同业拆借市场、其他货币市场。其他货币市场包括回购市场、大额可转让定期存单市场、短期政府债券市场、货币市场和共同基金市场。

一、票据市场

票据是指出票人依法签发的，约定自己或委托付款人在见票时或指定的日期向收款人无条件支付一定金额并可以转让的有价证券。票据是一种重要的有价证券，因为它以一定的金额来表现价值，同时体现债权债务关系，且能在市场上流通交易，具有较强的流动性。票据作为国际金融市场上通行的结算和信用工具，是货币市场上主要的交易工具之一。票据的基本形式有汇票、本票和支票三种。票据市场按票据的种类主要可分为商业票据市场和银行承兑汇票市场。

（一）商业票据市场

商业票据是大公司为了筹集资金，发行的约定到期按票面金额向持票人付现的短期无抵押担保的承诺凭证。由于是无担保借款，投资者全凭对企业的信心进行投资，因而一般情况下，能发行商业票据的公司都是一些资金雄厚、运作良好、信誉卓著的大公司。商业票据市场就是这些公司所发行的商业票据的交易市场。

1. 商业票据的优点

无论是对发行者还是投资者而言，商业票据都是一种理想的金融工具。

对于发行者而言，它具有如下优点：

1）成本较低。由于商业票据一般由大型企业发行，有些大型企业的信用要比中小型银行好，因而发行者可以获得成本较低的资金，再加上从市场上直接融资，省去了银行从中赚取的一笔利润，一般来说，商业票据的融资成本要低于银行的短期贷款成本。

2）具有灵活性。根据发行机构与经销商的协议，在约定的一段时间内，发行机构可以根据自身资金的需要情况，不定期不限次数地发行商业票据。

3）提高发行公司的声誉。如前所述，发行商业票据的公司大多是信用卓著的大公司，票据在市场上就像一种信用的标志，公司发行票据行动的本身也是对公司信用和形象的免费宣传，有助于提高公司声誉。

对于投资者来说，选择商业票据既可以获得高于银行利息的收益，又具有比定期存款更好的流动性，虽然面临的风险要稍大一些，但在通常情况下，风险的绝对值还是很小的，因而商业票据不失为一种受欢迎的投资工具。

2. 商业票据市场的构成要素

（1）发行者

商业票据的发行者包括金融公司、非金融公司。金融公司主要有三种：附属性公司、与银行有关的公司和独立的金融公司。第一种公司一般是附属于某些大的制造公司，第二种是银行持股公司的下属子公司。非金融性公司发行商业票据的频次较金融公司少，发行所得主要解决企业的短期资金需求及季节性开支等。

（2）投资者

商业票据的主要投资者是中央银行、商业银行、非金融公司、保险公司、政府部门、基金组织和投资公司等。由于面值较大，通常个人很少参与购买。但近年来，个人投资也有较大规模的增长，个人可以从交易商、发行者手里购买商业票据，也可以购买投资商业票据的基金份额。

历史上，商业银行是商业票据的主要购买者，但它们自己持有的商业票据却很少，它们主要是为信托部门或顾客代理购买票据。自20世纪50年代初期以来，由于商业票据风险较低、期限较短、收益较高，许多公司也开始购买商业票据，代保管商业票据以及提供商业票据发行的信用额度支持。尽管如此，商业银行始终是商业票据市场最主要的交易者。

（3）销售

商业票据的销售渠道主要有两个：一是发行者通过自己的销售力量直接出售；二是通过商业票据交易商间接销售。具体采用何种方式销售，取决于发行者使用这两种方式成本的高低。非金融性公司主要通过商业票据间接交易商销售，因为他们的短期信用需求通常具有季节性及临时性的特点，建立专业性的商业票据销售队伍不合算。但在一些规模非常大的公司则通过自己的下属金融公司直接销售，在这样的大公司中，其未到期的商业票据一般在数亿美元以上，其中大多数为其他各公司和银行持股公司所有。

虽然商业票据市场是一个巨大的融资工具市场，但它的二级市场并不活跃，交易量很小。这主要是因为：第一，大多数商业票据的期限都非常短，直接销售的商业票据的平均偿还期通常为20～40天，经销商销售的商业票据的平均偿还期通常为30～45天，最长一般都不超过270天。第二，典型的投资者都是计划一直拥有票据到期。如果经济形势发生了变化，投资者可以把商业票据卖给经销商，在直接发售的条件下，发行者可以再回购它。第三，商业票据是高度异质性的票据，不同经济单位发行的商业票据在期限、面额、利率等方面各不相同，交易中仍然存在诸多不便。

（4）发行成本

商业票据的发行成本包括利息成本和非利息成本两部分。利息成本即为按规定利率所支付的利息。非利息成本主要是发行和销售过程中的一些费用，一般有四项主要费用：承销费；签证费，票据一般由权威中介机构予以签证，证明所载事项的正确性；保证费，通常按商业票据保证金的年利率1%计，支付给为票据发行提供信用保证的金融机构；评级费，商业票据上市要经过评级，期间也要交纳一定的费用。

（5）信用评级

商业票据具有一定的风险是由于投资人可能面临票据发行人到期无法偿还借款的局面，因而货币市场对发行公司的信用等级有很严格的要求，只有信用等级达到一定的程度的公司才有资格在市场上发行商业票据。

对企业的信用评级包括两方面的内容：一是对企业经营状况主要是财务状况进行分析，看它在偿债期间的现金流量是否符合偿债要求；二是对企业管理层管理水平的稳定性做出判断。

（二）银行承兑汇票市场

银行承兑汇票市场是由出票人开立的一种远期汇票，以银行为付款人，在未来约定的日期，支付给持票人一定数量的金额。当银行允诺负责支付并在汇票上盖上"承兑"字样后，这种汇票就成为了承兑汇票。由于银行承担最后的付款责任，实际上是银行将其信用出借给企业，以便于其进行交易，因而要收取一定的手续费。这里，银行是第一责任人，而出票人只承担第二手责任。

银行承兑汇票市场就是以银行承兑汇票为交易对象，通过发行、承兑、贴现与再贴现进行融资的市场，是以银行信用为基础的市场。

1. 银行承兑汇票市场的构成

银行承兑汇票市场主要由初级市场和二级市场构成。初级市场主要涉及出票和承兑；二级市场主要涉及汇票的贴现与再贴现。

（1）初级市场

银行承兑汇票在国际和国内贸易中都有运用，但总的来说，为国际贸易创造的银行承兑汇票占绝大部分。国际贸易承兑主要包括三个部分：为本国出口商融资的承兑、为本国进口商融资的承兑及为其他国家之间的贸易或外国国内的货物仓储融资的第三国承兑。

银行承兑汇票最常见的期限有 30 天、60 天和 90 天三种，也有 180 天和 270 天的。交易规模一般为 10 万美元和 50 万美元。银行承兑汇票的违约风险小，但有利率风险。

出票是指出票人签发汇票并交付给收款人的行为。没有出票，其他票据行为就无法进行，因此，出票是基本的票据行为。开出的汇票既是一种信用凭证又是一种支付命令。出票人有权利命令付款人无条件支付一定数量的金额给持票人，这是出票人的信用支付，出票人将对汇票负全责。如果出票人想要免除自己对汇票的责任，可在汇票上注明"对出票人无追索权"的字样，但这样一来，汇票的信用程度会大打折扣，一般不太有人愿意购买，汇票也就失去了它的流动性和投资价值。

承兑是指银行对远期汇票的付款人明确表示同意按出票人的指示，于到期日付款给持票人的行为。

（2）二级市场

银行承兑汇票是一种可转让的金融工具，银行既可以自己持有当作投资，也可以在二级市场上出售。银行出售汇票主要有两个途径：一是银行利用自己的渠道直接销售给投资者，二是利用市场交易商销售给投资者。因此，银行承兑汇票二级市场的参与者主要有三个：开出承兑汇票的承兑银行、市场交易商及投资者。

银行将承兑汇票销售给投资者后，投资者也可以贴现的方式将汇票转让给银行。汇票贴现是指持票人为了取得现款，将未到期的已承兑汇票，以支付自贴现日起至票据到期日止的利息为条件，向银行所作的票据转让。银行扣减利息，支付给持票人现款。

通常商业银行通过贴现方式买入自己承兑的汇票后，可持有汇票至到期日，也可以通过交易商把汇票再贴现出去。再贴现是指商业银行和其他金融机构将其持有的未到期的汇票，向中央银行所作的票据转让行为，它是中央银行对商业银行及其他金融机构融资的一种方式，是中央银行的授信业务。

2. 银行承兑汇票的成本、风险和收益

使用银行承兑汇票是有成本的，主要包括三部分：一是交付给承兑银行的手续费，一般为总金额的 1.5%，假如借款人的资本实力和信用情况较差，银行会相应地提高手续费；二是承兑银行收取的承兑费；三是向银行贴现后支付的贴现利息，这由当时的市场利率水平决定。

由于有银行信用和承兑汇票的出票人双方保证，同时又要求融资的商品担保，所以，银行承兑汇票的信用风险很低，因而违约风险较小，但是仍会有利率风险。

在承兑汇票的二级市场上，由于承兑汇票的票面金额是以融资的商品数量为基础的，而它的偿还期经常以商品交货的时间为基础，另外，承兑汇票的购买者数量较少，在这些因素作用下，银行承兑汇票的市场要求收益率要高于短期国债等低风险高收益的金融工具。

二、同业拆借市场

同业拆借市场，也称为同业拆放市场，是指金融机构之间以货币借贷方式进行短期资金融通活动的市场。同业拆借的资金主要用于弥补短期资金的不足、票据清算的差额以及解决临时性的资金短缺需要。

（一）同业拆借市场的交易原理

同业拆借市场主要是银行等金融机构之间相互借贷在中央银行存款账户上的准备金余额，用以调剂准备金头寸的市场。一般来说，任何银行可用于贷款和投资的资金数额只能小于或等于其负债额减去法定准备金余额。然而，在银行的实际经营活动中，资金的流入和流出是经常变化的，银行时时处处要保持在中央银行准备金存款账户上的余额恰好等于法定准备金余额是不可能的。如果准备金存款账户余额大于法定存款准备金余额，那就意味着银行有资金闲置，也就产生了相应的利息收入的损失；如果银行在准备金存款账户上的余额等于或小于法定存款准备金余额，在出现有利的投资机会，而银行却无法筹集到所需资金时，就只能放弃这个机会，或采取出售资产、收回贷款等措施，这同样也会给银行带来一定的损失。为了解决这一矛盾，有多余准备金的银行和存在准备金缺口的银行之间就出现了准备金的借贷，这种准备金余额的买卖活动就构成了传统的银行同业拆借市场。

随着市场的发展，同业拆借市场的参与者也开始呈现出多样化的格局，交易的对象也不再仅限于商业银行的准备金了，还包括商业银行相互间的存款以及证券交易商和政府拥有的活期存款。拆借的目的除满足准备金要求外，还包括轧平票据交换的差额、解决临时性、季节性的资金需求。

同业拆借市场资金借贷程序简单快捷，借贷双方可以通过电话直接联系，或与市场中介人联系，在借贷双方就贷款条件达成协议后，贷款方可直接或通过代理行经中央银行的电子资金转账系统将资金转入借款方的资金账户，数秒钟内即可完成转账活动。当贷款归还时，可用同样的方式划转本金和利息。

（二）同业拆借市场的参与者

同业拆借市场的主要参与者首推商业银行，非银行金融机构也是同业拆借市场上的重要参与者。同业拆借市场中的交易既可以通过市场中介人，也可以直接联系交易。

（三）同业拆借市场的拆借期限与利率

同业拆借市场的拆借期限通常以 1～2 天为限，短至隔夜，多则 1～2 周，一般不超过 1 个月，当然也有少数同业拆借交易的期限接近或达到 1 年。同业拆借的拆款按日计息，拆息额占拆借本金的比例为"拆息率"。拆息率每天不同，甚至每时每刻都有变化，其高低灵敏地反映着货币市场资金的供求状况。

三、其他货币市场

（一）回购市场

回购市场是指通过回购协议进行短期资金融通交易的市场。所谓回购协议是指在出售证券的同时，和证券的买方签订协议，约定在一定期限后按原定价格或协议价格购回所卖证券，从而获得可用资金的一种行为。从本质上说，回购协议是一种抵押贷款，其抵押品为证券。

1. 回购协议交易原理

回购协议的期限从一日至数月不等。一般地，回购协议中所交易的证券主要是政府债券。从表面上看，资金需求者通过出售债券获得了资金，而实际上，资金需求者是从短期金融市场上借入了一笔资金。对于资金借出者来讲，他获得了一笔短期内有权支配的债券，但这笔债券到时候要按约定的数量如数交回。所以，出售债券的人实际上是借入资金的人，购买债券的人实际上是借出资金的人。出售一方允许在约定的日期，以原来买卖的价格再加若干利息，购回该证券。这时，不论证券的价格是升还是降，均要按约定价格购回。

还有一种逆回购协议，实际上与回购协议是一个问题的两个方面。它是从资金供应者的角度出发相对于回购协议而言的。回购协议中，卖出证券取得资金的一方同意按约定日期以约定价格购回原证券。在逆回购协议中，买入证券的一方同意按约定的日期以约定的价格出售其所买入的证券。

2. 回购利率的决定

在回购市场中，利率不是统一的，利率的确定取决于多种因素，这些因素主要有：①用于回购的证券的质地。证券的信用度越高，流动性越强，回购利率就会越低。②回购期限的长短。一般来说，期限越长，由于不确定因素越多，因而利率也相应高一些。但这并不是一定的，实际上利率是可以随时调整的。③交割的条件。如果采用实物交割的方式，回购利率就会较低，如果采用其他交割方式，则利率就会相对高一些。④货币市场其他子市场的利率水平。回购协议的利率水平不可能脱离货币市场其他子市场的利率水平而单独决定，否则，该市场将失去其吸引力。它一般是参照同业拆借市场利率而确定的。

（二）大额可转让定期存单市场

大额可转让定期存单是 20 世纪 60 年代以来金融环境变革的产物。这种存单形式最早由美国的花旗银行发明。

同传统的定期存款相比，大额可转让定期存单具有以下几点不同：①定期存款记名、不可流通转让；而大额可转让定期存单则是不记名的并可流通转让。②定期存款金额不固定；而大额可转让定期存单金额较大，在美国最少为 10 万美元，二级市场上的交易单位为 100 万美元。③定期存款利率固定；大额可转让定期存单利率既有固定的，也有浮动的，且一般来说比同期限的定期存款利率高。④定期存款可以提前支取，提前支取时需损失一部分利息；大额可转让定期存单不能提前支出，但可在二级市场上流通转让。

大额可转让定期存单一般由较大的商业银行发行，主要是由于这些机构信誉较好，可以相对降低筹资成本，且发行规模较大，容易在二级市场流通。

（三）短期政府债券市场

短期政府债券，是政府部门以债务人身份承担到期偿付本息责任的、期限在一年以内的债务凭证。

短期政府债券以贴现方式发行，投资者的收益就是债券的购买价与债券面值的差额。由财政部发行的短期债券一般称为国库券。值得注意的是，在我国，不管是期限在一年以内还是一年以上的由政府财政部门发行的政府债券，均有称为国库券的习惯。但在国外，期限在一年以上的政府中长期债券称为公债，只有一年以内的债券才称为国库券。政府发行短期债券的目的，一是为满足政府部门短期资金周转的需要，二是为中央银行的公开市场业务提供可操作的工具。

同其他货币市场信用工具不同，短期政府债券具有一些较明显的投资特征，即违约风险小、流动性强、面额小和收入免税。这些投资特征对投资者购买短期政府债券具有很大影响。

（四）货币市场共同基金市场

货币市场共同基金是美国 20 世纪 70 年代以来出现的一种新型投资理财工具。共同基金是将众多的小额投资者的资金集合起来，由专门的经理人员进行市场运作，赚取收益后按一定的期限及持有的份额进行分配的一种金融组织形式。而对于主要在货币市场上进行运作的共同基金，则称为货币市场共同基金。

货币市场共同基金一般属于开放型基金，即基金份额可以随时购买和赎回。基金的初次认购按面额进行，一般不收或只收取很少的手续费。由于开放型基金的份额不是固定的，因此，货币市场共同基金的交易过程实际上是指基金购买者增加持有或退出基金的选择过程。但货币市场共同基金与其他投资于股票等证券交易的开放型基金不同，其购买或赎回价格所依据的净资产值是不变的。同时，对基金所分配的赢利，基金投资者可以选择是转换为新的基金份额还是领取现金两种方式。

货币市场共同基金与一般的基金相比，除了具有一般基金的专家理财、分散投资等特点以外，还具有如下一些特征。

1. 货币市场共同基金投资于货币市场中高质量的证券组合

自货币市场共同基金产生之日起，它就在货币市场上存在的各种短期信用工具中进行选择组合投资，并且所投资的证券级别必须是符合法律规定的，这样，货币市场共同基金的出现就满足了一部分小额资金投资者投资货币市场获得稳定收益的要求，因此受到投资者的青睐。

2. 货币市场共同基金提供一种有限制的存款账户

货币市场共同基金的投资者可以签发以其基金账户为基础的支票来取现或进行支付。这样，货币市场共同基金的基金份额实际上发挥了能获得短期证券利率的支票存款的作用。尽管货币市场共同基金在某种程度上可以作为一种存款账户来使用，但它们在法律并不被看做是存款，因此不需要提取法定存款准备金及受利率最高限的限制。当然，货币市场共同基金账户所开支票的数额是有最低限额要求的。

3. 货币市场共同基金所受到的法规限制相对较少

由于货币市场共同基金是一种绕过存款利率最高限的金融创新，因此，在其最初的发展过程中，对其进行限制的法规几乎没有，其经营较为灵活。

第三节 资 本 市 场

资本市场是融资期限在一年以上的长期资金交易的市场。资本市场交易的对象主要是政府中长期公债、公司债券和股票等有价证券以及银行中长期贷款。

资本市场的主要特点是：

1）交易工具期限长，至少在一年以上，最长可达数十年，甚至没有到期日。

2）交易的目的主要是为解决长期投资性资金供求矛盾，充实固定资产。

3）融资数量大，以满足长期投资项目的需要。

4）资本市场金融工具不仅包括一定时期内对债权人特定金额承诺的债务工具如政府债券、公司债券，还包括对一个企业拥有所有者权益的股票。

5）资本市场的主要交易工具与短期金融工具相比收益高，但流动性差，风险也较大。

一、证券市场的构成要素

证券市场的构成要素主要由证券市场的主体、交易对象、交易组织方式等构成。

（一）证券市场的主体

证券市场的主体包括证券发行人、投资者、中介机构、交易场所以及自律性组织和监管机构。

发行人是在证券市场上发行证券的单位，一般有企业、金融机构和政府部门。

投资者是证券市场上证券的购买者，也是资金的供给者。投资者一般有个人投资者和机构投资者。个人投资者可以自己直接参与证券的交易，也可以通过证券经纪人买卖证券。机构投资者是指有资格进行证券投资的法人单位。

证券中介机构主要指证券经营机构、资产评估机构、会计师事务所、律师事务所等，它们主要为证券交易提供某种特定的服务。

交易场所是进行证券交易的场所，有场内交易市场和场外交易市场两种，

自律性组织和证券监管机构是对证券市场进行监督管理的机构。自律性组织包括证券交易所、证券业协会等，主要是在本所或本行业内实行自我监管，证券监管机构是代表政府对证券市场进行监督管理的机构，在我国为中国证券监督管理委员会及其派出机构。

（二）证券市场的交易对象

证券市场的交易对象是有关金融工具，主要包括股票、公司债券、企业债券、基金和国债等。另外，证券市场的经营对象还包括一些衍生产品，如股票期货、股票期权、认股权证、债券期货、债券期权等。

（三）证券市场的交易方式

证券的交易方式是指把证券市场的参与者与金融工具联系起来组成买方和卖方来进行交易的方式。交易方式主要有交易所方式、柜台方式和中介方式。

二、证券发行市场

证券发行市场，也称"初级市场"或"一级市场"，是证券发行人将其发行的有价证券出售给投资者的市场。证券发行市场的主体除了发行人和投资者外，还有中介人，即证券投资服务机构。发行市场是一种无形市场，一般没有固定、集中的场所。在这里，我们分别以股票和债券为例说明证券发行市场的相关问题。

（一）股票发行市场

发行股票有两种情况：一种是新公司成立第一次发行股票；另一种是老公司为增资

扩股而发行股票。不管何种情况发行股票，股份有限公司作为股票的发行人，都是原始股票的供应者，世界各国对股票的发行有专门的法律规定，必须依法申请或登记，经有关部门审查批准后，方能发行。

股票发行的整个运作过程通常由咨询与管理、认购与销售两个阶段构成。

1. 咨询与管理

这是股票发行的前期准备阶段，发行人需听取证券发行中介机构的咨询意见并对一些主要问题作出决策，按阶段划分，主要包括以下四个方面的内容。

（1）发行方式的选择

股票的发行方式一般可分为公募和私募两类。公募是指面向市场上大量的非特定的投资者公开发行股票。其优点是可以扩大股票的发行量，筹资潜力大；无需提供特殊优惠的条件，发行者具有较大的经营管理独立性；股票可在二级市场上流通，从而提高发行者的知名度和股票的流动性。其缺点则表现为工作量大，发行难度也大，通常需要承销者的辅助；发行者必须向证券管理机关办理注册或登记手续；必须在招股说明书中如实公布有关情况以供投资者作出正确决策。私募是指只向少数特定的投资者发行股票，其对象主要有个人投资者和机构投资者两类，前者如使用发行公司产品的用户或本公司的职工，后者如大的金融机构或与发行者有密切业务往来关系的公司。私募具有节省发行费用、通常不必向证券管理机关办理注册手续、有确定的投资者从而不必担心发行失败等优点，但也有需向投资者提供高于市场平均条件的特殊优厚条件、发行者的经营管理易受干预、股票难以转让等缺点。

（2）承销商的选择

公开发行股票一般都通过投资银行来进行，这时的投资银行就称为承销商。许多公司都与承销商建立起牢固的关系，承销商为这些公司发行股票而且提供其他必要的金融服务。但在某些场合，公司通过竞争性招标的方式来选择承销商，有利于降低发行费用，但不利于与承销商建立持久牢固的关系。承销商的作用除了销售股票外，事实上还为股票的信誉作担保，这是公司试图与承销商建立良好关系的基本原因。当发行数量大时，常由多家投资银行组成一个承销集团来处理整个发行工作，其中一家作为牵头承销商起主导作用。在私募发行情况下，发行条件通常由发行公司和投资者直接商定，从而绕过了承销环节。在这种方式下，即使需要投资银行的辅助参与，但其中介职能被减弱许多，通常是寻找可能的投资者、帮助发行公司准备各项文件，进行尽责调查和制定发行日程表等。

（3）招股说明书的准备

招股说明书是公司公开发行股票的计划书面说明，并且是投资者准备购买的依据。招股说明书必须包括财务信息和公司经营历史的陈述，高级管理人员的状况、筹资目的资金分配使用计划，公司内部悬而未决的问题等。

在招股说明书的准备过程中，发行公司的管理层在其律师的协助下负责招股说明书的非财务部分，作为承销商的投资银行负责股票承销合约部分，发行公司内部的会计师准备所有的财务数据，独立的注册会计师对账务账目的适当性提供咨询和审计。招股说明书各部分起草完成后，还须一遍遍地修改以寻求最完善的定稿。该稿称为预备说明书，它包括发行股票的大部分主要事实，但不包括价格。然后，将预备说明书连同上市登记表一起送交证券管理机关审查，后者要确定这些信息是否完整与准确，并可以要求发行公司作一些修改或举行听证会。在认定没有虚假陈述和遗漏后，证券管理机关才批准注册，此时的招股说明书称为法定说明书，它应标明发行价格并送给可能的投资者。要注意的是，证券管理机关批准新股票的发行，仅表明法定说明书内有充分公正的信息披露，从而能使投资者对这只股票的价值作出判断，但并不能保证股票发行的投资价值。

在私募发行的情况下，注册豁免并不意味着发行公司不必向潜在投资者披露信息。发行公司通常会雇佣一家投资银行代理起草一份类似于招股说明书的文件——招股备忘录，两者的区别在于，招股备忘录不包括证券管理机构认为"实质"的信息，而且不需要送证券管理机构审查。

（4）发行价格的确定

股票发行价格的确定由于关系到发行公司与投资者的利益，同时也会影响到股票上市后的表现，所以是一级市场的关键环节。如果定价过高，会使股票的发行数量减少，进而使发行公司不能筹到所需资金，股票承销商也会遭受损失；如果定价过低，股票承销商工作容易，但发行公司会蒙受损失，对于再发行的股票，价格过低还会使老股东受到损失。发行价格主要有平价、溢价和折价三种。平价发行就是以股票票面所标明的价格发行；溢价就是以高于票面金额的价格发行，又可分为时价发行和中间价发行，前者是发行时由市场供求状况决定的价格，后者是介于时价和平价之间；折价发行是以低于票面金额的价格发行，采用折价发行的国家不多，中国目前不允许折价发行股票。

2. 认购和销售

发行公司在完成准备工作之后就可以按照预定的方案发售股票，承销商执行承销合同批发认购股票，然后出售给投资者，具体又包括以下几种方式。

（1）包销

包销是由承销商全部承担股票的销售任务，销售不完的部分则由承销商自己买下。这种方式下承销商的购进价格通常低于发行定价，并承担销售过程中股票价格下跌的全部风险。承销商以自己所赚取的买卖差价作为对其所提供咨询服务以及承担包销风险的补偿。

（2）代销

代销是指承销商仅代发行公司推销股票，但不保证能够完成预定销售额。承销商按推销多少赚取手续费，没有自购的义务，也就是说承销商不承担发行风险，发行风险全部由发行公司来承担。

（二）债券发行市场

债券的发行方法与股票大致相同，不同之处主要有发行合同书、债券评级两个方面。

1. 发行合同书

发行合同书也称信托契据，是说明公司债券持有人和发行债券公司双方权益的法律文件，由受托管理人代表债券持有人利益监督合同书中各条款的履行。发行合同书一般很长，其中各种限制性条款占很大篇幅，对于有限责任公司来说，一旦资不抵债而发生违约时，债权人的利益会受到损害，这些限制性条款就是用来设法保护债权人利益的，它一般可以分为否定性条款和肯定性条款。

（1）否定性条款

否定性条款是指不允许或限制股东做某些事情的规定。最一般的限制性条款是有关债券清偿的条款，如利息的支付，只要公司不按期支付利息，持有人有权要求公司立即偿还全部债务。典型的否定性条款对包括追加债务、分红派息、营运资金水平与财务比率、固定资产抵押、变卖或购置固定资产、租赁、工资以及投资方向等方面都可能作出不同程度的限制。这些限制实际上是要对公司相关活动设置某些最高限。

（2）肯定性条款

肯定性条款是指公司应该履行某些责任的规定，如要求营运资金、权益资本达到一定水平。这些条款可以理解为对公司运作设置了某些最低限。

无论是否定性条款还是肯定性条款，公司都必须严格遵守，否则可能导致"违约"。但在违约情况下，债权人并不总是急于追回全部债务，一般情况下会设法由债券受托管理人找出变通办法，要求公司改善经营管理，迫使公司破产清算一般是债权人最后手段，因为破产清算对于债权人并不是最有利的。

2. 债券评级

所谓债券评级，是指资信评估机构用某种标志来表示拟发行债券的质量等级，为投资者提供证券投资价值及风险的判断标准，达到保护投资者利益的目的。因为债券违约风险的大小与投资者的利益密切相关，也直接影响发行者的筹资能力和成本，所以为了客观地估计不同债券的违约风险，通常需要进行债券评级，评级是否具有权威性则取决于评级机构。目前国际上著名的两大评估机构是美国的标准普尔公司和穆迪投资公司。标准普尔公司按照债券发行者的信誉、偿债能力、投资风险的综合分析，将拟发行债券分为 AAA、AA、A、BBB、BB、B、CCC、CC、C、D 等 10 个等级（见表 9.1）。我国的债券评级工作刚刚起步，现已初步形成全国统一的债券信用级别标准，将债券等级分为 A、B、C 三大类。

表 9.1　我国债券信用评级标准

级别分类	级别分等	级别	级别含义	
			偿付能力	投资风险
投资类	一等	AAA	极高	无
		AA	很高	基本无
		A	较高	较低
	二等	BBB	尚可	有一定风险
		BB	脆弱	较大
		B	低	大
	三等	CCC	很低	很大
		CC	较低	最大
		C	将破产，无	绝对有

　　一般说来，信用等级越低的债券就必须以越高的利率发行，以提高融资成本的代价来吸引人们投资。

三、证券流通市场

　　证券流通市场即证券交易市场，也称"次级市场"或"二级市场"，是对已发行的证券进行转让、买卖的市场，主要包括股票流通市场和债券流通市场。

　　（一）股票流通市场

　　1. 股票流通市场的市场结构

　　股票流通市场是投资者之间买卖已发行股票的场所。股票流通市场通常可分为有组织的证券交易市场——证券交易所和场外交易市场，也出现了具有混合特征的第三市场和第四市场。

　　（1）证券交易所

　　证券交易所是由证券管理部门批准的，为证券的集中交易提供规定场所和有关设施，并制定各项规则以形成公正合理的价格和有条不紊的秩序的正式组织。它的具体作用是：提供买卖证券交易席位和有关交易设施；制定有关场内买卖证券的上市、交易、清算、交割、过户等各项规则；管理交易所的成员，执行场内交易的各项规则，对违纪现象作出相应处理等；编制和公布证券交易的资料。

　　世界各国的证券交易所的组织形式大致分为两类：一是公司制证券交易所，它是由银行、证券公司、投资信托机构及各类公民营公司等共同投资入股建立起来的公司法人。二是会员制证券交易所，它是以会员协会形式成立的不以盈利为目的的组织，主要由证券商组成。只有会员及享有特许权的经纪人才有资格在交易所中进行证券交易。会员对证交所的责任以其交纳的会费为限。会员制证券交易所通常也是法人，属于社团法人，但也有一些会员制证交所（如美国）不是法人组织，其原因主要是为避免司法部门对它的部规定进行干预。我国的《证券交易所管理办法》规定：证交所是不以营利为目的，为证券的集中和有组织的交易提供场所、设施，并履行相关职责，实行自律性管理的会员制事业法人。

（2）场外交易市场

相对于证券交易所而言的，凡是在证券交易所之外的股票交易活动都可以称为场外交易。由于这种交易最初主要是在各证券商的柜台上进行的，因而也称为柜台交易。场外交易市场与证券交易所相比，没有固定的集中的场所，而是分散于各地，规模有大有小由自营商来组织交易，并且场外交易无法实行公开竞价，其价格是通过商议达成的，场外交易比证券交易所所受的管制少，更显得灵活方便。

（3）第三市场

第三市场是指原来在证券交易所上市的股票移到场外进行交易而形成的市场，也就是说第三市场是既在证券交易所上市又在场外市场交易的股票。第三市场最早出现在 20 世纪 60 年代的美国，当时美国的证券交易所实行固定佣金制度，而且大宗交易也不折扣佣金，导致买卖大宗上市股票的投资者和一些个人投资者通过场外市场交易上市股票以降低交易费用，这种形式的交易随着 20 世纪 60 年代机构投资者的比重明显上升以及股票成交额的不断增大获得了迅速的发展，并形成专门的市场，该市场因佣金便宜、手续简单而备受投资者的青睐。但在 1975 年 5 月 1 日，美国的证券交易委员会宣布取消固定佣金制度，由交易所会员自行决定佣金，而且交易所内部积极改革，采用先进技术，提高服务质量，加快成交速度，从而使得第三市场不像以前那样具有吸引力了。

（4）第四市场

第四市场是指大机构或大的个人投资者绕开通常的经纪人，彼此之间利用通信网络直接进行的证券交易。这些网络允许会员直接将买卖委托挂在网上，并且与其他投资者的委托自动配对成交。由于没有买卖价差，其交易费用非常便宜，而且有些电子通信网络允许拥护进行匿名交易，从而满足了一些大机构投资者的需要。目前电子通信网络发展很快，它们的发展一方面对证券交易所和场外交易产生了巨大竞争压力，进而促进了这些市场降低佣金、改进服务；另一方面也对证券市场的管理提出了挑战。

2. 股票交易方式

股票交易方式是股票交易的具体形式。目前，主要有以下几种方式。

1）现货交易，即以现金或支票买卖证券。它主要要求买卖双方在成交后即时进行交割，即买者付出现金，卖者交出证券，钱货两清，但在实际交易过程中，往往做不到这一点，一般允许有一个较短的延迟时间，大多数是次日办理交割手续，也有成交后三天交割的。

2）期货交易，即买卖成交后，交易双方按照合同规定在未来某个日期，依成交时双方商定的价格办理清算和交割的一种交易方式。

3）信用交易，又称垫头交易，是指投资者在购买一定数额证券时，可先支付部分价款，其余部分由交易所经纪人垫付。等到一段时间后，再归还经纪人本息。

4）期权交易，也称选择权交易，是指期权交易双方在进行期权交易时签订一个期权合同，该合同赋予期权交易买方一种权利，即买方可以对某种股票按合同约定价格，在双方约定的期限内买进或卖出这种股票或放弃行使这种权利。

3. 股票交易价格与股票价格指数

股票交易价格是指股票在二级市场上买卖时的价格，又称股票行市。按实际成交时间的不同分为开盘价、收盘价、最高价、最低价、平均价。

股票价格指数是反映一个国家或地区各种股票价格水平变动情况的综合指数。将多家公司的股票价格加以平均，以某个时期为基期，确定基期的股票价格指数为 100，以后各时期的股票平均价格与基期相比，计算出百分数，即为该时期的股票价格指数。它能比较准确地反映股票行情的变化和股票市场的发展趋势，从而有利于投资者进行投资选择和观察分析经济形势。目前，世界上主要的股价指数有：美国的"道·琼思股票价格指数"、英国的"金融时报股票价格指数"、日本的"日本经济新闻股票价格指数"、香港"恒生股票指数"。我国目前影响较大的股票价格指数：一种是上海证券交易所发布的上证股价指数，另一种是深圳交易所发布的深圳股价指数。

（二）债券流通市场

债券流通市场是指在发行市场发行后尚未到期的债券转让买卖的场所。债券的流通市场与债券发行市场共同构建债券市场。债券交易主要在证券交易所或柜台交易市场进行。

1. 债券的交易方式

根据债券交割时间和方法不同大致可以分为现货交易、期货交易和回购协议交易三种。

现货交易和期货交易与股票市场相同，在此不再赘述。回购协议交易是债券买卖双方按预先签订的协议约定在卖出一笔债券后过一段时间，再以特定的价格买回这笔债券，并按商定的利率付息。这种债券交易方式实际上是一种短期的资金借贷。回购协议的期限大多数为 1～3 个星期或 1～6 个月。回购协议的利率由协议双方根据回购期限、市场行情及回购债券的质量等有关因素决定，与债券本身的利率无直接关系。

2. 债券的偿还

债券要按约定的期限偿还给投资者，其偿还方式主要有定期偿还和任意偿还。

定期偿还，即在经过一定宽限期后，每过半年或一年偿还一定金额的本金，到期时还清余额。具体有两种方法，一是以抽签方式确定并按票面价格偿还；二是从二级市场上以市场价格购回债券。为增加债券信用与吸引力，有的公司还建立偿债基金用于债券的到期清偿。

任意偿还，是在债券发行一段时间以后，发行人可以任意偿还债券的一部分，具体操作可根据早赎或以新偿旧条款进行，也可在二级市场上买回予以注销。

四、我国多层次资本市场的建设

在资本市场上，不同的投资者与融资者都有不同的规模大小与主体特征，存在着对资本市场金融服务的不同需求。投资者与融资者对投融资金融服务的多样化需求决定了资本市场应该是一个多层次的市场体系。此外，由于经济生活中存在强劲的内在投融资需求，这就极易产生非法的证券发行与交易活动。这种多层次的资本市场能够对不同风险特征的筹资者和不同风险偏好的投资者进行分层分类管理，以满足不同性质的投资者与融资者的金融需求，并最大限度地提高市场效率与风险控制能力。

多层次资本市场体系是指针对质量、规模、风险程度不同的企业，为满足多样化市场主体的资本要求而建立起来的分层次的市场体系。

（一）主板市场

主板市场也称为一板市场，指传统意义上的证券市场（通常指股票市场），是一个国家或地区证券发行、上市及交易的主要场所。主板市场先于创业板市场产生，两者既相互区别又相互联系，是多层次资本市场的重要组成部分。相对创业板市场而言，主板市场是资本市场中最重要的组成部分，很大程度上能够反映经济发展状况，有"国民经济晴雨表"之称。主板市场对发行人的营业期限、股本大小、盈利水平、最低市值等方面的要求标准较高，上市企业多为大型成熟企业，具有较大的资本规模以及稳定的盈利能力。

中国大陆的主板市场包括上交所和深交所两个市场。沪深证券交易所在组织体系、上市标准、交易方式和监管结构方面几乎都完全一致，主要为成熟的国有大中型企业提供上市服务。

2004 年 2 月，国务院提出了分步推进创业板市场建设的要求，为落实该要求，深圳证券交易所从主板市场中设立中小企业板块。中小企业板设立独立的指数，代码也不同于主板中其他股票的代码，交易结算也独立运行。进入中小企业板块交易的股票主要是已经通过发审委审核的、流通规模较小的公司股票，以"小盘"为最突出的特征。中小企业板块的股票也有流通股与非流通股之分，与主板市场中其他股票相同，但由于总股本较小，比较适合进行金融创新的实验，板块中的股票很有可能作为非流通股减持的试点对象。

中小企业板定位于为主业突出、具有成长性和科技含量的中小企业提供融资渠道和发展平台，促进中小企业快速成长和发展，是解决中小企业发展瓶颈的重要探索。中小企业板是现有主板市场的一个组成部分，其发行上市条件与主板相同，但发行规模相对较小，成长较快，而且上市后要遵循更为严格的规定，目的在于提高公司治理结构和规范运作水平，增强信息披露透明度，保护投资者权益。

（二）二板市场

二板市场又名创业板市场，也有的国家叫自动报价市场、自动柜台交易市场、高科技板证券市场等，它是专门为中小高新技术企业或快速成长的企业而设立的证券融资市场。上市标准较低，主要以高科技、高成长的中小企业为服务对象的证券市场。二板市场是相对主板市场而言，主板市场主要是为大中型企业融资服务，而二板市场主要是面向各新兴的高科技、高成长的中小企业，为中小创新企业的可持续发展提供融资场所，从而进一步推动科技产业的发展。它是一个前瞻性市场，注重于公司的发展前景与增长潜力。创业板市场是一个高风险的市场，特别强调信息披露与市场监管。

2009 年 10 月 23 日，我国创业板市场在深圳证券交易所举行开板仪式。10 月 30 日，首批 28 家公司将集中在创业板市场正式挂牌上市交易。作为我国多层次资本市场的重要组成部分，创业板市场的正式开板和开市，标志着一个和主板平行的崭新市场将在我国资本市场正式崛起。

建设创业板市场是推进资本市场多层次市场建设和制度创新的基础性工作，对我国经济社会发展具有重要意义，有助于加快经济发展方式的转变，可以引导社会资源向具有竞争力的新兴行业、高成长性的企业集聚；促进一批代表经济未来发展方向的高科技创新型企业成长，切实提高我国经济发展的整体质量和效率；促进自主创新型国家战略的有效落实，更好地促进社会资源的合理配置。

创业板的推出也是我国主动适应经济形势和市场发展需要的一项战略举措。在我国目前经济体制和市场环境中，建设创业板市场没有现成的模式可以照搬，必须充分借鉴国际经验和教训，确保创业板市场的平稳推出和持续发展。自 20 世纪 60 年代以来，约有 39 个国家建立过 75 个创业板市场，但迄今为止除美国纳斯达克等少量市场外，大部分惨淡经营且有一些已经关闭。这些创业板市场之所以不成功，主要原因就是当地经济发展的动力不足，上市资源匮乏、盲目降低上市门槛，甚至对公司的盈利能力、资产规模不作具体规定和要求，导致大量垃圾公司进入市场，影响了市场的整体质量。同时，监管不够严格，市场违法违规行为不断发生，严重挫伤了投资者的信心；交易不活跃，市场对投资者的吸引力减弱；退市制度不够严格，难以实现优胜劣汰等。

经过 30 多年的改革开放，我国中小企业获得了快速的发展，已经在我国国民经济中占据了半壁江山。数据显示，截至 2008 年末，我国共有注册中小企业 970 万户，创造 GDP 占比达 60%。税收占比约 50%，发明专利占比 66%。这些企业无疑将为创业板市场提供源源不断的上市资源。根据科技部统计，有 1 000 多家完全符合创业板上市条件的企业，且随着培育力度的加大，后备资源还在源源不断地增加。随着经济结构调整和创新经济的成长，未来上市资源的数量和质量还会进一步扩充。

（三）为非上市股份公司和退市公司服务的代办股份转让系统

代办股份转让系统是一个以证券公司及相关当事人的契约为基础，依托证券交易所和中央登记公司的技术系统和证券公司的服务网络，以代理买卖挂牌公司股份为核心业务的股份转让平台。

为妥善解决原 STAQ、NET 系统挂牌公司流通股的转让问题，2001 年 6 月 12 日经中国证监会批准，中国证券业协会发布《证券公司代办股份转让服务业务试点办法》，代办股份转让工作正式启动，7 月 16 日第一家股份转让公司挂牌。该系统由中国证券业协会履行自律性管理职责，委托深圳证券交易所对股份转让行为进行实时监控，对证券公司代办股份转让业务实施监督管理，由证券公司以其自有或租用的业务设施，为非上市股份公司提供股份转让服务。为解决退市公司股份转让问题，2002 年 8 月 29 日起退市公司也纳入代办股份转让试点范围。2006 年《证券公司代办股份转让系统中关村科技园区非上市股份有限公司股份报价转让试点办法》的公布，使得中关村科技园区非上市股份有限公司也进入代办股份转让系统，俗称"新三板"。目前代办股份转让试点范围包括两种：一是原 STAQ、NET 系统挂牌公司和沪、深证券交易所的退市公司。公司申请委托代办股份转让应具备的条件：合法存续的股份有限公司、公司组织结构健全、登记托管的股份比例达到规定的要求等。二是中关村科技园区非上市股份有限公司。申请委托代办股份转让应具备的条件是：存续满两年，主营业务突出，公司治理结构健全，股份发行和转让行为合法合规，取得北京市人民政府出具的非上市股份报价转让试点的资格确认函。

（四）散建于各地的产权交易市场

以上海、深圳及北京等地为代表，一般定位于高新技术企业股权融资、国有资产产权交易、未上市股份有限公司股权托管等业务，对企业提供信息、咨询、策划等服务，采用以经纪商制度为核心的交易运营体系。

第四节　外　汇　市　场

一、外汇市场概述

（一）外汇市场的概念

外汇市场就是进行外汇买卖的场所，它不像商品市场和其他金融市场那样，一定要设有具体的交易场所，它主要是指外汇供求双方在特定的地区内，通过现代化的通信设备及计算机网络系统来从事外汇买卖的交易活动。

外汇市场按交易的参与者不同，可分为狭义外汇市场、广义外汇市场。狭义的外汇市场特指银行同业之间的外汇交易市场，包括外汇银行之间、外汇银行与中央银行之间以及各国中央银行之间的外汇市场。广义的外汇市场，除了上述狭义外汇市场之外，还包括银行同一般客户之间的外汇交易。

（二）外汇市场的形成

外汇市场是顺应国际清偿和国际货币支付的需要而产生的。国际贸易的发展引起了国际间商品和劳务价格收付的需要，国际借贷的发展促进了国际间资本的流动。在国际经济交往中，资金在国际间的调拨划转、国际间债权债务的清偿、国际资本的流动，这些都产生了对外汇交易的需要，外汇市场便应运而生。

（三）外汇市场的作用

外汇市场的存在和发展，促进和便利了国际货币交易的进行，对世界经济生活具有重大作用。

1. 实现购买力的国际转移

国际经济交往的结果需要债务人向债权人进行支付，但不同国家货币不同，需要将本国货币兑换成外币来清理债权和债务，而这种购买力的转移就是在外汇市场上实现的。外汇市场的存在使得各种潜在的外汇出售者和外汇购买者的愿望能联系起来。当市场的汇率变动使外汇供给量正好等于外汇需求量时，所有潜在的出售和购买愿望都得到了满足，外汇市场处于平衡状态之中。

2. 为国际经济交易提供资金融通

外汇市场作为国际金融市场的一个重要组成部分，在买卖外汇的同时也向国际间经济交易者提供了资金融通的便利，从而使国际借贷和国际投资活动能够顺利进行。

3. 提供外汇保值和投机的场所

在以外币计价成交的国际经济交易中，交易双方都面临着外汇风险。然而，人们对风险的态度并不相同，有的人宁可花费一定的成本来转移风险，有的人则愿意承担风险以期实现预期的利润，由此产生外汇保值和投机两种截然不同的行为。外汇保值是指交易者卖出或买进金额相当于已有的一笔外币资产或负债的外汇，使原有的这笔外币资产或负债避免汇率变动的影响，从而达到保值的目的。而外汇投机是通过某项外汇交易故意使自己原来关闭的外汇头寸转变成敞开着而不采取任何抛补措施，以期在日后的汇率变化中得到外汇收益。这两种做法正好相反，前者是利用远期外汇交易弥补其业务上的风险，关闭原先暴露的头寸，而后者则是通过即期或远期外汇交易故意敞开头寸以实现风险利润。因此，外汇市场的存在既为套期保值者提供了规避外汇风险的场所，又为投机者提供了承担风险、获取利润的机会。

（四）外汇市场的参与者

1. 外汇银行

外汇银行又叫外汇指定银行，是指经过本国中央银行批准，可以经营外汇业务的商业银行或其他金融机构。外汇银行可分为三种类型：专营或兼营外汇业务的本国商业银行；在本国外国商业银行分行及本国与外国的合资银行；其他经营外汇业务的本国金融机构，如信托投资公司、财务公司等。

外汇银行是外汇市场上最重要的参与者，它主要在两个层次上从事外汇业务活动：第一个层次是零售业务，银行应客户的要求进行外汇买卖，并收兑不同国家的货币现钞；第二个层次是批发业务，这是指银行为了平衡外汇头寸，防止外汇风险而在银行同业市场上进行的轧差买卖。

2. 外汇经纪人

外汇经纪人是指介于外汇银行之间、外汇银行和其他外汇市场参与者之间，通过为买卖双方接洽外汇交易而赚取佣金的中间商。如同外汇银行一样，外汇经纪人也必须经过所在国中央银行的核准方能参与市场。外汇经纪人在外汇市场上的作用主要在于提高外汇交易的效率，主要体现在促成交易的速度与价格上。

3. 顾客

在外汇市场上，凡是与外汇银行有外汇交易的公司或个人，都是外汇银行的客户，他们是外汇市场上的主要供求者，其在外汇市场上的作用和地位，仅次于外汇银行。这类市场参与者有的为实施某项经济交易而买卖外汇，有的为调整资产结构或利用国际金融市场的不均衡状况而进行外汇交易。

4. 中央银行及其他官方机构

外汇市场上另一个重要的参与者是各国的中央银行。这是因为各国的中央银行都持有一定数量的外汇余额作为国际储备的重要构成部分，并承担着维持本国货币金融稳定的职责，所以，中央银行经常通过购入或抛售某种国际性货币的方式来对外汇市场进行干预，以便能把本国货币的汇率稳定在一个所希望的水平上，从而实现本国货币金融政策的意图。

一般情况下，中央银行在外汇市场上的交易并不很大，但其影响却非常广泛。这是因为，外汇市场的参与者都密切地关注着中央银行的一举一动，以便能及时获取政府宏观经济政策的有关信息，所以，中央银行即使在外汇市场上的一个微小举措，有时也会对一国货币汇率产生重大影响。而且有时候，甚至会有几个国家的中央银行联手对进行市场进行干预，其效果就会更加显著。除了中央银行以外，其他政府机构为了不同的经济目的，有时也会进入外汇市场进行交易，如财政部、商业部等。但中央银行是外汇市场上最经常、最重要的官方参与机构。

二、外汇市场的交易种类

（一）即期外汇交易

即期外汇交易，又称现汇交易，是指交易双方以当时外汇市场的价格成交，并在成交后的两个营业日内办理有关货币收付交割的外汇交易。在即期外汇交易中使用的汇率通常采用以美元为中心的报价方法。

（二）远期外汇交易

远期外汇交易，又称期汇交易，是指买卖双方先签订合同，规定买卖外汇的数量、汇率和未来交割的时间，到了规定的交割日期买卖双方再按合同规定办理货币收付的外汇交易。在签订合同时，除缴纳10%的保证金外，不发生任何资金的转移。

远期外汇交易的期限有1个月、3个月、6个月和1年等几种，其中，3个月最为普遍。远期交易很少超过1年，因为期限越长，交易的不确定性越大。

（三）掉期交易

掉期交易，又称时间套汇，是指同时买进和卖出相同金额的某种外汇但买与卖的交割期限不同的一种外汇交易，进行掉期交易的目的在于避免汇率变动的风险。掉期交易可分为以下三种形式。

1. 即期对远期

即在买进或卖出一笔现汇的同时，卖出或买进相同金额该种货币的期汇。期汇的交割期限大都为1星期、1个月、2个月、3个月、6个月。这是掉期交易中最常见的交易方式。

2. 明日对次日

即在买进或卖出一笔现汇的同时，卖出或买进同种货币的另一笔即期交易，但两笔即期交易交割日不同，一笔是在成交后的第二个营业日（明日）交割，另一笔反向交易是在成交后第三个营业日（次日）交割。这种交易主要用于银行同业的隔夜资金拆借。

3. 远期对远期

即同时买进并卖出两笔相同金额、不同交割期限的同种货币的远期外汇交易。这种形式多为转口贸易中的中间商所使用。

(四) 套汇交易

套汇交易是套利交易在外汇市场上的表现形式之一,是指套汇者利用不同地点、不同货币在汇率上的差异进行贱买贵卖,从中套取差价利润的一种外汇交易方式。由于空间的分隔,不同的外汇市场对影响汇率变动诸因素的反应速度和反应程度不完全一样,因而在不同的外汇市场上,同种货币的汇率有时可能出现一定差异,这就为异地套汇提供了条件。套汇交易可分为直接套汇和间接套汇两种交易方式。

1. 直接套汇

利用两个外汇市场之间某种货币汇率的差异进行的套汇,称为直接套汇,也叫两点套汇或两地套汇。

2. 间接套汇

间接套汇又称三点套汇或三角套汇,是指套汇者利用三个不同外汇市场中三种不同货币之间交叉汇率的差异,同时在这三个外汇市场上贱买贵卖,从中赚取汇率差额的一种套汇交易。

为了把握三地之间的套汇机会,可依据下述原则进行判断:将三地外汇市场的汇率均以直接标价法(或间接标价法)表示,然后相乘,如果乘积等于1或接近等于1,说明没有套利机会,如果乘积不等于1并且与1的偏差较大,说明有套汇机会。

目前,由于通讯技术的高度发达,不同外汇市场上的汇率差异日益缩小,因此,套汇交易的机会已大大减少。

第五节 黄金市场

黄金市场,是集中进行黄金买卖的交易场所。黄金交易与证券交易一样,都有一个固定的交易场所,世界各地的黄金市场就是由存在于各地的黄金交易所构成。黄金交易所一般都是在各个国际金融中心,是国际金融市场的重要组成部分。在黄金市场上买卖的黄金形式多种多样,主要有各种成色和重量的金条、金币、金丝和金叶等,其中最重要的是金条。大金条量重价高,是专业金商和中央银行买卖的对象,小金条量轻价低,是私人和企业买卖、收藏的对象。金价按纯金的重量计算,即以金条的重量乘以金条的成色。

一、黄金市场参与者

（一）国际金商

最典型的就是伦敦黄金市场上的五大金行，其自身就是一个黄金交易商，由于其与世界上各大金矿和黄金商有广泛的联系，而且其下属的各个公司又与许多商店和黄金顾客联系，因此，五大金商会根据自身掌握的情况，不断报出黄金的买价和卖价。当然，金商要负责金价波动的风险。

（二）银行

银行又可以分为两类，一种是仅仅为客户代行买卖和结算，本身并不参加黄金买卖，以苏黎世的三大银行为代表，它们充当生产者和投资者之间的经纪人，在市场上起到中介作用。另一种是做自营业务的，如在新加坡黄金交易所（UOB）里，就有多家自营商会员是银行的。

（三）对冲基金

近年来，国际对冲基金尤其是美国的对冲基金活跃在国际金融市场的各个角落。在黄金市场上，几乎每次大的下跌都与基金公司借入短期黄金在即期黄金市场抛售和在纽约商品交易所黄金期货交易所构筑大量的淡仓有关。一些规模庞大的对冲基金利用与各国政治、工商和金融界千丝万缕的联系往往较先捕捉到经济基本面的变化，利用管理的庞大资金进行买空和卖空从而加速黄金市场价格的变化而从中渔利。

（四）各种法人机构和个人投资者

这里既包括专门出售黄金的公司，如各大金矿、黄金生产商、黄金制品商（如各种工业企业）、首饰行以及私人购金收藏者等，也包括专门从事黄金买卖的投资公司、个人投资者等。从对市场风险的喜好程度分，又可以分为避险者和冒险者：前者希望黄金保值而回避风险，希望将市场价格波动的风险降低到最低程度，如黄金生产商、黄金消费者等；后者则希望从价格涨跌中获得利益，因此愿意承担市场风险，如各种对冲基金等投资公司。

（五）经纪公司

经纪公司是专门从事代理非交易所会员进行黄金交易，并收取佣金的经纪组织。有的交易所把经纪公司称为经纪行。在纽约、芝加哥、香港等黄金市场里，有很多经纪公司，它们本身并不拥有黄金，只是派出场内代表在交易厅里为客户代理黄金买卖，收取客户的佣金。

二、世界上主要的黄金市场

（一）伦敦黄金市场

伦敦黄金市场历史悠久，发展历史可追溯到 300 多年前。1804 年，伦敦取代荷兰阿姆斯特丹成为世界黄金交易的中心，1919 年伦敦金市正式成立，每天进行上午和下午的两次黄金定价。由五大金行定出当日的黄金市场价格，该价格一直影响纽约和香港的交易。市场黄金的供应者主要是南非。1982 年以前，伦敦黄金市场主要经营黄金现货交易。1982 年 4 月，伦敦期货黄金市场开业。目前，伦敦仍是世界上最大的黄金市场。

伦敦黄金市场的特点之一是交易制度比较特别，因为伦敦没有实际的交易场所，其交易是通过无形方式——各大金商的销售联络网完成的。交易所会员由具有权威性的五大金商及一些公认为有资格向五大金商购买黄金的公司或商店所组成，然后再由各个加工制造商、中小商店和公司等连锁组成。交易时由金商根据各自的买盘和卖盘，报出买价和卖价。

伦敦金市交易的特点之二是灵活性强。黄金的纯度、重量等都可以选择，若客户要求在较远的地区交售，金商也会报出运费及保费等，也可按客户要求报出期货价格。最通行的买卖伦敦金的方式是客户可无需交付现金，即可买入黄金现货，到期只需按约定利率支付即可，但此时客户不能获取实物黄金。这种黄金买卖方式，只是在会计账上进行数字游戏，直到客户进行了相反的操作平仓为止。

伦敦黄金市场交收的标准金成色为 99.5%，重量为 400 盎司。

（二）苏黎世黄金市场

苏黎世黄金市场，在"二战"后趁伦敦黄金市场两次停业发展而起，苏黎世市场的金价和伦敦市场的金价一样受到国际市场的重视。

苏黎世黄金市场没有正式组织结构，而是由瑞士三大银行：瑞士银行、瑞士信贷银行和瑞士联合银行负责清算结账，三大银行不仅为客户代行交易，而且黄金交易也是这三家银行本身的主要业务。苏黎世黄金总库建立在瑞士三大银行非正式协商的基础上，不受政府管辖，作为交易商的联合体与清算系统混合体在市场上起中介作用。

由于瑞士特殊的银行体系和辅助性的黄金交易服务体系，为黄金买卖提供了一个既自由又保密的环境，加上瑞士与南非也有优惠协议，获得了 80% 的南非金，以及苏联的黄金也聚集于此，使得瑞士不仅是世界上新增黄金的最大中转站，也是世界上最大的私人黄金的存储中心。苏黎世黄金市场在国际黄金市场的地位仅次于伦敦。

苏黎世黄金市场无金价定盘制度，在每个交易日的任一特定时间，根据供需状况议定当日交易金价，这一价格为苏黎世黄金官价。全日金价在此基础上波动而无涨停板限制。标准金为 400 盎司的 99.5% 纯金。

（三）美国黄金市场

纽约和芝加哥黄金市场是 20 世纪 70 年代中期发展起来的，主要原因是 1977 年后，美元贬值，美国人（主要是以法人团体为主）为了套期保值和投资增值获利，使得黄金期货迅速发展起来。

目前纽约商品交易所（COMEX）和芝加哥商品交易所（IMM）不仅是美国黄金期货交易的中心，也是世界最大的黄金期货交易中心。两大交易所对黄金现货市场的金价影响很大。

以纽约商品交易所（COMEX）为例，该交易所本身并不参加期货的买卖，仅仅为交易者提供一个场所和设施，并制定一些法规，保证交易双方在公平和合理的前提下交易。该所对进行现货和期货交易的黄金的重量、成色、形状、价格波动的上下限、交易日期、交易时间等都有极为详尽和复杂的描述。而且，因为美国财政部和国际货币基金组织（IMF）也在纽约拍卖黄金，纽约黄金市场已成为世界上交易量最大和最活跃的期金市场，美国黄金市场以做黄金期货交易为主，其所签订的期货合约可长达 23 个月，黄金市场每宗交易量为 100 盎司，交易标的为 99.5%的纯金，报价是美元。

（四）香港黄金市场

香港黄金市场已有 90 多年的历史,其形成以香港金银贸易场的成立为标志。1974年,香港政府撤销了对黄金进出口的管制,此后香港金市发展极快。由于香港黄金市场在时差上刚好填补了纽约、芝加哥市场收市和伦敦开市前的空挡,可以连贯亚、欧、美时间形成完整的世界黄金市场。其优越的地理条件也引起了欧洲金商的注意,伦敦五大金商、瑞士三大银行等纷纷进港设立分公司。它们将在伦敦交收的黄金买卖活动带到香港,逐渐形成了一个无形的当地"伦敦黄金市场",促使香港成为世界主要的黄金市场之一。

目前香港有三个黄金市场：

其一是以华资金商占优势，有固定买卖场所，黄金以港元/两定价，交收标准金成色为 99%，主要交易的黄金规格为 5 个司马两为一条的 99 标准金条，目前仍然采用公开叫价、手势成交的传统现货交易方式，没有电脑网络反映实时行情的金银业贸易场。

其二是由外资金商组成在伦敦交收的黄金市场，同伦敦金市密切联系，没有固定交易场所，一般称之为"本地伦敦金市场"。

其三是黄金期货市场，是一个正规的市场。其性质与美国的纽约和芝加哥的商品期货交易所的黄金期货性质是一样的。交投方式正规，制度也比较健全，可弥补金银贸易场的不足。

三、影响黄金价格的因素

（一）黄金供求数量的变化

一般在供应量有限、需求量较大、供不应求的时期，国际黄金市场上的金价就会上涨；反之，金价就会下跌。南非是生产和供应黄金最多的国家，它所生产的黄金已占到西方世界黄金产量的70%以上。因此，南非的黄金年产量的变化，对世界黄金市场的供应量的增减有着举足轻重的影响。

（二）世界经济周期发展趋势的影响

在经济危机或发生经济"衰退"的时期，利润率会降低到最低限度，人们对经济前景缺乏信心，于是纷纷抛售纸币去抢购黄金，以求保值。这时对黄金的需求就会增加，从而刺激黄金价格上涨。反之，在经济复苏时期，由于对资金的吸收量大，利润率增高，人们反过来愿意把黄金抛出，换成纸币进行投资，以获得更多的利润。这时候如果持有黄金非但不能获取利息，还要支付保管费等。因此，在这一时期，人们对黄金需求就会减少，黄金价格便会呈现疲软局面。黄金价格徘徊不前，时起时伏，经济危机的影响是比较强烈的。

（三）通货膨胀率和利率对比关系变化的影响

通货膨胀会使人们手中持有的货币无形地贬值。当利息收入不足以抵消通货膨胀所带来的损失时，人们也会对纸币失去信心，认为持有黄金比持有纸币更稳妥、更安全，对黄金的需求增加，金价就会上升。但如果利率与通货膨胀率变化不一致，在通货膨胀率低于利率时（即实际利率较高的时候），不仅会抑制金价的上涨，甚至可以迫使金价下跌。因为这时候将资金投入证券市场或存入银行，不仅可以保值，而且还可以获取较高的收益。例如，国际黄金市场上，黄金价格自1980年2月以来，一直处于稳中有跌的态势，在很大程度上，就是由于美国的利率一直居高不下，加以各国通货膨胀率均呈下降趋势。

（四）石油价格变动的影响

石油一向以美元标价。如果石油价格上涨，美元就会贬值，而美元的贬值又会导致人们抛售纸币抢购黄金来保值，进而刺激黄金价格上涨。如1973年10月第四次中东战争爆发，为了抵制以色列对阿拉伯国家的侵略，中东产油国决定对非友好国家实行石油禁运，同时大幅度提高油价，使油价上涨近4倍，对西方的经济产生了深刻的影响。一方面西方工业国家石油进口费用急剧增加，国际收支状况普遍恶化，通货膨胀加剧，货币信用低落；另一方面，产油国美元收入显著增加。为了减少美元汇价下跌造成的损失，这些产油国便将出口石油所得的部分美元抛向黄金市场，形成黄金价格节节上涨的局面。而 1981 年后，由于石油供过于求，油价不断下跌，又对 1982 年上半年出现的金价下跌风产生了明显的影响。

（五）外汇市场变动的影响

当某种货币地位疲软，出现汇率下跌，导致货币实际贬值时，人们就会急于抛售持有的该种货币去抢购黄金，以求保值。这样以该种货币所表示的黄金价格就会上涨。以美元为例，由于美元仍是目前国际清算、支付以及储备中使用最多的货币，其国际货币市场中所占比例亦最大，所以，当美元汇价出现波动时，国际黄金市场上的黄金价格，就会相应地出现波动。当美元汇价出现"疲软"时，往往会引起大量抛售美元抢购黄金的风潮，从而导致金价的大幅度上涨。反之，当美元汇价出现"坚挺"时，金价一般都处于比较平稳或稳中略有下降的趋势。

（六）政治局势与突发性重大事件

黄金是一种非常敏感的投机商品，任何政治、经济的大动荡，都会在国际黄金市场的金价上反映出来。如 1979 年 11 月，美国和伊朗的关系恶化后，伊朗停止向美国出售石油。美国则采取了冻结伊朗在美国存款的报复行为，伊朗扣留美国人质的问题也迟迟得不到解决。同年 12 月，苏联出兵阿富汗，立即加剧了中东地区的紧张局势，美苏关系也呈现出紧张状态。由于上述两个政治事件的发生，增加了西方人士的忧虑。他们害怕政治局势的恶化使自己的美元财产遭到损失，便大量抢购黄金，从而使金价急剧地大幅度地上涨。在伦敦国际黄金市场上，黄金的价格每盎司连破 500 美元、600 美元、700 美元大关，到 1980 年 1 月 21 日，竟达到每盎司 850 美元的高峰。

四、黄金市场的交易方式

国际黄金市场的交易方式主要有现货交易和期货交易两种方式。

（一）黄金现货交易及其特点

国际黄金市场上黄金现货交易的价格较为特殊。在伦敦国际黄金市场上的黄金现货交易价格，分为定价交易和报价交易两种。

定价交易的特点是提供客户单一交易价，既无买卖差价，按所提供的单一价格，客户均可自由买卖，金商只收取少量的佣金。定价交易只在规定的时间里有效。短则一分钟，长则一个多小时，具体时间视供求情况而定。

报价交易的特点就是有买、卖价之分。一般是在定价交易以外的时间进行报价交易。如伦敦国际黄金市场，每日进行两次定价交易，第一次为上午 10 时 30 分，第二次为下午 3 时。定价交易在英国最大金商洛希尔父子公司的交易厅里进行，该公司担任首席代表，其他各金商均选一名代表参加。在定价交易前，市场的交易活动要停止片刻，这时各金商对外均不报价，由首席代表根据市场金价动态定出开盘价，并随时根据其他代表从电话里收到的订购业务调整价格。若定价交易开盘后没有买卖，则定价交易结束。若有买卖，首席代表就不能结束定价交易活动。订购业务完成时的金价即为黄金现货买卖的成交价格。定价交易是世界黄金行市的"晴雨表"，世界各黄金市场均以此调整各自的金价。定价交易结束后，即恢复正常的黄金买卖报价活动。

（二）黄金期货交易及其特点

在国际黄金市场上进行的期货交易，又分保值交易和投机交易两种。

保值交易是指人们为了避免通货膨胀或政治动乱，出于寻求资产价值"庇护所"的意图而购买黄金的活动。当然，也有的是以避免由于金价变动而遭受损失为目的而进行黄金买卖的。一般来说，套期交易是保值的理想办法。对套期交易者来说，期货市场是最方便的购销场所。

国际黄金市场上的投机交易，则是利用市场金价波动，通过预测金价在未来时期的涨跌趋势，买空或卖空，从中牟取投机利润。在进行期货投机时，金投机者预测市场金价将会下跌时，便卖出期货，即所谓的做"空头"或"卖空"。如果届时金价果然下跌，他就可以按跌落后的价格买入黄金，以履行卖出期货的义务，从而赚取先贵卖后贱买的差额投机利润。但在一般情况下，他并不必购买黄金现货来履行卖出期货的义务，而只是收进价格之间的差额。反之，当投机者预测未来市场金价趋涨时，他买进期货，即所谓的做"多头"或"买空"。期货到期后，如果金价真的上涨，他可以将原来低价买入的期货，再按上涨后的价格卖出，从中赚取先贱买后贵卖的差额利润。同样，一般情况下也不需要在买卖时交割实际黄金，而只由投机者收取金价差额即可。当然，投机者可以一面做"空头"，又可另一面做"多头"。例如，当投机者预计1个月后金价会上升，但到3个月后金价又会下降，那么，他可以一面做购进1个月的远期黄金合约，另一面出售3个月的远期黄金合约。在国际黄金市场上，那些实力雄厚的银行和垄断企业，往往在一定程度上主宰市场的投机活动，制造市场金价的大起大落，而它们在价格之前，购之于先或抛之于先，以从中牟取暴利。

五、我国黄金市场的建设

新中国成立后，国内的黄金市场一直是封闭的，黄金的市场流动需要申请和配额。1950年4月，中国人民银行制定下发了《金银管理办法》（草案），冻结民间金银买卖，明确规定国内的金银买卖统一由中国人民银行经营管理。

1983年6月15日，国务院发布了《中华人民共和国金银管理条例》，明确规定"国家对金银实行统一管理、统购统配的政策"；"中华人民共和国境内的机关、部队、团体、学校，国营企业、事业单位，城乡集体经济组织的一切金银的收入和支出，都纳入国家金银收支计划"；"境内机构所持的金银，除经中国人民银行许可留用的原材料、设备、器皿、纪念品外，必须全部交售给中国人民银行，不得自行处理、占有"；"在中华人民共和国境内，一切单位和个人不得计价使用金银，禁止私相买卖和借贷抵押金银"。

2001 年 4 月，中国人民银行着手在上海组建黄金交易所。2002 年 10 月 30 日上海黄金交易所开业，标志着中国的黄金行业开始走向市场化。其基本职能是：

1）提供黄金、白银、铂等贵金属交易的场所、设施及相关服务；

2）制定并实施黄金交易所的业务规则，规范交易行为；

3）组织、监督黄金、白银、铂等贵金属交易、结算、交割和配送；

4）制定并实施风险管理制度，控制市场风险；

5）生成合理价格，发布市场信息；

6）监管会员黄金业务正常进行和交易合约按时履约，查处会员违反交易所有关规定的行为；

7）监管指定交割仓库的黄金业务；

8）沟通国际国内黄金市场、加强与国际黄金行业的交流；

9）中国人民银行规定的其他职能。

黄金交易所实行会员制组织形式，会员在中华人民共和国境内注册登记，并经中国人民银行核准从事黄金业务的金融机构、从事黄金、白银、铂等金属及其制品的生产、冶炼、加工、批发、进出口贸易的企业法人，并具有良好资信的单位组成。现有会员 108 家，其中商业银行 13 家、产金单位 24 家、用金单位 61 家、冶炼单位 8 家、造币单位 2 家，会员分散在全国 26 个省；交易所会员依其业务范围分为金融类会员、综合类会员和自营会员。金融类会员可进行自营和代理业务及批准的其他业务，综合类会员可进行自营和代理业务，自营会员可进行自营业务。目前会员中金融类 14 家、综合类 77 家、自营类 17 家；据初步统计，会员单位中年产金量约占全国的 75%；用金量占全国的 80%；冶炼能力占全国的 90%。

交易所实行标准化交易，交易黄金必须符合交易所规定的标准。目前交易的品种为标准牌号 Au99.99、Au99.95、Au99.9、Au99.5 四种和金币，标准重量为 50 克、100 克、1 千克、3 千克、12.5 千克的金条、金锭和法定金币。黄金交易的报价单位为人民币元/克（保留两位小数），金锭的最小交易单位为千克。金锭的最小提货量为 6 千克。

阅 读 资 料

深圳证券交易所简介

深圳证券交易所（以下简称"深交所"）成立于 1990 年 12 月 1 日，是不以营利为目的，实行自律性管理的法人，由中国证监会直接监督管理。深交所致力于多层次证券市场的建设，创造公开、公平、公正的市场环境。主要职能包括：提供证券交易的场所和设施；制定本所业务规则；接受上市申请、安排证券上市；

组织、监督证券交易；对会员和上市公司进行监管；管理和公布市场信息；以及中国证监会许可的其他职能。

作为中国大陆两大证券交易所之一，深交所与中国证券市场共同成长。22 年来，深交所借助现代技术条件，成功地在一个新兴城市建成了辐射全国的证券市场。14 年间，深交所累计为国民经济筹资 3658 多亿元，对建立现代企业制度、推动经济结构调整、优化资源配置、传播市场经济知识，起到了十分重要的促进作用。

经国务院同意，中国证监会批准，2004 年 5 月起深交所在主板市场内设立中小企业板块。设立中小企业板块，是分步推进创业板市场建设迈出的一个重要步骤，是党中央、国务院从促进经济的可持续发展和促进经济结构调整的大局出发做出的重要决策，也是贯彻落实十六届三中全会以及《国务院关于推进资本市场改革开放和稳定发展的若干意见》精神的一项具体部署。深交所将在中国证监会的领导下，在各级领导的关怀下，在社会各界的大力支持和帮助下，牢牢把握"监管、创新、培育、服务"八字方针，开拓努力拼搏，锐意创新，把中小企业板块建设好，为开辟中国多层次资本市场谱写新篇章！

资料来源：http://www.szse.cn/main/aboutus/bsjs/bsjj

本 章 小 结

金融市场就是以金融商品为交易对象而形成的供求关系及其机制的总和。金融市场可以是有形的，也可以是无形的。金融市场的构成要素包括交易主体、交易对象、交易工具和交易价格。金融市场的功能主要表现为资金聚敛功能、实现借贷资金转换功能、资源配置功能、风险分散功能、经济调节功能和信息反映功能五大方面。金融市场的子市场包括货币市场、资本市场、外汇市场和黄金市场等。货币市场是指以期限在一年以内的金融资产为交易标的物的短期金融市场；资本市场是指期限在一年以上的金融资产交易市场；外汇市场是专门买卖外汇的场所，从事各种外币或以外币计价的票据及有价证券交易市场；黄金市场是专门集中进行黄金等贵金属买卖的交易中心或场所。

复习思考题

1. 什么是金融市场，它的功能表现在哪些方面？
2. 试说明金融的分类。

3. 金融市场的构成要素有哪些？

4. 试分析货币市场的基本构成。

5. 试说明股票的发行程序。

6. 试分析股票流通市场的市场结构。

7. 什么是外汇市场？它有何作用？

8. 在外汇市场上主要的交易方式有哪些？

第十章　国际金融

学习要点

1. 掌握外汇与汇率的概念，汇率的表示方法；了解汇率的种类；熟悉影响汇率变化的主要因素，并分析汇率变动对国民经济的影响

2. 掌握外汇管理的方式，了解外汇管理的主要内容

3. 掌握国际收支的概念，了解国际收支平衡表的内容；熟悉国际收支失衡的原因、危害及具体的调节措施

4. 了解国际结算的内容、支付工具，掌握国际结算方式

课前导读案例

美元六成五　中国首次公开外汇储备结构

9月4日消息，中国媒体星期五首次披露中国外汇储备的分配，证实中国外汇储备币种结构中美元占65%。

中国的国家外汇储备分配一直被认为是国家机密。但是分析人士早就估计，中国的外汇储备中，大约有三分之二是美元资产。

《中国证券报》的报道说，中国外汇储备中有2.45万亿的美元，为全球最高。其余的有26%的欧元、5%的英镑和3%的日元。

中国为什么现在公布外汇储备分配呢？英国伦敦大学的金融管理教授孙来祥在接受BBC中文网的采访时认为有两个原因。

首先，因为中国的外汇储备主要是持有信誉好的硬通货，美联储、欧盟央行等一直在公布各个币种在证券中的持有量，所以国际行业内早就算出了中国外汇储备的分配结构。

其次，由于中国从不对公众公开外汇储备分配，中国国内网民，尤其是愤青，在担心官员从中谋私利的同时，出于对美国的高度不信任，也担心美国在这方面占了中国的便宜。

孙来祥教授说，中国政府现在知道外汇储备分配问题已经不是秘密，加上来自国内的压力，所以觉得不如直接公布的好。

各 有 利 弊

由于国际贸易结算中普遍习惯使用美元，所以中国的外汇储备中美元占有如此高的比率，能使中国在购买美国债券等交易方面避免外汇风险。

而且从长远看，美国在全球经济中仍然会占有强劲地位，美国一直是新产品和新发明的中心，美国的大学能吸引全世界最优秀的人才，它的经济未来仍然会看好，所以持有美元是相对的明智选择。

但是目前的美国仍然没有摆脱金融危机的阴影，把美元作为主要外汇储备货币也有不利之处。

孙来祥教授认为，最大的问题是美元的贬值问题。由于人们对美元的普遍信任，所以美国银行比较放任地印美钞，比较放任地在较低利率下发行贷款。

这种做法的后续影响是导致美国的政府、企业和私人都争相借贷，使整个美国成为世界最大的负债国。

这种现象与金融市场的波动高度相关，市场一波动，美国债券的价格和收益率就会高度波动，短期内就可能导致以本币结算的外汇价格大幅度起伏。

中国人民银行副行长胡晓炼近日警告说，由于发展中国家普遍积累大量外汇储备，一旦储备货币币值出现波动，它的外汇储备就可能面临贬值的风险。

那么外汇储备中的美元比率如此之高，对中国的经济会具体有什么样的负面影响呢？孙来祥教授认为，高比例的美元储备对中国经济的实质性影响不大，但心理影响很大。

他说，人们会觉得政府把绝大多数鸡蛋放在了一个篮子里，如果出现任何政治上的关系紧张或市场波动，都会让人担心外汇储备的风险。

所以胡晓炼副行长提出，中国要继续放宽对人民币跨境使用的限制，下一步将考虑允许企业使用人民币进行境外投资。

资料来源：http://www.ibtimes.com.cn，2010 年 9 月 4 日

第一节　外汇与汇率

一、外汇及其作用

外汇是国际经济交往中最普遍和最常见的名词，也是国际金融学中最基本和最重要的概念。

（一）外汇的含义

外汇是国际汇兑的简称，其含义有动态和静态之分。动态意义上的外汇是指把一国的货币兑换成其他国家的货币，借以清偿国际间债权、债务关系或转移资金的一种专门性的经营活动或行为。人们平时所说的"外汇业务"、"外汇工作"等就是针对外汇的动态含义而言的。但在现实生活中，人们所说的外汇通常是指静态意义上的外汇。静态意

义上的外汇又有广义和狭义之分：前者是一种以外币表示的用做国际结算的手段；后者是指所有用外币表示的债权，它包含以外币表示的各种信用工具和有价证券。

关于外汇的含义，国际货币基金组织和我国国家外汇管理局均有明确的规定。国际货币基金组织的定义是："外汇是货币行政当局（中央银行、货币管理机构、外汇平准基金组织和财政部）以银行存款、财政部库券、长短期政府证券等形式所持有的在国际收支逆差时可以使用的债权。"根据这一定义，外汇具体包括：①可以自由兑换的外国货币，包括纸币、铸币等；②长、短期外币有价证券，即政府公债、国库券、公司债券、金融债券、股票、息票等；③外币支付凭证，即银行存款凭证、商业汇票、银行汇票、银行支票、银行支付委托书、邮政储蓄凭证等。

我国公布的《中华人民共和国外汇管理条例》也明确了外汇的具体形态："①外国货币，包括纸币、铸币；②外币支付凭证，包括票据、银行存款凭证、邮政储蓄凭证等；③外币有价证券，包括政府债券、公司债券、股票等；④特别提款权、欧洲货币单位；⑤其他外汇资产。"

目前，国际货币基金组织对外汇的定义已经被普遍接受和认可。该定义表明，外汇是以外币表示的各种资产，但并不是所有的外国货币资产都是外汇，它必须可用于国际清算。具体而言，一种外币资产能够被视为外汇必须具备三大要素。

1. 外汇是以外币表示的可用作对外支付的金融资产

一方面，外汇属外币金融资产，具体表现为外币现金、外币支付凭证、外币有价证券等，任何以外币计值的实物资产和无形资产并不构成外汇；另一方面，外汇必须具有可偿性，即作为外汇的外币资产必须是在国外能够得到偿付的货币债权而可用于对外支付。

2. 外汇必须具有充分的可兑换性

作为外汇的外币资产必须是能够自由地兑换成他国货币的资产。由于国际间的支付比较复杂，币种要求不一，因而并非所有外国货币或支付手段都可算作外汇，只有那些能够自由地转入一般商业账户的外国货币或支付手段才能算作是外汇。

3. 作为外汇的外币资产必须在国际经济交易中能够被各国普遍地接受和使用

外汇按是否可自由兑换分为自由外汇和记账外汇两类。自由外汇是指不需经外汇管理当局的批准，可自由兑换成其他货币，或者向第三方办理支付的外国货币及其支付手段，如美元、欧元、日元等；记账外汇是指在两国政府间签订的协定项目下使用的外汇，未经货币发行国批准，不能自由兑换成其他货币或向第三方支付的货币，记账外汇只能根据两国政府间的清算协定，在双方银行开立账户记载使用。

（二）外汇的作用

外汇对各国的经济、贸易、金融等的发展都具有重要作用。具体来说，主要表现在以下几个方面。

1. 有利于促进国际贸易的发展

外汇作为国际间清偿债权债务的工具，加速了资金在国际间的周转速度，促进了投资活动和资本移动，极大地便利了国际经济交易的发展。更为重要的是，各种信用工具在国际贸易中的广泛使用，使国际信用规模增加，扩大了国际间商品流通的速度与范围，促进了国际贸易的发展。

2. 转移国际间的购买力，促进国际间货币流通的发展

由于外汇是一种国际间清偿债权、债务关系的手段，故一国拥有大量的外汇，就意味着大量的国际购买力。随着外汇业务的发展，国际间代表外汇的各种信用工具大量涌现，使实行不同货币制度的国家之间的非现金结算成为可能，即便利了国际结算，又可使各国的购买力相互转移，大大促进了国际间货币流通的发展。

3. 调节国际间资金的供求失衡

世界各国经济发展水平极不平衡，国际间资金供求失衡的现象也较为严重，各国都力图寻求新的国际经济合作，特别是在国际资金借贷方面的合作。而外汇作为国际间的支付手段，可加速国际资本的转移，活跃资金市场，针对国际资金市场的供求状况调剂余缺，从而推动整个世界经济的发展。

4. 衡量一国的经济地位

外汇是一个国家官方储备资产的重要组成部分，其数量是否充足，是衡量一个国家对外经济活动和清偿能力的标志之一。外汇收入及其储备的增加，对于提高本币价值、稳定外汇汇率、增强一国经济实力和提高国际经济地位等均具有重要意义。

二、汇率与汇率变动

（一）汇率的概念

汇率是一个国家的货币折算成另一国家货币的比率，也就是说，在两国货币之间，用一国的货币单位所表示的另一国货币单位的价格。

国际间的交往形成的货币收付和债权债务，都要在有关国家或地区间办理国际结算，而这种结算是通过货币的兑换即外汇买卖来完成的。买卖外汇必须有一个价格，两

种货币之间的比价，就是汇率或汇价。

（二）汇率的标价方法

确定两种货币之间的比价，首先要确定以哪一个国家的货币为标准。由于确定的标准不同，于是便产生了不同的汇率标价方法。

1. 直接标价法

直接标价法是以一定单位的外国货币为标准，折算为一定数量的本国货币来表示的汇率。或者说，以外国货币为标准，来计算应付多少本国货币，故又称为应付标价法。在这种标价方法下，外国货币数额固定不变，一般是1个货币单位或100个货币单位。本国货币的数额则是变动的，随外币与本币的币值对比变化而变化，即汇率的升降以本币数额的变化来表示。如果一定数量的外币折算的本币数额比以前增多，说明外币升值而本币贬值，称外汇汇率上升；反之，则称外汇汇率下跌。

目前，世界上绝大多数国家都采用直接标价法，我国的人民币汇率也是如此。

2. 间接标价法

间接标价法是以一定单位的本国货币为标准，折算为一定数量的外国货币。或者说，以本国货币为标准，来计算应收多少外国货币，故又称为应收标价法。在这种标价方法下，本币的数额是固定不变的，外币数额随本币与外币的币值对比变化而变化。如果一定单位的本币折算外币数额增多，说明本币升值而外币贬值，称外汇汇率下跌；反之，则称外汇汇率上升。

国际上采用间接标价法的国家只有英国和美国。其中，英国一直是采用间接标价法的国家。美国原本采用直接标价法，但从1978年9月1日起，美元除了对英镑使用直接标价法外，对其他国家的货币均改为间接标价法。另外，欧元汇率也采用间接标价法。

由于直接标价法和间接标价法汇率升降的含义完全相反，因此在引用某种货币的汇率和说明其升降时，必须明确来源于哪个外汇市场，即采用哪种标价方法，以免混淆。

3. 美元标价法

20世纪60年代欧洲货币市场迅速发展起来，国际金融市场间外汇交易量猛增。为了便于国际间进行外汇交易，银行间的报价都以美元为标准来表示各国货币的价格，这就是美元标价法。

美元标价的特点是美元的数额始终不变，美元和其他各国货币币值的变化都通过其他国家货币的量的变化表现出来，这种方法目前在世界上被广泛采用。

（三）汇率的种类

1. 按银行买卖外汇的角度划分

1）买入汇率，也称买入价，是银行向同业或客户买入外汇时使用的汇率。

2）卖出汇率，也称卖出价，是银行向同业或客户卖出外汇时所使用的汇率。

3）中间汇率，也称中间价，是买入价与卖出价的算术平均数。国际货币基金组织所公布的各国汇率表中，都采用中间汇率。报刊上报道汇率消息时，也采用中间汇率。

4）现钞汇率，是外币现钞的价格，又称钞价。钞价又可分为现钞买入价和现钞卖出价。一般来说，银行现钞买入价要稍低于外汇买入价，而现钞卖出价与外汇卖出价相同。

2. 从汇率制定的角度划分

1）基本汇率。它是指本国货币对特定的关键货币的汇率。所谓关键货币是指在本国的国际收支特别是贸易收支中使用最多，在外汇储备中所占比重最大，同时又可以自由兑换，在国际上可以被普遍接受的货币。由于美元在国际支付中使用最多，所以许多国家都把美元作为关键货币，把对美元的汇率作为基本汇率。

2）套算汇率。两种货币通过各自对第三种货币的汇率计算出来的两种货币之间的比价就是套算汇率，又称交叉汇率。基本汇率确定后，对其他国家货币的汇率就可以套算出来。目前，世界各主要外汇市场只按美元标价法公布各种汇率，要想算出美元以外的其他两种货币之间的汇率，就得进行套算。

3. 按不同的汇率制度划分

1）固定汇率。它是指一国货币同另一国货币的汇率基本固定，汇率的波动仅限定在一定的幅度内。当汇率的波动超出规定的界限，中央银行有义务进行干预与维持。这种汇率一般不轻易波动，具有相对稳定性。

2）浮动汇率。它是根据市场需求变化而自发形成的汇率。在这种制度下，中央银行不规定汇率波动的界限，原则上也没有义务维持汇率的稳定。实行浮动汇率制度的国家，往往根据各自经济政策的需要，对汇率的变动施加影响。

4. 从外汇管理的角度划分

1）官方汇率。它是一国的货币金融管理机构如中央银行或外汇管理当局规定并予以公布的汇率。这种汇率具有法定的性质，一切外汇交易都以公布的汇率为准。在外汇管制比较严的国家，官方汇率是实际汇率，没有外汇市场。

2）市场汇率。它是指在自由外汇市场上买卖外汇时确定的实际汇率，随外汇市场的供求关系变化而变化。在外汇管制较松的国家，官方公布的汇率往往只起中心汇率的作用，实际外汇交易则按市场汇率进行。一般来说，市场汇率会高于官方汇率，但由于政府干预，市场汇率不会偏离官方汇率太远。

（四）影响汇率变化的主要因素

影响汇率变化的因素不外乎两个方面：一方面是各国货币所代表的实际价值量，属于基本因素范畴；另一方面是外汇供求关系，属于非基本因素。但在经济实践中，不但影响基本因素变化的原因是多方面的，影响非基本因素变化的原因也是多方面的。具体来说，影响汇率变动的主要因素有以下几个方面。

1. 国际收支状况

国际收支状况与外汇汇率变动具有互为因果的关系，即国际收支状况会影响汇率的变动，而汇率的变动又会影响国际收支状况。一般而言，国际收支状况对一国汇率具有长期影响。当一国国际收支持续顺差时，外汇收入增多，国际储备也随之增长，外汇市场对本国货币的需求增多，导致本国货币汇率上升、外汇汇率下降；反之，如果一国国际收支持续逆差，则对外债务增加或国际储备减少，逆差国对外汇需求增加，导致外汇汇率上升而本币汇率下跌。

2. 通货膨胀的差异

在纸币流通条件下，汇率从根本上说是根据两国货币所代表的实际价值量的对比关系确定的。当一国发生通货膨胀时，其单位货币代表的价值量减少，实际购买力下降，国内物价总水平上涨，商品生产成本增加，导致以外币表示的价格上升，商品的出口减少而进口增多。同时，通货膨胀会降低实际利率，阻碍资本流入，刺激资本流出，从而导致本币汇率下跌而外汇汇率上升。当然，货币的对内贬值到对外贬值要经历一定的过程，这种过程往往需要半年甚至几年的时间。

应当指出的是，由于在纸币流通条件下，各国都不同程度地存在着通货膨胀，因此相对通货膨胀率成为影响汇率变动的重要因素。如果国内的通货膨胀率高于国外的，则本币汇率下跌；若国内的通货膨胀率低于国外的，则本币的汇率非但不会下降，反而会上升。

3. 利率差异

一国利率水平提高，可增加资本流入，抑制资本外流，从而提高本国货币汇率；反之亦然。需要说明的是，利率水平的升降是指相对利率水平，即指的是一国利率的升降相对于其他国家利率水平的升降而言。如果一国利率水平的升降幅度与其他国家一致，则汇率不受利率变化的影响。从国际金融的实践来看，利率对汇率变动的作用是十分明显的。

4. 经济增长

经济增长反映了一国经济实力的增强，其对汇率的影响是多方面的。就经常项目而言，若在经济增长的同时出口随之增加，或经济增长靠出口推动时，出口大于进口，则本国货币的汇率会上升；反之，如果经济增长导致进口需求增加，进口大于出口时，会导致本币汇率下跌。就资本项目而言，若经济的增长提高了一国的国际信誉，资本流入增加时，会导致本币汇率上升；反之，经济增长若伴随着高通货膨胀时，资本外流又会引起本币贬值。经济增长对汇率的影响需要较长的时间才能显现出来，并且持续的时间也比较长。

5. 货币当局的干预

各国货币行政当局为维护经济稳定，避免汇率变动对国内经济产生不良影响，往往通过在外汇市场上进行外汇买卖或其他一些干预市场的活动，把汇率的波动控制在一定范围内。各种形式的外汇干预会造成汇率短期内的升降变化，但不能从根本上改变汇率的长期走势。

6. 心理预期

对汇率的心理预期正逐渐成为影响短期汇率变动的重要因素之一。当外汇市场的参加者预期某种货币的汇率会在今后可能下跌时，他们为了避免投资损失或获取额外的好处，便会大量地抛售这种货币，引起这种货币的汇率下跌；反之则大量购进，引起汇率上升。

7. 外汇市场上的投机活动

在当今的国际金融市场上，投机资本以万亿美元计，对汇率的变化产生巨大的影响，甚至连几国政府的联合干预在短期内有时也往往难以控制。尤其是跨国公司的外汇投机活动，有时会使汇率变动超出预期的合理幅度，导致汇率发生剧烈动荡。

总之，影响汇率变动的因素复杂，各因素作用的时间、方向也不尽相同。在实践中很难用单一的因素说明汇率变动的情况。

三、汇率变动对国民经济的影响

（一）汇率变动对国际贸易的影响

汇率变动对国际贸易的影响是其最基本、最重要的影响。具体表现在以下几个方面。

1. 汇率变动对国际贸易秩序的影响

汇率稳定、波动幅度不大，有利于进出口贸易的成本核算和预期利润的实现，它是国际贸易正常进行和顺利发展的前提条件。

2. 汇率变动对贸易收支的影响

在正常情况下，汇率小幅波动对贸易收支影响不大。但如果汇率大幅度升降，则会对国际贸易产生重大影响。一般而言，外币升值，其在本国的商品购买力增强，外商对本国的出口商品需求增加，本国出口规模扩大。本国出口商为了加强竞争，薄利多销，可能进一步降低价格，扩大销售。在商品进口方面，由于本币贬值，以本币表示的进口商品的价格就会上升，国内市场对进口商品的需求就会减少，进口规模下降。

（二）汇率变动对国内物价的影响

1. 汇率变动对进口商品价格的影响

本国货币汇率下降，促使以本币表示的进口商品的国内价格提高，带动国内同类商品价格上升。若进口商品以技术、设备、原材料等投入生产，还会使生产成本提高，引起其他商品价格普遍上涨，诱发和加剧国内通货膨胀。

本国货币汇率上升，以本币表示的进口商品国内价格降低，本国进口为消费品和生产资料的价格下降，带动国内同类商品和其他商品价格下降。

本国的资源条件越差，对进口依赖的程度越高，这种汇率变动对国内商品价格的影响也就越大。

2. 汇率变动对出口商品国内价格的影响

本国货币汇率下跌，以本币表示的出口商品价格下降，外币购买力相对增强，国外进口商会增加对本国出口商品的需求。如果出口商品的供给量不能相应增长，出口商品的国内价格必然会上涨。

外国货币汇率下跌，以本币表示的出口商品国内价格上升，外币购买力相对下降，外国对本国出口商品的需求减少，导致出口商品国内价格下降。

3. 汇率变动对国内其他商品的影响

商品的价格、比价相互作用，相互影响。进出口商品国内价格的变化，必然会导致其他商品价格的变化。当本币汇率下跌时，引起进口商品和出口商品国内价格水平的提高，进而推动整个物价水平的上涨。

（三）汇率变动对国际资本流动的影响

1. 汇率变动对短期资本流动的影响

外汇市场各种汇率的变动对短期资本流动有很大影响。当一国货币汇率下跌时，该国国内资金持有者和外国投资者为回避汇率变动所蒙受的损失，就会把该国货币兑换成汇率较高的货币，进行资本逃避，导致资本外流；同时，将使外国投资者因持有以该国货币计值的资产价值下降而调走在该国的资金，这不仅将使国内投资规模缩小，影响国民经济的发展，而且会恶化该国的国际收支。一国货币升值对短期资本流动的影响与上述影响相反。

2. 汇率变动对长期资本流动的影响

一国货币贬值将有利于该国长期资本的流入，特别是有利于国外企业到该国进行直接投资。这是因为国外企业在该国货币贬值后可以更廉价地在该国进行投资、生产；反之，一国货币升值将会刺激该国企业到境外去投资。

（四）汇率变动对非贸易收支的影响

一国货币汇率下跌，而国内物价水平没有太大变动的情况下，会使外国货币购买力相对增强。对国外旅游者来说，他们用本国货币或其他货币可以兑换更多的贬值国货币，购买更多的商品和享受到更多的服务，这会使该旅游业快速发展。

（五）汇率变动对外汇储备的影响

1. 影响一国外汇储备的实际价值

储备货币实际上是一种价值符号，它的实际价值取决于该国货币的对内对外价值，取决于它在国际市场上的购买力。一种主要储备货币币值下跌，将会使持有该种货币国家的外汇储备实际价值大打折扣。

2. 影响一国的国际债务负担

某种储备货币贬值，使该货币的购买力下降，对于该货币的发行国来说，则通过货币贬值减轻了债务负担，转嫁了货币贬值的损失，从中获得了一定的利益。

3. 本币汇率变动影响本国外汇储备数额的增减

一般地，一国货币汇率稳定，能够构造良好的国际投资环境，吸引外资流入，从而使该国国际储备增加；反之，则导致资本外流，外汇储备减少。

4. 汇率变动影响某些储备货币的地位和作用

汇率是否稳定，是选择储备货币的主要标准。如果某种货币汇率持续下跌、不断贬值，则其地位会不断下降，甚至有可能失去储备货币的地位。

第二节 外 汇 管 理

一、外汇管理的主要内容

（一）外汇管理的概念

外汇管理又称为外汇管制，其含义可从广义和狭义两方面来分析。广义地看，它是指国际间所有能够影响到外汇在国与国之间正常运动的政策措施。狭义地讲，它是指一个国家在外汇的收、支、存、兑等活动方面所实施的具有限制性意义的法令、规定、制度及措施等。具体地讲，它是指一国政府为了政治和经济目的，而授权某一政府机构（如中央银行、外汇管理局或财政部）运用各种手段对其境内或管辖范围内的本国及外国的机关、团体、企业和个人的外汇收付、买卖、借贷、转移、投资、国际结算以及本币汇率和外汇市场活动等实行限制性管理。

外汇管理是一个国家为维持本国国际收支平衡及维持本国货币汇率稳定的重要措施，可以说，世界上所有的国家都实行外汇管理，完全没有外汇管理的国家是不存在的，只不过是各国实施外汇管理的宽严程度不同。目前，世界各国所实行的外汇管理大致可概括为三个类型：第一类是实行比较全面的外汇管理，即对经常项目和资本项目都实行管制。这类国家通常经济比较落后，外汇资金短缺，市场机制不发达，因而试图通过集中分配和使用外汇来达到促进经济发展的目的。第二类是实行部分外汇管理，即对经常项目的外汇交易不实行或基本不实行外汇管制，但对资本项目的外汇交易进行一定的限制。第三类是基本不实行外汇管制，即对经常项目和资本项目的外汇交易不实行普遍和经常性的限制。

（二）外汇管理的主要内容

1. 对外汇贸易的管制

贸易外汇收支在国际收支中占有重要地位。国际收支逆差的国家，大多数都从管制贸易外汇入手，将其作为外汇管理的重点，以谋求改善国际收支。

在进口外汇管理方面，主要采取进口许可证制度、进口配额制度、征税制度、进口用汇制度、进口专营制度及规定进口支付条件制度等进行外汇管理；在出口外汇管理方面，一国通常可采用出口许可证制度、出口外汇结汇制度、外汇留成制度、鼓励出口制度等进行外汇管理。

2. 对非贸易外汇的管制

一个国家对非贸易外汇管制是指对贸易外汇收支和资本输出入外汇收支以外的各

项外汇收支的管制，它主要是对劳动收支和和转移收支进行管制。这种管制的目的在于集中该项目的外汇收入，限制这些项目的外汇支出。对于非贸易外汇支出的控制，一般与贸易外汇收支的措施相类似。对非贸易外汇收入，一般要求卖给国家指定银行，但可以给予一定的优惠。有些国家对个人用汇，如旅费、留学生活费用等，规定一定限额，在限额内指定银行直接供给外汇。非贸易外汇的范围广而分散，管制比较困难。一般地，收入管制较松，支出管制较严；发达国家管制较松，发展中国家管制较严。

3. 对资本输出入的管制

一般情况下，经济状况较好的国家，国际收支顺差的国家，都注重限制资本输入，鼓励资本输出。经济状况较差的国家，国际收支逆差的国家，鼓励外资输入，限制资本输出。

1）对资本输入的管制。主要包括四方面的内容：①对外资输入的限制。一是规定资本输出的额度、期限与投资部门；二是限制非居民购买本国的有价证券。②对借款的限制。一是从国外借款的一定比率在一定期限内在存放在指定的外汇管理银行；二是规定借款部门的利率和附加利率水平面；三是实行借款额度审批制度。③对银行负债的限制。一是银行从国外借款不能超过其资本与准备金的一定比例；二是银行吸收外国居民存款要缴纳较高的存款准备金。④对非居民存款的限制。20世纪70年代以后，许多国际收支顺差的国家对非居民存款倒收利息。

2）对资本输出的管制。这种管制的范围主要包括禁止购买外汇作为资本输出国外，禁止有价证券、黄金等的输出，有限度地限制本国货币、投资利润和股息的携出和汇出，限制对国外公司以及本国的跨国公司提供信贷等。

20世纪80年代以来，由于国家金融市场逐渐放松管制，发达国家对资本流动的管制出现了放松或取消的趋势，以促进资本输出。例如，丹麦、法国、挪威对非居民的证券投资放宽限制，意大利、西班牙对非居民的证券投资完全自由化。

4. 对非居民存款账户的管制

在现今非现金结算制度下，国际结算绝大部分都是通过银行转账完成的。居民与非居民之间存款账户往来，对外汇收支会产生直接的影响。一般来说，对非居民存款账户设立三种账户来进行管制。

1）自由账户。该账户的持有者，有权使用账户款项，办理国内外一切支付或转至其他非居民账户下。这个账户的主要资金来源是非居民出售黄金的收入和其他外汇收入。

2）有限制账户，包括国内和国外两个账户。非居民在国内的收入，事先没有约定可汇出境的，只能转入国内账户或转账账户。持有该种账户，只能用于在国内购买商品或用于其他支付。

3）封锁账户。非居民在该账户的款项不能兑换成外汇并汇出国外，也不能用于购买本国的长期债券或不动产以及支付在国内的旅游费用。一般的非居民在国内的一切收入都应记入该账户内。居民借非居民的债务，也只能用本国货币持缴该账户予以清偿。

5. 对黄金及现钞的管制

实行外汇管制的国家一般禁止私人输出黄金，也不允许黄金用于国际间的买卖和借贷。如果由于国际收支的需要而必须要输出黄金时，也只能通过本国的中央银行或指定银行办理。

本币的输出实质上是资本输出的一种辅助形式，而过量的输出会导致本币对外汇率的下跌，同时也容易导致资本逃避等活动。因此，许多国家对本币现钞的输出都有一个最高限额。而对本币现钞的输入，有的国家规定限额，有的则不加管制，但规定输入的现钞必须用于指定用途。对外币现钞的输入，各国都有限制，一般须向海关申报。携带外币出境时，须出示有关文件，证明携出外币是合法所得或是入境时携带的外币。

6. 对汇率的管制

实行外汇管理的国家对汇率的管理有不同做法：第一，法定汇率制度。一切外汇交易都必须按官方汇率进行结算，禁止黑市交易。第二，差别汇率或复汇率制度。国家规定两种或两种以上的汇率，分别运用于不同的外汇买卖对象。第三，混合汇率制。国家允许自由汇率与官方汇率并存，混合使用。一般是出口商的全部或部分外汇收入可以按官方汇率结售给指定银行，在市场上则按自由汇率出售；而对进口商的用汇，国家也不按官方汇率提供或加以满足，只能按自由汇率在市场上购买。因为自由汇率一般要高于官方汇率，所以然，混合汇率的使用，目的在于鼓励出口，限制进口。

二、外汇管理的方式

从各国外汇管制的内容和运作过程来看，外汇管制的方式可分为直接外汇管制和间接外汇管制。

（一）直接外汇管制

直接外汇管制是指对外汇买卖和汇率实行直接的干预和控制。直接管制按方式不同，又可分为行政管制与数量管制。

1. 行政管制

行政管制是指政府以行政手段对外汇买卖、外汇资产、外汇资金来源和运用所实行的监督和控制。其具体措施有：①政府垄断外汇买卖。政府通过外汇管理机构控制一切外汇交易，汇率官定，限制买卖。②政府监管私有外汇资产。政府强制国内居民申报他们所拥有的一切国外资产以便尽可能地掌握外汇资产，在急需外汇资金时可以运用。

③管制进出口外汇。规定出口商所获外汇必须按官价卖给外汇指定银行，而进口商所需外汇必须向有关管理部门申请核准，不能以收抵支调剂使用。④控制资本输出输入。不论资本输出输入的金额为多少，都必须逐笔向外汇管理机构申报。未经批准，任何居民和非居民都不得向外借债，更不得将外汇、黄金输出境外。

2. 数量管制

数量管制是指对外汇收支实行数量调节和控制。其具体措施有：①进口限额制。由外汇管理机构按照本国在某一时期内所需进口的物资数量和种类，对不同进口商所需外汇分别实行限额分配。②外汇分成制。由外汇管理机构根据本国某些方面的需要制定出口所获外汇的分成比例。外汇分成制的具体形式有现汇留成、额度留成或者结汇证留成。③进出口连锁制。这是一种以出限进的制度，即需要进口货物者，必须先出口货物，只有能够出口货物者，才能取得相应的进口权。

（二）间接外汇管制

间接外汇管制是指外汇管理机构通过控制外汇的交易价格来调节外汇的成本和外汇的供求关系，从而达到间接管制外汇的目的。其具体措施有：①实行差别汇率制，即外汇管理机构根据进出口商品的种类及用途不同，而规定两种以上的进出口结汇汇率。通常，对某些生产资料等必需品的进口，规定较低的结汇率；而对某些高档奢侈品的进口，规定较高的结汇率，以便通过汇率差别抑制某些高档商品的进口，支持必需品的进口。相应地，对需鼓励出口的商品按较高的汇率结汇，其余商品的出口则按普通汇率结汇。②进口外汇公开标售，即外汇管理机构对进口用汇价格不予规定，而是采用公开招标方式，将外汇卖给出价最高者。

三、我国现行外汇管理

外汇管理是我国对外经济管理的重要组成部分。目前，我国的外汇管理体制基本上属于部分外汇管制，对经常项目实行可兑换，对资本项目实行一定的管制；对金融机构的外汇业务实行监督管理；禁止外币境内计价流通；保税区实行有区别的外汇管理。

（一）经常项目外汇管理

经常项目外汇管理包括三项内容：经常项目可兑换、银行结汇制和进出口核销制度。

1. 经常项目可兑换

所谓经常项目可兑换，是指属于经常项目下的各类交易，在向银行购汇或从外汇账户中支付时不受限制。当然，经常项目下的用汇不加限制，并非指人民币可以任何兑换外汇，而是指这种购汇和对外支付必须是真实的需要。企业和个人需要购汇时，必须向银行提供能证明真实需要的证明，经审核后才能售汇或从外汇账户中支付。

1996 年 12 月 1 日，我国接受《国际货币基金组织协定》第八条款，取消经常项目下尚存的其他汇兑限制，宣布实现人民币经常项目可兑换，这标志着我国在实现人民币自由兑换的道路上迈进了一大步。

1）进口货物。根据不同的贸易结算方式，需提交进口合同、进口付汇核销单、进口付汇通知书、进口货物报关单、运输单据等，有些货物还需提交进口许可证、进口证明。

2）投资收益汇出。外商投资企业外方投资者依法纳税后利润和红利的汇出，按照规定应以外币支付的依法纳税后的股息的汇出须提交董事会利润分配决议书。

3）个人购汇。目前，对于个人结汇和境内个人购汇实行年度总额管理，年度总额分别为每人每年等值 5 万美元，外汇局根据国际收支状况对年度总额进行调整。境内个人、境外个人结汇和境内个人购汇在年度总额以内的，凭本人有效身份证件直接在银行办理；超过年度总额的，经常项目项下凭本人有效身份证件和规定的证明材料在银行办理。对于个人开展对外贸易产生的经营性外汇收支，视同机构按照货物贸易的有关原则进行管理。另外，随着近年来出国留学、移民人员的增多，境内个人在境外买房、投资等方面的需求增加，境外个人在境内买房、购买股权等行为时有发生，这些资本项下的外汇交易行为按照资本项目的管理原则和相关政策办理。

① 个人汇款。个人外汇流入、流出管理仍带有外汇资金短缺时期宽进严出管理的痕迹。个人从境外收入的外汇可直接在银行办理入账手续；境内个人从外汇储蓄账户向境外汇出外汇用于经常项目支出的，当日累计等值 5 万美元以下（含）的，直接在银行办理；超过等值 5 万美元的，凭规定的证明材料在银行办理；境外个人从外汇储蓄账户向境外汇出外汇用于经常项目支出的，直接在银行办理。

② 个人购汇。对于境内个人购汇实行年度总额管理，年度总额以内的，直接在银行办理；超过年度总额的，经常项目项下凭规定的证明材料在银行办理。境外个人购汇主要是审核其人民币来源的真实性和合法性，境外个人购汇无论金额大小都需凭规定的证明材料在银行办理。

③ 个人结汇。对于境内个人和境外个人结汇均实行年度总额管理，年度总额以内的，直接在银行办理；超过年度总额的，经常项目项下凭规定的证明材料在银行办理。

④ 个人账户。个人账户不再区分现钞账户和现汇账户，统称为个人外汇储蓄账户，统一管理。个人外汇储蓄账户的开立、使用、关闭等业务均在银行直接办理。本人及其直系亲属（父母、子女和配偶）账户中的资金可在银行办理境内划转。个人从事对外贸易可开立个人外汇结算账户，视同机构外汇账户进行管理。

⑤ 个人外币现钞。个人外币现钞业务主要包括存入、提取、汇出和携带。个人向外汇储蓄账户存入外币现钞当日累计金额在等值 5 000 美元以下（含）的，直接在银行办理；超过等值 5 000 美元的，凭规定的证明材料在银行办理。个人提取外币现钞当日累计金额在等值 1 万美元以下（含）的，在银行直接办理；超过等值 1 万美元的，需经

外汇局审核。个人手持外币现钞汇出境外用于经常项目支出，当日累计金额在等值 1 万美元以下（含）的，直接在银行办理；超过等值 1 万美元的，凭规定的证明材料在银行办理。对于个人携带外币现钞入境实行限额申报制管理，携入金额在等值 5 000 美元以下（含）的，无需向海关办理申报；超过等值 5 000 美元的，需向海关办理申报手续。携带外币现钞出境实行指导性限额管理，携出金额在等值 5 000 美元以下（含）的，可直接携出；携出超过等值 5 000 美元的，应申领《携带外汇出境许可证》；超过等值 1 万美元的，原则上不允许携带出境。

2. 银行结汇制

1997 年 10 月以后，中资机构在经常项目下的外汇收入开始允许设立外汇账户，保留一定限额的外汇收入。外商投资企业经常项目范围的外汇收入，可以开立外汇结算账户，由国家外汇管理局及其分局核定其可保留外汇的最高限额。

境内机构上年度经常项目外汇支出占经常项目外汇收入的比例在80%以下的，其经常项目外汇账户保留现汇的比例为50%。境内机构上年度经常项目外汇支出占经常项目外汇收入的比例在80%（含）以上的，其经常项目外汇账户保留现汇的比例80%。新开立经常项目外汇账户的境内机构，如上年度没有经常项目外汇收入，其开立经常项目外汇账户的初始限额不超过等值 20 万美元。境内机构开立的捐赠、援助、国际邮政汇兑及国际承包工程等暂收待付项下的经常项目外汇账户，限额按外汇收入的 100%核定。对于有实际经营需要的进出口及生产型企业，经核准，可按其外汇收入的 100%核定经常项目外汇账户限额。

3. 进出口核销制度

出口收汇核销是指货物出口后，对相应的收汇进行核销；进口付汇核销是指进口货款付出后，对相应的到货进行核销。实行这两种制度的目的在于监督企业出口货物后必须及时、足额地收回货款，付出货款后必须及时、足额地收到货物，堵塞套汇和逃汇等非法活动。

（二）资本项目外汇管理

根据我国外汇管理体制改革的总体部署和长远目标，我国资本项目外汇收支管理的基本原则是，在放松经常项目汇总限制的同时，完善资本项目管理。

在上述总原则下，对各类资本项目外汇管理还有三个具体的原则。第一，除国务院另有规定外，资本项目的外汇收入均应调回境内；第二，不论是中资企业还是外商投资企业，资本项目下的外汇收入均应在银行开立外汇账户，必须经国家外汇管理局批准，才能结售给外汇指定银行；第三，资本项目下的购汇和对外支付，均需要经过国家外汇管理局的核准，持核准件和有关材料方可在银行办理。

（三）外汇市场建设情况

1. 外汇市场主体

银行间外汇市场实行会员制。根据中国外汇交易中心的统计，2011 年，共有 318 家会员，包括中外资银行和非银行金融机构。

2. 外汇市场交易品种

银行间外汇市场本币对外币即期交易品种为人民币兑美元、港币、日元和欧元。截至 2005 年 6 月末，银行间外汇市场本币对上述四种外币即期交易的加权平均汇率，作为下一工作日人民币对外币交易中间价。为促进中国与马来西亚、俄罗斯之间的双边贸易，便利跨境贸易人民币结算业务的开展，满足经济主体降低汇兑成本的需要，银行间外汇市场于 2010 年 8 月 19 日和 11 月 22 日相继开办人民币对马来西亚林吉特和俄罗斯卢布交易。

银行间外汇市场推出了银行间外币对外币买卖业务，建立了境内金融机构参与国际市场外汇交易的直接通道，为其外币与外币的交易和清算提供了便利，降低了其外汇资产币种转换的成本，加快了转换速度。现阶段共推出欧元/美元、澳元/美元、英镑/美元、美元/日元、美元/加拿大元、美元/瑞士法郎、美元/港币和欧元/日元的买卖业务。

外汇指定银行对客户挂牌买卖的币种基本涵盖国际市场主要的可兑换货币，主要包括澳大利亚元、澳门元、丹麦克郎、加拿大元、美元、香港元、挪威克郎、欧元、日元、瑞典克郎、瑞士法郎、新加坡元、新西兰元、英镑等。此外，国家外汇管理局开始在一些银行试点推出部分不完全兑换货币的挂牌买卖业务。

从 1997 年开始，中国银行率先试点远期结售汇业务。随后远期结售汇业务逐步扩大。截至 2005 年上半年，共有中国银行、中国工商银行、中国农业银行、中国建设银行、交通银行、中信实业银行、招商银行等七家银行获准开办远期结售汇业务。2007 年 8 月 17 日起在银行间外汇市场推出人民币外汇货币掉期交易。2011 年，我国对外进出口贸易、银行代客结售汇业务、跨境人民币业务等经济活动快速发展，做市商机制改革、新的货币对引入等制度变革因素推动银行间外汇市场持续较快发展。在这一年，银行间外汇市场陆续引入人民币对澳大利亚元、加拿大元交易和泰铢区域交易，人民币外汇即期市场货币对达 10 个，市场币种结构进一步改善。2011 年，非美货币交易整体进一步活跃，全年共成交 351.3 亿美元，同比增长 64.2%。

3. 交易和清算方式

银行间外汇市场通过电子交易系统来实现交易。银行间外汇市场本币对外币买卖采取分别报价、撮合成交的竞价交易方式，由电子交易系统按照价格优先、时间优先的原则对外汇买卖进行撮合，并实行本外币集中清算。本外币资金清算速度均为"T+1"。

外币对外币买卖采用指令驱动和报价驱动相结合的交易机制，并实行集中差额清算。美元/加拿大元清算速度为"T＋1"，其他外币对外币买卖的清算速度均为"T＋2"。

（四）人民币汇率

经国务院批准，自 2005 年 7 月 21 日起，我国开始实行以市场供求为基础、参考一篮子货币进行调节、有管理的浮动汇率制度。这次人民币汇率形成机制改革的内容是，人民币汇率不再盯住单一美元，而是按照我国对外经济发展的实际情况，选择若干种主要货币，赋予相应的权重，组成一个货币篮子。同时，根据国内外经济金融形势，以市场供求为基础，参考一篮子货币计算人民币多边汇率指数的变化，对人民币汇率进行管理和调节，维护人民币汇率在合理均衡水平上的基本稳定。参考一篮子表明外币之间的汇率变化会影响人民币汇率，但参考一篮子不等于盯住一篮子货币，它还需要将市场供求关系作为另一重要依据，据此形成有管理的浮动汇率。

第三节 国 际 收 支

一、国际收支的概念

从国际收支概念的发展演变来看，国际收支的概念有狭义和广义之分。

狭义的国际收支是指一个国家或地区在一定时期（通常为一年、一季度或一个月）内，同其他国家进行经济交往所发生的对外贸易收支或外汇收支的总和。应该说，这种对国际收支狭义的定义并不能代表其全部内容：第一，对外贸易收支虽然是国际收支的一个重要项目，但它并不包括一国全部经济交往。例如，国与国之间的捐赠、赔偿、侨民汇款等，和对外贸易并没有直接的关系。第二，国际经济交往的绝大部分是通过外汇来进行的，但并非一切国家之间的经济交往都要表现为外汇的收支。例如，易货贸易、一个国家对其他国家提供的实物援助等，并不需要借助于外汇才能完成。

目前，普遍流行的是广义的国际收支。广义的国际收支，其范围不仅包括具有外汇交易的国际经济交易，而且包括一定期间内全部国际经济交易，它把那些国际经济交易中并不涉及外汇收支的易货贸易等内容也包括进来。广义的国际收支概念以国际货币基金组织的定义为代表。国际货币基金组织在其编写的《国际收支手册》中对国际收支的定义是："国际收支是一种一定时期的统计报表，它表明：①一个经济体和世界其他经济体之间在商品、劳务和收益方面的交易；②该经济体的货币黄金、特别提款权的所有权以及对世界其他经济体的债权、债务的变化和其他变化；③无偿转移支付，以及从会计意义上讲，为了平衡前述不能相互抵消的交易和变动的对应记录。"

这个概念使用的是"经济体"，而非"国家"，"应视为在某一特定领土，具有较密切联系的若干经济实体组成的"。例如，我国大陆对港、澳、台地区的交往，及对世界其他货币区的往来，都可视为与其他经济体的交易。概念中的货币黄金，是指黄金储备。

通过上述分析，我们可以把国际货币基金组织的概念概括为：一个经济体在一定时期内各种对外交往所产生的全部国际经济交易的系统记录。

二、国际收支平衡表

国际收支平衡表是指系统地记录一个国家（地区）某一特定时期各种国际经济交易的收支和支出的一种统计报表。它集中地反映了该国（地区）国际收支的构成和全貌。

国际收支平衡表具有以下特点：第一，它记载所有的经济交易。这一点与外汇统计及海关统计不同。外汇统计仅包括外汇收支，不包括没有外汇收支的经济交易。海关统计则不问有无对等支付，而以通过海关的商品为统计对象，并不包括劳务交易与资本流动等，其范围较国际收支平衡表小。第二，采用复式记账法。设借贷双方，每一笔经济交易都必须同时在借贷双方进行登记。第三，国际收支失衡在国际收支平衡表中可通过平衡项目来平衡，但这只是账面上的一种平衡，并不意味着一国的债权与债务必然相等。第四，国际收支平衡表既不是资产负债表，也非损益计算书。第五，国际收支平衡表记录的时间原则为：每笔经济交易的所有权改变的时间为记录的时间，具体是指一定时点上，记录全部结清的交易项目，记录已经到期（法律规定所有权应变更）必须结清的部分（不管实际上是否结清），记录交易已经发生（所有权已变更），但需要跨期结清的部分。

（一）国际收支平衡表的构成

国际收支平衡表所包括的内容极为广泛，各国可根据本国的实际情况自行编制国际收支平衡表。按照国际货币基金组织所编制的《国际收支手册》（第四版）的规定，国际收支平衡表主要包括三大账户，即经常账户、资本账户和平衡或结算账户。但在1993年出版的《国际收支手册》（第五版）中，国际货币基金对国际收支平衡表中各种账户的结构和分类进行调整。国际收支平衡表的标准组成部分由两在账户组成：经常账户、资本和金融账户。

1. 经常账户或经常项目

该账户反映所有涉及经济价值以及居民和非居民之间的所有交易（不包括金融项目的交易），以及未得到任何回报而提供或取得的经常性经济价值的抵消项目。该账户是一国的国际收支中最基本、最重要的项目，具体包括货物和服务、收入以及经常转移。

（1）货物

货物包括一般商品、用于加工的货物、货物修理、各种运输工具在港口购买的货物及非货币黄金。

1）一般商品。包括居民向非居民出口或从非居民那里进口的大多数可移动货物，除个别情况外，可移动货物的所有权（实际的或推算的）都已发生了变更。

2）用于加工的货物。包括跨越边境运到国外加工的货物出口（或者是编表经济体的进口）以及随之而来的再进口（或者是编表经济体的出口）。

3）货物修理。包括向非居民提供或从非居民那里得到的船舶和飞机上的货物修理活动。

4）各种运输工具在港口采购的货物。包括居民/非居民从岸上采购的所有货物，如燃料、给养、储备和物资等。

5）非货币黄金。包括不作为货币当局储备资产的所有黄金的进出口。非货币黄金等同于其他商品。

（2）服务

1）运输。包括一经济体居民向另一经济体居民所提供的涉及客运、货运、备有机组人员的运输工具的租金和其他辅助性服务，如货物装卸、保管、包装，为运输工具的导航、牵引等。但有些相关的活动没有包括在内，如包括在保险项目下的货物保险等。货物保险现在包括在保险服务而不是包括在运输内。

2）旅游。包括非居民旅游者因公或因私在另一经济体内短期逗留（不超过一年）所获得的货物和服务。旅游不包括国际客运服务，该项目包括在运输项目下。学生和病人不论在外多长时间都被视为旅游者。其他人员如军事人员、使馆工作人员和非居民工人都不是旅游者。但是，非居民工人的支出包括在旅游项目下，军事人员和使馆工作人员的开支包括在政府服务项目下。

3）其他各项服务。包括运输和旅游项目下没有包括的国际服务交易，如通讯服务、保险服务、金融服务、建筑服务、计算机和信息服务、文化和娱乐服务、专有权利使用费和特许费等。

（3）收入

收入包括居民与非居民之间的两大类交易。

1）职工报酬。包括以现金或实物形式支付给边界、季节性和其他非居民工人，即使馆工作人员的工资、薪金和其他福利。

2）投资收入。包括居民因持有国外金融资产或承担对非居民负债而造成的收入或支出。投资收入包括直接投资收入、证券投资收入和其他形式的投资收入。

（4）经常转移

经常转移包括所有非资本项目的转移项目，它包括各国政府间的转移（如政府间经常性的国际合作，对收入和财产支付的经常性税收等）和其他转移（如汇款、保险费等）。

2. 资本和金融账户

（1）资本账户

资本账户的主要组成部分包括资本转移和非生产、非金融资产的收买或放弃。资本转移包括涉及固定资产所有权转移，同固定资产交易联系在一起或以其为条件的资金转移以及债权人不索取任何回报而取消的债务。资本转移有两个组成部分：一是各国政府间的转移；二是其他转移，如居民的转移支付、债务减免等。非生产、非金融资产的收买或放弃包括各种无形资产，如专利、版权、商标、经销权以及租赁合同或其他可转让合同和商誉。

（2）金融账户

金融账户包括一经济体对外资产和负债所有权变更的所有交易。它一般包括以下项目。

1）直接投资。它反映一经济体居民单位对另一经济体居民单位的永久权益。它包括直接投资者和直接投资企业之间的交易。永久性权益意味着直接投资者和企业之间存在着长期的关系，并且投资者对企业经营管理能施加有效的影响。直接投资者须持有企业 10%或以上的普通股或股票权，直接投资资本交易包括股本资本、再投资收益和其他资本。

2）证券投资。它是为取得一笔预期的固定货币收入而进行的投资，但对企业的经营没有发言权。证券投资资本交易包括股票、中、长期债券、货币市场工具和衍生金融工具。投资的利息收入或支出按净额记录在经常账户下，本金还款记录在金融账户下。

3）其他投资。它包括长短期的贸易信贷、贷款（包括利用基金组织的信贷、基金组织的贷款和同金融租赁联系在一起的贷款）、货币和存款（如储蓄存款和定期存款，入股形式的存款以及在信贷合作社的股份等）以及应收款项和应付款项。其他投资不同于直接投资和证券投资，要考虑期限的划分，通常以一年为限，一年以上的为长期投资，一年或一年以下的是长期投资。

4）储备资产。它包括一经济体的货币当局认为可以用来满足国际收支和在某些情况下满足其他交易项目的种类资产。储备资产包括货币化黄金、特别提款权、在国际货币基金组织的储备头寸、外汇资产和其他债权。

除了经常账户、资本和金融账户以外，国际收支平衡表还存在一个错误与遗漏账户。这是一个人为设置的平衡项目，用于轧平国际收支平衡表的借贷方总和。从理论上讲，国际收支平衡表按复式记账原理编制，每笔业务需同时分记借贷双方、数额相等，其结果总是平衡的。但实际上，由于资料来源渠道复杂、统计口径不统一、资料不全或统计不及时以及其他一些原因，使得国际收支平衡表借贷双方总额难以平衡。因此，单独设立了一个平衡种类账目的项目。当国际收支平衡表借贷双方总额不等时，通过该项目予以平衡。

（二）国际收支平衡表的记账方法

国际收支表采用复式簿记原理，按照会计的借贷记账法编制。一切收入项目都列入贷方或称正号项目，一切支出项目都列入借方或称负号项目。每笔具体的交易都用价值完全相等的两个账目表示。在整个国际收支中，如果收入大于支出出现盈余，就是国际收支顺差；如果国际收支中支出大于收入而出现亏损，就是国际收支逆差。

（三）关于经济体居民和非居民的定义

所谓居民，是指在本地居住一年以上的政府、个人、企业或事业单位。在本地居住一年以上的外国企业、跨国公司也被视为本国的居民，它们同母国的外汇往往属驻在居民同外的往来，也就是说，居民是指居住或营业办公地址在本国境内的自然人和法人。所谓非居民，是指外国政府、外国在本国的代表机构，以及不在本国的个人和企业。按照国际收支的概念，居民之间的交易属国内经济交易，只有居民与非居民之间的交易才算是国际经济交易，才能在本国的国际收支平衡表中反映出来。

（四）我国的国际收支平衡表

改革开放以前，我国一直没有编制系统的国际收支平衡表，而只编制外汇收支平衡表，主要是因为这个时期我国的国民经济和对外贸易发展比较缓慢，处于一个自我封闭的环境中，国际收支的内容也比较单一。改革开放以后，我国提出了"对外开放、对内搞活"的方针，此后，我国的对外经济关系取得了飞速发展，政治、经济、文化、科学技术交流和各种形式的国际经济合作不断扩大。随着对外经济关系的不断发展，我国的国际收支从规模上和内容上都发生了较大的变化，而过去编制的外汇收支平衡表已经无法完整反映我国国际经济交易的全部内容了，也不能为外汇储备资金的计划提供准确的依据，更不能为宏观经济分析和决策提供准确完整的信息。为了加强管理，我国于1980年初建立了国际收支统计制度。1981年8月开始，由国家外汇管理总局负责，在外汇收支平衡表的基础上，我国开始正式编制国际收支平衡表，以反映我国对外经济交易的全部内容。此后，我国又不断对国际收支统计制度进行了相应的调整，确立了我国现行的国际收支统计体系。

我国的国际收支平衡表采用国际通用的格式和标准项目，按照复式记账原理编制。2010年我国国际收支平衡表的基本内容如表10.1所示。

表10.1　2010年我国国际收支平衡表

单位：亿美元

项　　目	行次	差　　额	贷　　方	借　　方
一、经常项目	1	3 054	19 468	16 414
A. 货物和服务	2	2 321	17 526	15 206
a. 货物	3	2 542	15 814	13 272
b. 服务	4	−221	1 712	1 933
1. 运输	5	−290	342	633
2. 旅游	6	−91	458	549
3. 通讯服务	7	1	12	11
4. 建筑服务	8	94	145	51
5. 保险服务	9	−140	17	158
6. 金融服务	10	−1	13	14

续表

项 目	行次	差 额	贷 方	借 方
7. 计算机和信息服务	11	63	93	30
8. 专有权利使用费和特许费	12	-122	8	130
9. 咨询	13	77	228	151
10. 广告、宣传	14	8	29	20
11. 电影、音像	15	-2	1	4
12. 其他商业服务	16	184	356	172
13. 别处未提及的政府服务	17	-2	10	11
B. 收益	18	304	1 446	1 142
1. 职工报酬	19	122	136	15
2. 投资收益	20	182	1 310	1 128
C. 经常转移	21	429	495	66
1. 各级政府	22	-3	0	3
2. 其他部门	23	432	495	63
二、资本和金融项目	24	2 260	11 080	8 820
A. 资本项目	25	46	48	2
B. 金融项目	26	2 214	11 032	8 818
1. 直接投资	27	1 249	2 144	894
1.1 我国在外直接投资	28	-602	76	678
1.2 外国在华直接投资	29	1 851	2 068	217
2. 证券投资	30	240	636	395
2.1 资产	31	-76	268	345
2.1.1 股本证券	32	-84	115	199
2.1.2 债务证券	33	8	154	146
2.1.2.1(中)长期债券	34	19	128	110
2.1.2.2 货币市场工具	35	-11	25	36
2.2 负债	36	317	368	51
2.2.1 股本证券	37	314	345	32
2.2.2 债务证券	38	3	22	19
2.2.2.1(中)长期债券	39	3	22	19
2.2.2.2 货币市场工具	40	0	0	0
3. 其他投资	41	724	8 253	7 528

续表

项　目	行次	差　额	贷　方	借　方
3.1 资产	42	−1 163	750	1 912
3.1.1 贸易信贷	43	−616	5	621
长期	44	−43	0	43
短期	45	−573	4	578
3.1.2 贷款	46	−210	197	407
长期	47	−277	0	277
短期	48	66	197	131
3.1.3 货币和存款	49	−580	303	883
3.1.4 其他资产	50	244	245	1
长期	51	0	0	0
短期	52	244	245	1
3.2 负债	53	1 887	7 503	5 616
3.2.1 贸易信贷	54	495	583	88
长期	55	35	41	6
短期	56	460	542	81
3.2.2 贷款	57	791	5 860	5 069
长期	58	100	264	163
短期	59	691	5 596	4 906
3.2.3 货币和存款	60	603	1 038	435
3.2.4 其他负债	61	−3	22	25
长期	62	−4	1	5
短期	63	1	22	20
三、储备资产	64	−4 717	0	4 717
3.1 货币黄金	65	0	0	0
3.2 特别提款权	66	−1	0	1
3.3 在基金组织的储备头寸	67	−21	0	21
3.4 外汇	68	−4 696	0	4 696
3.5 其他债权	69	0	0	0
四、净误差与遗漏	70	−597	0	597

注：1. 本表计数采用四舍五入原则。

2. 从 2010 年三季度开始，按照国际标准，将外商投资企业归属外方的未分配利润和已分配未汇出利润同时记入国际收支平衡表中经常账户收益项目的借方和金融账户直接投资的贷方。2010 年各季度以及 2005～2009 年年度数据也按此方法进行了追溯调整。

三、国际收支的调节

（一）国际收支均衡与失衡

1. 国际收支均衡与失衡的含义

如前所述，在一国的国际收支平衡表中记录的国际收支永远都是平衡的，但在现实经济生活中，一国的国际收支想要做到收入与支出完全相等是非常困难的，也就是说，实际上一国的国际收支总是平衡的。因为反映在国际收支平衡表中的各项交易有两种完全不同的性质，一种是自主性交易，另一种是调节性交易。

自主性交易是指交易当事人自主地为某项动机而进行的交易，如经常项目中的各种交易。自主性交易是已经发生了的交易，并已列入到了收支表中。

调节性交易是指在自主性交易出现缺口或盈余时进行的弥补性交易，如官方储备资产。调节性交易处于从属地位，它只是对其他交易活动的一种反应，本身并无任何动机。

所谓国际收支均衡就是指自主性交易的借贷双方相等，不需要调节性交易来弥补。反之，如果自主性交易出现顺差或逆差，需要调节性交易加以弥补，则说明国际收支是失衡的。

2. 国际收支失衡的原因

（1）周期性失衡

周期性失衡是由于经济周期的变化而使国际收支交替出现顺差和逆差的国际收支。实行市场经济的国家，经济发展都有周期性特点，周而复始地出现繁荣、衰退、萧条、复苏四个阶段。在经济繁荣时期，生产上升、各种生产资源得到有效利用，国内需求增加，进出口规模扩大，资本输入也增加，这些可能会导致国际收支顺差；而在经济危机时期，生产下降、资源利用率下降，进口需求减少，资本流出增加，国际收支可能会出现逆差。

（2）货币性失衡

货币性失衡是指由于一国货币增长速度、商品成本和物价水平同其他国家发生较大悬殊而引起的国际收支失衡。在一定时期和一定汇率水平条件下，货币增长速度过快，通货膨胀严重，实际汇率高估，出口受到抑制，进口得到鼓励，致使国际收支出现逆差。反之，若由于通货紧缩，实际汇率低估，商品成本和物价水平会低于其他国家，在这种情况下会鼓励出口，抑制进口，国际收支会得到改善或出现顺差。

（3）收入性失衡

收入性失衡是指一国经济条件的变化引起国民收入的变化，从而导致国际收支的不平衡。一般地讲，国民收入增加，经常项目支出会随之增加，国内需求增加，物价上涨，往往导致顺差减少或逆差增加；反之，国民收入减少，国内需求减弱、物价下跌，有利于奖出限进，就会增加顺差或减少逆差。

（4）结构性失衡

结构性失衡是指在国际分工和贸易格局变化、与一国经济结构变化的共同作用下所产生的国际收支失衡。结构性变化取决于一国的生产技术水平和资源条件。当世界市场的需求发生变化，本国的产业结构和输出商品的结构也能随之调整，则该国的贸易状况将处于有利地位。例如，通过新技术、新材料、新能源的采用和产业结构的调整，降低成本、提高质量、降低产品价格、扩大出口数量，都会改善国际收支或增加顺差；相反，若一国的经济结构难以适应贸易格局的变化，则会使贸易条件恶化。

3. 国际收支失衡的危害

由于种种复杂的原因，国际收支失衡是经常发生的、不可避免的。我们不能从传统的保守的理财思想出发，认为顺差就是好的，逆差就是坏的；恰恰相反，同国民经济运行相协调的逆差是可以存在的，国国民经济运行不相协调的顺差则是不能接受的。但这并不是说顺差或逆差的数额越大越好，因为持续的巨额的顺差或逆差都是有害的。

（1）持续的巨额的顺差造成的危害

1）使国内总需求大于总供给，影响经济的正常发展。这是由于：第一，大量出口商品直接减少了国内总供给；第二，顺差产生的储备结余持有者的兑换要求会迫使中央银行增发货币，创造了新的需求；第三，国际资本的流入，增加了货币存量。

2）随着顺差而来的货币升值提高了以外币表示的出口商品的价格，降低了以本币表示的进口商品的价格，不利于一国的出口，会影响生产的发展。

3）对某些生产力水平不高，依靠资源的发展中国家而言，过度的顺差意味着国内资源的掠夺性开发，会给以后的经济发展留下隐患。

（2）持续的巨额的逆差造成的危害

1）过度的逆差意味着国外商品大量进入国内，扼制了本国经济的发展。

2）国际储备不足，影响国际偿债能力，损害了本国的国际信誉。

3）如果使用借款弥补逆差，很容易陷入债务危机的陷阱；如果国际收支逆差是由于本国资本输出过多造成的，则又会使本国容易蒙受当今日益动荡不安的国际金融市场的风险损失，发生所谓的"债权危机"。

（二）国际收支的调节

既然持续的国际收支失衡会对一国经济产生不利影响，那就应该采取有效措施积极予以调节，从当今世界各国调节国际收支的措施看，主要有以下几种措施。

1. 财政政策

运用财政杠杆达到国际收支均衡的目的。当一国国际收支出现逆差时，可以采用增加税收、减少财政支出即紧缩的财政政策，以减少国内需求，限制进口，使国际收支趋势于平衡。反之，如果一国的国际收支出现巨额顺差，则可实行扩张性的财政政策，减少税收、增加财政支出以刺激国内需要，从而增加进口，以至最终消除国际收支顺差。

2. 货币政策

运用货币调控手段达到国际收支均衡的目的。具体讲，如果一国国际收支出现逆差时，一国金融当局可通过提高利率、存款准备金率、压缩信贷规模等办法以吸引外资，限制国内需求，促使资本流入，以消除或减少逆差，即通过紧的货币政策调节国际收支。反之，如果一国国际收支出现巨额顺差，一国金融当局则可通过实施松的货币政策，降低利率、扩大信贷规模、降低存款准备金率等措施以扩大国内需求，增加进口，从而促使国际收支均衡。

3. 汇率调整政策

一国金融当局公开宣布本国货币贬值或升值的办法，以调节进出口，影响资本的输出和输入，维持国际收支均衡。

4. 直接管制政策

财政、货币、汇率政策产生预期的效应需要通过市场逐渐显现作用，并且所需时间较长，因此，一些国家也经常采用直接管制政策来调节国际收支失衡。直接管制政策可分为以下几个方面：从财政方面讲，以高关税限制进口和用国家财政补贴刺激出口；从货币政策方面讲，主要是通过制定歧视性的汇率和实行严格的外汇使用控制来扩大出口、限制进口；从贸易方面讲，实施进口许可证制度和进口配额制，对进出口加以硬性规定。

用直接管制政策调节国际收支立竿见影、收效很快，但这种做法很容易招致其他国家的报复而造成国与国之间贸易关系的恶化。

5. 其他措施

第一，对于短期性、暂时性的国际收支失衡，各国往往倾向于用国际储备来加以解决。第二，为了避免以上四项措施造成国与国之间的报复行为，以扰乱正常的国际经济秩序，各国往往倾向于通过各种形式的国际经济、金融合作来调节国际收支，主要形式有：国际债务的重新安排，国际贸易互惠协议的签订，共同市场和经济一体化的形成等。第三，加强国际磋商与对话，如西方七国首脑会议、国与国之间的谈判等。

四、我国的国际收支

改革开放以前，我国实行高度集中的计划经济管理体制，外汇收支数额较小，基本上没有国际资本流动，外汇收支实行"以收定支、收支平衡、略有节余"的方针，外汇储备很少。改革开放以来，随着对外经贸往来大量增加，我国的国际收支状况发生了深刻的变化，以 2010 年的国际收支为例，主要表现在以下几方面。

（一）国际收支运行环境分析

2010 年，全球经济总体呈现复苏态势，但复苏基础尚不牢固，各国复苏进程也不均衡。一方面，新兴市场经济体经济增长强劲，成为全球经济增长的主要动力。另一方面，随着政策刺激和重建库存等主要支撑因素效果的减弱，主要发达经济体缺乏内在增长动力，失业率持续高位；欧洲主权债务危机更是拖累了全球经济的稳定复苏。为刺激经济，主要发达经济体继续推行低利率和量化宽松货币政策，全球流动性趋于宽松，新兴经济体普遍面临资金流入冲击，再加上国际大宗商品价格总体上扬，一些新兴市场经济体防范通胀和资产泡沫风险压力较大，开始逐步收紧货币政策，与发达经济体的政策取向出现分化。国际金融市场波动较大，年初总体趋稳向好，但受欧洲主权债务危机的反复影响，分别于二季度、四季度出现较大幅度调整，市场信心仍然比较脆弱。

2010 年，我国继续加强和改善宏观调控，经济保持平稳增长。全年国内生产总值增长 10.3%，较 2009 年增速加快 1.1 个百分点。经济结构继续优化，经济增长对外部需求的依赖有所降低。国家统计局数据显示，2010 年投资和消费对我国经济增长的贡献率合计在 92% 左右，分别拉动经济增长 5.6 和 3.9 个百分点。在外部流动性逐渐宽松的情况下，我国与大部分新兴市场经济体一样，受到资金流入和输入性通胀压力，全年采取了 6 次上调存款准备金率和 2 次上调存贷款基准利率的措施，以抑制货币信贷的快速增长。

2010 年，我国注重统筹国内发展和对外开放，涉外经济政策调整取得显著进展。主要措施包括：

一是加大贸易政策调整力度，改善贸易平衡状况。严格控制"高耗能高污染和资源性"产品出口，取消 406 个税号产品的出口退税。加快推进加工贸易转型升级，修改《加工贸易管理办法》，将 44 种"两高"商品列入加工贸易禁止类目录。利用国家融资保险专项安排支持成套设备出口，累计支持项目 75 个，合同金额 221 亿美元。积极扩大进口，利用进口贴息政策支持先进技术、关键设备、重要能源原材料进口。2010 年，跨境贸易人民币结算试点扩大到全国 20 个地区，涵盖货物贸易、服务贸易及其他经常项目业务，出口试点企业从 365 家扩大到 67 724 家。2010 年 12 月起，将 7 个省（市）开展的进口付汇核销制度改革试点推广到全国。在全国 4 个省（市）开展出口收入存放境外试点，允许企业在境外存放具有真实合法交易背景的出口收入。

二是转变利用外资政策，提高利用外资质量。出台《关于进一步做好利用外资工作的若干意见》，修订《外商投资产业指导目录》，鼓励外资投向高端制造业和高新技术产业。出台引导外资向中西部地区转移的指导意见，修订《中西部外商投资优势产业目录》，促进中西部地区开放型经济发展。以发展服务包为重点，出台近 30 项支持性政策，鼓励跨国公司在国内设立地区总部、研发中心。2010年，全国服务外包企业突破1万家，离岸服务外包业务执行金额接近150亿美元。同时，加强对境外机构流入房地产市场的管理，优化外资的产业分布。

三是支持"走出去"战略，鼓励企业有序开展对外投资。加强对"走出去"企业的融资支持和服务保障，支持有条件的企业开展境外投资合作与并购。积极探索人民币跨境资本项目业务，以个案方式开展人民币对外直接投资试点。

（二）国际收支主要状况

2010年，我国经常项目顺差3 054亿美元，较上年增长17%，2009年为下降40%；资本和金融项目顺差2 260亿美元，较上年增长25%，2009年为增长8.5倍。各主要项目情况如下。

1. 货物贸易顺差与2009年基本相当

2010年，我国货物贸易进出口全面恢复，总规模创历史新高，进口增速快于出口增速，顺差与上年基本持平。按国际收支统计口径，货物贸易进出口总值为29 086亿美元，较上年增长35%。其中，出口15 814亿美元，增长31%；进口13 272亿美元，增长39%；货物贸易顺差2 542亿美元，增长2%，与同期GDP之比为4.3%，连续三年呈下降态势，较2007年高位回落4.7个百分点。

据海关统计，2010年我国货物贸易呈现以下特点：

我国对外贸易格局日趋多元化，与周边国家或地区的贸易逆差扩大。2010年，我国与欧盟、美国和日本的进出口总值分别较2009年增长32%、29%和30%，合计占我国贸易总量的39%，较上年略有下降。我国与新兴市场国家进出口增速明显，2010年与东盟、印度、巴西、俄罗斯进出口总值分别增长38%、42%、48%和43%，均高于总体进出口增速。2010年，我国对美国和欧盟顺差分别为1 813亿美元和1 428亿美元；对日本、韩国和东盟等周边国家或地区逆差分别为556亿美元、696亿美元和164亿美元，合计较上年扩大73%。国际分工格局对我国贸易的影响未发生较大变化，外商投资企业加工贸易仍是顺差主要来源。2010年，我国外商投资企业加工贸易顺差2 701亿美元，较上年增长21%。贸易逆差主要来自国有企业的一般贸易，2010年逆差1 798亿美元，较上年增长46%。

价格上涨推动我国进口快速增长，贸易条件有所恶化。2010年我国进口价格指数同比上涨较快，尤其是资源类商品进口中的价格因素影响明显。其中，原油进口数量增长18%，金额增长51%；铁矿砂进口数量下降1%，金额增长58%；铜进口数量与上年持平，但进口金额增长了44%。2010年5月份起出口价格指数同比持续上涨，但涨幅低于进口。总体看，截至2010年底，出口和进口商品价格指数分别较上年同期上涨4.9和10.1个百分点，贸易条件指数较上年同期下降4.7个百分点。

2010 年，主要受美联储量化宽松政策下美元走弱，以及全球经济复苏好于预期的影响，国际大宗商品价格震荡上涨，上半年以区间波动为主，下半年总体呈现上升态势。国际原油价格年末收于 91.38 美元/桶，全年上涨 15.1%，其中第四季度上涨尤其强劲，单季涨幅达 14.3%。黄金价格屡创新高，12 月份创下 1 423.75 美元/盎司的历史高点，全年涨幅达 29.5%。工业金属价格大部分呈现上行走势，其中铜价上涨迅猛，全年涨幅达 30.2%。农产品价格还受到恶劣天气影响，自 2010 年下半年起持续攀升，小麦、玉米、大豆价格全年分别上涨了 46.7%、51.7% 和 34.0%。

从供需特点看，大宗商品的供给有限且缺乏弹性，而需求会随着经济周期发生涨跌，价格具有明显的顺周期性。同时，在资金流动性过剩的情况下，各种金融化投资和投机将放大商品价格波动。2011 年，全球经济将继续复苏，国际大宗商品需求持续强劲，商品供需仍会较为紧张，再加上全球流动性可能继续充裕，国际大宗商品价格预计保持上涨走势，将对我国进口商品价格形成上行压力，影响贸易条件的改善，并导致输入性通胀。

2. 服务贸易逆差收窄

2010 年，我国服务贸易收支总额 3 645 亿美元，增长 26%；服务贸易收入 1 712 亿美元，较上年增长 32%；服务贸易支出 1 933 亿美元，增长 22%；逆差 221 亿美元，下降 25%。我国服务贸易呈现以下主要特点：

服务贸易逆差较上年有所下降。其他商业服务、建筑服务、计算机和信息服务及咨询等项目顺差较上年增长是造成服务贸易逆差缩小的主要原因。2010 年，上述四个项目顺差分别为 184 亿、94 亿、63 亿和 77 亿美元，分别增长 2.1 倍、1.6 倍、92% 和 47%。服务贸易逆差主要来自运输、保险服务、专有权利使用费和特许费及旅游项目，逆差分别为 290 亿、140 亿、122 亿和 91 亿美元。其中，旅游项目逆差增长较快。2010 年，我国旅游收入 458 亿美元，增长 15%；旅游支出 549 亿美元，增长 26%；逆差 91 亿美元，增长 1.3 倍。在旅游收入方面，随着世界经济逐步复苏，我国入境人数较上年增长 5.8%。在旅游支出方面，国民收入水平的进一步提高促使居民消费结构继续呈现多元化发展，2010 年我国出境人数较上年增长 20%。从分国别和地区旅游收入和支出测算的情况看，我国对美国、中国香港、澳大利亚和澳门均呈较大规模的逆差。

服务贸易主要伙伴国家和地区基本保持稳定，集中度较高。服务贸易收支前十名伙伴国家和地区占全部服务贸易收支的 80%。其中，服务贸易收入来源国家和地区排名前五位的是中国香港、美国、新加坡、日本和英国，支出目的国家和地区排名前五位的是中国香港、美国、新加坡、日本和韩国。

3. 直接投资

（1）外国在华直接投资继续增长

按国际收支统计口径，2010 年外国在华直接投资流入 2 068 亿美元，较 2009 年增长 42%；撤资清算等流出 217 亿美元，减少 32%；净流入 1 851 亿美元。

金融和非金融部门吸收外国在华直接投资均呈现增长态势。金融部门吸收外国在华直接投资 120 亿美元，较上年增长 1.9 倍；非金融部门吸收外国在华直接投资 1 948 亿美元，增长 35%。

从投资来源地看，非金融部门外国在华直接投资的资金来源地较为集中，2010 年在华直接投资排名前十的国家或地区依次为：中国香港 913 亿美元、中国台湾 84 亿美元、新加坡 81 亿美元、美国 66 亿美元、日本 64 亿美元、英属维尔京群岛 41 亿美元、韩国 29 亿美元、开曼群岛 17 亿美元、德国 14 亿美元和法国 13.6 亿美元。2010 年金融部门在华直接投资的主要国家或地区有：中国香港、西班牙、新加坡、英国和日本，其占比分别为 37%、12%、10%、6% 和 4%。从投资行业分布看，2010 年我国非金融部门吸收外国在华直接投资最多的三个行业是制造业（685 亿美元）、房地产业（271 亿美元）、租赁和商务服务业（104 亿美元），其增幅分别是 46%、78% 和 59%。2010 年金融部门外国在华直接投资主要集中于银行业，其他金融机构、保险业和证券业次之，占比分别是 62.5%、27.1%、8.5% 和 1.8%。

从投资流向看，东部沿海和直辖市是非金融部门外国在华直接投资的主要流向地区，西部地区的投资增长也十分迅速。江苏省是 2010 年全国吸收外国在华直接投资最多的省份，占比 22%。排名第二至第五的是广东、上海、辽宁和浙江，占比分别是 14%、12%、7% 和 7%。其中，江苏、浙江外国在华直接投资较上年增长 52%，在五省中增幅最大。西部的宁夏、贵州、西藏等地区吸收外国在华直接投资的增速很快，但吸收总量仍然较低，加总占比只有 4.2%。金融部门外国在华直接投资主要流向北京、福建、上海、天津等地区，投资额占比分别为 24%、24%、22% 和 12%。

（2）我国在外直接投资增长加快

2010 年我国在外直接投资 678 亿美元，较 2009 年增长 41%；在外直接投资撤资清算等汇回 76 亿美元，增长 83%；净流出 602 亿美元，增长 37%。金融和非金融部门在外直接投资均呈现增长态势。金融部门在外直接投资 88 亿美元，增长 87%；非金融部门在外直接投资 590 亿美元，增长 36%。

从投资目的地看，我国非金融部门在外直接投资去向依次为亚洲、拉丁美洲、大洋洲、欧洲、北美和非洲。其中在亚洲地区的投资占 65%，在拉丁美洲、大洋洲、欧洲、北美和非洲的投资分别占 19%、5%、5%、4% 和 2%。金融部门在外直接投资主要集中在亚洲的中国香港、欧洲和北美等一些金融市场较为发达的地区。

从投资行业分布看，2010 年非金融部门在外直接投资涉及商务服务业、采矿业、制造业、批发和零售业、交通运输业、房地产、建筑业和电力煤气及水的生产业等众多领域。其中商务服务业、采矿业和制造业是我国在外直接投资的主要行业，分别占非金融部门在外直接投资总额的 47%、20% 和 10%。

从投资方式看，2010 年我国非金融部门新设境外企业 3 038 家，实现直接投资 352

亿美元，占我国同期投资总额的 60%。并购境外企业 418 家，实现直接投资 238 亿美元，占投资总额的 40%。

4. 证券投资

2010 年，我国证券投资净流入 240 亿美元，较 2009 年下降 38%。其中，我国对外证券投资净流出 76 亿美元，2009 年为净流入 99 亿美元；境外对我国证券投资净流入 317 亿美元，增长 10%。

（1）对外股本和债务证券投资均较快下降

2010 年，我国对外股本证券投资净流出 84 亿美元，较上年下降 75%。其中，对外股本证券投资为 199 亿美元，下降 57%；对外股本证券投资汇回为 115 亿美元，下降 6%。从投资部门看，保险、证券等非银行金融机构是对外股本证券投资流出的主体，但其总体对外投资流出规模较上年有所下降。

我国对外债务证券投资净流入为 8 亿美元，下降 98%，对外债务证券投资的增长和回流资金的下降是净流入较快下降的主要原因。其中，对外债务证券投资为 146 亿美元，增长 33%；对外债务证券投资汇回为 154 亿美元，下降 72%。从投资部门看，2010 年商业银行对外债券投资回流金额 53 亿美元，下降 88%。

（2）境外对我国证券投资净流入略有增加

2010 年，境外对我国证券投资净流入 317 亿美元，较 2009 年增长 10%。其中，股本证券投资净流入 314 亿美元，债券证券投资净流入 3 亿美元。股本证券投资流入主要是我国企业赴境外上市首发和再筹资，以及合格境外机构投资者（QFII）对我国的投资，其中，境外上市首发和再筹资合计 354 亿美元，QFII 净流入 26 亿美元。

5. 外债

截至 2010 年末，我国外债余额为 5 489 亿美元，同比增长 28%。其中，登记外债余额为 3 377 亿美元，同比增长 27%；贸易信贷余额为 2 112 亿美元，同比增长 31%。按期限结构划分，中长期外债（剩余期限）余额为 1 732 亿美元，占外债余额的 32%；短期外债（剩余期限）余额为 3 757 亿美元，占外债余额的 68%。

2010 年，我国外债变动呈现以下特点：

全年外债余额总体呈增长态势，其中二季度增长较快，三季度略有放缓，四季度明显放缓。2010 年一至四季度，外债余额季环比分别增长 3%、16%、6% 和 0.5%，其中贸易信贷余额季环比分别增长 3%、24%、6% 和 −4%；中资银行贸易融资余额季环比分别增长 12%、49%、12% 和 19%。

从债务主体看，中资金融机构外债和企业贸易信贷余额增长最快。2010 年末，中资金融机构外债和贸易信贷余额分别较 2009 年末增长 44% 和 31%，对外债余额增长的贡献率分别为 34% 和 41%。中资金融机构外债增长主要是由于为进出口企业提供贸易融资（远期信用证、海外代付等）项下的对外债务增加。中长期外债项下呈现净流入态势。2010 年，我国中长期外债项下流入资金 422 亿美元，同比增加 197 亿美元，增长 88%；流出资金 302 亿美元，同比减少 76 亿美元，下降 20%；净流入资金 120 亿美元，而 2009 年为净流出资金 154 亿美元。

从债务类型看，登记外债余额中，国际商业贷款余额为 2 701 亿美元，占 80%，所占比重较上年末上升 6 个百分点；外国政府贷款和国际金融组织贷款余额为 676 亿美元，占 20%。

从债务主体看，以中资金融机构和外商投资企业为主。在 2010 年末的登记外债余额中，中资金融机构和外商投资企业债务余额分别为 1 353 亿和 1 096 亿美元，分别占 40% 和 32%。

从币种结构看，以美元债务为主。在 2010 年末的登记外债余额中，美元债务占 70%，比上年末上升 2.7 个百分点；其次是日元债务，占 9%，比上年末下降 3.3 个百分点。

中长期债务主要投向制造业及交通运输、仓储和邮政业等基础设施建设。按照国民经济行业分类，在登记的中长期外债（签约期限）余额中，投向制造业的为 457 亿美元，占 23%；投向交通运输、仓储和邮政业的为 257 亿美元，占 13%。

6. 储备资产平稳增长

2010 年，剔除汇率、资产价格等估值因素影响，我国新增国际储备资产 4 717 亿美元，较 2009 年新增额扩大 18%。其中，外汇储备增加 4 696 亿美元，在基金组织的储备头寸和特别提款权增加 22 亿美元。

第四节　国　际　结　算

一、国际结算概述

（一）国际结算的概念

国际结算是指对世界各国之间因经济、政治、文化活动而发生的债权债务所进行的了结与清算。在国际贸易中，货物和金钱的相对给付很少是由买卖双方当面完成的。卖方发货交单、买方凭单付款，以银行为中介，以票据为工具进行清算，是当代国际结算的基本特征。

（二）国际结算的内容

国际结算包括贸易结算和非贸易结算两方面。贸易结算是指一国对外进出口贸易所发生的国际货币收支和国际债权债务的结算，它是国际结算的主要内容。非贸易结算是指贸易结算以外的其他国际结算业务，非贸易结算从数额上讲小于贸易结算，但结算涉及面却较贸易结算广，主要包括劳务输出入、旅游费用、侨民汇款、邮电、保险、民航、国际馈赠等方面，因而能基本反映一国对外关系的各个方面，如果国家政策运用得当，可以取得较大顺差，有利于平衡和调节国际收支，也有利于发展和促进对外经济关系。

（三）国际结算的支付工具

当前国际结算的最主要形式是非现金结算，这种结算是借助于国际社会广泛使用的信用工具——票据来实现的。目前，主要的国际结算工具有汇票、本票和支票。

1. 汇票

汇票是由出票人签发的，要求付款人即期或于指定到期日，向收款人或持票人支付一定金额的无条件书面支付命令。汇票是国际结算中最经常、最重要的一种支付工具，为保障其有效的使用和广泛流通，许多国家都通过《票据法》对汇票及其他信用工具的各方面内容给予了明确规定，我国也是如此。

由于汇票是债权人向债务人出具的书面凭证，涉及债务人对汇票中所记录的交易是否承认并承诺付款的问题，所以，汇票在开出后要经过债务人在汇票上签名并承诺到期付款的过程，这种行为称为"承兑"。另外，汇票是一种流通证券，可以转让，其条件是持票人在汇票背面签名认可，称为"背书"，并可在流通中多次"背书"转让。

2. 本票

本票是由出票人签发，保证即期或于指定到期日对收款人或持票人支付一定金额的无条件的书面承诺。

本票的出票人是绝对的主债务责任人，因此，本票的使用无需经过承兑的过程，同时，一旦出票人拒付，持票人可立即要求法院裁定，法院只需检查本票内容是否合法就可裁定并命令出票人付款，但为保护出票人不致受到仿造本票的侵害，一些国家要求持票人需出具担保人才由出票人付款。

3. 支票

支票是银行存款客户签发的，要求银行见票时立即从其账户中无条件地支付一定金额给指定收款人或持票人的书面支付命令。

支票的签发人签发支票后，就负有票据上和法律上的责任，即支票背书后转让他人而银行拒付时，收款人对出票人有追索权，若支票已过期，出票人对收款人有偿付责任；如果出票人未经银行同意而开出空头支票，需承担相应的法律责任。

二、国际结算方式

国际结算方式是指以一定的形式和条件，实现不同国家的个人或企业团体间的债权债务清偿时所采用的方法。具体有以下几种。

（一）汇款结算方式

汇款结算方式是指汇出银行应汇款人的申请，以一定的方式将一定的金额，通过它的海外分支机构或代理行作为付款行，付给收款人以完成结算。汇款方式主要用于侨民汇款、赠予、资本借贷以及贸易从属费用的支付，可分为电汇、信汇、票汇三种形式。

1. 电汇

电汇是汇款人委托银行用电报或电传通知其委托行在国外的分支行或代理行，授权解付一定金额给该地的指定收款人的一种汇款方式。其特点是交款迅速，但汇款人除须缴付汇费外，还要负担比较昂贵的国际电报费用。通常金额较大或急用的汇款才采用这种方式。

2. 信汇

信汇是付款人委托汇出行将付款委托书邮寄给汇入行，授权其解付一定金额给该地的指定收款人的一种汇款方式。信汇费用较低，但收款时间较晚。

3. 票汇

票汇是汇款人委托汇出行签发以汇入行为付款人的汇票，由汇款人自行寄给收款人，或亲自携带出国交给收款人，凭票向付款行提款的一种汇款方式。票汇的特点，一是汇入行不需通知收款人，而由收款人自行提款；二是收款人可以是汇款人写明的收款人本人，也可以是其他人，因为汇票通过背书可以转让。

（二）托收

托收是出口商在发出货物后，开立汇票并委托当地银行通过其在国外的分行或代理行，向进口商收取货款的一种结算方式。它包括委托人（出口商）、付款人（进口商）、托收行和代收行四个当事人。在托收结算方式各当事人中，委托人与付款人之间的关系是根据过去双方的交易事项或订立的契约而产生的债权债务关系；委托人与托收行之间根据委托出具的托收申请书而建立委托代理关系；托收行与代收行之间依据于托收行出立的托收委托书，它们之间也是委托代理关系；付款人和托收行之间不存在任何契约关系，付款人是否对代收行付款完全取决于他对托收票据或凭证的付款责任。托收分为光票托收和跟单托收两种方式。

1. 光票托收

它是指汇票不附带任何单据的托收，若汇票附有"非货运单据"（如领事签证货单、商品检验证等）的托收，也属于光票托收。光票托收一般用于出口货款尾数、佣金、样品费、代垫费用、其他贸易从属费用、进口索赔及非贸易各个项目的收款。

2. 跟单托收

它是指出口商将附有货运单据（主要有提单、保险单、商业发票等）的汇票或其他收款凭证委托银行代为收款的一种结算方式。跟单托收一般是按照出口商与进口商之间的买卖合同办理的。

（三）信用证

信用证是进口方银行根据进口商的要求，对出口商开立的在一定条件下保证付款的一种书面承诺。信用证结算方式是在托收方式的基础上演变而来的一种结算方式。它实质上是把原来应由进口方履行的凭单付款的责任和出口商履行的收款交单的责任，转由银行来履行。这样，就以银行的信用保证代替了商人的信用保证。使用信用证结算，一方面保证进口商可以如期得到合同规定的货运单据，另一方面保证出口商在按期发运货物、提供合格的货运单据后，可以确保如期收回货款，从而减轻进出口双方承诺的风险，并得到融通资金的便利。因此在国际贸易中得到广泛使用，成为目前国际贸易结算的主要方式。

信用证结算，大体上包括下述环节：①进口商申请开证；②进口地银行开证；③出口地银行通知信用证；④出口商装货、备单；⑤出口地银行议付（指出口地银行收到信用证受益人交来的信用证项下全套货运单据，经审核认为单据相符合，购进汇票及所附单据，并将票款扣除利息、手续费后的剩余部分支付给受益人）、索汇；⑥进口商赎单、提货。

（四）银行保函

银行保函是银行应委托人的请求，向受益人开立的一种书面担保凭证，即银行保证一旦被担保人未履行某种义务，银行负责承担由此产生的付款义务。在国际结算和融资中，银行保函被广泛使用，尤其是在涉及金额较大的国际贸易中。

（五）国际保理

国际保理是在国际贸易中以托收、赊账方式结算货款时，出口商为了避免收汇风险而采取的一种请求第三者（保理商）承担风险责任的做法。承担保理业务的有专门的保理公司，也有许多商业银行从事此项业务。目前，国际上已经成立了国际保理联合会，通过该组织，各国保理机构之间可互换进口商的资信情报，掌握进口商的付款能力，减少保理机构承担坏账的风险。

国际保理所产生的保证作用和信用证结算方式是相同的。但与信用证方式相比，它可以简化结算业务手续，保理商只是凭借进口商的信誉和财务状况核准一定的信用额度，出口商凭保理商核准的额度发货并得到收回债务的保证，而进口商则不必像开立信用证那样办理复杂的手续。

阅 读 资 料

人民币汇率制度的改革进程

我国在改革开放之前，人民币长期实行固定汇率制度，长期高估。

从 1981 年起，人民币实行复汇率，牌价按一篮子货币加权平均的方法计算。

1981～1984 年，官方牌价与贸易内部结算价并存。

1985 年 1 月 1 日起，取消贸易内部结算价，重新实行单一汇率，1 美元合 2.796 3 元人民币。

1986 年 7 月 5 日，由 1 美元兑换 3.198 3 元人民币调到 1 美元兑换 3.703 6 元人民币。

1989 年 12 月 26 日，由 1 美元兑换 3.703 6 元人民币调到 1 美元兑换 4.722 1 元人民币。

1990 年 11 月 17 日，由 1 美元兑换 4.722 1 元人民币调到 1 美元兑换 5.222 1 元人民币，贬值对宏观经济运行的冲击相当大。

1994 年 1 月 1 日，汇率体制重大改革，实施有管理的浮动汇率制。人民币进一步并轨到 1 美元兑换 8.70 元人民币，国家外汇储备大幅度上升。

1994～1996 年间，出现严重通货膨胀和大量资本内流及亚洲金融危机，人民币汇率承受巨大压力。

1997 年之后，人民币汇率始终保持在较窄范围内浮动，波幅不超过 120 个基本点，并没有随宏观基本面变动而波动。

2003 年起，国际社会强烈呼吁人民币升值。国内外关于人民币升值与否的论战不断升级。

2005 年 3 月 14 日，温家宝总理在"两会"记者会上答记者问时说："对人民币的升值和汇率机制的改革，我们不仅要考虑本国的利益，而且要考虑对周边国家和世界的影响。我可以告诉大家，这项工作我们正在制定方案，何时出台、采取什么方案，可能是一个出其不意的事情。" 2005 年 7 月 21 日，中国人民银行发布公告，2005 年 7 月 21 日 19 时，美元对人民币交易价格调整为 1 美元兑换 8.11 元人民币。

资料来源：中国网，http://www.china.com.cn

本 章 小 结

外汇是货币行政当局以银行存款、财政部库券、长短期政府证券等形式所持有的在国际收支逆差时可以使用的债权。汇率是一个国家的货币折算成另一国家货币的比率，也就是说，在两国货币之间，用一国的货币单位所表示的另一国货币单位的价格。外汇和汇率是研究国际金融问题的起点。

外汇管制是一个国家为维持本国国际收支平衡及维持本国货币汇率稳定的重要措施，外汇管制的方式可分为直接外汇管制和间接外汇管制。

国际收支是反映一国对外往来所发生的全部外汇收支的总和。国际收支平衡表的内容包括：经常账户、资本和金融账户、储备资产和误差与遗漏项目。

国际结算是指对世界各国之间因经济、政治、文化活动而发生的债权债务所进行的了结与清算。主要的国际结算工具有汇票、本票和支票。国际结算方式有汇款结算、托收、信用证、银行保函和国际保理等方式。

复习思考题

1. 什么是外汇？它的作用是什么？
2. 汇率的标价方法有哪些？试举例说明。
3. 影响汇率变动的因素有哪些？
4. 试分析汇率变动对经济的影响。
5. 什么是外汇管理？其主要内容包括哪些方面？
6. 试说明我国现行的外汇管理制度。
7. 国际收支平衡表的项目构成包括哪些？
8. 什么是国际收支失衡？其产生的原因是什么？
9. 国际收支失衡会给经济带来哪些危害？
10. 试分析应如何调节国际收支失衡。
11. 什么是国际结算？它包括哪些主要结算工具？
12. 国际结算的方式有哪些？

第十一章 通货膨胀与通货紧缩

学习要点

1. 了解商品流通与货币流通的区别与联系，掌握货币流通与纸币流通规律的基本内容

2. 了解货币流通的范围，熟悉货币层次的划分

3. 掌握通货膨胀与通货紧缩的基本理论，能对我国通货膨胀与通货紧缩的现象作简要的分析

课前导读案例

中国 CPI 指数的构成

中国 CPI 构成和各部分比重，2011 年最新调整为：

1. 食品 31.79%
2. 烟酒及用品 3.49%
3. 居住 17.22%
4. 交通通讯 9.95%
5. 医疗保健个人用品 9.64%
6. 衣着 8.52%
7. 家庭设备及维修服务 5.64%
8. 娱乐教育文化用品及服务 13.75%

一、从 2011 年 1 月起，我国 CPI 开始计算以 2010 年为对比基期的价格指数序列。这是自 2001 年计算 CPI 定基价格指数以来，第二次进行基期例行更换，首轮基期为 2000 年，第二轮基期为 2005 年。调整基期，是为了更容易比较。因为对比基期越久，价格规格品变化就越大，可比性就会下降。选择逢 0 逢 5 年度作为计算 CPI 的对比基期，目的是为了与我国国民经济和社会发展五年规划保持相同周期，便于数据分析与使用。

二、根据 2010 年全国城乡居民消费支出调查数据以及有关部门的统计数据，按照制度规定对 CPI 权数构成进行了相应调整。其中居住提高 4.22 个百分点，食品降低 2.21 个百分点，烟酒降低 0.51 个百分点，衣着降低 0.49 个百分点，家庭设备用品及服务降低 0.36 个百分点，医疗保健和个人用品降低 0.36 个百分点，交通和通信降低 0.05 个百分点，娱乐教育文化用品及服务降低 0.25 个百分点。

三、根据各选中调查市县 2010 年最新商业业态、农贸市场以及服务消费单位状况，

按照国家统一规定的原则和方法，增加了 1.3 万个调查网点。采集全国 CPI 价格的调查网点（包括食杂店、百货店、超市、便利店、专业市场、专卖店、购物中心以及农贸市场与服务消费单位等）达到 6.3 万个。

四、各选中调查市县根据当地居民的消费水平、消费习惯按照国家统一规定的原则和方法，对部分代表规格品及时进行了更新。

资料来源：http://baike.baidu.com/view/352674.htm

第一节　货币流通及其规律

所谓货币流通，就是指由商品流通过程所产生的货币运动，即货币作为流通手段和支付手段不断地离开出发点，从一个商品所有者手里转到另一个商品所有者手里的货币运动。

一、商品流通与货币流通的关系

随着社会生产力的发展，产生了社会分工，商品生产和商品交换也随之发展。当货币产生后，商品交换就发展为商品流通。因此，货币、货币流通与商品交换、商品流通是紧密联系在一起的。

（一）商品流通

以货币为媒介的商品交换就是商品流通。它的运动形式是：商品—货币—商品，用公式表示为：W—G—W。商品流通分为两个阶段，第一个阶段是 W—G，即卖的阶段，商品形态向货币形态转化；第二个阶段是 G—W，即买的阶段，货币形态向商品形态转化。这两个阶段都是商品与货币相交换才得以实现的。

（二）货币流通

货币流通是指在商品流通过程中，货币作为流通手段和支付手段的一种连续不断的运动过程。其运动形式是：货币—商品；货币—商品……。用公式表示为：G—W；G—W……。货币流通表示同一过程不断地、单调地重复，并且商品总是在卖者方面，货币总是在卖者方面。

（三）商品流通与货币流通的关系

货币流通是由商品流通引起的，是商品流通借以实现的形式。但是，不同性质的商品流通决定不同性质的货币流通。简单商品流通是以卖开始，以买结束，运动的起点和终点都是商品，体现社会劳动不同物质的交换，以满足对不同使用价值的需要。在这里，货币只是商品交换的媒介，也就是说，货币只是作为货币在运动。发达商品经济条件下的货币流通则是以买开始，以卖结束，运动的起点和终点都是同质的货币，不过终点的货币必须多于起点的货币，付出货币是为了得到更多的货币，反映了价值的增值或剩余价值的实现。在这里，货币不仅作为货币在流通，同时也作为资本而不断地流通并增值。商品流通与货币流通既相互联系，又互相区别。

1. 商品流通与货币流通的联系

1）货币流通是由商品流通引起的，商品流通决定货币流通。具体地说，就是商品流通的数量、价格水平，决定着流通中所需的货币量；商品流通的范围，决定着货币流通的范围；商品流通的速度，决定着货币流通的速度；商品流通的方向，决定着货币流通的方面。

2）货币流通为商品流通服务，并对商品流通具有重要的反作用。因为，正常的货币流通可以提供稳定的价值尺度和适量的流通手段，这是保证商品流通得以正常进行所必不可少的条件；反之，货币流通不正常，商品生产和商品流通就难以顺利地进行。

2. 商品流通和货币流通的区别

1）货币流通方向总是与商品流通方向相反，购进商品，付出货币；卖出商品，收入货币。在流通中，货币与商品处于对立的状态。

2）在商品流通中，商品形态不断地发生变换，完全相同的商品是不会发生交换的；而货币在流通中，其形态始终不变，同一单位的货币可以反复地充当流通手段和支付手段。

3）在流通过程中，商品与货币换位以后，商品就退出流通领域，用于生产消费或生活消费，而货币则继续停留在流通领域内，不间断地为商品流通充当媒介。

4）货币流通可以越出商品流通而形成自身独立的运动，如货币作为支付手段，用于支付工资、税金、租金和清偿债务等。在这种情况下，货币转手了，但并没有伴随相应的商品流通。这表现为货币流通具有相对的独立性。

二、货币流通与纸币流通的规律

货币流通规律，就是决定商品流通过程中货币需要量的规律，它是商品经济中的一条重要的客观经济规律。不管社会形态如何，只要存在着商品经济，存在着货币和货币流通，货币流通规律就必然会发生作用。

（一）货币流通规律

根据马克思主义的理论，货币流通规律的内容是：在金属货币流通的条件下，流通中的货币数量与商品价格总额成正比，与货币流通速度成反比。用公式表示为

$$流通中的货币必要量 = \frac{待实现的商品价格的总额}{货币流通速度}$$

上述货币必要量的基本公式是从货币作为流通手段时的必要量来考察的。实际上，货币不仅有流通手段的职能，还有支付手段的职能。在货币执行支付手段职能时，一些商品交易采用赊销方式，暂不需要支付货币，因此，这部分商品价格总额应从商品总额中扣除；相反，上期的赊销商品又需要在本期内支付货款，这部分货币需要应加到本期内总的货币需要量中去；有些债权债务的清偿，可以相互抵消，只有抵消后的差额才需要货币进行支付。所以，货币执行流通手段和支付手段职能时，决定货币必要量的因素就增加了，其公式为

$$作为流通手段和支付手段的货币需要量 = \frac{待销售商品的价格总额 - 赊销的商品价格总额 + 到期支付的价格总额 - 相互抵消的支付}{货币流通速度}$$

（二）纸币流通规律

纸币流通规律是指纸币的流通量决定于它所代替的流通中需要的金属货币量。它是在金币流通的基础上派生出来的一个经济规律，是货币流通规律在纸币流通条件下的特殊表现形式。马克思指出："纸币流通的特殊规律只能从纸币是金的代表这种关系中产生，这一规律简单来说就是，纸币的发行限于它象征地代表的金（或银）的实际流通数量。"可见，没有内在价值的货币符号纸币，只是代替金（或银）而执行流通手段和支付手段的职能，因此纸币流通的必要量也只能在金币流通必要量的限度以内。纸币流通，如果超过了它所代替流通的同名的金币量，不论这种纸币是带着什么招牌进入流通，结果必然导致货币符号的贬值，物价上涨，造成通货膨胀。比如某一年内，流通中的商品价值总额为 1 000 亿元，货币流通速度为 1，流通中的货币必要量就是 1 000 亿元，在货币符号代替金币流通情况下，国家发行的纸币，如果同商品流通需要的金币量相一致也是 1 000 亿元，那么，每张票面额 1 元的纸币便能代表 1 元的金币价值相同的商品相交换。如果国家发行的纸币超过这个限度，增加到 2 000 亿元，则原来每张票面额 1 元的纸币，就只能代表 0.5 元金币的价值同商品相交换。这时商品的价格就会随着纸币的过量发行而上涨一倍。所以，纸币流通不能离开它所代表的金量。

马克思所揭示的纸币流通规律的基本原理，用公式表示为

$$单位纸币所代表的价值量 = \frac{流通中实际需要的金属货币量}{流通中的纸币总量}$$

或者

流通中全部纸币所代表的价值量＝流通中的货币必要量

纸币流通与金属货币流通规律既有联系又有区别。两者的内在联系表现为：纸币流通规律的产生是以金属货币流通规律为基础的，它是金属货币流通规律的特殊表现形式；纸币流通规律受金属货币流通规律的制约。纸币流通规律并不背离金属货币流通规律，流通中的纸币总量所代表的最大值是金属货币需要量。如果流通中的纸币总量超过金属货币需要量，发生变化的只能是单位纸币的贬值，丝毫不能改变金属货币流通规律的客观性。两者的区别表现为：决定金属货币流通规律发生作用的因素是客观的，而决定纸币流通规律发生作用的因素既有客观因素，也有主观因素；在金属货币流通条件下，货币流量与货币需要量大致相符，而在纸币流通条件下，当纸币供给量超过需要量时，会引起纸币贬值，物价上涨，影响国民经济和人民生活的稳定。同样，当纸币供给量低于货币需要量时，会引起银根紧缩，商品流通不畅，商品生产萧条。所以，必须做好纸币的发行工作，把纸币发行量控制在它所代表的金属货币量限度内，保持币值稳定。

三、货币流通的范围

随着商品经济的发展，人们对货币流通范围的认识也逐步深入。在 19 世纪上半期以前的金银复本位制时期，虽然已经发行银行券，但人们认为只有金属货币才是货币，因此，货币流通的范围仅限于现金流通。20 世纪初，金属货币在流通中不断减少，兑换银行券不断增加，银行存款的转账也成为结算的基本形式。金属本位制崩溃以后，纸币取代了金属货币，人们开始认识到纸币和银行存款都是货币形态。因此，货币流通范围从现金流通扩大到非现金流通。到 20 世纪 60 年代，美国开始把存款量与现金量共同看作货币流通。

我国的货币流通范围最初只包括市场上的现金流通而不包括银行存款的流通。现金流通是以现实货币进行收付的流通，主要用于与居民个人相关的收支以及企事业单位的零星小额的货币收支。银行存款有的以转账结算形式用于购买生产资料和消费资料，有的最终会转化为现金。由于银行存款与现金一样都能充当流通手段和支付手段，与商品流通对应，都是由银行通过信用程序发行的货币，都形成社会购买力，所以，银行存款也应在货币流通范围内。随着银行信用和商业信用的发展，作为银行信用和商业信用工具的银行票据和商业票据都具有流通手段和支付手段的功能，它们也应被包括在货币流通范围之内。这种通过银行及其他信用机构划转存款而进行收付的流通被称为非现金流通。随着金融业的进一步发展，非现金流通已经成为货币流通的主要形式。现阶段我国货币流通应包括现金、银行存款、银行票据及商业票据等的流通。

随着生产力的发展和科学技术的进步，特别是在知识经济迅速发展的当代，世界上工业化国家已经出现并开始普遍地使用"电子货币"。电子货币具有使用方便、安全、快捷等优点，同时具有支付手段和流通手段的职能。因此，随着电子货币的进一步发展，货币流通还应该包括电子货币的流通。

四、货币层次的划分

（一）货币层次划分的依据与意义

所谓货币层次划分，即把流通中的货币量按一定的标准进行排列，分成若干层次并用符号代表一种的方法。

西方经济学家在本质上或内涵上将货币定义为交易媒介和支付手段，反过来说，凡是在商品经济运行中充当交易媒介和支付手段的物品就是货币。显然，这在足值的金属货币流通阶段不存在任何异议。然而，随着金属货币过渡到银行券、纸币，再到汇票、支票等信用流通工具，情况就有些不同了。这些纸制的货币符号和信用流通工具也能在一定程度上、一定范围内充当交易媒介和支付手段，它们都或多或少地具有一定程度的"货币性"。它们和金属货币相比，只是货币性程度不同而已。货币性程度不同，对经济的影响也不同。为科学地考察这些货币性程度不同的交易媒介和支付手段的经济运行中的作用，就需要对它们进行分类，即进行货币层次划分。

虽然世界各国对货币层次划分的结果不尽相同，但划分依据基本是相同的，那就是以金融资产流动性的强弱作为划分货币层次的主要依据。所谓流动性，是指金融资产能及时转变为现实购买力并不蒙受损失的能力。流动性越强的资产，现实购买力越强。流动性程度不同的金融资产在流通中周转的便利程度不同，因而对商品流通和各种经济活动的影响程度也就不同。因此，按流动性强弱对不同形式、不同特性的货币划分为不同的层次，对科学地分析货币流通情况，正确地制定、实施货币政策，及时有效地进行宏观调控，具有非常重要的意义。

（二）货币层次的划分

按照国际货币基金组织的口径，货币层次一般可作如下划分。

1. M_0（现钞）

M_0 不包括商业银行的库存现金，而是指流通于银行体系以外的现钞，包括居民手中持有的现金和企业单位的备用金。这部分货币可随时作为流通手段和支付手段，因而具有最强的流动性。

2. M_1（狭义货币）

M_1 由 M_0 加上商业银行的活期存款构成。由于活期存款随时可以签发支票而成为直接的支付手段，所以，它同现金一样是最具流动性的货币。M_1 作为现实的购买力，对社会经济有着最广泛而直接的影响，因而是各国货币政策调控的主要对象。

3. M_2（广义货币）

M_2 由 M_1 加准货币构成。准货币一般由定期存款、储蓄存款、外币存款以及各种短期信用工具，如银行承兑汇票、短期国库券等构成。准货币本身是潜在的货币而非现实的货币，但由于它们经过一定手续后，能够较容易地转化为现实的货币，进而加大流通中的货币量，故称之为亚货币或近似货币。由于 M_2 包括了一切可能成为现实购买力的货币形态，因此，对研究货币流通的整体状况具有重要意义，尤其是对货币供应量的计量以及对货币流通未来趋势的预测，均具有独特的作用。

我国对货币层次划分的研究起步较晚，按照国际货币基金组织的口径，现阶段我国货币计量划分为以下三个层次：

M_0＝流通中现金；

M_1＝M_0＋企业单位活期存款＋农村存款＋机关团体部分存款；

M_2＝M_1＋企业单位定期存款＋自筹基本建设存款＋个人储蓄存款＋其他存款。

（三）货币层次中的控制重点

由于各国商品范围、金融机构、货币概念有所不同，以及中央银行的调控能力的差异，所以其观察和控制重点也不完全一致。就是在一国内，根据经济的发展和新的金融工具的涌现，其重点也会有所变动。

根据我国的实际情况，如何确定货币量各层次指标体系中观察和控制的重点，应分两步走。

第一步，从近期看，应以 M_0 和 M_1 为重点。这是因为：①M_0 主要包括个人手中持有的现金和单位库存现金，是不受多大约束力的购买力，不易掌握和调控。有时它表现为反向的运动，即当市场商品充余时，个人手持现金沉淀反而增加，市场货币周转速度放慢；当市场货币量偏多、商品供应短缺时，现金沉淀反而减少，市场货币流通速度加快，对商品市场带来冲击。而且消费资料的分配主要是借助于现金来实现的，这部分购买力直接关系到人民群众的生活，影响颇大，反应明显。②从我国现状出发，对市场发生直接影响的是现实流通的货币，即 M_0 和 M_1。长期以来，人们习惯于观察现金，在目前中央银行间接调控机制还不十分健全的情况下，第一步扩展到活期存款，既易于理解也容易做到。③在目前我国资金供求矛盾时有突出的情况下，通过扩大储蓄存款，把一部分消费基金转化为生产建设资金，这是筹集资金以缓解资金供求矛盾的重要途径，如果把储蓄存款作为控制重点，显然对融通资金不利。

第二步，从中长期看，应以 M_2 为重点。这是因为：①M_2 与银行活动的联系比其他层次要密切得多，特别它包括了数额大、增长快、又可随时变现的储蓄存款，它对市场供求有重大影响。②中央银行对 M_2 的控制程度要比 M_0 和 M_1 的控制程度大。因为从 M_2 的构成看，它主要是由现金、活期存款、定期存款、储蓄存款等组成。现金和三种存款按比例交存的准备金以及它们的变动都可以从"中央银行货币量"中得到反映，而中央银行账户上的存款和现金具有基础货币的作用。③相对于 M_0 和 M_1 来说，M_2 的货币流通速度比较平衡，从而它同货币总需求的关系最为稳定，在实践中容易掌握和调控，这对研究货币流通的整体，以及预测货币流通的未来趋势均有独特作用。

第二节　通货膨胀

一、通货膨胀的概念及衡量指标

（一）通货膨胀的定义

通货膨胀已经成为各国都普遍存在的一种经济现象，它不仅影响到社会经济的发展，而且影响到人们的经济生活。但在东、西方经济理论界，还没有一个共同的大家都认可的定义，较为流行的是把通货膨胀定义为物价总水平明显的、持续的上涨。该定义包含了以下几个关键点：

1）物价水平指的是一般物价水平，即包括所有商品和劳务的价格在内，部分商品和劳务的价格上涨并不意味着通货膨胀的发生。

2）一般物价水平的上涨必须是持续地上涨，因季节性、临时性因素导致的物价上涨并不能被视为通货膨胀。

3）一般物价水平的上涨应是明显的，即物价总水平的上涨必须达到一定的量的界限才视为通货膨胀，未达到这个界限的微小的物价上涨，一般不视为通货膨胀。

4）在自由市场经济中，通货膨胀表现为物价水平的明显上涨，而在非市场经济中，通货膨胀以一种隐性的形式存在，表现为商品短缺、凭票供应、持币待购以及强制储蓄等。

5）通货膨胀的发生是由于纸币的发行量超过了商品流通的宏观需要量，从而造成纸币贬值，所以，通货膨胀是纸币制度条件下的一种经济现象。

（二）通货膨胀的衡量指标

通货膨胀的发生最明显的表现就是价格的变化，因此，用价格变动情况来衡量通货膨胀程度最为直观。实际上各国在计算和统计衡量通货膨胀的指标也都是围绕"价格变动"的情况来进行的。

1．物价指数

物价指数是报告期商品价格与基期商品价格的比率，以反映各种商品价格的平均变动。物价指数等于或小于100%，说明物价持平或下跌；物价指数大于100%，说明物价上涨,其超过的部分就是通货膨胀率,即:通货膨胀率＝物价指数－1。

物价指数是最常用来测度通货膨胀的一种方法。由于计算时所采用的商品或价格不同,因而有各种不同称谓的物价指数。

（1）批发物价指数

批发物价指数也成为生产者物价指数,是根据商品的批发价格编制的物价指数,反映不同时期商品批发价格水平的变动情况。这里所指的批发价格,是指产品初出厂、矿、农场的第一次销售价格,生产者价格是商品的原始价格,变动的灵敏性极强,因此,生产者价格指数在反映市场价格水平变动方面的灵敏度比其他价格指数高。因此,持成本推进通货膨胀观点的学者认为,生产者价格指数最适合于测度通货膨胀率。

（2）零售物价指数

零售物价指数是根据商品的零售价格编制的指数,反映商品零售价格的变动情况。计算时,可按全部商品编制零售物价总指数,也可按城市和农村分别计算零售物价指数,还可按商品类别编制零售物价指数。

（3）消费者价格指数

消费者价格指数也称消费价格指数,是指一定阶层的居民根据其消费习惯,选定若干生活必需品（如食物、衣着）和服务项目（如住房、医疗、娱乐等）,计算这些商品和服务所需的费用,并考察它们在时间上的变动。计算时选用的商品和服务,大多数国家取自家庭收支调查,少则二三十种,多则四五百种,并一般分为五类:食品（包括饮料）、居住、衣着、燃料和照明、杂项。

消费者物价指数与消费者个人有着密切的联系,被视为通货膨胀的经济晴雨表。因此许多国家用它测度通货膨胀。

（4）生活费用价格指数

生活费用价格指数也称生活费指数,用以反映不同时期生活费用的涨跌程度,其性质和计算类似于消费者价格指数。但与消费者价格指数有以下两点区别:

第一,生活费指数的计算项目不仅包括消费价格指数的商品和劳务,而且包括所有应纳的赋税。

第二,消费价格指数表明某特定人口所选定的商品和服务价格的变动,其范围非常广,并不限于生活必需品;但在计算生活费指数时,就只选择生活必需品,并要确定其代表品与权数。

2. 货币购买力指数

货币购买力是指一定时期内单位货币实际能够买到的商品和服务的数量。货币购买力一般根据物价指数来计算,也就是物价指数的逆运算,即

$$货币购买力指数 = \frac{1}{物价指数}$$

这里所用的物价指数一般是消费价格指数。这是因为，我们通常所说的货币购买力，主要是指居民手中的货币购买力。换句话说，货币购买力所考察的，主要是货币购买消费品与服务的能力。如果货币购买力指数小于 1，则说明货币购买力下降，货币贬值，通货膨胀发生；货币购买力指数越小，通货膨胀越严重。

3. 国民生产总值减缩指数

国民生产总值减缩指数是指按当年价格计算的国民生产总值对按固定价格计算的国民生产总值的比率。它包括私营部门和公营部门的消费，还包括生产资料与进出口商品、劳务的价格，因此，它涉及的范围广、内容全面，能综合反映各种商品价格变动对价格总水平的影响。但这种指数编制起来需要的资料较多，工作量较大。

国民生产总值减缩指数的计算用公式表示为

$$国民生产总值减缩指数 = \frac{按现价计算的国民生产总值}{按不变价格计算的国民生产总值} \times 100\%$$

设国民生产总值减缩指数为 A，则通货膨胀的测度有以下两种方法：

方法一，通货膨胀率 $= A - 1$；

方法二，通货膨胀率 $= \frac{A_1}{A_0} - 1$。

方法二是以国民生产总值减缩指数的增长率来描述通货膨胀的程度。这两种方法所说明的问题是一致的，但所参照的对比时期是不同的，因而结果也不同。

例如：某国 2010 年国民生产总值为现价 3 000 亿美元，按 2005 年不变价计算为 2 400 亿美元，又知 2009 年的国民生产总值减缩指数为 115%，现测度 2010 的通货膨胀率。根据方法一，2010 年的通货膨胀率为 25%。

$$\frac{3\,000}{2\,400} \times 100\% - 1 = 25\%$$

根据方法二，2010 年的通货膨胀率为 8.7%。

$$\frac{125\%}{115\%} - 1 = 8.7\%$$

显然，通货膨胀率为 25% 是相对于 2005 年来说的；通货膨胀率 8.7% 相对于 2009 年来说的。

（三）通货膨胀的类型

在经济分析过程中，人们依据不同的标准，对通货膨胀进行分类。具体分类一般可归纳如下。

1. 按通货膨胀的表现形式划分

1）开放型通货膨胀，又称公开的通货膨胀，是指完全通过物价总水平的明显、持续上涨所体现出来的通货膨胀。在市场经济体制下，市场机制充分运行，政府对物价的变动较少地干预和控制，通货膨胀一般都以物价持续上涨的形式表现出来。所以，市场经济体制下的通货膨胀一般都为公开型通货膨胀（战争等非常时期除外）。

2）隐蔽型通货膨胀，又称抑制型通货膨胀，是指在物价受抑制条件下，货币量过多，但不能直接、完全地通过物价反映出来，从而导致货币流通速度减慢，被强制慢下来的货币流通速度使物价长期、迂回曲折缓慢上升的通货膨胀。其主要表现是市场商品供应紧张，凭证限量供应商品，黑市活跃等。

2. 按通货膨胀的程度划分

1）爬行式通货膨胀，又称温和的通货膨胀，是指物价上涨速度比较缓慢，短期内不易察觉，物价上涨虽有不同的判断标准，但都在一位数之内。

2）奔腾式通货膨胀，又称跑马式通货膨胀或较严重的通货膨胀，是指人们对物价上涨有明显感觉，不愿保存货币，而是抢购商品或寻找其他保值方式，物价上涨幅度可达两位数字。

3）恶性通货膨胀，又称极度的通货膨胀，是指通货膨胀的程度已相当严重，甚至已经超出了经济的可承受程度，经济运行濒临崩溃。例如，第一次世界大战后的德国马克只相当于贬值前的万亿分之一；第二次世界大战后的旧中国，法币、金圆券的贬值程度和物价上涨程度都是天文数字，从而导致整个货币体系的崩溃。

3. 按通货膨胀发生的原因划分

按通货膨胀发生的原因划分可将通货膨胀分为需求拉上型通货膨胀、成本推进型通货膨胀、混合型通货膨胀和结构型通货膨胀。对此，下文将有具体讲述。

二、通货膨胀的成因

关于通货膨胀的成因，目前比较成熟的分析主要有以下几种。

（一）需求拉上原因

需求拉上说产生于 20 世纪 50 年代以前，这种理论是单纯地从需求角度来寻求通货膨胀根源的一种理论假说。这种观点认为通货膨胀是由于总需求过度增加所引起的，是由于"过多的货币追逐过少的商品"，从而使包括物资与劳务在内的总需求超过了按现行价格可得到的总供给，因而引起物价上涨。这种通货膨胀可能通过两个途径产生：一是在货币需求量不变时，货币供给增加过快；二是经济体系对货币需求大大减少，即使在货币供给无增长的情况下，原有的货币存量也会相对过多。

（二）成本推进原因

成本推进假说产生于 20 世纪 50 年代以后，当时西方主要发达国家普遍出现了通货膨胀与生产资源闲置、经济增长缓慢并存的所谓"滞胀"现象。需求拉上假说无法解释这种现象的发生。一些经济学家转而从供给方面去寻找通货膨胀产生的原因。这种理论认为通货膨胀的根源在总供给方面，是由于生产成本的上升而引起物价上涨，并迫使增发通货"批准"这一上涨。产生生产成本上升的原因主要有两个：一是工会力量所引起的工人工资水平的普遍上涨；二是垄断所导致的垄断价格。

1. 工资推进型通货膨胀

该理论是以存在强大的工会力量从而存在不完全竞争的劳动力市场为假设前提。在此前提下，工资是由工会和雇主协商决定，而不是由供求关系决定的。通过这种方式所确定的工资水平会高于完全竞争条件下的工资水平，且工资增长率会高于劳动生产率的提高。这将导致产品单位成本的提高，企业为维持盈利水平，势必会提高产品价格。这便是由工资增加而引起的通货膨胀。物价上涨后，工会会进一步要求提高工资，从而进一步推动物价上涨。

2. 利润推进型通货膨胀

该理论的假设前提是存在商品和劳务的不完全竞争市场（垄断）。由于存在不完全竞争，卖方就可能操纵价格，使价格的上涨速度超过成本的增加速度，以赚取垄断利润。当这种行为的作用大到一定程度时，就会引起利润推进型的通货膨胀。

（三）混合型通货膨胀

在现实经济生活中，清楚地区分某次通货膨胀到底是由需求拉上导致的还是由成本推进导致的是很难的。事实上，现实经济生活中的通货膨胀通常是由两方面因素共同作用的结果。一方面，如果通货膨胀最初是由需求拉上所引起的，那么过度需求所引起的物价上涨将促使工会要求增加工资，从而推动价格的进一步上涨。另一方面，单纯由成本推进所引起的通货膨胀则必须有需求的增加相配合，才能持续下去。因此，成本推进与需求拉上相结合，才可能产生持续的通货膨胀。

（四）结构型通货膨胀

许多经济学家认为，在没有需求拉上和成本推进的情况下，只是由于经济结构因素的变动，也会出现一般价格水平的持续上涨。他们把这种价格水平的上涨称为结构型通货膨胀。这些结构因素主要包括以下几点：

1．"瓶颈"制约

在有的国家，由于缺乏有效的资源配置机制，使得资源在各部门之间的配置严重失衡，一些行业生产能力过剩，另一些行业，如农业、能源、交通等部门则严重滞后，成为经济发展的"瓶颈"。当这些部门的价格因供不应求而上涨时，便引起了其他部门，甚至是生产过剩部门的连锁反应，形成一轮又一轮的价格上涨。

2．需求移动

社会对产品和服务的需求不是一成不变的，它会不断地从一个部门转移到另一个部门，而劳动力和其他生产要素的转移则需要时间。因此原先处于均衡状态的经济结构可能因为需求的移动而出现失衡。那些需求增加的部门，价格和工资将上升；但是需求减少的部门，由于价格和工资具有刚性特征，却未必会发生价格和工资的下降。其结果是，需求的移动导致了物价总水平的上涨。

三、通货膨胀的效应

通货膨胀对于社会经济发展究竟起到什么作用，会产生哪些方面的影响？对此经济学家们有着不同的观点。

（一）经济增长效应

对于较严重的通货膨胀，尤其是恶性通货膨胀对社会经济的破坏作用，国际、国内的经济学者已经达成了共识。而对温和通货膨胀的经济社会效应，却存在不同的看法，大体上可归结为促进论、促退论和中性论三种观点。

所谓"促进论"，就是认为通货膨胀对经济增长具有积极的影响作用，其主要理由是：

1）资本主义经济长期处于有效需求不足、实际经济增长率低于潜在经济增长率的状态。因此，政府可通过通货膨胀政策，增加赤字预算、扩大政府投资支出来刺激有效需求，推动经济增长。

2）通货膨胀有利于社会收入再分配向富裕阶层倾斜，而富裕阶层的边际储蓄倾向较高，因此会提高储蓄率，从而促进经济增长。

3）通货膨胀出现后，公众预期的调整有一个时滞过程，在此期间，物价水平上涨而名义工资未发生变化，企业的利润率会提高，从而刺激私人投资的积极性，增加总供给，推动经济的增长。

促进论的观点在 20 世纪 60 年代比较盛行，在我国和其他一些发展中国家也有一定的市场。但 20 世纪 70 年代以来随着凯恩斯主义在西方国家的破产，人们已经普遍认识到通货膨胀对经济的危害。目前大多数经济学家都采纳了促退论的观点，将通货膨胀视为阻碍经济增长的重要原因。

所谓"促退论"，是与"促进论"正好相反的一种观点，这种理论认为，虽然通货膨胀在初始阶段，对经济具有一定的刺激作用，但从长期观点看，通货膨胀会对经济带来严重的影响，降低经济体系的运行效率、阻碍经济的正常发展。理由如下：

1）通货膨胀会导致纸币贬值，从而妨碍了货币职能的正常发挥。由于货币的购买力下降，人们不愿意储蓄或持有现金，影响了货币贮藏手段职能的发挥和正常的资本积累。币值不稳还会影响货币价值尺度职能的发挥，加大经济核算的困难，引起市场价格信号系统紊乱，导致整个市场机制功能失调，严重者甚至会影响货币支付手段和流通手段职能的发挥，使商品交换倒退到物物交换的原始状态。

2）通货膨胀会降低借款成本，诱发过度的资金需求。而过度的资金需求会迫使金融机构加强信贷配额管理，从而削弱金融体系的运营效率。

3）持续的通货膨胀会使企业的生产成本包括原材料价格、工资、奖金、利息乃至租税成本大幅度上升，企业和个人预期的利润率降低，不利于调动生产和投资的积极性。而且企业先期积累的各种折旧基金和公积金也因通货膨胀而贬值，从而使企业设备更新和技术改造能力下降，影响生产发展。

4）通货膨胀会破坏正常的信用关系，增加生产性投资的风险和经营成本，从而缩减银行信贷业务，使资金流向生产性部门的比重下降，流向非生产部门的比重上升，导致产业结构和资源配置不合理，国民经济畸形发展。

5）通货膨胀会使国内商品价格上涨相对高于国际市场价格，从而会阻碍本国商品的出口，导致国民收入减少，尤其是对出口依赖程度较高的国家，受通货膨胀的打击更为严重。国内物价的上涨还会鼓励外国商品的进口，加剧国内市场的竞争压力，影响国内的进口替代品生产企业的发展，并引发贸易收支逆差。

6）当通货膨胀有加速发展的趋势时，为防止发生恶性通货膨胀，政府可能采取全面价格管制的方法，从而削弱经济的活力。

此外，通货膨胀还会打乱正常的商品流通渠道，加剧供求矛盾，助长投机活动，引起资本大量外流和国际收支的恶化。

所谓"中性论"，是一种认为通货膨胀对实际产出和经济增长既无积极作用，也无消极作用的理论观点。少数经济学家持有这种观点。这种理论认为，在温和的通货膨胀环境中，必然会形成公众对通货膨胀的心理预期，由于公众的预期，他们会对物价上涨做出合理行为调整，使有关通货膨胀的各种效应的作用相互抵消，从而对经济增长不发生作用或影响。但是公众对通货膨胀的预期与通货膨胀实际发展的情况往往并不相符，而且每个人、每个企业的预期也不相同，其调整行为很难"合理"或相互抵消。所以，通货膨胀中性论的观点难以自圆其说。

（二）收入和社会财富的再分配效应

收入和社会财富再分配将效应，是指通货膨胀改变了整个社会原有的收入分配比例和原有财富占有比例，即当通货膨胀发生时，人们的实际收入和实际占有财富的价值会发生不同变化，有些人的收入与财富增加或提高，有些人则下降或减少。在充分预期的情况下，通货膨胀对收入和社会财富的再分配效应并不明显，因为各种生产要素的收益率都有可能与通货膨胀作同比例的调整。但实际上人们通常不能正确预期通货膨胀，因此就产生了通货膨胀的再分配效应。在出现通货膨胀的情况下，工薪阶层和依赖退休金生活的退休人员等有固定收入者，其收入调整滞后于通货膨胀，因而会使其实际收入减少；而一些负债经营的企业和非固定收入者能够及时调整其收入，因而可从通货膨胀获益。但随着通货膨胀的持续发展，员工工薪和原材料价格相应上升，企业利润的相对收益就会降低直至消失。因此，通货膨胀的最大受益者实际上是政府，因为在累进所得税制度下，名义收入的增加会使纳税人所适用的边际税率提高，应纳税额的增长高于名义收入增长，纳税人实际收入将减少。当然，政府支出所购买的商品和劳务的价格也会同时上涨。所以政府是否真正从通货膨胀中受益还要看政府的名义收入增长是否快于物价上涨。

通货膨胀时期，固定面额的金融资产，如固定利率债券和票据等，其价值随着物价的上涨而下跌，而各种变动收益的证券和实物资产，如股票和房地产等，其价值则随着物价的上涨而提高。一般来说，债权人是通货膨胀的受害者，债务人则是通货膨胀的受益者。地主阶级和房地产商通常将土地和房产抵押给银行以取得贷款，通货膨胀会使其土地和房地产升值并减少他们的债务负担。职能资本家往往利用大量贷款从事生产经营活动，通货膨胀也会减轻他们的债务负担。而通常人们持有的各种金融资产则分别是社会其他部门的负债，如现钞和国库券是中央银行和政府的负债，各种存款是金融机构的负债，商业票据和公司债券是企业机构和公司企业的负债，因此，通货膨胀在减少这些金融资产实际价值的同时也减轻了这些政府、中央银行、金融机构、企业的债务负担。最易受通货膨胀打击的往往是小额存款人和债券持有人。因为大的债权人不仅可以采取更多的措施避免通货膨胀的不利影响，而且他们通常同时也是更大的债务人，可通过在债务上得到的好处抵消其在债权上的损失。

通货膨胀过程中不同阶层消费支出的不同变化对社会财富的再分配也会产生重要影响。假定国民收入主要由工资和利润两部分组成，按照西方经济学理论，工薪收入者的边际支出倾向相对大于利润收入者的边际支出倾向，通货膨胀时期由于物价上涨和人们名义收入的提高，会使工薪收入阶层消费支出的增加相对大于利润收入者消费支出的增加，而工薪收入阶层实际收入的增加相对低于利润收入者实际收入的增加，因此，社会财富的积累和再分配就会向利润收入阶层倾斜。

（三）强制储蓄效应

所谓"强制储蓄"是指政府财政出现赤字时向中央银行借款透支，直接或间接增加货币发行，从而引起通货膨胀。这种做法实际上是强制性地增加全社会的储蓄总量以满足政府的支出，因此又称之为"通货膨胀税"。虽然通过通货膨胀强制储蓄效应可以扩大政府投资，但由于物价水平的上涨和实际利率的下降，其结果会使按原来模式和数量进行的民间消费和储蓄的实际数额减少，导致民间资本积累速度下降，并使企业历年积累的折旧不能满足固定资产更新需要，从而减少民间资本存量。民间资本和投资的减少大体相当于政府运用通货膨胀强制储蓄的部分。因此，强制储蓄的结果不会带来社会总投资规模的扩大。

促进论者认为，虽然一般货币持有者因通货膨胀而失去的货币价值等于政府所获得的通货膨胀税，但如果政府的储蓄倾向高于货币持有者的一般储蓄倾向，整个国家的平均储蓄水平就会提高，从而增加社会投资总额。尤其是在经济尚未达到充分就业水平，存在大量闲置生产要素的情况下，政府运用扩张性财政政策或货币政策强制储蓄来增加有效需求，并不会引发通货膨胀。

（四）资源配置效应

通货膨胀的资源配置效应是指由于通货膨胀改变了各种商品和生产要素的相对价格，使原有的资源配置状态和方式发生变化。然而，对于通货膨胀究竟是使资源配置优化还是恶化，则应针对具体情况进行分析。

1. 资源配置的正效应

在某种特定条件下，通货膨胀对资源配置可以起到优化组合的作用。在某些行业和部门有发展潜力而资源供应短缺的情况下，通货膨胀可能使其供不应求的产品价格迅速上升，吸引资源，使资源流向需要发展的部门和行业。

我国在 1979～1981 年的通货膨胀中，由于全国居民消费水平的增长幅度接近或超过了国民收入的增长幅度，使农业和轻工业产品的相对价格有了较大提高，这样，农业和轻工业在这 3 年有时间里得到了较大的发展，对于改变我国长期以来"高积累、低消费"和优先发展重工业政策所带来的重工业过重的畸形产业结构的调整，起到了积极作用。

值得指出的是，虽然通货膨胀对资源配置具有一定的积极影响，但这些影响并不是非要依靠通货膨胀才能取得，国家完全可以通过调整相对价格结构体系或实施一定的产业政策来达到目的，这样就可以避免通货膨胀所带来的消极影响。

2. 资源配置的负效应

通货膨胀发展到一定程度以后，它会对资源的优化组织产生阻碍效应，具体来讲，主要有以下几方面：

1）在通货膨胀中，各种生产要素、商品和劳务的相对价格会发生很大的变化和扭曲，引起资源配置的低效和浪费。某些价格上涨较快的商品和劳务往往会吸引过多的资金和生产要素投入，导致这类商品和劳务的过度供给和浪费。例如，在通货膨胀期间，房地产被认为是最能有效保值的手段，其价格上涨较高，从而吸引大量人力、物力、财力的投入。但结果往往是房地产的过度开发导致大量房屋、土地的闲置浪费。

2）通货膨胀会助长投机并导致社会资源的浪费。通货膨胀期间，由于投机利润大于生产利润，使投机活动大大增加，大量的资源被投机者用于囤积居奇和投机获利，减少了可用于发展生产和技术革新方面的社会资源。

3）通货膨胀会造成市场供不应求的环境，使购买者盲目抢购，不计质量。这种供求失衡的市场状况会掩盖产业结构、产品结构上的矛盾和问题，使企业失去提高产品质量的外在压力和改善经营管理的积极性，结果使长线产品变得更长，短线产品变得更短，经济结构失衡会更为严重。

4）通货膨胀使实际利率下降，打击居民的储蓄意愿，使资本积累的速度降低。虽然金融机构会相应提高存贷款利率，但其调整幅度和速度往往赶不上通货膨胀率，因而会降低金融机构动员、分配社会资金的效率。

5）在通货膨胀期间，为避免金融资产价值的损失，人们会尽量持有货币和各种金融资产的比例，并购入各种实物资产。由于实物资产在交易、维护处置和管理上需要花费更多的时间、人力和物力，因而造成了社会资源的浪费。

6）在通货膨胀期间，中央银行基准利率的调整往往滞后，使金融机构正常融资的渠道受阻，而民间高利贷则得以盛行，因而会改变正常的利率结构，阻碍长期金融工具的发行，影响金融市场的健康发展及其配置社会资源的功能。

例如，我国在 1984～1985 年的通货膨胀中，一方面消费基金继续膨胀；另一方面轻工业发展受到重工业制约，重工业产品相对价格上涨，使资源从轻工业向重工业逆流，农业和轻工业发展速度下降，物价大幅度上涨。

（五）经济秩序与社会秩序紊乱效应

通货膨胀发展到比较严重的程度时，还会破坏经济秩序和社会秩序，不仅加大经济发展的不平衡和经济发展的成本，甚至会引起社会经济危机。主要表现为以下几点。

1. 加剧经济环境的不确定性

在通货膨胀持续发生的情况下，个人和企业的通货膨胀预期将变得难以捉摸，市场行情动荡不定。经济环境的不确定又会影响政府的经济政策目标和宏观调控能力，使政策操作变得无所适从，增大了失误的可能性。

2. 导致商品流通秩序混乱

在通货膨胀期间，由于流通领域容易获取较高的利润，大量资金被吸引到流通中从事投机交易，使商品流通秩序极为混乱，产销脱节、商品倒流、囤积居奇、商品抢购等不正常交易活动加剧了经济的不平衡。

3. 助长贪污腐败，损害政府形象

通货膨胀期间，国家公务人员工资、奖金增长速度通常滞后，实际收入水平下降，因而可能会使一些国家公务人员以权谋私、贪污受贿，破坏政府形象。通货膨胀严重时，政府会面临要求治理通货膨胀的压力，一旦政府不能有效控制通货膨胀，人民将失去对政府的信心，有可能引发货币信用危机，严重者甚至会导致政治危机和社会动乱。

4. 败坏社会风气，激化社会矛盾

在通货膨胀期间，劳动者的工资所得赶不上投机活动的利润所得，会挫伤劳动者的劳动积极性，助长投机钻营、不劳而获的恶习，而通货膨胀导致不公平的收入和财富再分配，更有可能激化社会矛盾，引起社会各阶层的经济对立。

四、通货膨胀的治理

通货膨胀作为纸币流通条件下的特有现象，不仅结束了金属货币流通条件下货币流通稳定的历史，也给商品流通与货币流通带来了诸多困扰，其危害是显而易见的。因此，反通货膨胀问题已成为世界各国所要认真考虑的头等大事。从世界各国看，治理通货膨胀的对策主要有以下几点。

（一）紧缩性的财政、货币政策

宏观紧缩政策是各国对付通货膨胀的传统政策调节手段，也是迄今为止在抑制和治理通货膨胀中运用得最多、最为有效的政策措施。

1. 紧缩性财政政策

紧缩性财政政策的主要措施是增加税收，削减政府预算和转移支出，发行公债，其目的是减少需求，弥补通货膨胀的缺口。

2. 紧缩性货币政策

紧缩性货币政策的主要措施是出售政府债券，提高存款准备金率，提高利率，提高贴现率和再贴现率，规定基础货币指标，其目的是影响流通中的货币量，进而控制需求，抑制通货膨胀。

（二）收入政策

收入政策就是为了降低一般物价水平的上涨幅度而采取的强制性或非强制性的限制工资与价格的政策，其目的在于一方面降低通货膨胀率，另一方面又不至于造成大规模的失业。这种措施在治理成本推进型通货膨胀时效果比较明显。主要手段有以下几点。

1. 工资管制

所谓工资管制，是指政府以法令或政策形式对社会各部门和企业工资的上涨采取强制性的限制措施。工资管制可阻止工人借助工会的力量提出过高的工资要求而导致产品成本和价格的提高。工资管制的方法包括：

1）道义规劝和指导。即政府根据预计的全社会平均劳动生产率的增长趋势，估算出货币工资增长的最大限度即工资-物价指导线，以此作为一定年份内允许货币工资总额增长的一个目标数值线来控制各部门的工资增长率。但政府原则上只能规劝、建议和指导，不能直接干预，因而该方法实际效果往往不很理想。

2）协商解决。即在政府干预下使工会和企业就工资和价格问题达成协议，其效果取决于协议双方是否认可现有工资水平并愿意遵守协议规定。

3）开征工资税。对增加工资过多的企业按工资增长超额比率征收特别税款。这一办法可使企业有所依靠，拒绝工会超额提高工资的要求，从而有可能与工会达成工资协议，降低工资增长率。

4）冻结工资。即政府以法令或政策形式强制性地将全社会职工工资总额或增长率固定在一定的水平上。这种措施对经济影响较大，通常只有在通货膨胀严重恶化时期才被采用。

2. 利润管制

利润管制是指政府以强制手段对可获得暴利的企业利润率或利润额实行限制措施。通过对企业利润进行管制可限制大企业或垄断性企业任意抬高产品价格，从而抑制通货膨胀。利润管制的方法包括：

1）管制利润率。即政府对以成本加成方法定价的产品规定一个适当的利润率，或对商业企业规定其经营商品的进销差价。采用这种措施应注意使利润率反映出不同产业的风险差异，并应使其建立在企业的合理成本基础上。

2）对超额利润征收较高的所得税。这种措施可将企业不合理的利润纳入国库，对企业追求超额利润起到限制作用。但是如果企业超额利润的获得是通过提高效率或降低成本实现的，则可能会打击企业的积极性。此外，一些国家还通过制定反托拉斯法限制垄断高价以及对公用事业和国营企业的产品和劳务实行直接价格管制。

（三）供给政策

在治理需求拉上型通货膨胀时，紧缩政策是希望通过压缩总需求来实现总供给与总需求的平衡。但在以拉弗为代表"供应学派"看来，这种反通货膨胀政策过分注意需求方面而忽视了供给方面，因此该学派认为要在抑制总需求的同时增加供给，运用刺激生产力的方法解决通货膨胀问题。供应学派的反通货膨胀措施主要包括减税、削减政府开支增长速度和社会福利开支、稳定币值、减少政府对企业活动的限制等。

（四）外汇政策

外汇政策是指中央银行控制和调节外汇市场，实行外汇管制、控制国际资本流动、平衡国际收支的方针及各种措施。它主要防止国外通货膨胀对本国的影响。其主要内容包括：

1）控制和调节外汇市场，以稳定汇率；

2）实行外汇管制，控制资本的出入；

3）保持合理的外汇储备，以维持国际清偿能力；

4）控制外汇市场的交易，以维护外汇市场的稳定。

（五）收入指数化政策

收入指数化政策又称指数连动政策，是指对货币性契约订立物价指数条款，使工资、利息、各种债券收益以及其他货币收入按照物价水平的变动而调整。这种措施主要有四个作用：一是能借此剥夺政府从通货膨胀中获得的利益，杜绝其制造通货膨胀的动机；二是可以消除物价上涨对个人收入水平的影响，保持社会各阶层原有生活水平不至于降低，维持原有的国民收入再分配格局，从而有利于社会稳定；三是可稳定通货膨胀环境下微观主体的消费行为，避免出现抢购囤积商品、贮物保值等加剧通货膨胀的行为，维持正常的社会经济秩序，并可防止盲目的资源分配造成资源消费和低效配置；四是可割断通货膨胀与实际工资、收入的互动关系，稳定或降低通货膨胀预期，从而抑制通货膨胀率的持续上升。

收入指数化政策对面临世界性通货膨胀的开放经济小国来说尤其具有积极意义，是这类国家对付输入型通货膨胀的有效手段。比利时、芬兰、巴西等国曾广为采用，就连美国也曾在 20 世纪 60 年代初期实施过这种措施。但由于全面实行收入指数化在技术上有很大的难度，对一些金融机构会增加其经营上的困难，而且有可能会造成工资-物价的螺旋上升，反而加剧成本推进型的通货膨胀，因此该政策通常仅被当作一种适应性的反通货膨胀措施，不能从根本上消除通货膨胀。

（六）调整结构

考虑到通货膨胀的结构性，一些经济学家建议应使各产业部门之间保持一定的比例，从而避免某些产品供求因结构性失调而推动价格上涨，特别是某些关键性产品，如食品、原材料，这一点尤为重要。

实行微观财政、货币政策，影响需求和供给的结构，以缓和结构失调而引起的物价上涨。微观财政政策包括税收结构政策和公共支出结构政策。税收结构政策不是指变动税收总量，而是指在保证一定的财政支出总量前提下，调节各种税率和施行范围等。同样，公共支出结构政策是指在一定的税收总量的前提下，调节政府支出的项目和各种项目的数额。微观货币政策包括利率结构和信贷结构，旨在通过各种利差的调整，以及通过各种信贷数额和条件的变动来影响存款和贷款的结构和总额，提高资金使用效率，鼓励资金流向生产性部门，遏制消费基金的扩张。

（七）其他反通货膨胀的政策

1. 强制性的行政干预

这种措施主要为一些经济集权而又不发达的国家采用，通常在通货膨胀恶化阶段才使用。其主要内容有：强制性停建、缓建一些工程项目；整顿市场流通；实行部分产品垄断经营；实行某些产品的配额和限额管制；等等。

2. 币制改革

若通货膨胀严重恶化，整个货币制度已接近崩溃的边缘，其他反通货膨胀措施已难奏效，那么此时唯一的办法就是币制改革。币制改革的一般做法有：废除旧币，发行新币，并制定一系列保证新币币值稳定的措施。

五、我国历次通货膨胀的特点与治理分析

（一）新中国成立初期的通货膨胀

从 1949 年 10 月 15 日开始，以上海、天津为先导，华中、西北跟进，首先是进口工业原料如五金、化工等价格节节上升，接着纱布、粮食价格大幅度跳升，推动整个物价猛涨，每天上涨 10%～30%，人民币币值狂跌。以 7 月物价为基础，到 12 月 10 日，上海、天津、汉口、西安 4 大城市的物价平均上涨 3.2 倍，11 月 24 日达到物价波动的最高点，为 7 月底的 3.7 倍。

针对当时上海投机者主要囤积纱布，华北投机势力集中冲击粮食的情况，中央政府从全国各地抽调粮食等各种物资投入市场。同时中央财经委员会规定所有国营企业的资金一律存入国家银行，不得向私营银行和资本家企业贷款；私营工厂不准关门，且须照发工人工资；加紧征税，不得迟交。同时，全国各地严加取缔地下钱庄，截断投机分子的资金来源；在财经统一管理的基础上，财经部门整理收支，缩小赤字，全国财政收支接近平衡，这就为物价走向全面稳定奠定了基础。

（二）1956 年的通货膨胀

1956 年由于经济建设开始盲目冒进，导致全国基建规模过大、职工人数增加过快、信贷突破计划，造成财政赤字 18.3 亿元，信贷突破计划 29.7 亿元，市场货币流通量增加 17 亿元。中央及时地采取冻结物价、挖商品库存等措施，使供求之间的矛盾得到缓和，通货膨胀的势头及时得到了遏制。

（三）1958～1962 年的通货膨胀

1958 年由于脱离实际地实施"大跃进"政策，在 1960～1962 年三年困难时期，发生了严重的通货膨胀。以 1957 年为基期，到 1962 年零售物价指数上涨了 25.8%，其中 1960～1962 年平均每年增速为 7.5%。经过实施"调整、巩固、充实、提高"的经济政策，以后逐年回落，到 1963 年，通货膨胀得到抑制。

（四）改革以来的通货膨胀

从改革开放以来，我国出现的多次通货膨胀各有特点，国家采取了不同的方式进行治理。

1980 年的通货膨胀发生在我国开始实行改革开放政策，党的工作重心刚转移到社会主义现代化建设上这段时期，宏观上经济增长速度迅猛、投资规模猛增、财政支出加大导致出现较严重财政赤字、盲目扩大进口导致外贸赤字，外汇储备迅速接近于零。1979 年、1980 年物价出现了明显上涨，其中 1980 年通胀达到 6%。后来我国经过压缩基本建设投资、收缩银根、控制物价等一系列措施，通货膨胀得到抑制，表现为国务院在 1980 年 12 月发出了《关于严格控制物价、整顿议价的通知》，对通货膨胀进行治理。

1984～1985 年的通货膨胀体现为固定资产投资规模过大引起社会总需求过旺，工资性收入增长超过劳动生产率提高引起成本上升导致成本推动，伴随着基建规模、社会消费需求、货币信贷投放急剧扩张，经济出现过热现象，通货膨胀加剧。为了抑制高通胀，当时采取了控制固定资产投资规模，加强物价管理和监督检查，全面进行信贷检查等一系列措施。表现为从 1984 年 11 月到 1985 年 10 月国务院发布的一系列宏观调控措施。

1987～1989 年的通货膨胀是由于 1984～1985 年中央采取的紧缩政策在尚未完全见到成效的情况下，1986 年又开始全面松动，导致需求量的严重膨胀。此期间，1988 年的零售物价指数，创造了新成国成立 40 年以来上涨的最高纪录。物价的上涨和抢购风潮引发了一系列的社会问题。在突如其来的冲击面前，中央迅即做出反应，召开会议整顿经济秩序。于是 1989 年 11 月党的十三届五中全会通过《中共中央关于进一步治理整顿和深化改革的决定》，提出用 3 年或更长一些时间基本完成治理整顿任务，使用大力度的调整措施。

1993～1995 年的通货膨胀表现为邓小平南方谈话后，中国经济进入高速增长的快车道，起因主要是固定资产投资规模扩张过猛与金融持续的混乱。有人形象地总结为"四热"（房地产热、开发区热、集资热、股票热）、"四高"（高投资膨胀、高工业增长、高货币发行和信贷投放、高物价上涨）、"四紧"（交通运输紧张、能源紧张、重要原材料紧张、资金紧张）和"一乱"（经济秩序特别是金融秩序混乱）。此次通胀的治理以 1993 年 6 月《中共中央、国务院关于当前经济情况和加强宏观调控的意见》提出 16 条措施为起点，经过 3 年的治理，到 1996 年我国实现经济的"软着陆"。

2007 年以来的第五次通胀主要是由于贸易顺差过大和四万亿投资导致货币超发造成的。与前四次通胀主要是内因所致略有不同，本轮通胀是内、外因综合作用的结果。

其中，主要原因是外贸顺差过大导致的被动发钞。到 2010 年底，中国外汇储备累计达 2.85 万亿美元。为了维持人民币升值压力，中国央行抛出了近 20 万亿元人民币来对冲 2.85 万亿美元的巨额外汇储备。此外，央行货币超发的原因还包括 2009 年以来中央为应对国际金融危机抛出四万亿投资计划。中央采取房产限购，提高存款准备金率和加息等紧缩货币政策以应对本次通货膨胀。

从以上新中国成立以来多次通货膨胀的表现、治理措施等情况来看，具有如下特点：

1）通货膨胀与经济高速增长并存。高速增长往往带来通货膨胀，在 1980 年以来增长率超过 11%的年份里，通货膨胀都很严重。经济过热带来的通货膨胀的可能性很大。

2）历次通胀均伴随着农产品价格的上升。我国历次通胀都伴随着粮食价格的大幅上涨，二者总是相伴而来，如在 1994 年中国高通货膨胀启动因素中，首当其冲就是农产品价格。1994 年农产品上升对零售物价变动的影响达 70%，1995 年上半年食品价格上涨 33%。

3）通货膨胀表现为商品价格的普遍上升。如 1988 年 3 月，上海调整了 280 种国民经济必需商品的价格，接着各大中城市相继提价，提价率占商品总量的 80%，价格平均上涨 30%，最高者达到 80%，尤其是家用电器、摩托车、油等产品。物价急剧上涨，大米的价格几乎是一夜之间，从 0.15 元涨到 0.8 元，长涨了 6 倍。基本生活资料的快速上涨极大地冲击了国人的心理防线，抢购风潮随之而来，所有的商店都在排队。

4）取得较好的治理效果须采用组合政策。通过对历次通货膨胀的治理来看，单一货币政策效果未必良好，需结合其他政策。如通过财政政策与货币政策的配合，"熨平"周期波动，并把财政政策的重点放在优化结构上，把货币政策的重点放在调控总量上，才能有效地治理通货膨胀，我国历次的治理也是在逐渐结合各类宏观调控政策。

第三节 通 货 紧 缩

一、通货紧缩的概念及判定标准

（一）通货紧缩的含义

通货紧缩是与通货膨胀相对立的一个概念，通常意义是指一般物价水平的持续下跌。在西方经济学教科书中，通货紧缩被定义为一段时期内"价格总水平的下降"或"价格总水平的持续下降"。巴塞尔国际清算银行提出的标准是：一国消费的价格连续两年下降可被视为通货紧缩。

（二）通货紧缩的判断标准

在实际经济生活中，判断某个时期是否发生了通货紧缩以及通货紧缩程度的衡量，多数经济学家认为应以物价总水平是否下降作为判断标准。部分商品和劳务价格的下降，可能是由于这些商品和劳务的供大于求，或者由于技术进步、市场开放或生产效率提高降低了成本而引起的，这并不是通货紧缩；即使是商品和劳务价格暂时或偶然的普遍下跌，也许是受到消费心理变化、季节性因素等某些非实质性因素影响所致，与货币流通和实质经济没有必然联系，也不是通货紧缩。只有物价水平持续下降超过了一定的时限，才可断定是通货紧缩。这一时限有的国家定为半年，有的定为一年。我国的通货紧缩潜在压力较大，应以一年为限。

以物价总水平持续下降作为判断通货紧缩主要标准的同时，也可以用货币供应和经济增长率作为衡量通货紧缩严重程度的辅助指标。因为，从货币流通规律我们可以看出，物价总水平下降必然表现为商品价格水平、商品数量和货币流通速度三个因素的相对变化：一是货币供应绝对或相对减少使流通中的货币存量减少；二是其他因素如商品供求关系、居民的消费与储蓄结构及货币供应和流通渠道的变化使货币流通速度放慢；三是经济增长使商品数量绝对或相对增加。由此可见，在商品数量和货币流通速度不变的情况下，物价水平下降的确可由货币供应的减少而引起，因此可用通货存量作为参考指标；但在商品数量和货币流通速度发生变化的情况下，物价水平的下跌也有可能与货币供应的适度增长并存。同样，在通货存量和流通速度不变的条件下，物价水平的下降与商品数量增加密切相关，因此经济增长率可作为参考指标。

至于通货紧缩的具体统计指标，与通货膨胀一样，目前各国主要采用三个指数，即消费物价指数、批发物价指数和国民生产总值减缩指数。

二、通货紧缩产生的原因

引发通货紧缩的原因很多，既有货币性因素，又有非货币性因素；既有生产方面的原因，又有管理方面的原因；既有国外的原因，也有国内的原因。根据近代世界各国发生通货紧缩的情况分析，大体有以下几个方面的原因。

（一）紧缩性的财政、货币政策

一国当局采取紧缩性的财政政策或货币政策，大量减少货币发行或削减政府开支以减少赤字，会直接导致货币供应不足，或加剧商品和劳务市场的供求失衡，使"太多的商品追逐太少的货币"，从而引起物价下跌，出现政策紧缩型的通货紧缩。

（二）经济周期的变化

经济周期发展到繁荣的高峰阶段，生产能力大量过剩产生供过于求，可引起物价下跌，出现经济周期型通货紧缩。

（三）有效需求不足

当预期实际利率进一步降低和经济走势不佳时，消费和投资会出现有效需求不足，导致物价下跌，形成需求拉下型通货紧缩。金融体系的效率降低或信贷扩张过快导致出现大量不良资产和坏账时，金融机构"惜贷"或"慎贷"引起信用收缩，也会减少社会总需求，引发通货紧缩。

（四）供给结构不合理

如果由于前期经济中的盲目扩张和投资，造成了不合理的供给结构和过多的无效供给，当积累到一定程度后必然会加剧供求之间的矛盾，一方面许多商品无法实现其价值，迫使价格下跌，另一方面大量货币收入不能转变为消费和投资，减少了有效需求，就会导致结构型通货紧缩。

（五）生产力水平的提高和生产成本的下降

技术进步提高了生产力水平，放松管制和改进管理降低了生产成本，因而导致产品价格下降，出现成本压低型的通货紧缩。

（六）本币高估和其他外部因素的冲击

一国实行盯住强势货币的汇率制度时，本币汇率高估，会减少出口，扩大进口，加剧国内企业经营困难，促使消费需求趋减，导致物价持续下跌，出现外部冲击型的通货紧缩。此外，国际市场的动荡也会引起国际收支逆差或资本外流，形成外部冲击型的通货紧缩压力。

（七）体制和制度因素

体制和制度方面的因素也会加重通货紧缩。如企业制度由国有制向市场机制转轨时，精简下来的大量工人现期和预期收入减少，导致有效需求下降；还有住房、养老、医疗、保险、教育等方面的制度变迁和转型，都可能会影响到个人和家庭的收支和消费行为，引起有效需求不足，导致物价下跌，形成体制转轨型的通货紧缩。

三、通货紧缩对社会经济的消极影响

（一）通货紧缩与经济衰退

通货紧缩对经济发展的实际影响如何？这要看其原因、期限和深度。如果物价水平的下降标志着生产力的全面进步，这对于经济发展是一件好事，因为更高的效率不仅有助于企业降低成本和价格，而且有利于企业获得更多的利润。与此同时，生产力的提高所产生的通货紧缩是短期的，而且其中价格下降的程度大多可以容忍，那么，这种通货紧缩就不会损害经济的正常发展。

但是这种情况并不多见，较多时候，人们惧怕出现那种跨越不同市场、而且持续时间较长的通货紧缩，因为这往往是经济衰退的象征。当价格下降时，消费者倾向于推迟消费，这就会导致价格的进一步下降。与此同时，实际利率的不断上升，还会阻止需求的增加。此外，资产价格的下跌又使社会财富出现萎缩，并使债务负担加重，导致更多的企业破产。因此，严重的通货紧缩会导致经济衰退，不利于经济发展。

历史上的通货紧缩通常与经济衰退相伴，而且当经济处于衰退时期，价格下降可能难以阻止，从而加剧经济衰退。

首先，通货紧缩意味着同样数量的货币可以购买到更多的商品和劳务，因而增加了货币的购买力，促使人们更多地储蓄，更少地支出，尤其是减少耐用消费品的支出，这使私人消费支出受到抑制。

其次，通货紧缩期间，一般物价的下降相对提高了实际利率水平。即使名义利率下降，实际利率也可能高居不下。因此，资金成本较高，可投资的项目逐渐减少。

再次，最终产品价格的下跌对于新开工的投资项目产生不利影响。通货紧缩使大部分投资项目的预期收益率与资金成本率之间的差距缩小，甚至可能会出现赤字。这样，投资项目就显得越来越没有吸引力，致使社会总投资支出日趋减少。

最后，商业活动的停滞使就业率有下降低，同时可能使名义工资趋于降低，而居民总收入的下降会进一步减少消费支出。这样，商业萎缩会通过就业下降及工资下降得到加速。

（二）通货紧缩对投资的影响

通货紧缩对投资的影响主要通过影响投资成本和投资收益而发生作用，通货紧缩还通过资产价格变化对投资产生间接影响。

一方面，通货紧缩使得实际利率有所提高，社会投资的实际成本随之增加。这种实际成本的增加，还使投资项目处于劣势，因为，相关投资项目的未来重置成本趋于下降，这就使当期投资决策不合算。这一点对许多新开工项目的影响较大。

另一方面，通货紧缩使投资的预期收益下降。投资的预期收益主要受商品的未来市场性和价格趋势所决定。通货紧缩使远期市场价格趋于下降，这就迫使投资下降，因而，从投资方面，通货紧缩可以通过降低社会投资倾向，对经济稳定和发展产生较大的影响。

由于通货紧缩往往伴随着证券市场的萎缩，人们对通货紧缩惧怕的程度，甚至超过对通货膨胀惧怕的程度，对于投资者来讲，往往会出现通货紧缩与金融资产预期收益下降并存。

（三）通货紧缩对消费的影响

物价下跌对消费需求有两种作用方向相反的效应，一是价格效应，二是收入效应。初看起来，通货紧缩对消费者来说是件好事，因为消费者可以以更低的价格得到一定数量和质量的商品，这一点符合消费者力求使其支出最小化的要求，这是通货紧缩对消费者产生的价格效应。通货紧缩还会对消费者产生收入效应。在通货紧缩情况下，就业预期和工资收入因经济增幅下降而趋于下降，收入的减少使消费者缩减消费。而且，如果消费者预期未来价格还会下跌，那么消费者将推迟消费。因此，在通货紧缩情况下，价格效应使消费者倾向于增加消费，收入效应使消费者减少支出。总的来看，两者相抵，通货紧缩对消费意愿的影响是消极的，即通货紧缩会使社会消费总量趋于下降。

（四）通货紧缩对收入再分配的影响

分配不公会加剧通货紧缩，同时，通货紧缩也会加剧分配不公。经验表明，高收入阶层的边际消费倾向低于收入水平低的社会阶层的边际消费倾向。在通货紧缩时期，收入下降，高收入者减少了奢侈品的消费，中低收入者则可能减少日常的消费支出，原本就存在的分配不公会使通货紧缩的程度加深。

在通货紧缩时期，金融资产的持有者也时常面临投资贬值的危险，虽然名义利率很低，但由于物价呈负增长，实际利率往往比通货膨胀时高出很多，所以，在通货紧缩时期，高的实际利率有利于债权人，不利于债务人。不过，如果通货紧缩持续的时间较长，而且相当严重，导致债务人丧失了清偿能力，那么债权人也会受到损失。

（五）通货紧缩对银行体系的影响

通货紧缩作为一种特定的宏观经济现象，会导致银行贷款的相对减少，甚至会出现信贷紧缩，严重的通货紧缩和经济衰退还可能使银行业出现困难，对经济发展产生很大的危害。

通货紧缩会大大挫伤借款人的利益，增加倒闭和半停产企业的数量，并最终影响到银行贷款的偿还能力，同时对信贷扩张也会产生直接的影响。通货紧缩一旦形成，即使名义利率接近于零，价格下跌的现实和预期导致实际利率上升，企业的债务负担加重，而且不可避免地会出现失业上升和产量下降，企业经营将面临更大的困难，致使银行不良贷款增加，货币供应增长减缓。

当银行业面临系统性恐慌时，一些资不抵债的银行因存款人将存款转化为现金产生"挤提"现象而破产。不仅如此，银行倒闭还会减少货币供给，致使货币政策传导出现困难，进一步加剧通货紧缩。与此同时，公众对现金持有的增加，使银行的流动性大大降低，并使银行持有的非市场化资产增加。

四、通货紧缩的治理

由于在经济运行中更多出现的是通货膨胀，因而各国对通货膨胀的研究比通货紧缩的研究要深入得多，相应的治理措施也比较完善、成熟，而治理通货紧缩的措施还远远不够系统和成熟。总结各国治理通货紧缩的经验，对治理通货紧缩的措施可概括如下。

（一）宽松的货币政策

通货紧缩本质上是一种货币现象，因此货币政策成为治理通货紧缩的手段之一。通货紧缩的成因之一就是流通中的通货不足。采用宽松的货币政策，可以增加流通中的货币量以刺激总需求。宽松的货币政策可以选择降低存款准备金率和再贴现率以及中央银行在公开市场上购入政府债券等。利率或信贷规模受控制的国家，还可以通过直接降低利率或扩大信贷规模的方式来进行调节。实行宽松的货币政策的目的在于增加货币流通量。但是，货币供给量和货币乘数都是受到包括商业银行、存款者、贷款者、中央银行在内的多个行为主体的影响的变量，而不是中央银行单独决定的简单的外生政策变量，甚至基础货币在一定条件下也不是中央银行所能控制的，更何况中央银行对扩张性货币政策和紧缩性货币政策的控制能力本来就不对称。中央银行的货币政策工具在实行紧缩性货币政策时较有效，在推行扩张性货币政策时，效果往往不理想。中央银行的货币政策只能起到指导作用，它不能强迫银行贷款、公众存款。没有合理的投资回报预期，理性的企业不会贷款；没有好的贷款项目，银行也不敢贷款。在这种情况下，宽松的货币政策不仅不能刺激投资需求，反而刺激了人们的通货紧缩预期。因此，单纯用宽松的货币政策来治理通货紧缩，效果往往不佳甚至无效。

（二）宽松的财政政策

宽松的财政政策主要包括减税和增加财政支出两种方法。减税涉及税法和税收制度的改变，不是一种经常性的调控手段，但在对付较严重的通货紧缩时也会采用。财政支出是社会总需求的组成部分，因此增加财政支出可以直接增加总需求。同时，财政支出增加还可能通过投资乘数效应带动私人投资的增加。

运用财政支出手段治理通货紧缩，所面临的首要问题是资金的来源问题，特别是对于发展中国家，财政收入本来就有限，如果同时又采用了减税的政策，则更会捉襟见肘。解决此问题的方法有两种：一是财政向中央银行借款或透支；二是发行国债。西方经济学者一般认为财政向中央银行借款应以短期为宜，借款的目的应是解决临时性或季节性资金短缺。至于透支，则不应该被允许，否则，将直接威胁中央银行的独立性，不利于币值的稳定和经济的持续稳定发展。所以，普遍采用的做法是发行国债。当然，国债的发行也应有一定的限度。

运用财政支出手段治理通货紧缩，还应警惕"挤出效应"。"挤出效应"是指如果政府开支增加并不伴随着货币供应量的增长，那么，在支出增加和货币存量不变的情况下，必然会导致利率的上升，由此引起私人投资和消费的缩减。因此，在对付通货紧缩时，通常都会将财政政策工具和货币政策工具配合使用。

（三）结构性调整

对于由于某些行业或某个层次的商品生产绝对过剩所引发的通货紧缩，一般采用结构性调整的手段来治理。对于生产过剩的部门或行业要控制其生产，减少产量。同时，对其他新兴行业或有发展潜力的行业应采取措施鼓励其发展，以增加就业机会，提高收入，增强购买力。

（四）改变预期

与通货膨胀一样，公众对通货紧缩发展前景的预期在很大程度上影响着政府各项反通货紧缩政策的效果。因此，政府有必要通过各种宣传手段，说服公众相信政府各项反通货紧缩政策的正确性和有效性，鼓励公众对未来经济发展趋势增强信心。

（五）完善社会保障体系

如果消费需求不足的主要原因是中下层居民的收入过低，那么，建立健全社会保障体系，适当改善国民收入的分配格局，提高中下层居民的收入水平和消费水平将有助于通货紧缩的治理。

五、我国的通货紧缩

1997～2003年，我国曾经过一次较为明显的通货紧缩。这次通货紧缩主要表现为以下特点：

第一，我国的物价水平持续下降。一方面，零售物价从1997年10月以来连续20个月出现下降，其中有11个月的环比物价指数是负增长。另一方面，1998年社会商品零售总额增长率仅为6.8%，1999年1～5月进一步下降为6.6%。比1985～1997年间平均17.7%的增长水平低10个百分点以上。可见，物价的下降并未带来商品消费额的增长。

第二，货币供应量增长速度明显降低。以 M_1 为例，1990～1997年的年均增长速度高达25.9%，1998年则降低到11.9%，不到平均水平的1/2。1999年5月末同比增长有所回升，但仍低于平均水平。

第三，全社会开工率下降。从1992年起经济增长速度逐年下降，1996年以来已经连续3年GDP增长率低于1978～1997年的平均水平。1998年第三季度开始，依靠政府投资拉动，经济增长率有所回升，但仍然明显低于潜在的增长水平。

这次通货紧缩的原因主要有：

首先是较长时期抑制通货膨胀的宏观调控政策取得明显效果，并产生了一定惯性作用。按照 GDP 支出法计算，1997 年总需求实际增长了 8.8%，其中国内需求仅增长了 6.9% 左右，是 1978 年以来，除去 1981 年、1989～1990 年之外最低的，内需增长乏力现象已经十分明显。

其次是结构调整和医疗、住宅、社会保障制度改革力度加大。在经济增长速度持续下降过程中，这些措施也带来一些紧缩效应，加快了消费者预期变化，居民消费倾向明显下降，社会消费增长速度因此而显著回落。

从市场性因素来看，第一，东亚金融危机的影响，造成外部需求增长受挫，进一步加剧了经济增长速度下滑趋势。第二，人民币相对升值，进口商品价格下降，大量走私商品进入国内市场，严重冲击了国内市场价格。此外，消费者消费结构等长期性因素也是通货紧缩倾向的重要原因。

面对通货紧缩，我国政府积极应对：从 1998 年下半年开始，我国开始采取发行建设国债、减税等扩张性财政政策。中国人民银行在 1996 年以后连续八次降息，从 1998 年起取消对国有商业银行的贷款限额控制。与此同时进行产业结构调整，通过出口退税、贷款支持等政策支持开拓国际市场。经过多年努力，我国已于 2003 年下半年成功治理了本次通货紧缩。

阅 读 资 料

中国汇率政策化解了美国通货膨胀危机

中国实行的盯住美元的货币政策可以使美国在美元贬值时减轻通货膨胀的压力，从而对美联储采取"循序渐进"的升息政策提供了支持，而这种支持对于美国整个宏观经济的稳定起到了至关重要的作用。美联储最近在其网站上公布的一篇名为《汇率对美国进口价格的影响：一些新的证据》的研究报告。根据这份报告的数据，在 20 世纪 80 年代，美元汇率每下跌 1 个百分点都将导致美国进口价格上涨 0.5 个百分点，而目前这种影响已经降低到了 0.2 个百分点。美元自 2002 年 3 月以来兑一揽子货币的汇率已跌去了 16% 左右，但美国国内的通货膨胀状况依然温和：不包括石油的进口商品价格较 2002 年 3 月只有 6% 左右的涨幅；而不包括食品和能源的核心消费者价格同期更是只增长了 5%。正因为如此，美联储才可以不必承受太大的通胀压力，而执行"循序渐进"的升息策略。报告中指出，中国盯住美元的汇率政策在其中起到了极其关键的作用。

自从 1994 年中国实行盯住美元的汇率制度以来，美国进口商品中来自中国的份额已经从 5.8% 上升到了 2004 年的 13.4%。其中大部分的增长来自于工业制成品，包括钢铁以及其他的金属制成品，高科技、通信以及其他商业设备和耐用消费品。人民币盯住美元的策略不仅确保了美元对中国商品的购买力保持不变，同时在美元汇率下跌的时候，来自中国商品的竞争也使得其他国家不敢擅自抬高他们商品的美元售价。

而这种压力相对于市场占有率的提高，对降低美国通货膨胀压力的作用更大。

　　研究报告指出，"由于中国采用盯住美元的汇率制度，中国的出口商们没有受到美元贬值的冲击，而且中国商品的竞争有效阻止了其他国家的出口商提高价格。即使是在那些中国尚未占据相当地位的商品，来自中国的竞争压力仍是遏制其他国家出口商转移本币升值压力的有效因素"。

　　通货膨胀率的控制对于美国整个金融市场的稳定意义重大。美联储的加息步伐对于美元汇率、美国的债券市场、美国股市，尤其是房地产市场意义重大。控制通货膨胀率一直是美联储最核心的职能之一。如果通胀率大幅攀升，美联储将可能被迫加快升息步伐，而这将对美国目前已经过热的房地产市场造成伤害。"目前美国房地产市场之所以并不会像上个世纪的日本房地产市场那样崩溃，是因为格林斯潘会很小心地逐步调高利率。"哈佛大学肯尼迪学院 BCSIA 高级研究员 RichardNRosecrance 博士向《第一财经日报》记者表示。20 世纪 80 年代末，美联储以每次 75 个基点的幅度升息，曾给房地产市场造成了沉重的打击。同时美国超过半数的房地产信贷资产已经实行了证券化，所以房地产泡沫破裂的影响还将直接影响美国的债券市场。

资料来源：第一财经日报

本 章 小 结

　　货币流通规律，就是决定商品流通过程中货币需要量的规律。纸币流通规律是指纸币的流通量决定于它所代替的流通中需要的金属货币量。现阶段我国货币流通应包括现金、银行存款、银行票据及商业票据等的流通。货币层次一般可划分为 M_0（现钞）、M_1（狭义货币）和 M_2（广义货币）。通货膨胀是商品和劳务的货币价格总水平持续明显上涨的过程，通常用来衡量通货膨胀程度的指标有物价指数、货币购买力指数和国民生产总值减缩指数。通货膨胀的治理一般采取紧缩需求的政策，包括紧缩财政和紧缩货币。通货紧缩是与通货膨胀相对立的概念，也是一种失常的货币现象。通货紧缩是货币不断升值，物价普遍地、持续地下降。造成通货紧缩的原因是多方面的，既有宏观政策方面的原因，也有微观方面的原因。

复习思考题

1. 商品流通和货币流通的关系是什么？

2. 分析货币流通规律和纸币流通规律的经济含义。

3. 为什么要对货币进行层次划分？划分的标准是什么？我国的货币层次划分是如何构成的？

4. 什么是通货膨胀，可通过哪些指标对其进行测量？

5. 通货膨胀的成因是什么？

6. 通货膨胀对经济会产生什么样的影响？

7. 治理通货膨胀的措施包括哪些？

8. 什么是通货紧缩？它的判断标准有哪些？

9. 通货紧缩的成因是什么？

10. 如何治理通货紧缩？

第十二章 财政与金融的宏观调控

学习要点

1. 了解宏观调控的概念、内容、必要性，掌握宏观调控的手段
2. 掌握财政政策的目标以及财政政策工具
3. 掌握货币政策的目标和手段
4. 能利用财政金融宏观调控理论对我国目前的经济运行作简要分析

课前导读案例

财政政策为何延续"积极"

财政部统计数据显示，2010年前10月，全国财政收入约7.1万亿，同比增长21.5%。市场此前预计，今年全年的财政收入将突破8万亿，而这将为明年继续实施积极的财政政策扫除最基本的后顾之忧。一如预料，在昨日的中央政治局会议上，明年的宏观调控政策就此定调——货币政策有所微调，而积极的财政政策仍将延续。因为，目前的中国经济仍然面临着调结构和保增长的两大需求。

4万亿投资成果需巩固

为应对全球金融危机的影响，我国从2008年底开始将稳健的财政政策转向积极。当年11月5日，包括4万亿巨大投资计划在内的一揽子经济刺激方案出台。进入2009年，政府投资力度继续加大，投资于铁路、公路、机场和港口等基础设施建设，以及社会文化和民生事业。而2010年，4万亿投资计划走到了实施的最后一年。

"这4万亿在金融危机时期无异于为中国经济注入了一针强心剂，有数据显示，每一万亿都为GDP贡献了1.5到2个百分点。"中央财经大学税务学院副院长刘桓告诉新快报记者，但这些投资以中长期居多，有不少项目还在建设中，需要资金投入的持续性。而且现在4万亿花下去了，最终的效果还有待进一步考察，持续积极的财政政策有必要。

家底丰厚赤字应扩容

机构和专家也普遍认为，明年的经济增长仍具不确定性，宏观经济政策不可能实行"双退出"。

央行货币政策委员会委员、清华大学金融系主任李稻葵还提出，从现在的通胀压力考虑，也应运用财政政策来助一臂之力。如针对性地增加补贴力度，增加短期内生产能力不足的农产品或蔬菜供给等等。

"其实从政府财政赤字来看，今年中国财政仍然保持了较大规模的增长，完全可以应付赤字问题。"刘桓表示。

数据显示，2009 年，我国全国财政收入 68 518.3 亿元，同比增长 11.7%。财政赤字规模 9 500 亿元，占 GDP 的 3%以内。而今年我国计划财政赤字 10 500 亿元，从前 10 个月财政支出情况看，尚盈余 9 906.56 亿元。市场普遍认为，建立在丰厚家底的基础上，2011 年财政赤字还应该根据需要继续扩容，在保持 3%的赤字水平前提下进一步扩大支出。

重点将转向"调结构"

不过，与过去的财政政策比较的话，支出的重点将更多地放在调结构上。中央政治局会议昨日明确提出，要进一步扩大国内需求特别是消费需求，努力提高中低收入群众收入，积极扩大商品消费，大力拓展服务消费；发挥好政府投资对经济结构调整的引导作用，促进社会投资稳定增长和结构优化，防止乱铺摊子和盲目重复建设。

刘桓也表示，"十一五"规划的重点在于刺激投资的增长，而现在的财政政策上则应转变发生作用方向，应从投资固定资产转到刺激内需上来。从减少企业和老百姓的税负、提高社会保障，让百姓手里有钱有消费动力；终止对资源类企业的税收优惠，转而扶持新能源企业等。

资料来源：骆智冕. 新快报. http://www.ycwb.com/ePaper/xkb/html/2010-12/04/content_986518.htm

第一节　宏　观　调　控

一、宏观调控概述

（一）宏观调控的概念

宏观调控是指国家从社会整体利益出发，为了实现经济总量的基本平衡和经济结构的优化，引导国民经济持续、健康、快速发展，对国民经济总体活动所进行的总体调节和控制。为更好地理解"宏观调控"这一概念，还应明确以下几点。

1. 宏观调控的主体是国家（主要是中央政府）

首先，政府是宏观分配的主体决定了政府应该是宏观调控的主体。只要是实行市场经济的国家，只能是政府调控市场、市场引导企业。只有政府能很好地站在全局和整体的利益上来处理政府、生产经营单位和劳动者个人的关系及其他各种重大关系，尤其是在我国社会主义生产资料公有制的社会里，政府能代表全体人民的利益来实行客观全面的宏观调控。其次，政府的权威性决定政府必然是宏观调控的主宰者。政府对内代表人民大众的利益，对外显示中华民族的威严，是国内外事务的决策者。如果政府失去宏观调控的权利，国家就会造成各自为政、诸侯经济的局面。最后，政府雄厚的经济实力也有能力成为宏观调控的操纵者。

2. 宏观调控的客体是宏观经济

宏观经济是与微观经济相对应的概念，是指国民经济的全局及关系国民经济全局的重大经济活动，是社会再生产的总量。它虽然不是国民经济的全部，却是国民经济中具有决定意义的重要部分。微观经济是国民经济的个体或局部，是社会再生产的个量。宏观经济与微观经济是对立的统一，宏观经济与微观经济的有机结合，对国民经济有决定性作用：宏观经济的协调发展是微观经济正常运行的前提；微观经济是宏观经济的基础，只有组织好微观经济，宏观经济的目标才能得以实现。政府对宏观经济的调控，就是对国民经济的全局及其重大经济活动进行调控。当然，强调宏观调控并不是要走过去那种一切以行政指令为中心的老路，而是要切实转变政府职能，科学制定宏观政策，充分运用调控机制，对国民经济进行有效调控。

3. 宏观调控的途径包括宏观调节和宏观控制两个方面

宏观调节是政府对社会供求总量及结构等重大经济活动进行调整，使国民经济运行等方面改变原有不适合的情况，以达到政府的要求。宏观控制是将社会供求总量及结构限制在一定的幅度内，以把握国民经济的运行，不使其任意超出范围。

（二）宏观调控的内容

1）控制国民经济总量，达到总供求大体平衡。
2）调控产业结构，达到重大比例协调。
3）调控物价，达到通货的基本稳定。
4）调控失业率，达到相对充分就业，使失业率保持在一个社会可接受的较合理的水平上。
5）调控分配，保证效率优先，兼顾公平。
6）调控进出口，维持国际收支基本平衡。
7）调控竞争环境，保护公平竞争。
8）调控生态环境，实现经济效益与社会效益的统一。

（三）宏观调控的必要性

1. 熨平"经济周期"需要实行宏观调控

市场经济在其运行中具有周期性，只有当社会生产在总量和结构上满足了社会需求时，经济过程才能正常进行下去，否则就会出现经济失衡和波动，造成经济资源的浪费或资源配置的低效率。市场调节虽然能自发地发挥作用并实现社会供给与社会需求在总量和结构上的平衡。但是，单纯依靠市场调节来恢复平衡，需要经过较长时间的波动并伴有社会劳动的巨大浪费，这就要求政府最大限度地运用各种手段熨平经济周期，以稳定经济。

2. 弥补"市场失灵"需要实行宏观调控

在市场经济条件下，市场对资源配置起着基础性作用，但市场不是万能的。由于市场存在失灵的现象，决定了不可能把一切资源配置问题完全交给市场去处理，在提供公共产品、纠正外部性和克服垄断现象等方面需要政府实施宏观调控，以弥补市场失陷。

3. 实现"公平分配"需要实行宏观调控

在市场经济条件下，市场分配以效率为原则，市场经济通过等价交换意义上的机会均等体现市场的公平性。这种公平有利于促进市场经济的效率，但同时也会带来社会的两极分化、贫富悬殊。因为不同经济主体的收入初次分配是由他们所拥有的生产要素对生产贡献的大小来决定的，而每个经济主体所拥有的资本、天赋、才能和技能等是不均等的，以此为分配依据的结果必然是不平等的。如果任其发展，势必造成社会分配的严重不公，带来严重的社会问题。因此要求政府对市场调节的结果进行再一次高层次的调节，以实现收入分配的相对公平。

4. 我国具体国情决定需要实行宏观调控

我国目前正处于经济转型期，与发达的市场经济国家相比，我国的市场还是一个发育不足的市场。同时，我国是一个发展中国家，资金和资源相对短缺，地区和部门之间的经济发展很不均衡。在这种情况下，要促进社会主义市场经济体制的深入发展，要保证经济发展战略目标的实现，更需要政府在资源配置、收入分配、稳定经济等方面加强宏观调控。

二、宏观调控的手段

具体来看，宏观调控手段包括经济手段、法规手段和文化手段。

（一）经济手段

经济手段主要包括经济计划（规划）、财政政策及货币政策。经济计划，就是指对整个国民经济的未来发展过程所做的部署和安排，具体地说，它是指为了实现宏观经济目标而对整体目标进行分解、计算并筹划人、财、物，拟定计划实施步骤和方法，并制定相应的政策、措施等一系列的管理活动。

至于财政政策和货币政策，我们会在下面的内容详细论述。

（二）法规手段

法规手段是国家通过经济立法和司法调节经济活动的强制性手段，包括一系列关于经济活动的法律、法令、条例和规章制度。

（三）文化手段

文化对经济具有巨大的作用力。但是，同其他调控手段不同的是，文化手段作为一种特殊的调控手段，对经济发挥作用的时间相对缓慢，对传统有很大的继承性，表现出较强的稳定性。这种手段必须贯穿于经济发展的始终。

结合我国目前的实际情况，具体实施宏观调控时，可从以下几个方面入手：在经济手段方面，可以通过深化财税改革，开征与加征资源税、开征燃油税或改革消费税等，促进资源的节约利用；通过结构性的税率和利率、财政补贴等手段来调整投资流向，调整我国的产业结构，使之符合集约型经济增长的需要。在法律手段方面，主要是通过建立并完善相关法律规章，设立相关的投资门槛等措施限制高消耗、高污染等行业的投资，同时建立绿色 GDP 体系，在现有 GDP 的基础上，增加一些资源、环境、人文等因素。在行政手段方面，要改变我国目前低级别而又分散的能源管理方式，依法组建专施最高决策权力的政府能源委员会，以体现国家整体利益，统筹能源各产业的发展和利益协调，综合规划国家能源战略和制定能源政策；抑制地方政府和国有企业的低水平投资扩张的冲动，提高投资的效率；按照《行政许可法》的规定，对一些行业的准入进行行政审批。在文化手段方面，主要是提倡文明、健康、可持续的消费方式，广泛开展节约型社会的宣传、教育和培训，增强全社会、全民族的资源忧患意识和节约意识；同时加大科技投入，重点组织开发有重大推广意义的资源节约技术、替代技术、再利用技术、资源化技术、系统化技术等，以信息化推进资源节约和综合利用。

三、宏观调控的政策

国家对经济进行宏观调控的过程，也就是运用适当的调控机制与调控手段，把微观经济活动纳入宏观经济发展的目标，使社会进入理想运行状态的过程。这一过程的实施要借助于完善的宏观调控政策体系来实现，主要包括以下几个方面。

（一）产业政策

在宏观调控政策体系中，产业政策是国民经济发展的总政策，是一切经济政策的前提，它规定着国家生产力的发展总量和结构、存量和增量、组织和布局、技术和工艺等一切方面，是制定国民经济和社会发展计划的基础。产业政策的具体内容包括产品品种发展政策、技术工艺进步政策、企业组织结构调整、资源区域布局政策、能源交通规划方案和行业部门改造规划等。

（二）投资政策

这是产业政策的具体化实施政策。产业政策从总体上规划生产力发展的方向，投资政策则从增量投入的角度将产业结构和总量的发展优化。

（三）消费政策

这是国家指导、协调和保护消费者行为方向，调节消费的水平、规模和结构模式的政策。

（四）财政政策

这是国家控制和调节社会总产品、国民收入初次分配和再分配活动的主导政策。它直接作用于分配领域，间接制约和引导消费领域，是产业政策、投资政策和消费政策的实施方式和操作化形式。

（五）货币政策

这是国家控制社会产品的总流通量，并参与社会产品和国民收入再分配活动的重要政策。它主要通过掌握全国各种结算方式制约流通领域，监测国民经济运行总体情况。同时，它是包括财政分配、价格分配、信用分配和工资分配等一切分配活动的综合反映和实现方式。

（六）对外经济关系政策

这是国家对外经济关系部门制定并组织实施的有关国际经济关系的政策，是产业政策、投资政策和消费政策的国际化延伸。

（七）收入政策

这是国家劳动管理部门制定并实施的有关劳动就业和工资分配方面的政策，是政府控制一切工资性收入、调节积累和消费比例关系、社会消费基金和个人消费基金比例关系的重要手段。

（八）价格政策

这是由国家的价格主管部门制定并组织实施的价格管理方针政策、原则、体制和手段，是国家制约和控制流通领域中国民收入再分配活动的重要政策。

第二节 财 政 政 策

一、财政政策的概念及类型

(一) 财政政策的概念

财政政策是国家以一定的财政经济理论为依据,为实现既定的宏观经济目标而规定的综合运用各种财政收支工具及平衡手段的基本规则。准确理解这一概念要把握以下几点:①财政政策是国家为实现特定的目标而制定的。②财政政策需要多种政策手段的综合运用,各种手段要协调配合,应尽量避免负效应。因此,财政政策一般包括税收政策、支出政策、预算平衡政策和国债政策等多项内容。③财政政策是运用财政政策手段的基本规则,是政府组织和管理财政活动的一种手段和工具。在市场经济条件下,财政功能能否正常发挥,主要取决于财政政策是否适当运用。如果财政政策运用恰当,就可以保证经济的持续、稳定和协调地发展;否则,会引起经济的失衡和波动。④财政政策以一定的财政经济理论为依据。不同的财政经济理论会引申出不同的政策主张,政府对某一财政经济理论的赞同和青睐必然导致特定的政策选择。

财政政策贯穿于财政工作的全过程,体现在收入、支出、预算编制和发行公债等各个方面。因此,财政政策既是国家经济政策的一个组成部分,也是相对独立的一个政策体系。

(二) 财政政策的功能

财政政策作为国家宏观经济调控的重要工具,其主要功能有以下几个方面。

1. 导向功能

导向功能是指通过物质利益的调整,对个人、企业和地方的经济行为以及国民经济的发展方向加以引导,以实现国民经济发展的宏观目标。

2. 协调功能

协调功能是指政府通过财政政策,协调地区之间、行业之间、部门之间、阶层之间的利益关系,对社会经济发展过程中的某些失衡状态加以调节或矫正。财政政策之所以具有协调功能,原因如下:①由财政本身的职能决定的。财政本身就具有调节功能,在GDP分配过程中,通过财政的一收一支,能改变社会集团和成员在GDP中占有的份额,调整社会分配关系。②财政政策体系的全面性和配套性为其协调功能的实现提供了可能性。在财政政策体系中,支出政策、税收政策、预算政策等,从各个方面协调人们的物质利益关系,只要能做到相互配合、相互补充,就能发挥财政政策的整体效应。

财政政策协调功能的主要特征表现在三个方面：①多维性。财政政策所要调节的对象以及实现的目标不是单一的，而是多方面的。②动态性。财政政策在协调过程中，可以根据国民经济的发展阶段和国家总体经济政策的要求，不断改变调节对象、调节措施和调节力度，最终实现国民经济的协调发展。③适度性。财政政策在协调各经济主体的利益关系时，应掌握利益需求的最佳满足界限和国家财政的最大承受能力，做到"取之有度，予之有节"，使政府以尽量少的财政投入和调节对象的利益损失，取得尽量大的影响效果。

3. 控制功能

控制功能是指政府通过财政政策，对人们的经济行为和宏观经济运行进行制约或促进，以实现对国民经济发展的有效控制。

财政政策控制功能的一个主要特征就是间接性，因为，财政政策提供的是一种改善经济协调的方法。比如，作为一种间接控制手段，财政政策应旨在补充和改善作为经济制度的主要协调者的价格机制的运行。

4. 稳定功能

稳定功能是指政府通过财政政策，调整总支出水平和支出结构，实现社会总需求与总供给的平衡，并缩小收入分配差距，实现社会公平，达到社会稳定、经济稳定和高效增长的目标。

财政政策稳定功能的突出特征表现在：①反周期性。经济发展总是由平衡到不平衡再到平衡的过程，经济波动就由此产生。在繁荣和衰退的变化过程中，财政政策稳定功能的反周期性在自动地发挥作用：在繁荣时期，随着 GDP 水平的提高，税收收入会自动增加，而转移支出自动下降，相对地减少了居民的可支配收入，减轻了通货膨胀的压力；在衰退时期，随着国民收入水平的下降，税收收入自动减少，而转移支出自动增加，相对地提高了居民的可支配收入，增加了有效需求。②补偿性。根据总供给等于总需求的原则，一定的 GDP 水平来自一定数额的有效需求。当私人部门支出不足，以至于降低 GDP 水平时，政府通过财政措施，或增加公共支出，或减少税收收入，以维持总需求不变；反之，如果私人部门支出过多，有产生通货膨胀的危险时，政府就可通过或是减少政府的公共支出，或增加税收收入的方式以维持总需求不变。

(三) 财政政策的类型

1. 根据财政政策在调节国民经济总量方面的不同功能，可分为扩张性财政政策、紧缩性财政政策和中性财政政策

(1) 扩张性财政政策

扩张性财政政策简称松的财政政策，是指通过财政分配活动来增加和刺激社会总需

求。扩张性财政政策的载体主要有减税和增加财政支出规模。一般来说，减税可以增加民间的可支配收入，在财政支出规模不变的情况下，也可以扩大社会总需求。同时，减税的种类和方式不同，其扩张效应也有所区别。流转税的减税在增加需求的同时，对供给的刺激作用更大，所以，它的扩张效应主要表现在供给方面。所得税尤其是个人所得税的减税主要在于增加人们的可支配收入，它的扩张效应体现在需求方面。财政支出是社会总需求的直接构成因素，财政支出规模的扩大会直接增加总需求。在减税与增加支出并举的情况下，扩张性财政政策一般会导致财政赤字，从这个意义上说，扩张性财政政策等同于赤字财政政策。

（2）紧缩性财政政策

紧缩性财政政策简称紧的财政政策，是指通过财政分配活动来减少和抑制总需求。实现紧缩性财政政策目标的手段主要有增税和减少财政支出。增加税收可以减少民间的可支配收入，降低人们的消费需求；减少财政支出可以降低政府的消费需求和投资需求。所以，无论是增税还是减支，都具有减少和抑制社会总需求的效应。如果在一定经济状态下，增税与减支同时并举，财政盈余就可能会出现，在一定程度上说，紧缩性财政政策等同于盈余财政政策。

（3）中性财政政策

中性财政政策是指财政收支活动既不产生扩张效应，也不产生紧缩效应，对社会总需求的影响保持中性的政策。从纯财政的角度看，这是一种量入为出、保持预算平衡的政策。在市场经济条件下，中性财政政策的实质是不干扰市场机制的作用，不主动利用财政手段去影响社会总供给与总需求之间的关系。

2. 根据财政政策具有调节经济周期的作用来划分，可分为自动稳定的财政政策和相机抉择的财政政策

（1）自动稳定的财政政策

自动稳定的财政政策是指某些能够根据经济波动情况自动发生稳定作用的政策，无需借助外力就可直接产生调控效果。财政政策的这种内在的、自动产生的稳定效果，可以随着社会经济的发展，自行发挥调节作用，不需要政府采取任何干预行动。财政政策的自动稳定性主要表现在两个方面：第一，税收的自动稳定性。税收体系，特别是企业所得税和实行累进税率的个人所得税，对经济活动水平的变化反应相当敏感。如果最初政府预算是平衡的，税率没有变动，而经济活动出现不景气，国民生产就要减少，这时税收收入就会自动下降；如果政府预算支出保持不变，则由税收收入的减少而产生预算赤字，这种赤字会自动产生一种力量，以抑制国民生产的继续下降。第二，财政支出的自动稳定性。经济学家们一致认为，对个人的转移支付计划是普遍的自动稳定器。转移支付计划是为了在个人收入下降到非常低时，为维持他们的生活水平而向他们提供的资金或物质帮助。如果国民经济出现衰退，就会有一大批劳动者具备申请失业救济的资格，政府必须对失业者

支付津贴或救济金，以使他们能够进行必要的开支，使国民经济中的总需求不致下降过多；同样，如果经济繁荣来临，失业者可重新获得工作机会，在总需求接近充分就业水平时，政府就可以停止发放失业救济金，使总需求不致过旺。

（2）相机抉择的财政政策

某些财政政策本身没有自动稳定的作用，需要借助外力才能对经济产生调节作用。一般来说，这种政策是政府根据当时的经济形势，采用不同的财政措施，以消除通货膨胀缺口或通货紧缩缺口，是政府利用国家财力有意识地干预经济的行为。相机抉择的财政政策包括汲水政策和补偿政策。汲水政策是对付经济波动的财政政策，是在经济萧条时靠付出一定数额的公共投资使经济自动恢复其活力的政策。汲水政策有四个特点：①汲水政策是一种诱导经济复苏的政策，是以经济本身所具有的自发恢复能力为前提的治理萧条政策；②汲水政策的载体是公共投资，以扩大公共投资规模作为启动民间投资活跃的手段；③财政支出规模是有限的，不进行超额的支出，只要使民间投资恢复活力即可；④汲水政策是一种短期的财政政策，随着经济萧条的结束而不复存在。补偿政策是政府有意识地从当时经济状态的反方向调节经济波动幅度的财政政策，以达到稳定经济的目的。在经济繁荣时期，为了减少通货膨胀因素，政府通过增收减支等政策以抑制和减少社会总需求；而在经济萧条时期，为了减少通货紧缩因素，政府必须通过增支减收等政策来增加消费和投资需求，谋求整个社会有效需求的增加。

二、财政政策的目标

财政政策目标是国家通过一定政策的实施所要达到的期望效果，它是财政政策的核心内容，使政策具有确定的方向和指导作用。财政政策目标是与国家的总的经济政策目标相适应的，但由于财政政策是通过国家参与社会产品的分配和再分配活动来作用于经济和社会发展的，因而显示出具有自身的特殊性，并与一般的经济政策相区别。

根据我国社会经济的发展需要以及财政的基本特点，我国财政政策的目标，可以归纳为以下几个方面。

（一）经济适度增长

财政政策的实施要能保证经济持续、稳定地发展。适度的含义就是量力而行。第一，要视财力可能（即储蓄水平）制定恰当的增长率。储蓄水平主要由收入水平和储蓄倾向两个因素决定。在低收入国家，储蓄的能力是有限的，单纯依靠国内储蓄难以实现经济增长目标，这时引进外资就可成为发展的一个重要推动力。第二，要视物力可能。物力是各种资源的总称，包括能源、原材料、交通运输等，物力可能实际是指能支撑经济增长的物资承受能力。我国作为一个低收入国家，经济发展既是一个生产力不断提高的过程，又是产业结构不断进化，即现代产业部门不断增长扩大、传统产业部门比重逐渐下降的过程。因此，在发展过程中一些主导部门优先发展，是我国迅速提高社会生产率，摆脱经济低水平循环的必由之路。但是，非均衡发展超出了必要的限制，短线制约就会成为制约经济发展的力量。因此，财政政策在推进经济增长的过程中，一方面要在政策取向上注意处理好储蓄与消费的比例关系，保持适度的储蓄率；另一方面，要充分认识到我国经济发展中的基本制约因素，注意发挥财政在促进结构调整和推进创新方面的作用。

经济增长要有一定的指标来衡量。西方国家衡量经济增长的指标是国内生产总值和国民收入。而我国常常采用国内生产总值或国民收入增长率以及工农业总产值和社会生产总值等有关变化反映经济增长情况，并以此作为调整财政政策的依据。

（二）物价相对稳定

这是世界各国财政政策追求的目标，也是财政政策稳定功能的基本要求。物价相对稳定，并非是指冻结物价，而是要把物价的波动幅度限制在经济稳定发展和社会成员可以接受的范围内。对于我国这样一个资源相对短缺、社会承受能力相对较弱的发展中国家来说，物价不稳总是经济发展过程的一大隐患，因此，在财政政策目标的选择上必须予以充分的考虑。

从国际惯例来看，衡量物价波动幅度通常采用物价指数来表示。如果物价指数波动的幅度在4%以内，说明物价相对稳定；如果超过这个范围，则说明物价不稳定。

（三）收入的合理分配

这是指通过财政参与国民收入和财富分配的调整，使国民收入和财富分配达到社会认可的"公平"和"正义"的状态。在市场经济条件下，社会收入分配呈现出多元化的格局，分配形式多样化。在多样化、多元化的分配中，必然会产生收入分配上的差距，甚至会出现过分悬殊的局面。为达到社会主义的共同富裕的目标，实现社会公平，促进公平与效率的统一，就要通过财政政策对收入水平进行适当调节，限制收入差距过分拉大，保证居民的收入水平在效率的基础上相对公平。

（四）社会生活质量不断提高

经济系统的最终目标是满足社会全体成员的需要，需要的满足程度，不仅取决于个人消费需要的实现，而且取决于社会公共需要的实现。这种公共需要的满足，综合表现为社会生活质量的提高。比如公共安全、环境质量、基础科学研究、普及教育等水平的提高都标志着社会生活质量的提高。财政政策将社会生活质量的提高作为政策目标之一，是因为提高社会生活质量，仅仅依靠市场是不够的，还必须依靠政府部门提供足够的高质量的社会公共需要。

三、财政政策工具

财政政策工具是财政政策主体所选择的用以达到政策目标的各种财政手段，财政政策工具主要有税收、公债、政府投资、财政补贴、国家预算等。

（一）税收

由于税收具有强制性、无偿性和固定性的形式特征，使得税收调节具有权威性。税收的调节作用，主要通过宏观税率确定、税负分配以及税收优惠和税收惩罚体现出来。

1）宏观税率（税收收入占 GDP 的比重）的确定，是财政政策实现调节目标的基本政策度量选择之一。当一国把税收收入作为财政收入的基本来源时，宏观税率就成为衡量财力集中与分散程度的重要指标。宏观税率高意味着政府集中掌握的财力或动员资源的能力高，反之则低。一般来说，政府提高宏观税率，会对民间部门起收缩作用，意味着更多的收入从民间部门流向政府部门；相应地，民间部门的需求会下降，产出将减少。政府降低宏观税率，则会对民间部门经济起扩张作用，需求将相应增加，产出也会相应增长。

2）宏观税率确定后，税负的分配就显得十分重要。税负分配，一方面是由政府部门来进行，主要是通过税种选择和制定不同的税率来实现；另一方面是通过市场活动来进行，主要是通过税负转嫁的形式体现出来。税负转嫁的结果，使纳税人的名义税负与实际税负不一致。因此，可以说税负转嫁是在政府税负初次分配的基础上，通过市场机制的作用而进行的税负再分配。两个层次的税负分配，对于收入的变动、相应的个人与企业的生产经营活动以及各经济主体的行为均会产生重大影响。

3）税收优惠与税收惩罚主要是在征税的基础上，为了某些特殊需要而实行的鼓励性措施或惩罚性措施。这种措施在运用上都有较大的灵活性，它往往起到正税所难以发挥的作用，因而在各国税法中都不同程度地保留着税收优惠性和惩罚性措施。税收的优惠措施包括减税、免税、宽限、加速折旧以及建立保税区等。税收的惩罚性措施包括报复性关税、双重征税、税收加成、征收滞纳金等。无论是采取税收优惠还是税收惩罚，都会对实现财政政策的某些目标起到一定的作用。

（二）公债

随着信用制度的不断发展，公债已成为政府调节货币供求、协调财政与金融关系的重要政策手段。公债的调节作用，主要体现在三种效应上。

1. "排挤效应"

所谓"排挤效应"，是指由于公债的发行，使民间部门的投资或消费基金减少，从而对民间部门的投资或消费起调节作用。

2. "货币效应"

所谓"货币效应"，是指由于公债的发行会引起货币供求变化。它一方面可能使部分"潜在货币"变为现实流通货币，另一方面则可能把存于民间部门的货币转到政府部门或由于中央银行购买公债增加货币的投放。由于公债的发行所带来的一系列货币变动，统称为"货币效应"。

3. "收入效应"

假定公债由未来年度增加的税金来偿还，公债持有者在公债到期时，不仅能收回本金而且会得到利息补偿。而政府发行公债主要用于社会公共需要，人人均可享用，这样，在一般纳税人与公债持有者之间就会产生收入的转移分配问题。此外，公债所带来的收入与负担问题，不仅影响当代人，而且还存在着所谓"代际"的收入与负担的转移问题。

公债的调节作用主要通过公债规模、持有人结构、期限结构、公债利率结构等综合体现出来。政府可以通过调整公债规模、选择购买对象、区分公债偿还期限、制定不同的公债利率等方式来实现财政政策的目标。在现代信用经济条件下，公债的市场操作是沟通财政政策与货币政策的主要渠道，通过公债的市场操作，可以协调财政与金融的关系。一方面可以淡化财政赤字的通货膨胀效果，公债的市场融资比直接的政府透支对基础货币的变动影响小；另一方面，可以增加中央银行灵活调节货币供应的能力。

（三）政府投资

政府投资是指财政用于资本项目的建设支出，它最终将形成各种类型的固定资产。在市场经济条件下，政府投资的对象主要是指那些具有自然垄断特征、外部效应明显、产业关联程度高、具有示范和诱导作用的基础性产业、公共设施以及新兴的高科技主导产业。政府的投资能力与投资方向对经济结构的调整起关键性作用。考虑到国民经济基础产业的"瓶颈"制约现状，政府投资所产生的经济效应，就不仅仅局限于自身的投资收益，作为一种诱发性投资，它可将"基础瓶颈"制约所压抑的民间部门的生产潜力释放出来，并使国民收入的创造达到一个较高的水平，这就是政府投资在"基础瓶颈"条件下所产生的"乘数效应"。

（四）财政补贴

财政补贴是财政配合价格政策、工资政策等调节生产与消费，稳定经济与社会生活的一个重要政策手段。其调节作用可由生产补贴和消费补贴分别体现出来：①财政对消费补贴的效应主要是影响需求，同时某些定向性消费补贴，对需求结构也有一定的调节作用。②财政对生产补贴的效应主要是影响供给。促进国家重点扶植的行业和产品的发展，从而增加产品的供给并改善供给的结构。

应当注意，适当运用财政补贴，无疑对经济的发展和稳定有积极作用，但如果补贴过多过滥，不仅会使财政背上一个沉重的包袱，而且会影响社会供求关系，不能保证宏观经济目标的实现。

（五）国家预算

国家预算是财政政策的主要手段。作为年度财政收支计划的国家预算的编制、审批的过程，就是财政参与宏观经济决策、贯彻社会经济发展目标的过程，也是制定财政政策目标和选择相应的行政手段及其实施措施的过程。因而国家预算一经法定程序批准，预算的收支目标和数字就反映着国家的施政方针和社会经济政策，制约着政府的活动范围和方向。国家预算可以从三个方面发挥对宏观经济的调节作用。

1. 通过预算收支规模调节社会总供给与总需求的平衡关系

由于财政收支过程实质上是把一部分社会产品集中到国家手中再分配出去的过程，因而预算收支规模的增减变化及其平衡状况，必然直接、间接地影响各经济主体的经济利益关系，影响社会总需求与总供给的平衡关系。

2. 通过预算支出结构的变动来调节国民经济结构

这种调节作用是通过财政支出项目间原有存量的增减变动和财政支出项目间支出增量的不同变动幅度来实现的，并且预算支出结构的调整变动相对于其他经济政策手段来说，对经济结构的调节作用更直接、迅速。

3. 通过预算工具本身的设计与编制方式影响财政政策效应，进而影响国民经济活动

如预算形式是采取单式预算制度还是复式预算制度，预算支出采取什么样的科学分类，预算平衡采取什么样的平衡方式和计算口径，等等。

四、改革开放以来我国的财政政策

改革开放以来，财政作为国家宏观调控的重要手段之一，针对各个时期国民经济发展的起伏变化，相继选择了不同的财政政策，在保障国民经济平稳持续发展中功不可没。而且，财政政策的调控手段和方式也发生了显著变化，逐渐放弃了以行政手段为主的直接调控，形成了适应市场经济体制的、以经济手段为主的间接调控体系。

根据各个历史阶段的特点，我国依次采取了"促进国民经济调整的财政政策"、"宽松的财政政策"、"紧缩的财政政策"、"适度从紧的财政政策"、"积极的财政政策"、"稳健的财政政策"以及"积极财政政策"。

（一）促进国民经济调整的财政政策

1979 年，国民经济开始复苏，经济出现过热现象，（当时还是计划经济体制，绝大多数投资资金都来自于财政）引发严重财政赤字，通货膨胀（投资需求和消费需求双膨胀），外贸逆差增加。

中央提出对国民经济进行"调整、改革、整顿、提高"的八字方针。

一是改革财政体制，实行"分灶吃饭"，促进各级财政实现收支平衡。1980 年起，除北京、天津、上海继续实行"总额分成、一年一定"的体制外，各省、自治区实行了"划分收支、分级包干"的新财政体制，打破了统收统支的局面，调动了中央和地方增加财政收入的积极性，事权和财权的统一、权利和责任的统一促使地方合理地安排财政收支和自求平衡。这种体制对减少财政赤字，加强宏观调控具有一定的作用。

二是压缩基建规模，控制投资需求。1979 年，财政部发布了《关于加强基本建设财务拨款管理的通知》，要求基本建设不能突破国家预算指标范围；严格按照国家计划供应资金；严格执行结算纪律，防止和制止拖欠贷款；严格按照基本建设程序办事，纠正边设计、边施工、边生产的做法。对引进的项目和 1 000 多项未完工程，除保留必要的部分外，全部停建、缓建；对大部分非生产性项目也实行停建、缓建。同时，严格基建投资的审批手续，并将基建资金逐步改为有偿使用，强化了投资硬约束。通过这些措施把国家预算内的基本建设投资规模每年的增长速度控制在 10%～25%，避免出现大起大落的现象。

三是控制消费需求，压缩各项开支。由于消费基金增长导致需求膨胀，国家除控制预算内收入的增长速度外，还对预算外收入，尤其对社会集团购买力进行了严格的控制。在执行中对社会集团购买力实行计划管理，限额控制等办法。1980 年，规定文教、科学、卫生、体育等事业单位和行政机关实行"预算包干、结余留用、征收归己"的办法，防止扩大支出和年终突击花钱。另外，严肃财经纪律，控制奖金总额和超额津贴。1980 年，开展了财政纪律大检查，查出滥发的奖金上百种，有问题的资金达 37.9 亿元。

四是增加农业、轻工业投资，提高消费品供给能力。为了改变农产品和日用品供不应求的局面，1979 年安排了 174 亿元财政支农资金，1980 年在提高农副产品价格和增加补贴的同时，支农资金也达到 150 亿元；除较多地安排轻工业基本建设投资外，财政还增加了轻纺工业挖潜改造和专项贷款 15 亿元。通过增加供给，缩小消费品供应量与购买力之间的差距，平衡总供给与总需求。

五是稳定市场，平抑物价。1979 年，国家将粮食统购价格提高了 20%，在此基础上超购加价幅度从原来的 30% 提高到 50%，同时还相应提高了油料、棉花等农副产品的收购价格。粮油统购价格提高后，由财政补贴，当国家平价粮食供应出现缺口时，将议价收购的粮食平价销售。1980 年，国家财政的粮油价差补贴、超购粮油加价补贴和粮食企业亏损补贴支出共计 108.01 亿元，比 1979 年增加了 47.39%，有力地平衡了商品供求，保证了物价稳定。

六是调整进出口商品结构，平衡国际收支。首先，控制需要大量补贴的产品出口，减少高亏商品的出口，减少国家对外贸的财政补贴，调整进出口商品结构；其次，对出口创汇企业实行税收等各方面的政策倾斜，鼓励扩大生产出口商品，实现国际收支平衡。

通过宏观调控，基本实现了财政收支平衡、物价稳定和信贷平衡的预期目标。但由于经济调整中紧缩的政策力度过大，经济增长率从 1980 年的 7.8% 降到 1981 年的 5.2%。

（二）宽松的财政政策

面对经济下滑，就业压力加大，1982 年开始实行宽松的财政政策和货币政策，主要是通过放松银根，继续深化财政体制改革，对企业实行利改税，调动企业和地方的生产积极性，增加有效供给，缩小总供给与总需求之间的差距。

从 1982 年开始，国内生产总值增长速度逐步回升，当年增长 9.1%，增幅较上年提高 3.9 个百分点，1983 年加快到 10.9%。

（三）紧缩的财政政策

从 1984 年后期开始，国民经济过热的迹象又逐步显现，社会总需求与总供给的差额不断扩大，投资消费高速增长，价格总水平大幅攀升。为满足社会固定资产投资增长的要求和解决企业流动资金短缺的问题，国家不断扩大财政赤字，而为弥补赤字，银行超量发行货币，又加剧了物价指数上升。

1988 年 9 月十三届三中全会提出"治理经济环境、整顿经济秩序、全面深化改革"的方针。实行了紧缩财政、紧缩信贷的"双紧"政策。

一是大力压缩固定资产投资规模。从 1988 年 9 月至 1989 年第一季度，停建、缓建固定资产投资项目共 1 800 多个。同时，将调整预算外基建投资作为压缩投资需求的重点，一方面通过征集国家预算调节基金限制预算外资金的规模，合理引导预算外资金的流向；另一方面鼓励能有效地增加供给的生产投资，限制"楼、堂、馆、所"及住宅等非生产性投资的规模。

二是控制社会消费需求。为了控制消费基金继续膨胀，首先严格控制社会集团消费，把专项控制商品由 19 种扩大到 32 种；其次，限制奖金等工资外收入的增长幅度，通过大力吸收存款来减少现期购买力；再次，对一部分高档耐用消费品如冰箱、彩电等采用专卖的办法，以减少流通环节的人为涨价因素。为了稳定粮食和主要副食品的销售价格，国家财政继续保留定额补贴，对某些品种的补贴额甚至还有所增加。此外，还在 1989 年财务大检查中把滥发奖金、实物列为一个重要内容，并将其作为一项考核制度，实行首长责任制。

三是紧缩中央财政开支。削减财政投资支出，对经营不善、长期亏损的国有企业停止财政补贴，对落后的小企业进行整顿和关停并转等；大力压缩行政管理费支出，到 1990 年行政管理费占财政支出的比重由上年的 42.2% 压缩到 7.3%；为了减少货币投放，对所有单位持有的 1981～1984 年发行的国库券，推迟三年偿付本息。

四是进行税利分流试点和税制改革。1988 年在重庆进行税利分流试点，1989 年扩大试点范围，企业利润先以所得税的形式上交国家，税后利润以一部分上交国家，余留部分归企业。对固定资产投资贷款由税前利润归还，改为由税后利润和折旧基金及其他企业自主财力归还。与此同时，对税制进行改革，1989 年开征建筑税，将自筹基建投资建筑税由原来的单一税率改为差别税率，对非生产性建设、计划外建设和非重点建设实行高税率，对小轿车、彩色电视机征收特别消费税。

"双紧"的财政货币政策实施后，经济过快增长得到了控制，物价迅速回落到正常水平，需求膨胀得到化解，固定资产投资的结构有所调整，产业结构不合理状态有所改变。但是，由于"双紧"的财政货币政策，使企业在流动资金严重短缺的情况下，生产难以正常运转，经济效益明显下降。随着经济增长速度的快速回落，居民收入的增幅也有一定的下降，市场不同程度地出现了疲软，财政困难也日益加剧。

（四）适度从紧的财政政策

1992 年，在邓小平南方谈话和党的十四大精神鼓舞下，全国排除干扰，解放思想，又掀起了新一轮的经济建设高潮。到 1993 年上半年，经济运行的各项指标继续攀升，投资增长过猛，基础产业和基础设施的"瓶颈"制约进一步加剧，市场物价水平迅速上升，经济形势十分严峻。

为了保持国民经济的平稳发展，党中央果断做出深化改革、加强和改善宏观调控的重大决策，1993 年提出了加强调控的 16 条措施，其中财政政策发挥了重要作用。

一是改革财政体制，调整中央与地方的财政分配关系。1994 年起实行分税制，按照中央政府和地方政府各自的事权，划分各级财政的支出范围；根据财权事权相统一的原则，合理划分中央与地方收入；按统一比例确定中央财政对地方税收返还数额；妥善处理原体制中央补助、地方上解以及有关结算事项。财政体制的改革，规范了中央和地方政府的分配关系，提高了"两个比重"，增强了国家的宏观调控能力。

二是实行税利分流，规范政府与企业的分配关系。1992 年，税利分流在全国企业普遍试点，试点企业 4 000 多户。税利分流理顺了国家与企业的利润分配关系，把激励与约束机制统一起来，而且国家与企业利益共享、风险共担，提高了企业经营管理的积极性。更重要的是国家可以运用税收和利润两种渠道组织财政收入和调解经济运行，财政收入随着企业收入的提高而增长，从而提高了国家的宏观调控能力。1993 年，颁布实施了《企业财务通则》及《企业会计准则》，使国家与企业的关系进一步走向规范化。

三是进行大规模的税制改革。首先，建立以增值税为主体的新流转税制度，规定增值税分 13% 和 17% 两档基本税率，小规模纳税人实行按销售收入 6% 的税率征税；同时，扩大了消费税的征收范围，采取从价定率和从量定额两种征收办法；营业税的税目也进行了合理调整。新的流转税制度不仅统一适用于内资企业和外商投资企业，而且规范了企业的纳税行为。其次，改革企业所得税制度，取消了按所有制形式设置所得税的做法，对国有企业、集体企业、私营企业以及股份制和各种形式的联营企业，均实行统一的企业所得税。国有企业不再执行承包上缴所得税的办法，还取消了所得税前归还贷款、上缴国家能源交通重点建设基金、国家预算调节基金的规定。再次，改革个人所得税，建立了统一的个人所得税，个人应纳税所得在原来六项的基础上又新增加了五项，计税方法上采取分项征收。这次税制改革调整了国家、企业和个人之间的分配关系，对价格、金融、外贸、计划、投资等领域产生了一定的影响，特别是有效地抑制了投资膨胀，保障了财政收入。

同时，严格控制投资规模，清理在建项目，严控新开项目，加强房地产市场管理；强化税收征管，清理越权审批减免税，限期完成国债发行任务，控制社会集团购买力过快增长，把预算会议费压缩20%，控制出国活动和各种招商办展活动，控制各项债券年度发行规模和债种；控制地方政策债券发行。

实践证明，适度从紧的财政与货币政策取得了良好的效果。1996年，国民经济较为平稳地回落到适度增长的区间，成功地实现了"软着陆"，既有效地抑制了通货膨胀，挤压了过热经济的泡沫成分，又保持了经济的快速增长，形成了"高增长、低通胀"的良好局面，成为我国宏观调控的成功典范。

（五）积极的财政政策

1997年，亚洲金融风暴在泰国爆发，迅速席卷东南亚诸国，我国对外贸易受到了严重冲击。同时，产业结构不合理、低水平的产品过剩与高新技术产品不足并存、城乡结构不合理、区域经济发展不协调等经济结构问题对亚洲金融危机的冲击产生了放大效应。面对国内外经济和市场形势，在货币政策效应呈递减之势和坚持人民币汇率稳定政策的情况下，财政政策成为宏观调控的重要工具。

为了扩大需求，从1998年7月开始，国家实施了积极财政政策。

一是增发国债，加强基础设施投资。1998年7月，向国有商业银行发行1 000亿元国债，1998年上半年又向国有独资商业银行发行2 700亿元特别国债，至2004年共发行长期建设国债9 100亿元。国债资金主要投向农林水利、交通通信、城市基础设施、城乡电网改造、国家直属储备粮库建设等方面，截至2004年末，七年累计实际安排国债项目资金8 643亿元，并拉动银行贷款和各方面配套资金等逾2万亿元。

二是调整税收政策，支持出口、吸引外资和减轻企业负担。为了支持外贸出口，分批提高了纺织原料及制品、纺织机械、煤炭、水泥、钢材、船舶和部分机电、轻工产品的出口退税率，加大了"免、抵、退"税收管理办法的执行力度；对一般贸易出口收汇实行贴息办法，中央外贸发展基金有偿使用项目专项资金也正式开始使用；调整进口设备税收政策，降低关税税率，对国家鼓励发展的外商投资项目和国内投资项目，在规定范围内免征关税和进口环节增值税；从1999年起，减半征收固定资产投资方向调节税，至2000年暂停征收；对符合国家产业政策的技术改造项目购置国产设备的投资，按40%的比例抵免企业所得税；对涉及房地产的营业税、契税、土地增值税给予一定的减免；对居民存款利息恢复征收个人所得税。

三是增加社会保障、科教等重点领域的支出。中央财政支出中教育经费所占比例从1998年起连续五年都比上年提高1个百分点；1998年中央财政安排144亿元补助资金和借款，专项用于国有企业下岗职工基本生活保障和再就业工程；为了加快省级统筹养老保险制度改革，扩大养老保险覆盖面，中央财政增加转移支付20亿元。这些措施的出台与实施，从根本上改善了我国的宏观经济运行。

四是充分发挥调节收入分配的作用，提高城市居民个人消费能力。1999～2002年，连续三次提高机关事业单位职工工资标准，还实施了年终一次性奖金制度，使机关事业单位职工月人均基本工资水平翻了一番。同时，中央财政大幅增加对"两个确保"和城市"低保"的投入，增加对中西部地区行政事业单位人员工资和建立"三条保障线"的资金补助，加快了社会保障体系建设。这些收入分配政策的调整和实施，有力地增强了居民消费能力。

五是支持经济结构调整，促进国有企业改革。支持国有企业关闭破产，仅2002年中央财政就拨付关闭破产补助资金129.58亿元，安置职工38万人；积极参与电力、电信两大行业体制改革和民航企业联合重组，支持石油、石化、冶金、有色、汽车等行业的重组和改革，并对重点企业集团实行所得税返还政策；同时，支持"走出去"的外贸发展战略，启动对外承包工程保函风险专项资金；另外，用部分国债作为财政贴息资金，积极推动重点行业和企业的技术改造，以解决经济运行中深层次的矛盾与问题。

六是加大治理乱收费力度，减轻企业和社会负担。1997年以来，国家取消不合法和不合理的收费项目近2 000项，降低近500项收费标准。1998年清理了涉及企业的政府性基金和收费，减轻企业和社会负担370多亿元。

七是实行"债转股"。对部分有市场、有发展前景，但负债过重而陷入困境的大中型重点企业，在建立现代企业制度的同时，通过金融资产管理公司，将银行的债权转为股权，降低企业资产负债率，增强企业活力。

1998～2002年的财政宏观调控，以实施积极的财政政策为主，在扩大投资、刺激消费、鼓励出口、拉动经济增长、优化经济结构等方面取得了显著的成效，成功地抵御了亚洲金融危机的冲击和影响，宏观经济运行得到根本性的改善。通货紧缩的趋势得到了有效遏制，社会需求全面回升，经济结构调整稳步推进，经济持续快速增长。

（六）稳健的财政政策

扩大内需取得显著效果后，经济运行中又出现了投资需求进一步膨胀，贷款规模偏大，电力、煤炭和运输紧张状况加剧，通货膨胀压力加大，农业、交通、能源等薄弱环节以及中小企业、服务业投入严重不足等新问题，结构问题依然是我国国民经济中的深层次矛盾与问题。党和国家提出进一步加强宏观调控。财政作为重要的调控手段，顺应宏观经济形势的要求，适时实施稳健的财政政策。

一是国债投资规模调减调向。2004年国债发行规模比上年调减300亿元，主要用于农村、社会事业、西部开发、东北地区等老工业基地、生态建设和环境保护，引导社会投资和民间资金向上述方向转移，缓解经济局部过热。

二是推后预算内建设性支出的时间。2004 年 1～4 月，全国基本建设支出比上年同期减少了 11%，5 月，全国财政支出速度也明显放慢，当月支出 1 721 亿元，同比仅增长 1.9%，其中基本建设支出降幅达 15.4%。另外，针对固定资产投资增长过快，适当放慢了国债项目资金拨付进度。1～6 月，累计下达国债资金预算 246.34 亿元，比上年同期减少 308.23 亿元，占全国国债专项资金指标的 15.64%，对经济局部过热起到了缓解的作用。

三是有保有控，在总量适度控制下进行结构性调整。首先，大力支持农业生产，对农民种粮实行直接补贴、加大对农民购置良种和大型农机具的补贴力度、减免农业税。据统计，全国有 28 个省份共安排良种补贴资金 16 亿多元，其中中央财政补贴 13 个粮食主产省区 12.4 亿元。其次，加大对就业、社会保障和教科文卫等薄弱环节的支持。2004 年上半年社会保障补助支出同比增长了 11.5%；抚恤和社会福利救济费增长 19%；全国教育支出增长 16.9%；科技支出增长 37.8%。

四是深化税制改革，发挥税收调节作用。第一，改革农业税。2004 年在全国范围内取消了除烟叶以外的农业特产税，降低了农业税税率；到 2005 年底，全国已有 28 个省（区、市）全部免征了农业税，全国取消了牧业税；2006 年在全国范围内取消农业税，同时取消了农业特产税，对减轻农民负担和增加其收入起了重要作用。第二，改革增值税。自 2004 年 7 月 1 日起，在东北地区进行生产型增值税向消费型增值税转型改革试点，允许纳入试点范围的企业新购进机器设备所含增值税进项税额在企业增值税税额中抵扣。第三，调整个人所得税。2006 年将个人所得税工薪所得费用扣除额由每月 800 元提高至每月 1600 元，随后又调高到 2000 元，并扩大了纳税人自行申报范围。第四，调整房地产税。为了加强对房地产业的调控，2006 年将个人购房转手交易免征营业税期限延长至 5 年，并调整规范了土地收支管理政策，完善了住房公积金管理政策，调整了新增建设用地有偿使用费政策和征收标准。第五，改革企业所得税。2007 年统一了内外资企业所得税制度，并于 2008 年 1 月 1 日起在全国实施。第六，调整资源税。为了促进环境保护和节约资源，陆续提高了 11 个省的煤炭资源税税额标准。第七，调整消费税。为了平衡市场供求，调整了消费税政策，适当扩大了征收范围。第八，积极推进出口退税机制改革。多次调整了出口退税率，适时取消和降低了部分高能耗、高污染和资源性产品的出口退税率，对部分不鼓励出口的原材料等产品加征出口关税，降低部分资源性产品进口关税。

稳健财政政策的实施，使我国经济运行呈现出"增长速度较快、经济效益较好、群众受惠较多"的良好格局。

（七）积极财政政策

2008 年下半年全球金融海啸爆发后，中国经济增长明显减速，经济下行压力加大。

2008 年 11 月 9 日，国务院常务会议公布扩大内需、加快基建投资等十项措施，2010 年底前投资 4 万亿元人民币。十大保经济措施包括：加大公营房屋、农村基建、交通、环境卫生及环保等投资，及改善医疗教育，加大农业及低收入人士补贴，等等。

2008 年 12 月 10 日，中央经济工作会议强调必须将保持经济平稳较快发展作为 2009 年工作的首要任务，并首次提出扩大内需作为保增长的根本途径。会议提出 2009 年经济五大重点任务，包括实施积极财政政策及适度宽松货币政策、促进农业发展、推进经济结构调整、深化改革、维护社会稳定等。

2009 年 1 月 12 日，中央制定"一揽子"振兴经济计划，其中包括十大重点产业振兴计划，涉及钢铁、汽车、造船、石化、轻工、纺织、有色金属、装备制造、电讯等产业；和将国家科学技术长期规划中，与当前经济发展紧密联系的六个重大专项加快进行，作为科技支撑，准备投入 6 000 亿元人民币。

随后，我国政府先后审议通过了有关汽车、钢铁、纺织、装备制造、船舶、电子信息、轻工、石化、有色金属、物流等十大产业振兴规划。同时，受外贸出口持续下滑影响，财政部年内三次调整出口退税率，其中，箱包、鞋帽、伞、毛发制品、玩具、家具等商品的出口退税率提高到 15%；电视用发送设备、缝纫机等商品的出口退税率提高到全额的 17%。

截至 2009 年 7 月，相关部委还推出了江苏沿海地区、关中天水经济区、天津滨海新区、广西北部湾经济区、海峡西岸经济区、珠海经济特区等地区性的产业升级投资刺激计划。在十大产业振兴规划出台后，管理层继续出台大量区域振兴计划，从不同的方面不断振兴经济发展，细化振兴内容，必然对后市经济起到新的促进作用。

2009 年 12 月 5 日至 7 日，中央经济工作会议提出，2010 年要保持宏观经济政策的连续性和稳定性，继续实施积极的财政政策和适度宽松的货币政策。要突出财政政策实施重点，加大对民生领域和社会事业支持保障力度，增加对"三农"、科技、教育、卫生、文化、社会保障、保障性住房、节能环保等方面和中小企业、居民消费、欠发达地区支持力度，支持重点领域改革。要保持投资适度增长，重点用于完成在建项目，严格控制新上项目。要加强税收征管和非税收入管理，继续从严控制一般性支出。

2010 年 7 月 22 日，中共中央政治局召开会议。会议强调，要坚持把处理好保持经济平稳较快发展、调整经济结构和管理通胀预期的关系作为宏观调控的核心，继续实施积极的财政政策和适度宽松的货币政策。

2010 年 12 月 3 日，中共中央政治局召开会议提出，2011 年我国实施积极的财政政策和稳健的货币政策。

第三节　货　币　政　策

一、货币政策的概念、类型及特征

货币政策是指一国货币当局（主要是中央银行）为实现其既定的宏观经济目标，运用各种工具调节货币供应量和利息率，进而影响宏观经济的方针和措施的总和。

货币政策有广义和狭义之分。广义的货币政策包括与货币、银行有关的一切政策措施。例如，发展中国家的货币政策包括促进本国金融化改革的种类措施：扶植金融机构发展，完善金融市场，协调金融业的效率与竞争，推动信用票据化，等等。狭义的货币政策则主要是研究货币的发行与调控，货币量与产出、收入、价格、国际收支等宏观经济变量的相互联系与相互影响，并围绕这些经济联系与影响制定一系列的政策措施。通常人们所说的货币政策是指狭义的货币政策。

一般来说，货币政策具有如下特征。

1）从调节目标上来看，货币政策是一项宏观经济政策。以需求管理为核心的货币政策是一项总量调节与结构调节相结合，以总量调节为主的宏观经济政策。货币政策的制定和实施，旨在通过对货币供应量、利率、汇率等宏观金融变量的调控，来对整个国民经济运行中的经济增长、物价稳定、国际收支状况以及就业水平等宏观经济运行状况产生影响，促进经济协调、稳定、健康地发展，保证宏观经济政策目标的实现，它不涉及单个银行或企业的金融行为。

2）从调节对象上看，货币政策是调整社会总需求的政策。货币政策通过调节货币供应量和利率水平来调控社会总需求。由于货币的供给形成对商品和劳务的购买能力，货币作为一般社会财富的表现，它对商品和劳务的追逐形成社会总需求，利率水平通过对投资需求、消费需求的调节，而影响到社会总需求。汇率的变化将通过对进出口贸易、国际资本流动的影响，形成对社会总需求的调节。因此，货币政策对宏观经济的调节是通过调节总需求实现的，并间接影响到社会总供给的变化，实现社会总需求和社会总供给之间的平衡。

3）从调节手段上看，货币政策主要是间接调节经济的发展。国家利用货币政策干预经济，但又不能影响市场机制作用的发挥。因此，货币政策对经济的调节，主要是运用经济手段，利用市场机制作用，通过调节货币供应量以及信用总量，影响经济活动的目的。当然，并不排除在特定的经济金融条件下采取行政手段调节的可能性。

根据货币供应量和货币需要量之间的对比关系，可将货币政策分为扩张性货币政策、紧缩性货币政策和均衡性货币政策。所谓扩张性货币政策，又称松的货币政策，指货币供应量较大地超过货币需求量，此种政策能刺激社会总需求的增长，使社会总需求较大地超过总供给。所谓紧缩性货币政策，又称紧的货币政策，是指货币供应量小于货币需要量，这种政策必然会抑制总需求的增长，使社会总需求的增长落后于总供给的增长。所谓均衡性货币政策，就是指货币供应量大体上等于货币需要量，两者形成一种对等关系，这种政策能促使或保持社会总需求与总供给的平衡。

二、货币政策的目标和工具

（一）货币政策的目标

货币政策的目标是指中央银行制定和实施某项货币政策所要达到的特定的经济目

的。在货币政策理论中,货币政策的目标主要包括最终目标和中介指标(也称中间目标)。

1. 货币政策的最终目标

(1)货币政策最终目标的一般表述

各国中央银行对货币政策最终目标的选择虽然在不同时期会有所区别,但概括地讲,货币政策最终目标一般有稳定物价、充分就业、经济增长和国际收支平衡。

1)稳定物价。它是指在经济运行中保持一般物价水平的相对稳定。在实现经济生活中,物价水平由于社会总需求过大、商品成本提高、结构性因素等的作用而呈上涨趋势。中央银行稳定物价的政策目标,旨在严格货币发行,控制货币供给量、信用量,约束有支付能力的货币需求,平衡社会总需求与社会总供给,防止物价水平出现剧烈频繁的波动。

2)充分就业。它是指有工作能力并自愿参加工作的人都可以在较为合理的条件下随时找到适当的工作。总需求不足而使劳动力供过于求、劳动力市场与劳动力种类供求失衡、劳动力市场与劳动力信息不畅等原因,都可导致失业产生。中央银行充分就业目标,旨在避免出现由总需求不足而引发失业的情形,或者在这种情形已经出现的时候,由中央银行增发货币刺激需求以减少失业,通过保持一个较为稳定的就业水平以促进资源的合理利用。

3)经济增长。它是指国民生产总值的增长保持在一个较高的水平上,中央银行作为经济金融运行中的货币供给部门,为实现既定的经济增长目标,可以凭借其所能操纵的各种工具,增加货币供给、降低实际利率水平,以促进投资增加,或者控制通货膨胀率,以消除不可预测的通货膨胀率的不确定性对投资的影响。经济增长目标在各国中央银行货币政策目标的地位和重要程度存在差异,甚至在一个国家的不同时期也会存在差异。

4)国际收支平衡。它是指一国对其他国家的全部货币收入和货币支出相抵,略有顺差或逆差。在开放型经济中,国际收支是否平衡对一国国内货币供应量与物价产生较大影响。如果出现过大顺差,则会增加一国国内货币供应量并相对减少该国市场商品供应量,而在该国市场货币偏多、商品供应不足的情况下,就可能导致物价上涨;反之,就可能会出现经济增长停滞。可见,一国的国际收支无论是顺差还是逆差,都会给国内经济的发展造成不良影响。相比较而言,逆差对一国经济的不利影响更大,所以,一国在调节国际收支失衡时,重点应放在减少并消除国际收支逆差上。

(2)货币政策最终目标之间的关系

中央银行货币政策的最终目标是多元化的,但在现实经济生活中,这四个目标之间事实上是存在着一定的矛盾关系,中央银行很难把这些最终目标同时实现。

1)稳定物价与充分就业之间的关系。一般而言,存在较高失业率的国家,的确可以通过增加货币供应量、扩大信用规模等途径刺激社会总需求,以减少失业,实现充分就业,但这样做,势必在一定程度上导致一般物价水平上涨。稳定物价和充分就业之间的关系,可用著名的菲利普斯曲线来表示。所谓菲利普斯曲线,是用于反映通货膨胀率与失业率之间此增彼减的交替关系的一种曲线，如图 12.1 所示。

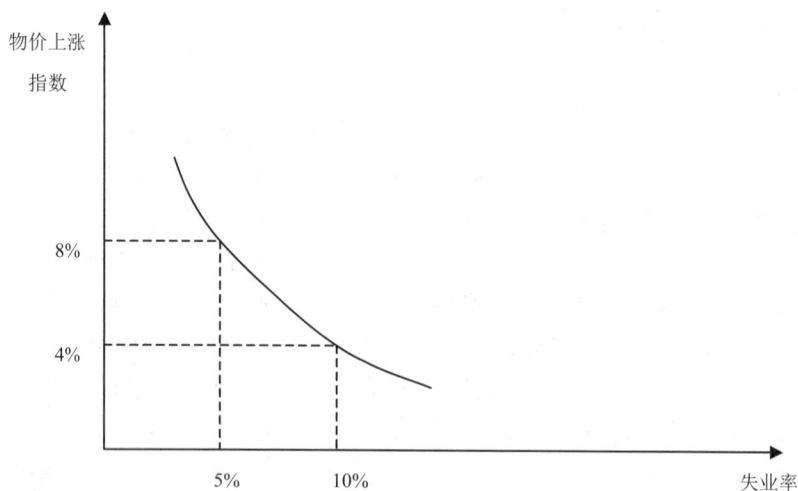

图 12.1　菲利普斯曲线

从菲利普斯曲线中可以看出，采取减少失业或实现充分就业的政策措施，就会出现较高的通货膨胀率；反之，为了降低物价上涨率或稳定物价，就必须以较高的失业率为代价。中央银行选择货币政策最终目标，或者选择较高失业率的物价稳定、通货膨胀率较高的充分就业，或者是在物价上涨率与失业率两极之间相机抉择，但一般都只能在物价上涨率和失业率之间寻求某一适当的组合点。

2）稳定物价与经济增长之间的关系。经济增长无疑能为稳定物价提供物质基础。但在现实经济生活中，经济增长与稳定物价之间的矛盾关系却表现为：一国在谋求经济增长中如果刻意追求增长速度而使货币供给过量失度，则会导致一般物价水平上涨，持续下去，必然会阻碍经济增长；至于一国为抑制持续上涨的一般物价水平而实施提高利率等紧缩性货币政策，也可能因为抑制投资而影响经济增长。所以，一国中央银行难以把经济增长与稳定物价这一双重目标同时兼顾。

3）稳定物价与国际收支之间的关系。一国一般物价水平上涨，出现通货膨胀，而别国物价水平相对稳定，则意味着本国货币对内购买力下降，在本国购买商品价格显得相对昂贵，在一定时期内购买外国商品价格相对便宜，这样就会使本国出口减少而进口增多，最终导致国际收支出现逆差；相反，如果本国物价相对稳定而别国物价上涨，则最终会导致国际收支出现顺差。所以，一国中央银行稳定物价、平衡国际收支的双重目标，在现实经济生活中由于缺乏世界范围内相对稳定的物价水平与贸易状况等条件，事实上不可能同时实现。

4）充分就业与经济增长的关系。通常，就业人数越多，经济增长速度就会越快；而经济增长速度越快，为劳动者提供的就业机会也会越多。但在这种统一的背后，还存在一个平衡劳动生产率的变化动态问题。如果就业增加带来的经济增长率伴随着社会平衡劳动生产率的下降，那就意味着经济增长是以投入产出的比例下降为前提的，它不仅意味着本期消费更多的资源，还会妨碍后期的经济增长，因而是不可取的。

5）充分就业与国际收支平衡间的关系。如果充分就业能够推动经济快速增长，那么，一方面可以减少进口，另一方面还可以扩大出口，这当然有利于平衡国际收支。但为了追求充分就业，就需更多的资金和生产资料，当国内满足不了需求时，就需要引进外资，进口设备、原材料等，这对平衡国际收支又是一个不利因素。

可见，货币政策的最终目标之间是存在着一定的矛盾关系的，各国的中央银行在制定和实施货币政策时，不可能将这些目标同时实现，只能根据客观经济形势，选择以某一目标为主，同时兼顾其他目标。

（3）我国的货币政策的最终目标

长期以来，我国实行"发展经济、稳定币值"的双重目标，从实际执行效果看，往往造成通货膨胀。因此，我国的《中国人民银行法》规定，我国货币政策的目标是稳定币值，并以此促进经济增长。

2. 货币政策的中介指标

（1）货币政策中介指标的概念

中央银行货币政策最终目标的实现是一个难以一步到位的渐进过程，中间要经过很多环节，货币政策正是通过这些中间环节的传导而间接地对社会经济活动产生作用。所以，中央银行不可能通过货币政策的实施而直接达到其最终目标，而只能通过观测和控制它所能控制的一些具体的指标来影响实际的经济活动，这些能够为中央银行直接控制和观测的指标，就是通常所说的货币政策的中介指标。

（2）货币政策中介指标的选择标准

一般来说，中央银行选择货币政策中介指标的标准主要有以下几方面。

1）可测性。这是指中央银行能够对这些作为货币政策中介指标的变量加以比较精确的统计。所以，中央银行在选择以何种变量作为货币政策的中介指标时，必须遵循以下两个基本原则：一是这种变量必须具有比较明确的定义，以便于中央银行对它加以观察、分析和监测；二是中央银行能够迅速地获取这一变量的准确数据。

2）可控性。这是指中央银行可以较有把握地将选定的中介指标控制在确定的或预期的范围内。所以，中央银行所选择的货币政策中介指标必须与它所运用的货币政策工具具有密切的、稳定的联系。

3）相关性。这是指作为货币政策中介指标的变量与货币政策的最终目标有着紧密的关联性。于是，中央银行在执行货币政策时，只要能将其选择的中介指标控制在适当的范围内，就可达到或基本达到其预先确定的最终目标。

除了上述几个标准以外，一些国家的中央银行还将抗干扰性和适应性标准作为选择货币政策中介指标的标准。

（3）货币政策中介指标的选择

根据确定货币政策中介指标的标准，货币政策的中介指标一般有利率、货币供应量、基础货币、准备金等。我国目前确定的货币政策的中介指标是货币供应量。

（二）货币政策工具

货币政策工具是指中央银行为实现货币政策目标，在实施某种货币政策时所采取的具体措施或操作方式。它大致可分为一般性货币政策工具、选择性货币政策工具和其他补充性货币政策工具三大类。

1. 一般性货币政策工具

所谓一般性货币政策工具，是指各国中央银行普遍运用或经常运用的货币政策工具，主要包括以下三种。

（1）存款准备金政策

在存款准备金制度下，中央银行规定，商业银行必须将吸收来的存款中的一部分，缴存中央银行的专门账户，作为商业银行对外支付的准备保证，以充分维护商业银行的信誉。存款准备金制度对信贷规模和货币供应量的控制是通过调整法定存款准备金比率而实现的。法定存款准备金率和商业银行扩大信用规模的倍数成反比。在其他货币供应量不变的情况下，降低法定存款准备金率，商业银行存入中央银行的资金减少，则可用于贷款的资金增加，扩大了其信贷规模和货币供应量；反之，则会缩小货币供应量。中央银行提高法定存款准备金率，还会引起商业银行的可用资金减少，其对外借款量增加，会造成短期市场融资利率上升，引导消费和投资紧缩。此外，法定存款准备金率的变动，对社会有直接的宣示效果，社会公众会按中央银行的政策意图调整自身的行为。

存款准备金作为货币政策工具，具有作用速度快而有力，中央银行调控主动性强，便于中央银行监管能力等优点，但也存在作用效果过于猛烈、灵活性不够的缺陷，不能作为一项常规的货币政策工具来使用。

（2）再贴现政策

再贴现是中央银行向商业银行买入未到期的票据行为，其实质是商业银行以贴现来的票据为抵押，向中央银行贷款融资。再贴现政策是中央银行通过调整再贴现率和再贴现业务量，干预影响市场利率和货币供应量的措施。

再贴现业务是中央银行投放其他货币的重要渠道。中央银行扩大对商业银行的再贴现业务量，增加基础货币投放，会增加商业银行的可用资金数量，扩大信用规模，最终扩大社会货币供应量；反之，则会减少社会货币供应量。再贴现政策还利用再贴现率影响金融市场利率，调控资金供求平衡。若中央银行提高再贴现率，则提高了商业银行的融资成本，商业银行只能减少再贴现或提高对客户的贴现率，从而起到抑制社会资金需求的作用。

利用再贴现政策调节，便于中央银行发挥"最后贷款人"的作用，为货币政策提供充分的调控余地，加之其作用效果比较缓和，配合其他政策工具，不会对社会经济造成剧烈震动。但再贴现政策实施时，中央银行无法强制规定商业银行的再贴现行为，没有主动控制权，会削弱政策效应。

（3）公开市场业务

公开市场业务指中央银行通过在金融市场上买卖有价证券，来控制货币供应量和社会总需求的行为。中央银行在证券市场购入有价证券，会增加流通中的货币量，带动投资需求和消费需求。中央银行在证券市场出售有价证券，则会吸纳社会上的现金和银行的存款，从而减少货币供应量。

中央银行利用公开市场业务的作用机制，能有效地为政策目标服务。当中央银行要紧缩银根，抑制总需求膨胀时，中央银行可在证券市场上售出证券，回笼货币，导致资金供应收缩，利率上涨，而证券价格下降，抑制资金需求；反之，则会刺激资金需求，加快经济增长。采用公开市场业务手段调节，中央银行具有完全的操作主动权和控制权，在实施中具有较大的灵活性，调控弹性大，且具有较强的隐蔽性，因此，成为各国中央银行主要的货币政策工具。

2. 选择性货币政策工具

选择性货币政策工具是针对商业银行及其他金融机构的资金运用结构调整而采用的工具，是一般性货币政策工具的必要补充。主要包括以下几方面。

（1）证券市场信用控制

证券市场信用控制是指中央银行通过规定证券以信用方式交易时应缴纳的保证金比率，控制流入证券市场的资金规模，来调节证券市场的供求，调控社会资金的流向和结构的方法。当中央银行提高保证金比率，交易者自己提供的资金增加，融资量减少，既制约交易者的证券交易规模，又减少对商业银行的资金需求，减少货币供应量，起到调控证券市场和社会融资规模的作用。

（2）消费作用控制

消费作用控制是指中央银行通过调整各种耐用消费品分期付款的首期付款额和分期付款的最长偿还期限以及其他管理条件，对消费信用规模进行管理的措施。当中央银行提高分期付款的首期付款额，缩短分期付款偿还期限，会限制耐用消费品的信用购买力，减少耐用消费品有效需求以及总需求的规模。

（3）不动产信用控制

不动产信用控制是指中央银行对金融机构办理不动产抵押贷款限额、贷款的最长期限、分期付款的最低额度，对不动产信用规模进行调控。

3. 其他补充性货币政策工具

（1）直接信用控制

在特定或急需的情况下，中央银行为了加大调控力度，迅速实现政策目的，就会采用直接信用控制手段。它是中央银行以行政命令方式或直接干预方式对金融机构的业务活动进行调控。其控制的方式具体有：

1）信用配额。它是指中央银行根据金融市场的资金供求状况及客观经济形势的需要，权衡轻重缓急，对商业银行系统的信贷资金加以合理的分配和必要的限制。在大多数发展中国家，由于资金严重供不应求，所以，信用配额是一种较为常用的直接信用控制手段。

2）流动性比率。它是指商业银行持有的流动性资产在其全部资产中所占的比重。中央银行对这一比率加以限定，并要求商业银行保持这一规定的比率，主要是为了限制商业银行的信用能力，保障商业银行的稳健经营，并限制信用的过度扩张。在一般情况下，资产的流动性越高，则其收益率越低。所以，商业银行要保持中央银行所规定的流动性比率，就不能任意地将流动性资金过多地用于长期性的贷款或投资。在必要时，商业银行还必须缩减长期贷款所占的比重，相应地扩大短期贷款的比重，以提高其资产的流动性比率。

3）规定利率限额。它是指以法律的形式规定商业银行和其他金融机构存贷款利率的最高水平。利率限额是最常用的直接信用控制。

4）直接干预。它是指中央银行直接对商业银行等金融机构的业务范围、信贷政策、信贷规模等业务活动进行干预。

（2）间接信用控制

1）道义劝告。它是指中央银行利用其在金融体系中的特殊地位和影响，通过向商业银行说明解释政策意图，不影响商业银行的经营行为，实现货币政策目标。其具体形式有中央银行制定的业务指导、发表的政策评论、谈话等。由于道义劝告不具有强制约束力，政策效应受到限制，操作中通常起辅助性作用。

2）窗口指导。它是指中央银行根据产业行情、物价趋势和金融市场动向，规定商业银行季度贷款的增减额，并"指导"执行。如果商业银行不接受"指导"进行贷款，中央银行可削减对其贷款的额度，甚至采取停止提供信用等制裁措施。

上述间接信用控制工具的优点是比较灵活，节省费用；但因缺乏法律约束力，所以，要发挥作用，中央银行必须在金融体系中具有较高的地位、声望和控制信用的足够的法律权力和手段。

三、改革开放以来我国的货币政策

改革开放以前，财政是国民收入分配主体，财政政策在经济运行调控中占据主导地位，人民银行是财政的附庸和出纳，集中央银行与专业银行、银行与非银行金融机构的诸多职能于一身，货币政策实际上就是综合信贷政策，各项经济指标处于计划控制之下，价格制定、货币投放和投资规模等完全由计委和财政部控制，强调的是"钱随物走"，资源分配主要通过国家行政命令决定，人民银行的职责是根据国民经济计划供应资金，即"守计划，把口子"，所以可以说根本就没有什么真正意义上的货币政策。

直到 1984 年二级银行体制建立以后，才开始有象征意义的货币政策。国家经济体制由计划管理转变为以国家调控为主的宏观管理，中国人民银行开始履行中央银行职能，间接的货币政策工具开始使用，但信贷规模计划管理仍是主要的调控手段。

针对 1992 年出现的货币供应量超常增长、金融秩序混乱的现象，我国政府从治理金融秩序入手，调整了货币政策的中介目标，采用新的货币政策工具，加强利率监管，并实施汇率并轨，干预汇率形成，强化了人民银行的宏观调控能力。

从 1994 年第三季度开始，人民银行正式向社会公布季度货币供应量指标，1995 年初宣布将货币供应量列为货币政策的控制目标之一，1996 年开始公布货币供应量的年度调控目标。

符合一般概念的货币政策出现是在 1998 年 1 月。经过几年的大刀阔斧的财政改革和国企改革，全国出现了消费物价指数持续负增长，企业开工不足，失业人口不断增长，宏观经济衰退导致的局势不稳定情况，人民银行取消了信贷规模管理，大幅度降低利率。1998 年中央银行共下调 3 次利率水平，1999 年 6 月 10 日和 2002 年 2 月 21 日又下调 2 次利率，居民储蓄存款利率为 1.98%。同时扩大贷款利率浮动区间，加大公开市场操作力度来调控基础货币，取消贷款限额控制，灵活运用信贷政策，调整贷款结构。1996 年 4 月首次开展公开市场业务，1998 年恢复后，公开市场业务日益成为货币政策操作的重要工具，1999 年公开市场业务债券操作成交 7 076 亿元，净投放基础货币 1 919.7 亿元。而这种货币政策导致货币信贷增长极快，部分行业和地区盲目投资和低水平扩张倾向明显加剧，资金投入产出效率下降。

2003 年，上调存款准备金率，实行差别存款准备金率制度；在 2002 年 2 月 21 日最后一次降低金融机构的存贷款利率后，开始调高利率；加强房地产信贷业务管理；适时对金融机构进行窗口指导；进行利率市场化试点；加强通过公开市场业务操作调控基础货币的能力等等。截至 2007 年底一共加息 8 次，上调准备金率 14 次。

2003 年开始我国外汇供给持续大于需求，且每年的外汇储备持续增加，2005 年 7 月 21 日开始实行以市场供求为基础，参考一篮子货币进行调节、有管理的浮动汇率制度。

2007 年下半年，全国经济开始过热，价格飞涨，通胀抬头，2007 年底的中央经济工作会议明确提出从 2008 年起货币政策由"稳健"改为"从紧"。至此，我国实施 10 年之久的"稳健"货币政策正式被"从紧"货币政策所取代。

2008 年 7 月以来，面对国际金融危机加剧、国内通胀压力减缓等情况，中国人民银行调整金融宏观调控措施，连续 3 次下调存贷款基准利率，2 次下调存款准备金率，取消对商业银行信贷规划的约束，并引导商业银行扩大贷款总量。2008 年 11 月 5 日，国务院常务会议根据世界经济金融危机日趋严峻的形势，要求实行适度宽松的货币政策。

2009 年 7 月 23 日，中共中央政治局召开会议，指出要继续把促进经济平稳较快发展作为经济工作的首要任务，保持宏观经济政策的连续性和稳定性，继续实施适度宽松的货币政策。货币供应量 M_1 和 M_2 增速自年初起逐月加快，到 11 月末，两者增速分别达到 34.6% 和 29.7%，成为改革开放以来第四个货币供应量的增长高峰。从信贷增长情况看，全年贷款余额达到 40 万亿元，新增贷款达到 9.59 万亿元的历史高位，比上年多增 4.69 万亿元，是 2007 年新增贷款 3.64 万亿元的 2.63 倍。货币和信贷的高速增长，为保证经济平稳快速增长提供了充足的资金。

根据中央对 2011 年经济工作的部署，2011 年我国的货币政策将由此前的适度宽松调整为稳健。货币政策基调的转变，是我国政府对当前国内外经济形势的科学应对，最终将有利于中国经济更加持续健康的发展。

第四节　财政政策与货币政策的配合

财政政策和货币政策是国民经济宏观调控所依赖的两大基本政策，在社会主义市场经济体制下的政府宏观调控中发挥着举足轻重的作用。为了实现满意的政府调控效应，两大政策需要围绕国家的宏观调控目标，密切配合，协调使用，避免政策作用的相互抵消，实现优势叠加和整体效应的最大化。

一、财政政策与货币政策配合的必要性

（一）财政政策和货币政策的共同性

财政政策和货币政策的内在联系使两者的协调配合成为可能，这种联系表现在如下方面。

1. 政策实施主体的一致性

从表面上看，财政政策实施的主体是财政部，货币政策实施的主体是中国人民银行，而实际上财政部和中国人民银行同属政府行政机关，都是中央政府重要的经济管理部门，担负着调控宏观经济运行的共同职责。因此，财政政策和货币政策的实施主体是一致的，都是国家。既然实施主体是一致的，两者的协调配合就是可能的，国家完全有能力使两者协调配合。两大部门在政府所确定的宏观经济调控目标和经济政策的协调下，从各自的业务领域展开工作，共同辅助政府的调控管理。

2. 两者在宏观调控中的作用是一致的

首先，财政政策和货币政策的制定和实施都是为了实现社会总供给和总需求的平

衡。国家财政收支规模的安排，对社会总供求的平衡具有直接的调节作用，这是因为财政收支是否平衡直接关系到社会总供求的平衡；银行信贷规模的大小，货币发行量的多少，也同样对社会总供求的平衡产生影响。其次，财政政策和货币政策的制定和实施都是为了保证国民经济有正确的比例关系。财政主要通过其财政收支结构的调整发挥宏观调节和控制作用，保证合理的经济结构，促进国民经济比例关系的合理；货币政策也担负着同样的任务，信贷资金的投向和数量，对国民经济各部门之间的比例关系有重大影响，比如，对农业、能源、交通、基础工业等部门多发放贷款，就会促进这些部门较快发展，改变国民经济的比例关系。

3. 两者的作用机制是一致的

由于财政政策和货币政策的作用领域和政策工具不同，两者的政策传导路线和调节侧重点也有区别。但从实质而言，两大政策的作用机制有内在的共通性，即都是通过政策工具变量传导，最终调整市场主体的经济利益，改变经济主体的行为，来实现政策目标。财政政策是运用政策工具强制性地参与社会产品分配，调整收入分配格局，来改变人们的经济行为。而货币政策是运用政策工具调控市场的金融中介目标，由这些中介目标扩散，间接影响市场主体经济利益，引导人们改变自身的经济行为。两大政策传导作用的落脚点是一致的，为相互协调创造了条件。

（二）财政政策和货币政策的功能差异

财政政策和货币政策的功能差异表明了两者具有不同的特点，也决定了两者相互协调、配合使用的必要性。财政政策和货币政策的功能差异表现在以下几个方面。

1. 两者使用的领域不同

财政政策调节的范围主要在社会分配领域，是通过税收、国债、公共支出和政府投资等政策工具，对国民收入进行分配和再分配，调整政府、企业和居民个人的各自收入规模，影响社会投资需求和消费需求的形成。货币政策作用的范围是在货币流通领域，它主要是通过信贷规模的收缩或扩张造成货币供应量的变动，来影响社会投资需求和消费需求的。根据社会再生产理论，生产、交换、分配、消费之间是相互影响的，故财政政策和货币政策必须协调配合，否则就会大大削弱两者的政策效应。

2. 政策应用的透明度不同

从财政政策看，政府可以及时地从预算收支表中了解预算收支情况，根据国民经济运行状况采取紧缩或扩张性的财政政策，故财政政策的透明度较高。从货币政策来看，银行信贷作为重要的货币供应量指标只能从人民银行的资产负债表中反映出来，而人民银行的资产负债表永远是平衡的，因此，信贷收支透明度低，很难把握。当信贷失衡时，往往误认为"存贷两旺"，掩盖了经济领域中的矛盾。正是由于两者的透明度不同，我们就需要从财政和货币运行的两方面去判断经济形势，以及透过"财政看银行"，及时发现国民经济运行中的问题和矛盾，进而作出正确的决策，这就需要两者的协调配合。

3. 政策的可控性不同

财政政策及其工具由政府直接掌控，可以在财政分配中直接体现政府的调控意图，实现政策目标，有着极强的可控性。货币政策的调控是以市场为基础，以经济手段为主的间接调控，市场主体按有偿自愿的原则对货币政策工具操作变量作出反应，尽管市场主体行为的逆选择会损害自己的切身利益，但货币政策实施毕竟缺乏经有力的直接的控制力，有出现偏离政策目标的可能性。

4. 政策调节的侧重点不同

财政政策和货币政策都是为实现宏观经济调控目标服务的，但在政策目标的具体调节上侧重点有所区别。货币政策主要通过控制货币供应量，侧重调节社会总供给和总需求的总量平衡，解决通货膨胀或通货紧缩矛盾。银行系统是社会信贷资金的主要供给者，财政金融体制改革以来，企业的流动资金和固定资产投资资金的相当部分来自银行贷款，银行信贷规模按货币政策要求调整发生变化，直接使社会投资需求和生产供应发生相应变动，使货币政策在调控总量平衡上具有相当大的回旋余地。财政政策是通过分配关系，侧重于调节社会总需求和总供给的结构平衡，解决经济结构矛盾。近年来，国民收入分配格局变动，使财政通过收支总量变化来调控社会总供给和总需求总量平衡的能量空间压缩，财政收入或支出总量发生较大变动，都直接牵动社会方方面面的经济利益得失，引发社会经济不稳定因素，因此，财政政策对总量调节的弹性余地有限。相反，财政政策可充分利用各种财政政策工具的强制无偿特点，通过财政收支结构调整，引导投资结构、产业结构、需求结构和国民经济各主要比例关系的变化调整，推动经济结构的合理化。

在国民经济运行过程中，虽然可能单独出现总量或结构失衡问题，但更多的是总量、结构双失衡。另外，总量问题会引起结构问题，结构问题也会引起总量问题。故财政政策和货币政策必须协调配合。

5. 政策的时滞性不同

时滞是指从确定政策目标和选定政策工具并实施操作后，到产生政策效应的时间间隔期。任何一项经济政策的实施，时滞都是难免的。时滞有内部时滞和外部时滞之分。内部时滞又可分为认识时滞和决策时滞，外部时滞又可分为执行时滞和作用时滞。认识时滞是指从政治、经济形势提出需采取政策措施的要求开始，到决策主体认识到采取措施必要性的时间；决策时滞是指从政策主体认识到需采取措施到进一步明确具体的调节目标、选定调节工具到政策出台的时间；执行时滞是指从政策开始实施到微观经济主体发生反应的时间；作用时滞是指从微观经济主体发生反应到实现政策目标的时间。

从货币政策的时滞看，其内部时滞较短、外部时滞较长，因为货币政策一般由中央银行根据经济形势自行决策，故内部时滞较短；中央银行掌握的货币政策工具要经过金融市场或商业银行这些中介环节，再影响到经济单位和个人，故发生作用所需的时间较长即外部时滞较长。

从财政政策的时滞来看，其内部时滞较长而外部时滞较短。财政政策诸工具都是具有法律效力的调节手段。在我国现行制度下，要改变税收、投资、公债、公共支出等，需由财政部门提出建议草案，报国务院审批，再经全国人民代表大会通过后方可执行，故内部时滞较长；但财政政策实施后，由于财政直接影响到各单位、个人的购买力和投资、消费行为，它没有货币政策发生作用需要的中间环节，故外部时滞较短。

为了充分发挥这两者的效力，两者必须协调配合，使两者发生作用的时间一致，共同发挥调节作用。

二、财政政策与货币政策配合的方式

（一）财政政策与货币政策配合的形式及效应

财政政策和货币政策协调配合就是财政政策和货币政策各自不同类型的组合运用。按照财政政策和货币政策对社会总供给和总需求的不同影响，两大政策分别分为扩张性、紧缩性、均衡性三种类型，由于均衡性政策对总供给和总需求没有影响，故不予考虑，所以，我们所说的财政政策和货币政策的协调配合，其实就是指按照经济调控的实际需要和所具备的内外界条件，将扩张性和紧缩性的货币政策和财政政策组合运用，产生整合优势的政策效应。具体讲，主要有以下几种模式。

1. 松的财政政策和松的货币政策的配合，即"双松"政策配合

松的财政政策是通过减税和扩大政府支出等手段来增加总需求；松的货币政策则是通过降低法定存款准备金率、再贴现率、扩大再贷款等松动银根的措施，促使利率下降，进而增加货币供给量，刺激投资、增加总需求。"双松"的政策配合，对经济增长有较强的刺激效应，但易引发通货膨胀。

2. 紧的财政政策和紧的货币政策的配合，即"双紧"政策配合

紧的财政政策就是通过增税和减少政府支出等手段，限制消费和投资，进而抑制总需求；紧的货币政策是通过提高法定存款准备金率、再贴现率、收回再贷款等措施，促使利率上升，以减少货币供给量，抑制总需求的过度增长。"双紧"政策可以抑制通货膨胀，防止经济过热。但由于"双紧"政策对社会经济运行的调节是一种"急刹车"式的调节，从而容易带来较大的经济波动，容易引起经济较大幅度的衰退，产生所谓的"后

仰"现象，经济体系和组织结构也会遭到一定程度的破坏。

3. 松的财政政策和紧的货币政策配合

松的财政政策在投资乘数和政府支出乘数的作用下，可以有效地扩张社会总需求，从而起到防止经济衰退和萧条的作用；紧的货币政策通过控制信用规模来控制货币供应量的增长，从而防止通货膨胀。这种政策配合的效应是：在防止通货膨胀的同时保持适度的经济增长率，但如果长期运用这种政策组合，则会致使政府财政赤字规模不断扩大。

4. 紧的财政政策和松的货币政策配合

紧的财政政策可以在一定程度上防止总需求过度膨胀和经济过热；松的货币政策则可以保持经济一定的增长率。因此，这种政策配合的经济效应是：在保持一定经济增长率的同时尽可能地避免总需求膨胀和通货膨胀。但由于执行的是松的货币政策，货币供给量的总闸门处在相对松动的状态，所以难以防止通货膨胀。

（二）不同经济运行状况和政策目标下政策配合方式的选择

1）当经济处于过热状态，通货膨胀严重并有进一步加剧的趋势时，宏观经济政策的目标取向是：控制通货膨胀的进一步加剧，降低经济增长率，对过热的经济进行干预使之降温。在这种形势和政策目标下，理所当然地应实行偏紧的紧缩性的宏观经济政策，实行"双紧"的财政政策和货币政策。在大多数情况下，为了达到预期的调控目标而又不至于引起经济的大幅度衰退，在"双紧"的配合方式中，应以紧的货币政策为主，而把财政政策放在相对次要的位置。这主要是因为，货币政策对总需求具有强有力的收缩功能，并且货币政策工具较多，实施起来比财政政策灵活，富有弹性，容易实现预期的目标。正因为如此，一般认为，在"双紧"政策组合中，应特别重视货币政策的运用。

2）当经济处在严重衰退或萧条状态中，企业普遍开工不足，公开失业或隐蔽失业急剧增加，大量生产资源处于闲置状态。在这种经济形势下，政府往往会选择"双松"的政策组合，以扩大总需求。在扩张总需求方面，财政政策比货币政策的作用更大、更直接、更明显。例如，在财政政策中，降低税率可直接鼓励投资；扩大政府支出，可直接扩大投资与消费需求，并且由于投资乘数与支出乘数的作用，可迅速成倍扩张有效需求。但就货币政策而言，要在萧条的环境中通过降低利率来刺激投资，从而实现扩张总需求的目标，是比较困难的。因为投资的积极性在这种经济环境下往往并非单靠降低利率就能够调动起来的。基于这样的考虑，在这种"双松"的政策配合中，应以松的财政政策为主，更多地发挥财政政策在实现经济扩张时的重要作用。

3）经济出现滞胀现象，一方面是通货膨胀和价格的持续上涨；另一方面又是企业大量开工不足，存在大量闲置资源，经济处在很不景气的状态中。在这种双重的经济环境中，政府的宏观经济政策的目标往往是双重的：既要治理通货膨胀，防止价格继续上涨；又要想办法启动闲置资源，使经济逐步进入景气状态。这种双重的政策目标，无论从理论上看，还是从实际操作看，都存在矛盾的一面：要抑制通货膨胀，就必须控制总需求；而要启动闲置资源，使经济真正进入景气状态，又必须增加总需求。这种双重政策目标的不可兼顾性，通常需要政府要它们之间作出主次之分：要么以抑制通货膨胀为主目标，要么以启动闲置资源、促使经济增长为主目标。在滞胀条件下，如果政府选择的是以抑制通货膨胀为主要政策目标，那么，应该选择"松财政、紧货币"的政策组合，更有利于实现在抑制通货膨胀的前提下促进经济适度增长的政策目标。如果政府选择的是以启动闲置资源、促进经济增长主为的目标，那么，就应该选择"紧财政、松货币"的政策组合，它有利于实现在保持经济适度增长的前提下尽可能地抑制通货膨胀的目的。尤其需指出的是，无论是"松财政、紧货币"的政策组合，还是"紧财政、松货币"的政策组合，在经济出现滞胀的情况下，都应重视收入政策在政策目标实现过程中的重要作用。

从财政政策和货币政策的配合形式及运用来看，财政政策和货币政策配合的功能在于保持总供给、总需求的总量平衡和结构平衡，"熨平"经济周期的波动，使国民经济持续、稳定、协调地发展。

阅 读 资 料

财政政策从积极到稳健将对经济生活有哪些影响

稳健的财政政策并不是从扩张转向紧缩，也不意味着对经济支持力度的减弱，它的核心是松紧适度，促进经济健康平稳运行。"双稳健"政策指什么？为什么要实行"双稳健"政策？这些政策将会对国民经济和人民生活产生哪些影响？

中国实行积极的财政政策，是与当时的经济背景与环境密切相关的。1998年，在亚洲金融危机影响下，中国经济出现了通货紧缩的趋势，为扩大内需，拉动经济增长，中国采取了积极的财政政策，增发长期国债，重点投向基础设施建设，扩大投资需求。

这几年，随着积极财政政策效应的释放，国民经济逐渐转暖，特别是目前中国经济进入到新一轮的增长期，经济形势发生明显变化，扩张性的积极财政政策有必要转向松紧适度的稳健财政政策。

实际上，积极财政政策向稳健财政政策转型，有一个接轨过程。

一段时间以来，随着固定资产投资规模过大，煤电油运形势趋紧，农业特别是粮食生产连续多年减产，粮食供应靠挖库存维持平衡，粮价逐步攀升，居民消费价格指数（CPI）上扬，通货膨胀的苗头开始显现。针对经济运行中出现的新动向，中央对积极财政政策的调整，在近两年就有所动作了。

在分析稳健财政政策悄然挺出的时候，中国社会科学院财政与贸易经济研究所副所长高培勇说，增发长期建设国债是积极的财政政策的典型特征，但这个"特征"近两年正逐渐"淡化"。

目前中国经济又并非过热，经济社会发展中还有农业、教育、公共卫生、社会保障等许多薄弱环节亟待加强，因此，积极财政政策不宜一下子转向紧缩财政政策。于是，符合中国现阶段经济形势发展变化和宏观调控客观需要的稳健财政政策，便相机而生。

有增有减，有保有压，松紧适度是稳健财政政策的重要特征。增什么，保什么？对农业、就业和社会保障、环境和生态建设、公共卫生、教育等领域的投入，不仅要在资金安排上确保，还要加大投入和支持力度。同时，中央财政还将采取各种措施，继续加大对中西部地区和东北老工业基地的支持力度，增加对改革的必要支持。减什么，压什么？要继续控制固定资产投资规模过快增长，与经济过热有关的和一些"越位"投入，一定要退出来、压下来。

由扩张性的积极财政政策转向松紧适度的稳健财政政策，主要体现在"双减"上，即适当减少财政赤字，适当减少长期建设国债发行规模，并着力调整财政支出结构和国债资金投向结构，提高资金使用效益。也就是说，明年财政虽有减收因素，但财政对经济的支持力度并不因此减弱。

资料来源：人民日报（海外版），2004.12.18

本 章 小 结

宏观调控是指国家从社会整体利益出发，为了实现经济总量的基本平衡和经济结构的优化，引导国民经济持续、健康、快速发展，对国民经济总体活动所进行的总体调节和控制。宏观调控手段包括经济手段、法规手段和文化手段。其中，经济手段是最重要的调节手段，具体通过财政政策与货币政策来实现。财政政策是国家以一定的财政经济理论为依据，为实现既定的宏观经济目标而规定的综合运用各种财政收支工具及平衡手段的基本规则。它可分为扩张性财政政策、紧缩性财政政策和中性财政政策。财政政策工具主要有税收、公债、政府投资、财政补贴、国家预算等；货币政策是指一国货币当局（主要是中央银行）为实现其既定的宏观经济目标，运用各种工具调节货币供应量和利息率，进而影响宏观经济的方针和措施的总和，可分为扩张性货币政策、紧缩性货币政策和均衡性货币政策。货币政策的总目标是经济增长、充分就业、物价稳定和国际收支平衡。

复习思考题

1. 什么是宏观调控？实施宏观调控的必要性有哪些？

2. 宏观调控的主要内容包括什么？

3. 宏观调控的政策主要包括什么？

4. 什么是财政政策？它有哪些种类？

5. 财政政策的功能体现在哪些方面？

6. 我国现阶段财政政策的目标有哪些？

7. 什么是货币政策？它有哪些类型？

8. 货币政策的最终目标有哪些？它们之间的相互关系应如何表述？

9. 什么是货币政策的中介目标？其选择标准是什么？

10. 货币政策工具包括哪些？

11. 财政政策和货币政策相互协调的必要性是什么？

12. 财政政策和货币政策配合的方式有哪些？应如何正确运用这些不同的政策组合？

主要参考文献

曹龙骐. 2002. 货币银行学. 北京：高等教育出版社.

曹雪琴. 2003. 新编财政与税收. 上海：立信会计出版社.

迟国泰. 2003. 国际金融. 3版. 大连：大连理工大学出版社.

董登新. 2003. 现代财政与金融. 武汉：华中科技大学出版社.

盖锐. 2005. 金融学概论. 北京：清华大学出版社.

胡海平. 2001. 财政与金融. 郑州：黄河水利出版社.

李海波，高寿昌，林松. 2003. 财政与金融（新版）. 北京：中国金融出版社.

梁建民. 2005. 财政与金融. 南京：东南大学出版社.

刘邦驰，王国清. 2002. 财政与金融. 3版. 成都：西南财经大学出版社.

刘立平. 2003. 现代货币银行学. 合肥：中国科学技术大学出版社.

刘思跃，肖卫国. 2002. 国际金融. 2版. 武汉：武汉大学出版社.

龙卫洋. 2004. 财政与金融. 北京：清华大学出版社.

路兴中，孙俊东. 2011. 财政与金融基础. 北京：中国物资出版社.

倪信琦. 2005. 财政与金融. 北京：中国金融出版社.

年志远，王晓光. 2003. 货币银行学. 北京：中国时代经济出版社.

时新荣，郑礼明. 2004. 财政与金融. 成都：电子科技大学出版社.

孙文基. 2000. 新编财政金融基础（修订版）. 北京：中国时代经济出版社.

王斌，等. 2011. 财政与金融学. 北京：经济科学出版社.

魏文静. 2005. 金融学基础. 北京：清华大学出版社.

夏德仁，等. 1997. 货币银行学. 北京：中国金融出版社.

肖利秋. 2002. 国际金融理论与实务. 广州：广东经济出版社.

杨艳琳. 2003. 现代财政与金融教程. 北京：首都经济贸易大学出版社.

殷孟波，曹廷贵. 2000. 货币金融学. 成都：西南财经大学出版社.

张彦. 2001. 财政与金融概论. 广州：华南理工大学出版社.

周叶芹. 2004. 财政与金融. 北京：清华大学出版社.

朱海洋. 2000. 财政与金融. 上海：上海交通大学出版社.

朱新蓉. 2005. 金融学. 北京：中国金融出版社.

朱耀明，宗刚. 2003. 财政与金融. 3版. 北京：高等教育出版社.